Contraste insuffisant

NF Z 43-120-14

13.
esm — fin

RÉPERTOIRE

DE LA

LITTÉRATURE

ANCIENNE ET MODERNE.

IMPRIMERIE DE E. POCHARD,
RUE DU POT-DE-FER, N° 14, A PARIS.

RÉPERTOIRE

DE LA

LITTÉRATURE

ANCIENNE ET MODERNE,

CONTENANT :

1° LE LYCÉE DE LA HARPE, LES ÉLÉMENTS DE LITTÉRATURE DE MARMONTEL, UN CHOIX D'ARTICLES LITTÉRAIRES DE ROLLIN, VOLTAIRE, BATTEUX, etc ;

2° DES NOTICES BIOGRAPHIQUES SUR LES PRINCIPAUX AUTEURS ANCIENS ET MODERNES, AVEC DES JUGEMENTS PAR NOS MEILLEURS CRITIQUES, TELS QUE :

D'*Alembert*, *Batteux*, *Bernardin de Saint-Pierre*, *Blair*, *Boileau*, *Chénier*, *Delille*, *Diderot*, *Dussault*, *Fénelon*, *Fontanes*, *Ginguené*, *La Bruyère*, *La Fontaine*, *Marmontel*, *Maury*, *Montaigne*, *Montesquieu*, *Palissot*, *Rollin*, *J.-B. Rousseau*, *J.-J. Rousseau*, *Thomas*, *Vauvenargues*, *Voltaire*, etc.;

Et MM. *Amar*, *Andrieux*, *Auger*, *Burnouf*, *Buttura*, *Chateaubriand*, *Duviquet*, *Feletz*, *Gaillard*, *Le Clerc*, *Lemercier*, *Patin*, *Villemain*, etc.;

3° DES MORCEAUX CHOISIS AVEC DES NOTES.

TOME TREIZIÈME.

A PARIS,

CHEZ CASTEL DE COURVAL, LIBRAIRE-ÉDITEUR,

RUE DE RICHELIEU, N° 87;

Et BOULLAND ET Cie, PALAIS ROYAL, GALERIES DE BOIS, N° 254.

M DCCC XXV.

RÉPERTOIRE

DE LA

LITTÉRATURE

ANCIENNE ET MODERNE.

ESMENARD (JOSEPH-ALPHONSE), fils d'un avocat au parlement de Provence, naquit en 1769, à Pélissane. Encore jeune, il partit pour Saint-Domingue, et fit deux voyages en Amérique. De retour dans sa patrie, son goût pour la littérature l'appela bientôt à Paris, où il fit la connaissance de Marmontel qui lui prodigua les conseils et les encouragements. Lorsque la révolution éclata, Esmenard qui coopérait à la rédaction de plusieurs journaux politiques, consacrés au maintien de la royauté, se fit un grand nombre d'ennemis. A la journée du 10 août 1792, il fut proscrit et forcé de fuir en Angleterre : il quitta bientôt ce pays, et parcourut la Hollande, l'Allemagne et l'Italie. Delà il se rendit à Constantinople, où ses talents le firent bien accueillir de M. le comte de Choiseul-Gouffier : il revint ensuite à Venise. C'est dans cette ville qu'Esmenard commença l'ouvrage qui l'occupait depuis quelques années, son poème de *la Navigation*, et qu'il travailla à la rédaction de ses voyages, dont il a publié quelques fragments dans les journaux, mais qui ne sont point connus en entier. Il rentra en France en 1797; de nouvelles persécutions vinrent bientôt fondre sur lui. Dénoncé comme émigré, et sur-tout comme écrivain politique, il fut une seconde fois banni, et passa encore deux ans en pays étranger. La chute du directoire le ramena de nouveau à Paris, où il reprit ses travaux littéraires, avec La Harpe et M. de Fontanes; il travailla au *Mercure de France*; et la publication de quelques fragments de son poème le classa bientôt parmi nos poètes qui donnaient le plus d'espérances. Esmenard ne jouit pas long-temps du repos que semblait lui promettre un genre de vie si conforme à ses goûts. Il était dans sa destinée et peut-être dans son caractère de changer sans cesse de fortune et de situation. Il y avait peu de temps qu'Esmenard était rentré à Paris, lorsqu'il consentit à accompagner à Saint-Domingue le général Leclerc; il revint ensuite dans sa patrie chercher un repos qu'il n'a jamais connu; car il partit bientôt après pour la Martinique avec l'amiral Villaret-Joyeuse. Ces voyages réitérés ne l'empêchèrent point de travailler à son poème de *la Navigation*: il fut au contraire heureux pour lui d'avoir sous les yeux les tableaux qu'il voulait décrire. C'est sans doute ce qui donne à son ouvrage ce ton de vérité et d'exactitude, qui en est un des principaux mérites. Enfin, de retour de la Martinique, en 1805, il publia son poème la même année. *La Navigation* n'obtint pas sur le champ un succès bien marqué : cependant les gens de goût, les amateurs de beaux vers classèrent ce poème parmi ceux qui font le plus d'honneur à la France ; il parut d'abord en huit chants ; mais l'auteur le réduisit à six dans la seconde édition, qui fut publiée l'année suivante. Ce poème qui essuya les critiques des feuilletons, fut beaucoup loué par La Harpe, qui, comme on le sait, n'accordait pas des éloges très facilement.

En 1807, Esmenard fit représenter l'opéra de *Trajan*, qui dut aux circonstances une partie de son prodigieux succès. « Cet ouvrage, dit M.-J. Ché-
« nier, offre assez souvent des vers bien tournés ;
« mais l'action ne marche point, et l'intérêt se fait
« chercher dans cet opéra, beau pour les yeux. »
Il a aussi composé avec M. de Jouy, l'opéra de *Fernand Cortèz*.

Esmenard avait été nommé censeur des théâtres, de la librairie, et chef de la première division de la police. Il fut élu membre de la deuxième classe de l'Institut, en 1810. Cette nomination réveilla l'animosité de ses ennemis, qui firent pleuvoir sur le nouvel académicien une foule d'épigrammes: son caractère et ses mœurs furent attaquées, plus encore que ses titres littéraires. Au milieu de ces contrariétés, qui faisaient peu d'impression sur Esmenard, il reçut l'ordre de quitter la France. Un article qu'il avait fait imprimer dans le *Journal des Débats*, contre un agent de l'empereur Alexandre, fut la cause ou plutôt le prétexte de cette disgrâce. Après trois mois d'exil, qu'il passa en Italie, il obtint la permission de rentrer en France : il venait de quitter Naples, lorsque, aux environs de Fondy, le postillon négligea d'enrayer à une descente rapide; Esmenard qui voyait la voiture sur le point d'être entraînée dans un précipice, s'élança dehors si violemment, qu'il se brisa la tête contre un rocher. Il expira peu de jours après, le 25 juin 1811.

Son poëme de *la Navigation*, a été imprimé à Paris, en huit chants, 1805, 2 vol. in-8°. La seconde édition, en six chants seulement, 1 vol. in-8°, parut en 1806. Il a aussi publié un *Recueil de poésies, extraites des ouvrages d'Héléna-Maria Williams*, traduites de l'anglais, par MM. de Boufflers et Esmenard, 1808, in-8°. Esmenard est auteur des notes historiques et littéraires, qui se trouvent dans la première édition du poëme de *l'Imagination*, de Delille.

Pʀ. T.

JUGEMENT.

Lorsqu'un poëme d'une certaine étendue est annoncé dans le public; lorsque l'auteur est déjà connu pour un homme d'esprit et de talent; lorsque les fragments qu'on a vus de son ouvrage, loin d'affaiblir cette réputation, la soutiennent et l'augmentent, cet évènement littéraire occupe tous les esprits, et le poëme, avant d'être un sujet de lecture, devient un sujet général de conversation. C'est ce qui est arrivé au poëme de M. Esmenard. Les gens sages ne pouvaient en juger l'exécution qu'ils ne connaissaient pas ; mais les gens pressés n'attendent pas cette petite circonstance : ils jugent toujours avant la lecture d'un ouvrage comme après, et toujours à peu près aussi bien.

Mais il est un objet sur lequel on pouvait prononcer d'avance, et qui se présente toujours le premier à l'esprit des lecteurs et des juges comme à celui des poètes : c'est le sujet du poème. *La Navigation* en offre-t-elle un favorable pour un long ouvrage en vers ? Ses progrès étonnants et ses merveilleux effets ne paraissent-ils pas plus propres à devenir la matière d'un brillant épisode, ou à inspirer au poète lyrique quelques belles strophes, qu'à être longuement célébrés dans un poème en huit chants ? Telles sont les questions qu'on a souvent agitées et qu'on a assez généralement résolues contre M. Esmenard.

Mais, dira M. Esmenard, je n'ai point prétendu faire un poème épique, mais bien un poème *descriptif*. Et quels sont, ajoutera-t-il, l'*action* et les *caractères* de l'art poétique qu'on est tenté de ranger dans la classe des poèmes descriptifs ? Mais, lui répondra-t-on, puisque, d'après votre aveu, il n'y a point d'*intérêt général* sans *action* ni *caractère*, faites vos poèmes descriptifs plus courts, parce que malgré votre rare talent, il vous sera bien difficile d'attacher à un long poème qui n'est point soutenu par un *intérêt général*. C'est le parti qu'a pris Boileau : de plus, l'objet qu'il a traité a plus de charmes pour le plus grand nombre de lecteurs ; enfin on pourrait peut-être donner une troisième raison de la supériorité de son poème sur le vôtre.

D'ailleurs ne faut-il pas, même dans *un poème descriptif*, borner la série de ses *descriptions ?* Doit-on embrasser un sujet tellement vaste, qu'il offre à peu près tous les objets de la nature et des arts à décrire ? Tel est le sujet de la navigation. Il comprend tous les siècles, il s'étend naturellement sur la moitié du globe; mais M. Esmenard empiète considérablement sur l'autre moitié. C'est un navigateur qui débarque souvent, qui relâche dans les ports, qui s'enfonce dans les terres, qui grimpe sur les montagnes, et on le voit tantôt sur les Pyrénées, tantôt sur les Alpes, où jamais vaisseau ne le porta. Cela ne doit point étonner, la mer est le lien du monde physique, les transitions sont le lien du monde intellectuel. Avec la mer et les transitions on peut donc aller bien loin; on peut, tout en naviguant, peindre le ciel, la terre et les enfers, décrire tous les objets, célébrer tous les arts, parler de tous les hommes; et c'est sans doute pour user de ce droit que M. Esmenard nous donne, entre autres excursions, un morceau de l'histoire romaine, et décrit rapidement, et en beaux vers, les règnes de Tibère, de Néron, de Claude, de Caligula, de Commode, d'Héliogabale, de Titus, de Trajan, des deux Antonin, d'Aurélien, de Constantin et de quelques-uns de ses successeurs, tous gens plus ou moins célèbres, mais que jusqu'ici la marine n'avait pas réclamés.

Cette surabondance de verve et de tableaux poétiques avait sans doute frappé le premier de nos poètes, M. Delille, lorsqu'il conseillait à M. Esmenard de faire *quelques suppressions.* Celui-ci s'en défendit; et M. Delille, aussi poli qu'il est bon juge, et qui ne manqua jamais de fournir une raison ingénieuse et agréable à ceux qui ne se rendent point à ses avis, s'écria : « Monsieur, je l'éprouve comme vous, la poésie qui enfante, c'est Cybèle qui se couronne de fleurs et de fruits; la poésie qui retranche, c'est Médée qui égorge ses enfants; » et M. Esmenard aima mieux sans doute ressembler à Cybèle qu'à Médée, et n'eut point la cruauté d'égorger ses enfants.

Cette tendresse paternelle nous a, au reste, conservé de beaux vers et de beaux tableaux, lors même qu'ils sont un peu étrangers à l'objet que chante le poète; et je n'ai insisté sur le défaut que semble me présenter un long poème sans action, et un sujet sans bornes, que pour louer avec plus de franchise le parti que le poète en a tiré. Il n'appartient qu'aux hommes d'un véritable talent de vaincre les obstacles que présente un plan et un sujet défectueux, et de trouver quelquefois dans les défauts mêmes une source de beautés.

Le dix-septième siècle, si remarquable dans les annales de l'esprit humain et dans l'histoire politique de l'Europe, si fécond en grands évènements et en grands hommes dans tous les genres, si glorieux pour la France, doit une partie de son lustre aux progrès de la marine et de la navigation. L'art nautique se perfectionnait, il est vrai, depuis cent cinquante ans, par l'invention de la boussole, par la découverte de Christophe Colomb, par les voyages hardis des navigateurs génois, espagnols et portugais; mais la science du commerce qui doit tout à la navigation, et qui depuis a tant influé sur la prospérité des états, était à peu près inconnue; mais la tactique militaire sur-tout, était entièrement dans l'enfance. L'audace, la force, le courage, et souvent le hasard, décidaient alors uniquement de la victoire, comme du temps des guerres Puniques; et, à l'artillerie près, la bataille de Lépante ne diffère pas beaucoup de celle où Duilius défit les Carthaginois. Mais bientôt l'audace toujours utile, est réglée par des signaux certains et des ordres savants; le courage toujours nécessaire, est dirigé par une tactique sûre; le hasard lui-même, est maîtrisé par des combinaisons profondes : à de simples galères, succèdent des forteresses flottantes qui bravent la fureur des flots et les foudres de l'artillerie. Trois puissances se distinguent sur-tout dans ces constructions savantes, dans ces entreprises hardies, et dans toutes les parties de la science navale, soit militaire, soit commerçante. La Hollande sortie, pour ainsi dire, de l'Océan, acquiert et défend courageusement son indépendance, fait dans l'Inde des conquêtes immenses, établit des comptoirs utiles et nombreux, protège ses anciens maîtres après les avoir battus, et l'on voit un sol triste, pauvre et ingrat, s'élever à un haut degré de splendeur et de richesse. L'Angleterre jette les fondements de son ambition et de sa puissance maritime; et la France, qui jusqu'alors presque inconnue sur mer, paraît la dernière dans ce nouveau champ de gloire et d'honneur, est victorieuse en y entrant, disperse les flottes rivales, bat leurs amiraux les plus renommés, et obtient sur l'Océan et la Méditerranée la même supériorité qu'elle a dans les arts, dans les sciences, dans la civilisation et dans les armes.

Cette époque, la plus brillante de la marine, est aussi celle qui inspire à M. Esmenard les plus beaux vers. Le sixième et le septième chants, consacrés en grande partie à la célébrer, se font lire avec d'autant plus de plaisir, que l'histoire maritime de ce siècle est très intéressante, et que de beaux vers ne sauraient gâter une belle histoire. Parmi les divers morceaux qui m'ont frappé dans ces deux chants, je choisirai quelques fragments sur les merveilles que l'art nautique a opérées dans la Hollande; je citerai vraisemblablement beaucoup, également entraîné par l'intérêt du sujet et par le talent du poète.

J'en atteste tes champs et tes marais sauvages,
Batave industrieux! Quel dieu vint sur tes plages,
De la mer mugissante enchaîner les fureurs?
Quel art d'un sol impur dissipa les vapeurs,
Et de mille canaux affermissant la rive,
Fit circuler leur onde épurée et captive?
Qui remplit ces déserts d'un peuple courageux?
Qui creusa ces bassins, et d'un limon fangeux
Où le roseau stérile osait à peine éclore,
Fit des ports à Neptune et des jardins à Flore?
Art des navigateurs! Protée audacieux!
Seul, sous des traits divers, tu fécondes ces lieux.
. . . .
Le Batave te doit ses vertus, sa patrie,
Et ton puissant génie, en fondant ses remparts,

Y créa la nature et la soumit aux arts.
. . . .
Souvent, jusqu'au milieu de ses froids pâturages,
L'Océan mutiné se creusait des rivages :
Le Batave enchaîna ce monstre menaçant.
Des arbustes unis par un lien vivant,
Joignant au fond des eaux leurs flexibles racines,
Et le sable entassé qui s'élève en collines
Entre l'onde agitée et le sol affermi,
Ont fermé la Hollande à son fier ennemi.
Des joncs entrelacés défiant la tempête,
Repoussent l'Océan qui mugit et s'arrête.
Le voyageur, frappé de ces hardis travaux,
Sur sa tête alarmée entend gronder les flots,
Tandis que sous ses pieds l'art trompant la nature,
Fait naître autour de lui les fleurs et la verdure.
Poursuis, peuple intrépide! accomplis ton destin!
Tes fleuves prisonniers roulent dans leurs bassins ;
Et Neptune vaincu sur ses propres rivages,
Te défie et t'appelle au milieu des orages.
. . . .
O des navigateurs redoutable science !
Des arts et de la guerre invincible alliance !
Par toi, d'un peuple obscur que dédaignaient ses rois,
Les monarques d'Asie ont adoré les lois.
Le Surinam, l'Hydaspe et les champs Malabares ;
Les mers de l'Indostan et les îles barbares,
Où le Malais féroce enfouit ses trésors,
Des *cités* du Batave ont vu couvrir leurs bords,
Et tandis qu'il commande aux peuples de l'aurore,
Tandis que l'Amazone et l'antique Bosphore
Ouvrent leur sein paisible à ses mille vaisseaux,
Ceux que sa voix appelle aux plus rudes assauts,
Suivant de Calisto la fatale lumière,

Du nord épouvanté franchissent la barrière.
L'ancre mord les glaçons, vieux enfants de l'hiver.
. . . .

Heureusement que j'arrive là à un morceau sur la pêche de la baleine, déjà inséré dans tous les journaux, sans quoi je n'aurais su m'arrêter; et pour ne plus m'exposer au même danger, je ne citerai plus rien de M. Esmenard, si ce n'est pour appuyer quelques critiques, parce qu'il me sera beaucoup plus aisé de m'arrêter dans la censure que dans l'éloge.

On a pu juger par les morceaux que j'ai déjà cités, le caractère de la poésie de M. Esmenard; elle est brillante, elle a de la force, de la noblesse, quelquefois de la chaleur et de l'harmonie; mais cette harmonie est plus sonore et retentissante que douce et gracieuse, de sorte qu'à la longue elle étourdit plus qu'elle ne flatte, ce qui tient peut-être au défaut de variété et de flexibilité dans les tons. Très propre à décrire, à raconter, à revêtir les objets des couleurs qui leur sont propres, à célébrer les grands évènements, M. Esmenard me semble moins heureux dans la peinture des sentiments. Il y a dans son poème plusieurs morceaux qui appartiennent à ce genre, et tous, si vous en exceptez le récit des malheurs de l'infortuné Lapeyrouse, qu'on lit avec beaucoup d'intérêt dans le huitième chant, me semblent dépourvus de ce charme qu'une grande infortune ou une vive passion jettent ordinairement sur un épisode. Les prières que dans le danger ou dans le malheur on adresse à un Dieu protecteur, à un Dieu consolateur, appartiennent encore au sentiment; or, si on en jugeait par les prières poétiques de M. Esmenard, on croirait qu'il ne sait pas bien prier. Voyez comme dans la prose de M. de Chateaubriand la prière des matelots est bien plus animée, plus touchante, que dans le poème de *la Navigation!* Quels accents plaintifs et douloureux le vénérable Las Casas devait élever vers ce Dieu qu'il implorait pour les malheureux Indiens! Comment, après lui avoir demandé de protéger cet *hémisphère entier que ses mains ont formé*, peut-il s'amuser à lui dire

Colomb l'a découvert, Améric l'a formé.

Ces petits détails historiques sont assez inutiles à apprendre à Dieu, et refroidissent beaucoup la prière. Enfin, les consolations données à ceux qui sont accablés sous le poids du malheur, sont encore du domaine du sentiment, et j'avoue que je ne goûte pas celle que M. Esmenard donne aux malheureux qui ont tout perdu, lorsqu'il leur conseille de considérer les *rivages de Catane* et les gouffres de *l'Etna*. Cela me paraît peu consolant.

Un autre défaut que je reprocherais à M. Esmenard, c'est l'obscurité qui règne quelquefois dans son style. Ce défaut tient à trois causes différentes : 1° aux fréquentes amphibologies qu'on trouve dans ses vers comme dans sa prose; le pronom *son, sa, ses*, est un écueil pour l'auteur de *la Navigation*; on a déjà pu le remarquer, même dans les morceaux de choix que j'ai cités. J'en pourrais rapporter plusieurs autres exemples ; je me contenterai de celui-ci, parce qu'il est le plus court :

Et le fils de Minos oubliant *sa* justice.

D'après la construction de la phrase, on croirait que c'est la justice du fils dont il s'agit, et je me trompe fort, ou M. Esmenard a voulu parler de la justice du père. 2° Ce défaut tient encore à la longueur de la période poétique qu'affecte le poète ; ses phrases sont souvent de seize vers et quelquefois davantage : voyez, par exemple, son début, dont les différents membres sont liés par des *qui* multipliés et fort éloignés de leur relatif. D'autres fois l'auteur, aux *qui, qui, qui*, etc., substitue des *ou, ou, ou*, etc., qui ne jettent sur la phrase ni plus de rapidité, ni plus d'élégance, ni plus de clarté. Enfin cette obscurité vient aussi du peu de netteté dans les idées de l'auteur, ou dans la manière dont il les exprime ; et je pourrais citer à l'appui de cette observation, entre autres morceaux, une trentaine de vers de la page 268 du second volume ; mais l'espace me manque, je ne fais qu'indiquer la page, et le premier vers que j'entends encore moins que les autres :

L'Épopée aussitôt, souveraine des ondes, etc.

Qui est-ce qui reconnaîtrait, sans le second vers, l'amour de la patrie dans cette tirade si entortillée et si peu poétique ?

Il est un sentiment, *dont le charme vainqueur,*

Au lieu qui nous vit naître attache notre cœur;
Qui de nos souvenirs formant nos espérances,
Rapproche les climats, efface les distances.

Cette idée me paraît très fausse; l'amour de la patrie doit, au contraire, *éloigner les climats, agrandir les distances*; et le Français qui est à Saint-Pétersbourg doit trouver les climats d'autant plus différents et les distances d'autant plus considérables, qu'il aimera davantage sa patrie.

Je pourrais multiplier ces critiques de détail, et trouver dans le poème de *la Navigation* beaucoup d'épithètes oiseuses, ou même tout à fait déplacées, d'inversions forcées, de transitions qui ne le sont pas moins, d'hémistiches ou de vers entiers très durs, d'autres très prosaïques, des images fausses, des constructions vicieuses, des vers dérobés ou trop clairement imités. J'aime à prouver ce que j'avance: ici l'espace me manque; mais si M. Esmenard me demandait mes preuves, je les lui donnerais.

Mais il ne faut pas que ces critiques fassent oublier les justes éloges que j'ai donnés à ce poème. Le sujet en est à la vérité un peu vague: et le poète, pour me servir d'une de ses expressions, en éloignant les *bornes infidèles* de ce sujet, l'a rendu plus vague encore; mais il n'en a que plus de mérite d'avoir su donner souvent de l'intérêt à un long poème sur la navigation. Si son style n'est pas sans défaut, s'il est un peu tendu, s'il n'a pas assez de naturel et de grâce, il est aussi remarquable par de véritables beautés, et aucun poète de nos jours (il faut toujours excepter M. Delille) ne nous a fait lire d'aussi beaux vers.

FELETZ.

MORCEAUX CHOISIS.

I. La prière du soir à bord d'un vaisseau.

Cependant le soleil, sur les ondes calmées,
Touche de l'horizon les bornes enflammées ;
Son disque étincelant, qui semble s'arrêter,
Revêt de pourpre et d'or les flots qu'il va quitter.
Il s'éloigne, et Vesper commençant sa carrière
Mêle au jour qui s'éteint sa timide lumière.
J'entends l'airain pieux, dont les sons éclatants
Appellent la prière, et divisent le temps.
Pour la seconde fois, le nautonier fidèle
Adorant à genoux la puissance éternelle,
Dès que l'astre du jour a brillé dans les airs,
Adresse l'hymne sainte au Dieu de l'univers.
Entre l'homme et le ciel, sur des mers sans rivages,
Un prêtre en cheveux blancs conjure les orages :
Son zèle des nochers adoucit les travaux,
Épure leur hommage, et console leurs maux.
« Dieu créateur ! dit-il, toi dont les mains fécondes
« Dans les champs de l'espace ont suspendu les mondes ;
« Dieu des vents et des mers, dont l'œil conservateur
« De l'Océan qui gronde arrête la fureur,
« Et d'un regard, chargé de tes ordres sublimes,
« Suit un frêle vaisseau flottant sur les abîmes,
« Que peuvent devant toi nos travaux incertains ?
« Dieu, que sont les mortels sous tes puissantes mains ?
« Par des vœux suppliants nos alarmes t'implorent ;
« Bénis, Dieu paternel, tes enfants qui t'adorent ;
« Rends-les à leur patrie, à ton culte, à ta loi :

« La force et la vertu ne viennent que de toi.
« Daigne remplir nos cœurs; éloigne la tempête;
« Que le sombre ouragan se dissipe et s'arrête
« Devant ces pavillons qui te sont consacrés;
« Et qu'un jour nos drapeaux, par toi-même illustrés,
« Aux doutes de l'orgueil opposant nos exemples,
« Appellent le respect et la foi dans tes temples! »
Il dit, et prie encor; ses chants consolateurs
D'espérance et d'amour pénètrent tous les cœurs.
O spectacle touchant! ravissantes images!
Tandis que, l'œil fixé sur un ciel sans nuages,
Du prêtre dont la voix semble enchaîner les vents,
Les nautonniers émus répètent les accents;
Le couchant a brillé d'une clarté plus pure;
L'Océan de ses flots apaise le murmure;
Et seule, interrompant ce calme solennel,
La prière s'élève aux pieds de l'Éternel.
            La Navigation.

II. La Pêche de la Baleine.

L'ancre mord les glaçons, vieux enfants de l'hiver.
Les monstres bondissants sur cette affreuse mer,
L'ours, monarque affamé de ces sombres rivages,
Et le phoque timide, et les morses sauvages,
Et l'horrible baleine à qui, le fer en main,
Le Batave a du pôle enseigné le chemin,
Et qu'il poursuit encor sous sa glace éternelle;
Voilà les ennemis que son courage appelle!
Leur sanglante dépouille excite ses transports.
A peine de l'Islande a-t-il quitté les ports,
Sur les flots appaisés, s'il voit l'eau jaillissante
Que lance dans les airs d'une haleine puissante
Le colosse animé que cherche sa fureur,

A l'instant tout est prêt. Sans trouble, sans terreur,
Sur un esquif léger le nautonier s'élance;
Le bras levé, l'œil fixe, il approche en silence,
Mesure son effort, suit le monstre flottant,
Et d'un fer imprévu le frappe en l'évitant.

Soudain la mer bouillonne en sa masse ébranlée;
Un sang épais se mêle à la vague troublée;
D'un long mugissement l'abîme retentit :
Dans des gouffres sans fond le monstre s'engloutit;
Mais sa fuite est cruelle, et sa fureur est vaine.
Un fil, au sein des flots poursuivant la baleine,
Au Batave attentif rend tous ses mouvements :
Par l'excès de sa force elle aigrit ses tourments :
Rien ne peut les calmer : le fer infatigable,
Image du remords qui poursuit le coupable,
La perce, la déchire, et, trompant son effort,
Enfonce dans ses flancs la douleur et la mort.
Lasse enfin de lutter sous l'Océan qui gronde,
De ses antres glacés sur l'écume de l'onde
Elle remonte encore, et vient chercher le jour.

Le fil qui se replie annonce son retour;
Aussitôt, dirigé par ce guide fidèle,
L'intrépide pêcheur arrête sa nacelle
Au lieu même où le monstre, épuisé, haletant,
Lève sa tête énorme et respire un instant.
Il paraît : mille coups irritent sa vengeance :
Terrible, il se ranime, et de sa queue immense
Bat l'onde qui bouillonne et bondit dans les airs.
Sa rage, en soulevant le vaste sein des mers,
Exhale en tourbillons le souffle qui lui reste.
Malheur au nautonier, dans ce moment funeste,
Si l'aviron léger n'emportait ses canots

Loin de l'orage affreux qui tourmente les flots !
Tout s'éloigne, tout fuit ; la baleine expirante
Plonge, revient, surnage ; et sa masse effrayante,
Qui semble encor braver les ondes et les vents,
D'un sang déjà glacé rougit les flots mouvants :
Auprès de ses vaisseaux le Batave l'entraîne.

Ibid.

ÉSOPE, esclave phrygien, d'un commun accord est regardé comme le créateur du genre de la fable. Il y a peu d'hommes sur le compte desquels on ait débité plus de choses absurdes. On nous l'a présenté comme un bouffon insipide et comme un être dégradé par la nature : tous ces contes se lisent dans une biographie dont l'auteur est inconnu. Les anciens ne font aucune mention de ses prétendues saillies. En général nous ne savons d'Ésope que le peu qu'Hérodote nous en a rapporté. Il était d'abord esclave d'un Samien nommé Xanthus. Idmon, auquel il fut vendu lui donna la liberté. Crésus, roi de Lydie, aimait à s'entretenir avec lui et l'envoya à Delphes ; les habitants de cette ville l'accusèrent calomnieusement de sacrilège, le condamnèrent à mort, et le précipitèrent de la roche Hyampée.

Dans les apologues simples et instructifs qu'Ésope composa, probablement en prose, à mesure que les évènements en faisaient naître l'occasion, il répandit une excellente morale et des principes de politique et de philosophie qui étaient à la portée de ses contemporains. Long-temps ces fables ne furent conservées que par une tradition orale. Platon raconte dans son *Phédon* que dans les derniers jours de sa vie, Socrate s'amusait à versifier des fables d'Ésope. Celui-ci trouva une foule d'imitateurs; leurs productions étaient nommées *Fables ésopiques*, et mises indistinctement sur le compte de celui qu'on regardait comme ayant imaginé ce genre. Ainsi le nombre des fables d'Ésope alla toujours en augmentant. Démétrius de Phalère en fit un recueil; on ignore si quelqu'un avant lui avait déjà pensé à rédiger une pareille collection.

Entre les années 150 et 50 avant J.-C., un certain Babrius, nommé quelquefois, par corruption, Gabrias, fit un nouveau recueil de fables ésopiques; mais il eut la bonne idée de les versifier, et choisit pour cela le vers *choriambe*, assez propre à ce genre de composition; mais tel fut le mauvais goût des grammairiens postérieurs qu'ils détruisirent la forme métrique des fables de Babrius et les remirent en prose. Nous devons à leur ineptie la perte de ce joli recueil, dont une faible partie a été retrouvée de nos jours.

Quelques fables en prose furent placées par les rhéteurs des temps suivants, tels qu'Aphthonius et Thémistius dans ces exercices qu'ils publièrent sous le nom de *Progymnasmata*.

Il nous est parvenu plusieurs recueils de fables ésopiques, tous en prose, parmi lesquels six sur-tout ont obtenu une certaine célébrité. Le plus ancien d'entre eux ne paraît pas remonter au-delà du treizième siècle; son auteur est inconnu: cette collection, que nous nommerons *Recueil de Florence*, renferme cent quatre-vingt-dix-neuf fables et une vie d'Ésope, assez absurde, qu'on a long-temps attribuée à Maximus Planudes.

Le second recueil que nous connaissons a été fait dans le treizième ou quatorzième siècle par un inconnu. Le moine Maximus Planudes, qui a vécu au quatorzième siècle, a fait la troisième collection d'apologues ésopiques; il en existe deux éditions ou classes de manuscrits qui offrent plusieurs différences entre elles.

La quatrième collection est d'un auteur anonyme : nous l'appellerons *Recueil de Heidelberg* (Francfort, 1610). Celui qui l'a rédigée s'est beaucoup servi des fables de Babrius, délayées en mauvaise prose.

On ne connaît également pas les auteurs de la cinquième et de la sixième collection, que nous nommerons *Recueil d'Augsbourg* et du *Vatican*. On y trouve, comme dans le Recueil de Heidelberg, beaucoup de fables de Babrius.

Indépendamment de ces collections et de celles qui peuvent encore exister dans les bibliothèques, nous en possédons une d'un genre tout-à-fait différent des autres : c'est une traduction grecque, faite dans le quinzième siècle par Michel Andreopulus, sur un original syriaque, qui, toutefois, n'était aussi qu'une traduction du grec, faite par un persan nommé Syntipa.

Schoell, *Histoire de la Littérature grecque profane*.

ÉSOPE.

JUGEMENTS.

I.

Il serait superflu de répéter ici tout ce qu'on a dit d'Ésope, et ce qu'on apprend à ce sujet à tous les enfants. On s'accorde à croire qu'il vivait du temps de Pisistrate; et s'il est vrai, comme on le rapporte, que les habitants de Delphes l'aient fait périr parce qu'il les avait offensés en leur appliquant une de ses fables, celle des *Bâtons flottants*, il faut le compter parmi les victimes de la philosophie; car le grand sens de ses écrits mérite ce nom. Ce mérite est le premier dans l'apologue, et c'est le seul d'Ésope. Sa narration d'ailleurs est dénuée de toute espèce d'ornements. La morale en fait tout le prix, et même il ne faut pas croire qu'elle soit toujours également juste. Plusieurs de ses affabulations sont défectueuses, et Phèdre et La Fontaine en ont corrigé plusieurs. Au reste, il est possible que ce reproche ne tombe pas sur lui. Il est à peu près prouvé que Planudes, moine grec, du quatorzieme siècle, qui le premier recueillit les fables d'Ésope, en mit sous le nom de ce fabuliste célèbre plusieurs qui n'étaient pas de lui. Il nous en reste une quarantaine de latines, composées par Avienus, qui vivait sous Théodose II. Elles sont en général fort médiocres pour l'invention et pour le style : La Fontaine a pris les meilleures. Il y en a aussi de beaucoup plus anciennes, d'un Grec nommé Babrius, qui se fit une loi de les renfermer toutes dans quatre vers, afin d'être au moins le plus laconique de tous les fabulistes *. La plupart sont très bien inventées ; mais leur extrême brièveté nuit à l'instruction, et, ne présentant qu'une espèce d'énigme à deviner, ne donne pas le temps à la morale de répandre toute sa lumière. Il ne faut faire d'aucun ouvrage un tour de force, et le mérite de la difficulté vaincue est ici le moindre de tous, attendu qu'il est en pure perte pour le lecteur. L'étendue de chaque genre d'écrit, quel qu'il soit, n'est ni rigoureusement déterminée, ni entièrement arbitraire : le bon sens veut qu'elle soit en proportion avec le sujet **.

La Harpe, Cours de Littérature.

II.

Si on considère les *Fables* (dites) d'*Ésope* sous le rapport moral, on ne sera pas étonné que Platon,

---

* Voyez sur cette assertion de La Harpe, qui n'est pas exacte, l'article Babrius de notre *Répertoire*, t. II, p. 322 et suiv.   F.

** On a reproché avec raison à La Harpe de n'avoir pas parlé des auteurs qui avant Ésope avaient composé des fables, d'Archiloque, d'Alcée, de Stésichore, d'Hésiode sur-tout, qui trois cents ans avant le Phrygien avait donné un des premiers modèles de ce genre dans son apologue de *l'Épervier et du Rossignol*. Peut-être ne sera-t-on pas fâché de trouver ici cet ancien monument de l'art :

« Voici ce que disait un jour l'épervier à l'harmonieux rossignol, qu'il emportait au sein des nuages entre ses ongles recourbés.

Comme l'infortuné, percé des serres cruelles du ravisseur se plaignait en gémissant, celui-ci lui adressa ces dures paroles :

Malheureux, pourquoi ces plaintes ? un plus fort que toi te tient en sa puissance. Tu vas où je te conduis, quel que soit la douceur de tes chants ; je puis, si je le veux, faire de toi mon repas ; je puis te laisser échapper ; insensé qui voudrait résister à la volonté du plus fort, il serait privé de la victoire, et ne recueillerait que la honte et le malheur.

Ainsi parla l'épervier rapide aux ailes étendues. »

qui bannissait Homère de sa république, y donnât à Ésope une place honorable ; on ne sera point étonné que Platon voulût que les enfants suçassent ces fables avec le lait, et recommandât aux nourrices de les leur apprendre. Rien de plus pur que la morale d'Ésope ; rien de plus utile que les vérités qu'il a mises dans tout leur jour ; chez lui point de moralité fausse ou double, triviale ou sans intérêt.

Si on les considère sous le rapport littéraire, on trouvera que tous ses récits sont courts, simples et naturels ; son style est clair et précis, sa marche rapide et animée ; point de tableaux, point de réflexions, point de circonstances qui ne soient qu'agréables, point d'ornements qui n'aient leur utilité : Ésope n'omet rien de nécessaire pour faire ressortir sa morale, mais il ne dit rien de superflu. En général, brièveté, rapidité, simplicité, tels sont les caractères distinctifs des apologues d'Ésope, tels sont les caractères que devait avoir la fable, destinée seulement à instruire. Nous ne pensons point, avec Lamotte, qu'Ésope ne prisait pas assez ses apologues pour les orner : Ésope prisait ses apologues, sans doute, mais il ne les ornait pas, parce que son but était sur-tout d'instruire, et que le récit n'était pour lui qu'un objet accessoire.

V. A. Fribault, de l'Apologue.

ESQUISSE. On appelle ainsi en peinture un tableau qui n'est pas fini, mais où les figures, les traits, les effets de lumière et d'ombre, sont indiqués par des touches légères. La même expression s'applique à la poésie : mais à l'égard de celle-ci, elle exprime réellement la grande manière de peindre; car la description poétique n'est presque jamais un tableau fini, et rarement elle doit l'être.

Sur la toile du peintre on ne voit guère que ce que l'artiste y a mis, au lieu que dans une peinture poétique, chacun voit ce qu'il imagine: c'est le spectateur qui, d'après quelques touches du poète, se peint lui-même l'objet indiqué. Réunissez tous les peintres célèbres, et demandez-leur de copier Hélène d'après Homère, Armide d'après le Tasse, Ève d'après Milton, Corine et Délie d'après Ovide et Tibulle, l'esclave d'Anacréon, même d'après le portrait détaillé qu'en a fait ce poète voluptueux : toutes ces copies auront quelque chose d'analogue entre elles ; mais de mille, il n'y en aura pas deux qui se ressemblent, au point de faire deviner que l'original est le même. Chacun se fait une Ève, une Armide, une Hélène; et c'est l'un des charmes de la poésie de nous laisser le plaisir de créer. *Incessu patuit dea*, me dit Virgile. C'est à moi à me peindre Vénus.

Stat sonipes, ac fræna ferox spumantia mandit.

C'est à moi à tirer de là l'image d'un coursier superbe.

Mille trahens varios adverso sole colores.

Ne crois-je pas voir l'arc-en-ciel ?

Hic gelidi fontes, hic mollia prata, Lycori,
Hic nemus ; hic ipso tecum consumerer ævo.

Il n'en faut pas davantage pour se représenter un paysage délicieux. *Nunc seges ubi Troja fuit. In classem cadit omne nemus.* Voilà des tableaux esquissés d'un seul trait.

Le Tasse parle en maître sur l'art de peindre en poésie avec plus ou moins de détail, selon le plus ou le moins de gravité du style, en quoi il compare Virgile et Pétrarque.

Dederatque comas diffundere ventis,

dit Virgile, en parlant de Vénus déguisée en chasseresse. Pétrarque dit la même chose, mais d'un style plus fleuri :

Erano i capei d'oro à l'aura sparsi,
Ch'in mille dolci nod' gli avolgea.

Ambrosiæque comæ divinum vertice odorem
Spiravere. . . . .
(VIRGILE.)

E tutto il ciel, cantando il suo bel nome,
Sparser di rose i pargoletti amori.
(PÉTRAQUE.)

« E l'uno, et l'altro, conobbe il convenévole « nelle sua poesia. Perche Virgilio superò tutti poete « heroici di gravità, il Petrarca tutti gli antichi lirici « di vaghezza. » LE TASSE.

Le poète ne peut ni ne doit finir la peinture de la beauté physique : il ne le peut, manque de moyens pour en exprimer tous les traits avec la correction, la délicatesse que la nature y a mise, et pour les accorder avec cette harmonie, cette unité, d'où dépend l'effet de l'ensemble; il ne le doit pas, en eût-il les moyens, par la raison que plus il détaille son objet, plus il assujettit notre imagination à la sienne. Or quelle est l'intention du poète? Que chacun de nous se peigne vivement ce qu'il lui présente. Le soin qui doit l'occuper est donc de nous mettre sur la voie; et il n'a besoin pour cela que de quelques traits vivement touchés.

> Belle sans ornement, dans le simple appareil
> D'une beauté qu'on vient d'arracher au sommeil.

Qui de nous, à ces mots, ne voit pas Junie comme Néron vient de la voir? Mais il faut que ces traits, qui nous indiquent le tableau que nous avons à finir, soient tels que nous n'ayons aucune peine à remplir les vides. L'art du poète consiste alors à marquer ce qui ne tombe pas sous le sens du commun des hommes, ou ce qu'ils ne saisissent pas d'eux-mêmes avec assez de délicatesse ou de force, et à passer sous silence ce qu'il est facile d'imaginer: c'est ce que dans l'art du dessin on appelle toucher avec esprit.

MARMONTEL, Éléments de Littérature.

ÉTIENNE (CHARLES-GUILLAUME) est né le 6 janvier 1778, à Chamouilly, département de la Haute-Marne. Il avait à peu près dix-huit ans lorsqu'il vint à Paris, dans l'intention de suivre la carrière littéraire: d'abord il coopéra à la rédaction de différents journaux, et en même temps il essayait quelques petites pièces sur les théâtres secondaires; mais il ne faisait que préluder aux succès qui l'attendaient sur des scènes plus élevées. La jolie comédie de *Brueys et Palaprat* obtint au théâtre Français la réussite la plus flatteuse. L'intrigue en est légère; mais cette pièce, versifiée avec élégance et facilité, pétille d'esprit et de comique : la première scène sur-tout est remplie de vers heureux que tous les amateurs ont dans la mémoire. Cet ouvrage fit connaître M. Étienne dont les talents méritaient la protection que lui accorda le duc de Bassano. Il fut secrétaire de ce ministre pendant plusieurs années, et dès lors la fortune se plut à le combler de ses faveurs. En 1810, il fut nommé censeur du *Journal de l'Empire*, et quelque temps après, chef de la division littéraire au bureau de la police des journaux. L'année suivante, il fit représenter au théâtre Français la comédie des *Deux Gendres*. Le succès mérité qu'elle obtint lui ouvrit les portes de l'institut, à la mort de Laujon. M. Étienne reçut avis de sa nomination par un billet qui ne contenait que ce passage des Actes des Apôtres : *et elegerunt Stephanum, virum plenum Spiritu.* Mais la place qu'occupait M. Étienne, la faveur que le public accordait à ses ouvrages, soulevèrent contre lui une foule de jalousies particulières, qui n'attendaient que l'occasion de se manifester hautement. Elle se présenta. Un homme qui aurait dû mettre plus de ménagement dans sa vengeance, quels que fussent les motifs qui l'y eussent porté, déterra un vieux manuscrit d'un jésuite de Rennes, et prétendit que M. Étienne y avait copié sa comédie des *Deux Gendres*, exagérant beaucoup un plagiat fort ordinaire en littérature. Ce manuscrit intitulé *Conaxa* ou *les Gendres dupés*, offre en effet des ressemblances frappantes avec la pièce de M. Étienne. On ne peut se dissimuler qu'il y a puisé son action, quelques-uns des caractères, et peut-être une vingtaine de vers. Mais il y a loin de la pièce du jésuite à celle de M. Étienne, et l'éclat d'un style épigrammatique plein de nerf, des caractères tracés avec vérité, la couleur si vraie de l'époque, enfin tout ce qu'il y a de saillant dans *les deux Gendres* est bien la propriété de M. Étienne, qui n'eut d'autre tort que de ne pas vouloir avouer cet emprunt. C'est ainsi que le jugea le public, quand il eut sous les yeux les pièces du procès. La faction ennemie ne se tint pas néanmoins pour battue; on fit jouer *Conaxa* sur le théâtre de l'Odéon, et la cabale l'applaudit avec un transport facile à expliquer. Cette pièce est aujourd'hui retombée dans l'oubli, et *les Deux Gendres* feront encore long-temps l'ornement de la scène française. M. Étienne, que ces indignes tracasseries n'avaient point découragé, voulut prouver qu'il pouvait seul faire une bonne comédie, et il donna *l'Intrigante*. Cette pièce en cinq actes et en vers, qui fut jouée en 1813, réussit complètement. Le public y reconnut le talent de l'auteur des *Deux Gendres*, et, malgré la langueur de l'action, applaudit des détails pleins de vérité, des traits d'observation, un style piquant, et sur-tout une fidèle peinture des mœurs. Mais les représentations s'en trouvèrent tout à coup interrompues. L'empereur avait voulu voir la pièce aux Tuileries. Elle avait été généralement goûtée; mais les courtisans qui s'y voyaient peints d'une manière peu flatteuse, firent des réclamations, et un ordre défendit *l'Intrigante*, qui depuis ce temps n'a pas reparu sur la scène. En 1814, l'interdiction fut levée; mais l'auteur n'a pas cru devoir profiter de cette bienveillance. Il en donna les raisons dans une lettre que publièrent les journaux. La chute du gouvernement impérial fit perdre à M. Etienne tous ses emplois : en 1815, il ne fut pas compris dans l'ordonnance royale qui détermine la nouvelle organisation de l'institut. Depuis ce temps, étranger à toute fonction publique, il a consacré ses loisirs à la littérature et à la politique. C'est lui qui a publié dans la *Minerve Française*, *les Lettres sur Paris*, récit piquant des agitations de la ville et de la cour, depuis 1818 jusqu'en 1820. Cette même année, le département de la Meuse le choisit pour son député. On doit vivement regretter que la politique, absorbant tous les travaux de M. Étienne, l'ait enlevé à la littérature dans un âge où son talent nous promettait d'excellentes comédies. Celle des *Plaideurs sans procès*, en trois actes et en vers, obtint, en 1821, un succès de gaieté sur le Théâtre-Français, où cette jolie pièce se revoit de temps en temps avec plaisir. C'est le dernier ouvrage qu'il ait donné; car je ne sais s'il faut compter *la Lampe Merveilleuse*, grand opéra, qu'a soutenu le nom de Nicolo et de brillantes décorations, et auquel M. Étienne n'a pas cru devoir mettre son nom. Indépendamment des pièces dont nous avons parlé, il en a donné encore beaucoup d'autres aux différents théâtres : il a enrichi le répertoire de l'Opéra-Comique d'une foule de pièces charmantes dont le temps n'a point altéré la fraîcheur, et qui sont des modèles du genre. *Gulistan*, *une Heure de Mariage*, *un Jour à Paris*, *Cendrillon*, *Joconde*, *Jeannot et Colin* ont obtenu des succès de vogue qui dureront long-temps encore; *Joconde* sur-tout est le chef-d'œuvre de l'Opéra-Comique. On lui doit aussi la jolie comédie de *la Jeune Femme colère*, mise depuis en opéra comique avec Boïeldieu ; *Racine et Cavois*, comédie en trois actes et en vers, *le Rossignol*, opéra, etc. Il a donné avec M. Martinville une *Histoire du Théâtre Français*, depuis le commencement de la révolution jusqu'à la réunion générale, 1802, 4 vol. in-8°.

Ph. T.

JUGEMENTS.

I.

La comédie anecdotique ne diffère de la comédie d'intrigue que par une couleur historique répandue sur les incidents, et par la notoriété attachée au nom des personnages : ce qui donne à l'action et au caractère un intérêt de plus. Dans *Brueys et Palaprat*, la scène se passe le lendemain de la chute du *Grondeur*, qui fut, dit-on, sifflé par le théâtre et les loges, et protégé par le parterre. Le premier acte de cette pièce, aujourd'hui peu connue, est un chef-d'œuvre; le second est mêlé de bon et de mauvais; le dernier ne vaut rien : ce qui faisait dire à Brueys : le premier acte est tout de moi ; Palaprat a mis du sien dans le second, et il a fait en entier le dernier.

La première scène de la pièce est sur-tout brillante de style : les deux poètes s'entretiennent de la chute du *Grondeur* d'une manière très ingénieuse et très enjouée ; ils rient beaucoup d'un pauvre diable qui se tuait d'applaudir quand les autres sifflaient. Accusé par ses voisins d'avoir un billet de l'auteur : « J'en ai deux, dit-il, de cent écus chacun, « hypothéqués sur la pièce. » Les sifflets, ce jour-là, poursuivirent Brueys jusque dans la rue ; ce qui fait dire à Palaprat :

Mais ce droit qu'à la porte on achète en entrant
Boileau n'a jamais dit qu'on l'aurait en sortant.

Palaprat, parti de Toulouse pour assister au triomphe du *Grondeur*, est un peu fâché de n'être venu qu'à son enterrement. Il a fait connaissance en route avec un militaire, lequel vient lui rendre visite. Les deux amis l'invitent à dîner : Palaprat se charge des frais, et cependant

C'est un vaste désert que le fond de sa bourse ;

métaphore peut-être trop énergique. Quand il s'agit de sortir pour commander le repas, ils sont tous deux fort embarrassés ; chacun veut rester seul, parce qu'il attend sa maîtresse. Par un singulier hasard, ils ont tous deux la même maîtresse, et cette maîtresse est une actrice. Cela n'est pas croyable ;

deux auteurs gueux et vieux ne sont guère du goût d'une actrice, et d'une actrice qui a des dettes. Nos deux poètes, les meilleures gens du monde, avaient mal choisi leur maîtresse : c'était mademoiselle Bauval, bonne actrice et méchante femme. Quand l'actrice leur représente le mauvais état de ses finances, pour les engager à renoncer à leur amour, Palaprat y trouve au contraire *un trait de sympathie* : mais la sympathie de la misère éloigne les gens au lieu de les rapprocher. Les deux amis invitent aussi à dîner mademoiselle Bauval, avec l'inconnu, qui s'est dit un officier du duc de Vendôme : l'actrice accepte d'autant plus volontiers, que la seule épingle de diamants qui lui reste est un présent du duc.

Mais ce qui dérange beaucoup le dîner, c'est un huissier qui vient pour arrêter Brueys : Palaprat se présente à la place de son ami absent, et suit un des recors qui le mène en prison, pendant que l'huissier procède à l'inventaire des meubles. Brueys qui rentre, instruit du procédé héroïque de Palaprat, court pour le délivrer. Le militaire, soi-disant officier du duc de Vendôme, arrive pour dîner; et, voyant l'huissier qui griffonne, croit que c'est un poète qui travaille : bientôt il reconnaît son erreur, et renvoie l'huissier en se rendant caution de la dette. Mademoiselle Bauval avait aussi offert son épingle de diamants pour la délivrance des deux poètes; et c'est elle qui leur fait connaître que ce militaire inconnu n'est autre que le duc de Vendôme.

Ce dénouement est agréable, l'action vivement

conduite, le dialogue enjoué, semé de vers heureux et piquants........

Si l'intrigue convient à l'esprit des femmes, elle dégrade leur sexe par tous les mouvements qu'elle exige; c'est assez que les femmes sachent bien déguiser leurs sentiments et conduire avec art certaines intrigues galantes et mystérieuses; c'est assez qu'il leur soit en quelque sorte permis de tromper dans les affaires du cœur : mais intriguer pour les affaires du dehors, faire un commerce public, et, pour ainsi dire, officiel de mensonges, de fourberies, de faussetés, de noirceurs, c'est un métier qui avilit une femme, qui compromet sa réputation, et met son honneur en danger. Voilà pourquoi, dans le monde, les femmes ne deviennent intrigantes en titre, qu'à l'âge où elles n'ont plus rien à craindre du côté de l'honneur de leur sexe.

Dans les comédies, les intrigues sont menées le plus souvent par des valets et des soubrettes, par des aventuriers et des quidams : quelquefois aussi, comme dans *le Méchant*, c'est un homme de qualité qui s'abaisse à cet indigne métier de fourbe. L'intrigante de la pièce nouvelle est aussi une femme d'un rang distingué : c'est une baronne et sur-tout une méchante femme; elle devrait s'appeler *la méchante* plutôt que *l'intrigante;* elle ressemble beaucoup au Méchant de Gresset par la noirceur, mais elle ne lui ressemble point du tout par l'esprit. Il n'y a point d'esprit, point d'adresse, point de subtilité, point de combinaisons fines dans sa conduite : il n'y a que de la fougue et de l'entêtement : cette intrigante, au fond, n'est qu'une folle. Que se propose-t-elle? une chose qui doit paraître impossible à toute femme pourvue d'un grain de sens et de raison. Marier une fille qui a *un million d'écus* à un seigneur ruiné, cela est assurément très possible, quand la fille est une sotte, éprise de la cour, et quand la mère, plus sotte encore que la fille, est une madame Abraham. Mais marier à un courtisan une fille raisonnable, vertueuse, modeste, pénétrée d'un véritable amour pour un jeune homme digne d'elle; la marier, avec une immense fortune, malgré son père qu'elle aime et qu'elle respecte, malgré un père connu pour un bon négociant, estimant son état, simple, économe, intègre, et sur-tout ferme et inébranlable dans son système de conduite; c'est un projet fou, qui ne peut tomber que dans la tête d'une folle, et qui, pour son exécution, semble ne pouvoir admettre que des moyens aussi fous que le projet : c'est cependant là le projet de la baronne intrigante, et tel est le fondement ruineux sur lequel repose tout l'édifice de la pièce.

M. Dorvillé est un riche négociant à la tête de grandes manufactures. Après M. Vanderk, le philosophe sans le savoir, c'est le plus sage et le plus honnête négociant que je connaisse au théâtre : tous les deux ont les mêmes idées, les mêmes principes, la même estime pour leur état; et je ne donne la préférence à M. Vanderk, qui fait de la prose, sur M. Dorvillé, qui dit des vers, que parce que M. Vanderk est le premier en date, et que l'original doit passer avant la copie.

On ne comprend pas comment ce M. Dorvillé, avec son caractère et sa manière de penser, a pu choisir une femme dans une famille noble et ruinée, dont il lui a fallu réparer les désastres : son argent, comme dit George Dandin, *a servi à boucher d'assez bons trous;* mais il eût été mieux employé à ses filatures. Ce négociant a une fille charmante, une fille de vingt ans, qu'il destine à un jeune militaire dont le père était son ami : mais, pour son malheur, ce bon M. Dorvillé a une belle-sœur infernale : c'est, comme dit le caissier, *la Discorde en personne;* c'est une furie qui est venue s'établir dans la maison du beau-frère, pendant son absence, pour y mettre le trouble et le désordre : elle a meublé cette maison avec le luxe le plus scandaleux, et l'a remplie de valets insolents et fripons : elle a tenu table ouverte pour tous les originaux et badauds qui lui font la cour : elle a même corrompu le caractère de sa sœur, et l'a jetée dans des dépenses folles : tout cela aux dépens du beau-frère. Au retour de son voyage, ce brave homme ne reconnaît plus sa maison : il y est tourmenté d'un tas d'étrangers plus ridicules les uns que les autres ; et, pour l'achever, on le régale d'un mémoire effrayant où il trouve que, pendant quelques mois d'absence, il a plus dépensé qu'il n'aurait pu faire en plusieurs années. Cette idée est assez bonne, mais elle est empruntée de l'*École des Mères*, de La Chaussée. On voit dans cette pièce le maître de la maison, homme riche, mais simple et sensé, fort étonné de se voir, au retour d'un voyage, arrêté à sa porte par un suisse : sa femme et son fils, dans son absence, ont pris un train de grand seigneur dont il est indigné.

M. Dorvillé rétablit l'ordre dans sa maison, et y fait les réformes convenables : mais il ne fait pas la plus importante et la plus nécessaire; il ne met pas hors de chez lui cette fatale belle-sœur. Mais c'est l'héroïne de la pièce : si on la chassait, il faudrait baisser la toile.

Cette méchante femme n'est qu'odieuse, et point du tout comique. La grande règle de la comédie, c'est qu'il faut présenter les vices du côté comique, et couvrir par la gaieté ce qu'ils ont naturellement de hideux. L'ingratitude, la trahison, le mensonge et la rage n'égaient point l'imagination, et c'est le seul tableau qu'offre la baronne. Il a donc fallu que l'auteur cherchât son comique ailleurs que dans son principal personnage : il a chargé un médecin français et un baron allemand de réjouir l'assemblée, pour la distraire un peu des méchancetés de l'intrigante : mais le hasard a voulu que ces deux caricatures ne se soient point trouvées plaisantes. Le médecin est un fat révoltant qui met à contribution les douleurs des gens de qualité qu'il traite; qui n'a de crédit auprès d'eux qu'autant qu'ils ont besoin de lui pour les guérir. Le baron allemand n'est que niais; il devient même plaisant, lorsqu'arrivant pour dîner, il trouve tout le monde hors de table, et n'entend parler que d'affaires. Ces deux personnages épisodiques sont cependant nécessaires : le médecin est le seul appui qu'ait à la cour la baronne, et la cheville ouvrière de ses fameuses intrigues; le baron est extrêmement utile pour prêter sa voiture à la baronne au moment où, voulant sortir, elle serait obligée, sans lui, de prendre un fiacre; ce qui serait bien ignoble pour l'illustre intrigante.

Un troisième personnage, qui devait être comique, est le comte de Saint-Phar, espèce d'imbécile et d'automate, qui attend des ordres pour penser, et qui ne pourrait pas obéir quand même il en recevrait.

C'est à ce mannequin doré que l'intrigante veut marier sa nièce, la fille de M. Dorvillé, quoique son père ait très positivement choisi un autre gendre; et la ressource que la baronne imagine pour combattre et détruire le pouvoir sacré d'un père, est une des principales causes de la chute de la pièce. Le père reçoit en effet je ne sais quel papier : il part tout alarmé, et revient joyeux pour marier sa fille au gendre qu'il a choisi, à la grande confusion de l'intrigante qui, sans doute, est chassée de la maison.

L'intrigante n'agit point, et tout son rôle est en tirades oiseuses, en verbiage, en déclamation; c'est précisément tout le contraire de ce que doit dire et faire une véritable intrigante. Il y a une scène où la baronne, croyant le mariage dejà fait, félicite sa nièce sur son titre de comtesse, sur le rang qu'elle va tenir à la cour, et lui fait entendre que ses charmes pourraient faire en ce pays-là de brillantes conquêtes. La jeune personne ne répond à ces insinuations immorales que par ces mots simples et vrais : *Je ne vous comprends pas*. Elle vante à son tour le bonheur d'une union bien assortie, les charmes d'une société domestique, où président l'amour et la vertu; et la tante répond aussi : *Je ne vous comprends pas;* réponse qui prouve à quel point son esprit et ses mœurs sont corrompus par l'ambition.

Les défauts essentiels de la pièce, et auxquels il ne paraît pas qu'il y ait de remède, sont le défaut de comique, le défaut d'action et d'ensemble : le mérite de l'ouvrage est dans quelques détails agréables, dans quelques vers heureusement tournés. Le fond est totalement vicieux : c'est une conception fausse et malheureuse.

GEOFFROY.

II.

La vraie pierre de touche d'une pièce de théâtre n'est pas, selon moi, la lecture du cabinet, mais la représentation ; heureuses toutefois les productions qui soutiennent également bien l'une et l'autre épreuve !

La comédie des *Deux Gendres* me semble être de ce nombre : très agréable au théâtre, elle ne perd point à la lecture : c'est le propre des ouvrages dramatiques qui joignent le mérite du style à celui de la conception. Les *Deux Gendres* ont triomphé de ces critiques précipitées, de ces arrêts prononcés à la hâte, trop souvent adoptés de confiance par ceux qui n'ont pas d'avis en propre, c'est-à-dire par le grand nombre; ils ne redoutent pas une censure plus attentive et plus méditée

chargé de cet examen réfléchi, je parlerai de cet ouvrage avec autant de franchise que si aucune considération particulière ne devait modifier mon opinion, ni effaroucher ma liberté : je ne me piquerai d'être d'accord avec personne; et je ne vois, dans la position de l'auteur, qu'un droit à la plus exacte impartialité.

Les ingénieuses et jolies bagatelles qui furent les jeux de sa première jeunesse, et qui ont commencé sa réputation littéraire, annonçaient sinon le talent qu'il vient de montrer dans l'exécution d'une comédie en cinq actes et en vers, du moins la nature et le caractère de ce talent : on y voyait percer, d'une manière plus ou moins saillante, une certaine disposition à fronder avec esprit et finesse les mœurs du moment; à relever, avec encore plus de malice peut-être que de gaieté, les ridicules du jour; à employer tous les traits de l'épigramme, et même tous ceux de la satire, contre l'impudence du vice; à caractériser avec rapidité, mais avec une sorte d'amertume, les désordres, qui appartiennent plus particulièrement au temps où nous vivons; à les marquer des couleurs qui leur sont propres; à prodiguer le sel de cette espèce d'allusions, qui semblent sortir du cercle des généralités, et qui se rapprochent, autant qu'il est possible, de la satire personnelle; à enfoncer et à tourner l'aiguillon dans les entrailles mêmes de l'homme pervers, effronté et ridicule.

Telle est, si je ne me trompe, la physionomie du talent de l'auteur dans presque toutes les compositions qui ont précédé les *Deux Gendres;* telle est la teinte qui distingue son pinceau et ses productions, et qui donne à ses ouvrages le mérite si rare de l'originalité : nul auteur dramatique ne paraît s'être plus appliqué, non-seulement à observer les travers, les ridicules, les vices qui dominent aujourd'hui dans la société, et qui, nés au milieu des ruines de l'ordre social et dans les fermentations révolutionnaires, ont des traits qui leur sont propres, mais à saisir ces traits et ces nuances qui séparent une époque d'une autre époque, et qui ne permettent pas à l'œil attentif de l'observateur de confondre les ridicules du jour avec ceux du lendemain : la tournure de son talent appartient aux circonstances, aux évènements, aux spectacles, parmi lesquels il a passé sa jeunesse : elle y est singulièrement appropriée : la nature même de ses saillies comiques tient quelque chose d'une époque où l'on avait encore plus de vices à signaler que de ridicules à peindre : elles sont moins gaies qu'ingénieuses, vives et caustiques; et l'espèce de sérieux qu'il porte, pour ainsi dire, jusque dans ses plaisanteries, et qui les rend moins enjouées sans les rendre moins piquantes, pouvait faire prévoir que, si jamais il voulait s'occuper de composer une comédie, il choisirait le genre de comique le plus relevé. Du reste, parmi ces traits généraux et principaux de son talent, considéré sous le point de vue moral, on observait, sous le rapport de l'art, d'un côté, une certaine tendance au drame, et à ce qu'on appelle l'*intérêt;* de l'autre, un léger défaut de mesure qui le disposait à pousser quelquefois les plaisanteries de situation jusqu'à la farce, et à jeter dans ses tableaux quelques caricatures au milieu de ses personnages comiques : les *Deux Gendres* eux-mêmes se rapprochent en quelques points du drame, et l'auteur y avait mis d'abord une scène de valets qui n'était qu'une charge indigne du reste de la pièce, et qu'il a eu la sagesse de supprimer.

En cédant à l'impulsion naturelle de son talent, qui le porte à la comédie qu'on pourrait appeler *satirique*, l'auteur, dès son début, ne s'est point dissimulé les inconvénients du genre auquel il est appelé : l'épigraphe qu'il a mise en tête de sa pièce prouve assez qu'il craint que ses traits ne blessent, et que sa manière ne prête trop à des applications particulières ; mais cette crainte ne doit, je pense, ni l'arrêter, ni le troubler dans la carrière où il vient d'entrer avec tant d'éclat : la vraie comédie, celle qui est autre chose qu'un tissu brillant de scènes ingénieuses et de tirades élégantes, la comédie véritable est la peinture des mœurs et la censure des vices, des sottises et des ridicules : peut-elle admettre ces ménagements inquiets et ces scrupules méticuleux qui énerveraient ses pinceaux et affaibliraient ses couleurs ? Il faut que l'auteur comique crayonne ses portraits d'une main ferme et hardie ; et que, tranquille sur les applications qu'en peut faire un public, souvent plus malin que lui-même, il laisse murmurer les consciences, ou qu'il jette sa palette, et qu'il abandonne son art. En touchant aux plaies les plus vives et les plus douloureuses de la morale publique, l'auteur des *Deux Gendres* a dû s'attendre à quelques cris; mais ces cris font partie de son triomphe, et semblent lui dire, comme ce vieillard à la première représentation des *Précieuses ridicules* : « Courage, voilà la « bonne comédie ! »

Son genre est en effet excellent : on se plaignait depuis long-temps que parmi tant d'auteurs comiques d'un mérite plus ou moins distingué dont notre littérature s'honore aujourd'hui, il ne s'en trouvât aucun dont le talent fût spécialement approprié à l'époque actuelle : on n'a plus de regrets ni de désirs à former, si l'auteur des *Deux Gendres* persiste et se soutient, comme on doit l'espérer, dans la route nouvelle qu'il s'est ouverte : ses premiers pas montrent qu'il peut aller loin ; son coup d'essai signale un rare talent; et si à toutes les qualités qu'on y voit briller, sa pièce joignait le mérite de rouler sur le développement d'un seul caractère, elle le placerait, sans contredit, à la tête de tous ceux qui courent aujourd'hui la même carrière; mais la complication de ses deux personnages principaux me paraît être un défaut grave : il s'est proposé de peindre deux hypocrites qui veulent usurper l'estime et la considération par des moyens différents, et l'hypocrisie se présente sous des traits bien plus frappants et bien plus odieux dans son *philanthrope*, qui n'est pas le personnage le plus saillant, que dans son *ambitieux*, qui joue véritablement le premier rôle : cette combinaison, cet ordre de choses, qui n'est pas naturel, ne contrarient-ils pas le dessein de l'auteur ? Un prétendu philanthrope, assez inhumain, assez barbare pour dépouiller et chasser son beau-père, est un être plus détestable encore qu'un homme avide de places et d'honneurs, qui est en même temps mauvais fils, et qui, sans aucune prétention aux sublimités de la morale, ne craint de paraître ce qu'il est que parce qu'il croit utile à son ambition de tromper l'opinion publique : l'un a sans cesse à la bouche les mots de *bienfaisance* et d'*humanité*, tandis que sa conduite décèle l'âme la plus aride, et trahit le cœur le plus dur : voilà le véritable *hypocrite!* L'autre ne rêve que *places* et *ministères*, et foule aux pieds tous les devoirs de l'honneur et tous les droits de la nature : voilà l'*ambitieux*, mais seulement l'ambitieux; il est vrai qu'il *craint le scandale*, qu'il redoute l'opinion publique, et, en cela, il n'est hypocrite et faux qu'autant qu'un ambitieux doit l'être : il a sa dose d'hypocrisie comme le philanthrope lui-même a sa dose d'ambition, mais il ne peut pas plus être considéré comme un hypocrite, que le philanthrope ne peut être considéré comme un ambitieux proprement dit. Enfin, si je ne me trompe, ces deux personnages sont tellement amalgamés l'un avec l'autre, que chacun d'eux perdrait toute son importance dramatique si on les séparait, et tomberait, sous le rapport de l'effet théâtral, dans la plus complète nullité ; ce qui prouve qu'ils ont chacun quelque chose d'incomplet et de vague qui ne permet pas de les regarder comme des caractères suffisamment bien dessinés. Remarquons aussi que la moralité de la pièce ne jaillit point du fond et du développement de ces caractères, mais de la conduite du beau-père, triste jouet et déplorable victime de l'ambitieux et du philanthrope : en effet, ce que le spectateur apprend dans cette pièce, ou du moins ce qu'on veut qu'il apprenne, et ce que l'auteur énonce formellement dans le dernier couplet, c'est qu'un père ne doit pas avoir de *lâche complaisance pour ses enfants* ; moralité assez commune, qui est la même que celle des *Fils Ingrats* de Piron, et qui a pu donner lieu à la comparaison affectée qu'on a voulu établir entre deux compositions d'un mérite si différent, entre un mauvais drame et une belle comédie, entre un ouvrage qui n'a eu aucun succès et une pièce qui restera au théâtre : or, l'auteur des *Deux Gendres* ne semble-t-il pas promettre tout autre chose qu'un pareil résultat? Car il n'a pas fait et n'a pas voulu faire du beau-père le personnage principal de sa pièce, comme on pourrait le croire d'après la moralité, mais bien mettre en première ligne les deux gendres, l'un avec son *ambition*, l'autre avec sa *philanthropie*, tous deux avec leur *crainte du scandale*. La faiblesse du beau-père ne sert qu'à faire éclater leurs vices, et qu'à mettre au jour toute leur perversité. Que conclure de ces observations? que l'auteur des *Deux Gendres* s'élèvera au-dessus de ce premier ouvrage lorsqu'il donnera une comédie dans laquelle il aura employé tout le talent qu'il annonce, et tout l'art dont il est capable, à la peinture et au développement d'un seul et unique caractère principal.

« La contexture générale de la pièce est d'un écrivain qui entend bien le théâtre, qui connaît la scène, et qui s'est préparé long-temps par de petits ouvrages à des compositions plus difficiles et plus importantes : l'intrigue, à la vérité, est peu de chose; le nœud consiste dans la question de savoir si le beau-père, exclu des maisons de l'un et de l'autre gendre, couchera dans la rue, ou pourra trouver quelque gîte plus honnête : l'arrivée d'un ami de Bordeaux tranche le nœud, et les deux gendres finissent par rendre, avec un peu de précipitation, les biens qui leur avaient été donnés avec beaucoup de légèreté. Mais plusieurs situations énergiques ou piquantes, et un grand nombre de scènes conçues avec finesse, et développées avec art, consolent la raison et le goût de ce qu'ils peuvent trouver ou de trop peu motivé, ou de trop hasardé dans le fond de l'ouvrage, et font même oublier que l'auteur a éludé une des principales difficultés de l'art, en n'observant point l'*unité de lieu* avec toute la rigueur que semblaient lui commander le caractère même de sa composition, et la sévérité du genre qu'il a choisi : c'est dans les ouvrages importants que l'art est jaloux de ses droits; son joug devient plus étroit à mesure que nos prétentions s'élèvent; et ce qui peut être une grace dans un opéra comique, est souvent une faute dans une comédie. Les derniers actes sont pleins de chaleur et d'intérêt, et si l'on sent quelque vide, quelque langueur dans le commencement de la pièce, le premier acte au moins est un chef-d'œuvre de netteté : il renferme toute l'exposition ; et cette exposition est d'une clarté admirable ; les personnages, bien caractérisés dès la première scène, se présentent successivement dans les scènes suivantes, et se font connaître de la manière la plus satisfaisante; ils ont tous des traits convenables, et les moins importants se groupent très bien autour des principales figures : la femme de l'ambitieux est un de ces caractères mixtes, qui joignent à beaucoup de frivolité, d'inconséquence et d'étourderie, un certain fond de sensibilité vraie, et quelque reste de bonté naturelle : la fille du philanthrope est une jeune personne pleine de douceur et d'ingénuité; le petit cousin qu'elle aime, sans trop démêler le sentiment qu'elle éprouve, intéresse par le malheur de sa position, et par la noble fierté de son caractère; la faiblesse du beau-père inspire peut-être une pitié trop voisine d'un sentiment moins favorable; mais l'ami de Bordeaux est un de ces personnages qui sont toujours sûrs de réussir au théâtre, fermes et sensibles à la fois, bienfaisants avec brusquerie, et tendres avec rudesse : son arrivée met tout en feu; la faiblesse est ranimée par son courage, et le vice orgueilleux plie et s'humilie en sa présence : son ascendant donne à tout une face imprévue : ses discours sont pleins d'énergie, de raison et d'autorité. C'est le *Chrémès* qui élève le ton de la comédie jusqu'à celui de la plus haute éloquence :

Interdùm..... et vocem comœdia tollit,
Iratusque Chremes tumido delitigat ore.

Je n'ai pas besoin, je crois, d'entrer dans une analyse plus exacte et plus détaillée de cette pièce : ses beautés et ses défauts, éclairés par le grand jour de la scène, ont été aperçus et sentis par tous les gens de goût. Le coloris en est fort et sévère, les intentions fines et profondes, le comique original ; quelques scènes où l'auteur sacrifiant à la mode, et peut-être cédant à une des impulsions de son talent, a répandu des teintes d'une sensibilité larmoyante, et des traits de mignardise, sans être très répréhensibles en elles-mêmes, peuvent faire craindre qu'il ne veuille pas toujours se défier assez de l'attrait de son penchant et des séductions du goût actuel : cette observation est moins une critique qu'un avis.

Il règne dans cette comédie un ton et une correction de style d'autant plus remarquables qu'ils sont plus rares aujourd'hui : quelques-uns de nos auteurs comiques, quelques-uns même de ceux dont le talent et la réputation s'élèvent au-dessus de la foule, semblent croire qu'une observation exacte des règles de la grammaire et des lois du langage éteindrait l'ardeur de leur verve, et que des solécismes et des barbarismes sont les meilleurs auxiliaires de leur génie ; d'autres, qui se distinguent par leur manière d'écrire, qui se sentent forts de leur style, abusent de ce talent et de cette force, substituent à la vivacité de l'action dramatique, à l'artifice d'une fable bien conçue, au développement animé des caractères, des morceaux écrits avec légèreté, avec finesse, avec élégance, et paraissent se persuader qu'une comédie peut n'être autre chose qu'un recueil de conversations aussi longues et aussi froides qu'ingénieuses, qu'un tissu de jolies narrations et de tirades agréables. Je ne parle pas de ceux qui ne font parler Thalie qu'en madrigaux, qui la déguisent en *précieuse ridicule*, et s'imaginent avoir le meilleur ton, parce qu'ils ont le goût le plus détestable.

Tant d'exemples dangereux n'ont point égaré le talent de l'auteur des *Deux Gendres* : il ne paraît point penser qu'il faille être barbare pour être naturel, précieux et maniéré, pour être aimable et intéressant; qu'on ne peut plaire à la *bonne compagnie* qu'autant qu'on blesse le bon sens; et que si l'on est doué de quelque facilité pour écrire, on doit s'y livrer sans frein et sans retenue, noyer tout dans des torrents de jolis vers, et faire pleuvoir sur les spectateurs un déluge de mots artistement arrangés, et de phrases plus ou moins spirituelles et brillantes : le plus sévère grammairien trouverait difficilement, dans toute l'étendue de sa pièce, une phrase, une construction, une tournure qui pût provoquer sa censure, ou même lui donner de l'inquiétude; et cette correction, cette pureté de diction, très estimable en elle-même, a d'autant plus de prix, qu'elle semble n'avoir rien coûté : partout le style est aisé, facile, d'une rapidité qui exclut l'idée de l'étude et du travail; l'esprit qui brille dans cet ouvrage montre bien qu'il ne tenait qu'à l'auteur de prodiguer les tirades ambitieuses, les morceaux à prétention ; et la sagesse, la réserve

avec lesquelles il a usé de son talent, font beaucoup
d'honneur à son goût : rien d'étranger au sujet, rien
qu'on pût retrancher sans attaquer le fond même
des choses; aucun développement de style qui ne
soit appelé et nécessaire, qui dégénère en luxe,
qui s'étende au-delà des justes bornes que le jugement prescrit à la facilité ; nul ornement postiche;
une sévérité telle, que peut-être quelques lecteurs
n'en sentiront pas tout le mérite : quelques esprits
amoureux des superfluités brillantes, pourront regretter que l'auteur ne se soit pas abandonné davantage à la fécondité de son imagination, et n'ait
pas eu plus de condescendance pour le goût actuel;
mais les vrais connaisseurs lui sauront gré de sa retenue : il a mieux aimé multiplier ces traits rapides
qui frappent comme des éclairs, et qui pénètrent
l'esprit sans absorber l'attention ; toute la pièce en
étincelle ; quelques-uns de ces traits sont si justes
et si forts, qu'ils deviendront proverbes :

C'est pour les malheureux un homme de ressource :
Il leur prête sa plume et leur ferme sa bourse.

Et ailleurs :

Il a poussé si loin l'ardeur philanthropique,
Qu'il nourrit tous ses gens de soupe économique.

Plus loin :

Ah ! la philanthropie est souvent bien barbare !

Et toujours sur le même sujet :

La charité, jadis, s'exerçait sans éclat ;

A Paris, maintenant, on s'en fait un état.
....
Il s'est fait bienfaisant pour être quelque chose.

Sur d'autres sujets :

....
Les pères complaisants font les enfants ingrats.

L'ambitieux recommande à sa femme de cacher ses larmes, et de ne pas montrer sa douleur aux gens qu'il a invités à dîner :

C'est fort essentiel, je vous en avertis :
Ceux qui dînent chez moi ne sont pas mes amis.

Dalainville s'excuse, auprès de l'ami de Bordeaux, des torts de ses domestiques envers son beau-père; l'ami répond :

Ils n'insultent point ceux que respecte leur maître.

Un trait de caractère excellent et digne de nos plus grands comiques, c'est celui de Dervière, le *philanthrope*, lorsque les *deux gendres* s'humilient devant le beau-père, qui ne veut pas les écouter; le *philanthrope* s'écrie d'une voix lamentable :

Laissez nous dire au moins que nous sommes coupables!

Dans un autre genre, le valet du beau-père, très maltraité par les gens de l'*ambitieux*, laisse échapper un mot fort plaisant : au moment où le premier laquais de Dalainville l'accable d'injures et d'outrages et le pousse à la dernière extrémité, il dit entre ses dents :

Morbleu! si les duels n'étaient pas défendus!

Je pourrais citer une foule d'autres traits non moins saillants; mais pour donner une idée juste du style de l'auteur, je dois mettre sous les yeux des lecteurs quelques morceaux d'une certaine étendue. Voici le portrait que le valet du beau-père fait de la femme de l'*ambitieux* :

<pre>
      . . . . . . De ce monde pervers
Elle a facilement adopté les travers;
Le désir de briller, l'amour de la parure,
Font taire dans son cœur la voix de la nature :
Elle vous aime au fond; mais cent futilités
Occupent tout son temps; si vous vous présentez,
Elle répète un pas, ou bien elle étudie
Quelque rôle nouveau dans une comédie :
Car la mode du jour est d'apprendre aux enfants
Tout, hormis le respect qu'on doit à ses parents :
Le jour de votre fête, elle n'est point venue;
Je n'en suis pas surpris : comment l'auriez-vous vue ?
Madame, à son hôtel, avait spectacle et bal;
Le soir, elle jouait dans *l'Amour filial*;
Et vous concevez bien qu'une si grande affaire
Ne lui permettait pas de songer à son père.
</pre>

Ces vers sont parfaitement bien tournés; mais il me semble que cet excellent trait,

<pre>
Car la mode du jour est d'apprendre aux enfants
Tout, hormis le respect qu'on doit à ses parents,
</pre>

n'est pas appliqué ici avec assez de justesse et de

netteté : on croirait que madame Dalainville en est encore à son éducation, et il n'est point question de cela.

La jeune et intéressante Amélie laisse ainsi entrevoir l'amour qu'elle éprouve pour son cousin :

.... Si je l'aime !
Hélas ! j'en ai bien peur ; mais prononcez vous-même :
Du matin jusqu'au soir je ne songe qu'à lui ;
Quand il est loin de moi, tout m'inspire l'ennui ;
Mais que je suis heureuse aussitôt qu'il arrive !
Je prête à ce qu'il dit une oreille attentive :
Pour moi tous ses discours ont un *charme enchanteur :*
Je n'ai point de mémoire, et je les sais par cœur ;
Donne-t-il son avis, soudain je le partage ;
Tout semble à mes regards retracer son image ;
La nuit même j'y rêve, et j'en parle le jour :
Ah ! je suis bien trompée, ou c'est là de l'amour !

Ce morceau est très bien écrit, très joli, trop joli peut-être ; c'est le seul où l'on aperçoive un peu de cette gentillesse, qui est si fort à la mode aujourd'hui. On ne peut dire : *un charme enchanteur :* c'est une espèce de pléonasme ; c'est une forte négligence.

Le beau-père peint de couleurs très vives et très fortement satiriques, les réunions et les dîners du grand monde :

Dans le grand monde, il est aisé de deviner
Quelle sorte de gens on rencontre à dîner :
Des hommes en faveur, de graves personnages,
Qu'on a soin d'inviter pour avoir leurs suffrages ;

Quelques seigneurs venus des pays étrangers,
Et s'efforçant en vain de paraître légers ;
Certains mauvais plaisants, courant toujours le monde,
Devinant un repas une lieue à la ronde :
Misérables bouffons, parasites connus,
Des Lucullus nouveaux, complaisants assidus ;
D'autres, dont l'industrie est la seule ressource,
Vrais courtiers de bureaux, politiques de bourse,
Chaque jour, de scandale et de propos méchants
Fabricant un recueil pour divertir les grands :
Hommes perdus d'honneur, avides mercenaires,
Qui, tour à tour, agents de plaisirs et d'affaires,
Par leur impertinence indignent tout Paris.
Et se sont fait un nom à force de mépris.

Avons-nous aujourd'hui beaucoup de poètes qui écrivent avec ce nerf et cette vigueur ? Cette peinture est de main de maître.

Le jeune Charles raconte le malheur qui lui est arrivé chez le banquier dans les bureaux duquel il était placé :

De ce coup imprévu je suis encor frappé :
Non, jamais, de la sorte on ne se vit trompé :
La place que j'avais, quelques économies,
Par ce désastre affreux me sont toutes ravies ;
Lui-même, ce matin, m'a conté son malheur :
« Vous voyez, m'a-t-il dit, l'excès de ma douleur ;
« Après un tel revers, il faut que je m'exile ;
« Mais dans le monde, hélas ! je n'ai pas un asyle :
« De la pitié d'autrui me voilà dépendant. »
Il s'élance, à ces mots, dans un char élégant,
En ajoutant d'un ton qui m'a pénétré l'ame :
« Je vais m'ensevelir au château de ma femme. »

N'est-ce pas là le style de la vraie comédie! Veut-on un dialogue vif et plein de sel, qu'on lise cette conversation de l'*ambitieux* et de sa femme :

DALAINVILLE.

Le comte de Saint-Far vient de se dégager :
Au reste, nous aurons presqu'un autre lui-même,
Madame de Plinval.

Madame DALAINVILLE.

Ma surprise est extrême :
Puis-je la recevoir chez moi?

DALAINVILLE.

Sans contredit.

Madame DALAINVILLE.

On en parle assez mal.

DALAINVILLE.

Mais elle a du crédit :
Elle est très recherchée, en tous lieux on l'invite :
On aime sa personne en blâmant sa conduite ;
Cela paraît d'ailleurs arranger son époux :
Le public, plus que lui, doit-il être jaloux?

Madame DALAINVILLE.

Elle est donc mariée? Allons, c'est impossible :
Ou bien elle a fait choix d'un époux invisible :
On ne le connaît point.

DALAINVILLE.

Ce n'est pas étonnant :
Elle l'a fait placer dans un département.

Les scènes où paraît Frémont, cet ami de Bordeaux, sont pleines de morceaux dans lesquels le ton de la comédie s'élève jusqu'à celui de la plus mâle éloquence; il offre de partager sa fortune avec le beau-père son ami :

>Ne me refusez pas : en rompant le traité
>Qui jadis à la vôtre unissait ma fortune,
>Entre nous l'amitié *resta toujours commune* :
>Eh bien, en ce moment, voulez-vous m'obliger ?
>Sans faire de façon venez chez moi loger :
>Vous trouverez bon feu, bon lit et bonne table,
>Bon visage sur-tout, compagnie agréable;
>Et quitte pour toujours de vos ingrats parents,
>Vous vivrez en famille avec de bonnes gens.

Quelle franchise de ton et de style! Je ne sais si l'on peut dire que l'amitié *reste toujours commune entre deux amis* : il y a là un petit défaut de clarté, facile, je crois, à corriger. Écoutons cette réponse de Frémont à Dervière, qui lui parle de ses écrits *philanthropiques* :

>Eh ! vos écrits, monsieur, ne font vivre personne :
>Le plus beau des discours ne vaut pas une aumône;
>Et quand un malheureux vous vient tendre la main,
>Laissez-là vos écrits et donnez-lui du pain !

Ces quatre vers sont restés dans la mémoire de tout le monde.

L'auteur, comme on le voit, prend tous les tons avec aisance. J'ai multiplié les citations, et je n'ai pas cru pouvoir en faire trop, parce qu'éprouvant le besoin de louer beaucoup, j'ai éprouvé celui de justifier, par des preuves sans réplique, toutes mes louanges. Je n'ai rien dit de vague : mes éloges sont appuyés par des exemples. M. Étienne avait montré beaucoup d'esprit dans ses premiers ouvrages; il vient de montrer un grand talent, dans lequel on doit avoir d'autant plus de confiance, que l'auteur, ce qui est plus rare qu'on ne pense, y joint du goût; qualité sans laquelle les plus heureux dons de l'esprit et de l'imagination ont toujours quelque chose d'incomplet :

..... Curtæ nescio quid
Semper abest rei.

DUSSAULT, *Annales littéraires*.

EURIPIDE était né à Salamine, au milieu des fêtes que l'on célébrait pour la victoire qui a rendu ce nom si fameux*. Il cultiva d'abord la philosophie sous Anaxagore et Socrate** : c'était le temps où elle commençait à régner dans Athènes. Mais Euripide, effrayé des persécutions qu'elle avait attirées à son premier maître, Anaxagore, qui eut besoin, pour y échapper, de tout le crédit de Périclès, se tourna vers le théâtre, et eut bientôt des succès assez éclatants pour balancer ceux de Sophocle. La jalousie les brouilla d'abord; mais dans la suite ils se rendirent une justice réciproque, et devinrent amis. Euripide composa environ quatre-vingts pièces***,

* D'autres disent le jour même de la bataille, dans la première année de la LXXIIe olympiade, 480 avant J.-C. H. PATIN.

** Peut être n'est-il pas exact de dire qu'Euripide étudia la philosophie sous Socrate, qui était plus jeune que lui de quelques années et avant lequel il mourut. H. P.

*** Schoell dit cent vingt, je ne sais d'après quelle autorité. Ces diffé-

dont quinze furent couronnées. Il nous en reste dix-huit. Appelé à la cour d'Archélaüs, roi de Macédoine, il fut honoré de la faveur de ce prince et comblé de ses bienfaits. Sa fin fut malheureuse : s'étant trouvé seul dans un lieu écarté, il fut dévoré par des chiens. Les Athéniens redemandèrent son corps pour lui donner la sépulture la plus honorable; mais Archélaüs refusa de le rendre, jaloux de conserver à la Macédoine, les restes d'un grand homme, et les Athéniens se réduisirent à lui élever un cénothaphe*.

La Harpe, *Cours de Littérature.*

JUGEMENTS.

1.

Malgré les préventions et la haine d'Aristophane contre Euripide, sa décision, en assignant le premier rang à Eschyle, le second à Sophocle, et le troisième à Euripide, était alors conforme à l'opinion de la plupart des Athéniens. Sans l'approuver, sans la com-

---

rences ne doivent pas surprendre. La ressemblance des titres, fréquente chez les Grecs, a fait souvent attribuer à un poète des pièces qui appartenaient à un autre. Parmi les dix-huit tragédies qui nous restent d'Euripide, il en est même quelques-unes dont l'authenticité n'est pas universellement reconnue. H. P.

* Euripide mourut la troisième année de la XCIII^e olympiade, 406 ans avant J.-C.

Outre les nombreuses imitations qui ont été faites de ce poète, et dont les principales sont citées dans l'article de La Harpe, on doit rappeler les extraits de traduction qu'en a donnés Brumoy, la traduction complète qu'en a faite Prévost et qui se trouve comprise dans la dernière édition du *Théâtre des Grecs*. H. P.

battre, je vais rapporter les changements que les deux derniers firent à l'ouvrage du premier.

Sophocle reprochait trois défauts à Eschyle : la hauteur excessive des idées, l'appareil gigantesque des expressions, la pénible disposition des plans; et ces défauts, il se flattait de les avoir évités *.

Si les modèles qu'on nous présente au théâtre se trouvaient à une trop grande élévation, leurs malheurs n'auraient pas le droit de nous attendrir, ni leurs exemples celui de nous instruire. Les héros de Sophocle sont à la distance précise où notre admiration et notre intérêt peuvent atteindre : comme ils sont au-dessus de nous sans être loin de nous, tout ce qui les concerne ne nous est ni trop étranger ni trop familier; et comme ils conservent de la faiblesse dans les plus affreux revers **, il en résulte un pathétique sublime qui caractérise spécialement ce poëte.

Il respecte tellement les limites de la véritable grandeur, que, dans la crainte de les franchir, il lui arrive quelquefois de n'en pas approcher. Au milieu d'une course rapide, au moment qu'il va tout embraser, on le voit soudain s'arrêter et s'éteindre ***; on dirait alors qu'il préfère les chutes aux écarts.

Il n'était pas propre à s'appesantir sur les faiblesses du cœur humain, ni sur des crimes ignobles : il lui fallait des âmes fortes, sensibles, et par là même intéressantes; des âmes ébranlées par l'in-

---

* Plut. *De Profect. virt.* II.
** Dionys. Halic. *De vet. script cens.* V, 2.
*** Longin. *De Subl.* 33.

fortune, sans en être accablées ni enorgueillies.

En réduisant l'héroïsme à sa juste mesure, Sophocle baissa le ton de la tragédie, et bannit ces expressions qu'une imagination fougueuse dictait à Eschyle, et qui jetaient l'épouvante dans l'âme des spectateurs : son style, comme celui d'Homère, est plein de force, de magnificence, de noblesse et de douceur *; jusque dans la peinture des passions les plus violentes, il s'assortit heureusement à la dignité des personnages **.

Eschyle peignit les hommes plus grands qu'ils ne peuvent être; Sophocle, comme ils devraient être; Euripide, tels qu'ils sont ***. Les deux premiers avaient négligé des passions et des situations que le troisième crut susceptibles de grands effets. Il représenta, tantôt des princesses brûlantes d'amour et ne respirant que l'adultère et les forfaits ****; tantôt des rois dégradés par l'adversité, au point de se couvrir de haillons et de tendre la main, à l'exemple des mendiants *****. Ces tableaux, où l'on ne retrouvait plus l'empreinte de la main d'Eschyle ni celle de Sophocle, soulevèrent d'abord les esprits : on disait qu'on ne devait, sous aucun prétexte, souiller le caractère ni le rang des héros de la scène; qu'il était honteux de tracer avec art des images indé-

---

* Dion. Chrysost. orat. 52. Quintil. X, 1. Schol. Vit. Sophocl.
** Dionys. Halic. De vet script. cens. V, 2.
*** Aristot. De Poet. II, 25.
**** Aristoph. in Ran. v. 874 et 1075.
***** Id. in Nub. v. 919. Schol. ibid.; id, in Ran v. 866 et 1095. Schol. ibid.; in Acharn v. 411. Schol. ibid.

centes, et dangereux de prêter aux vices l'autorité des grands exemples.*.

Mais ce n'était plus le temps où les lois de la Grèce infligeaient une peine aux artistes qui ne traitaient pas leurs sujets avec une certaine décence **. Les âmes s'énervaient, et les bornes de la convenance s'éloignaient de jour en jour : la plupart des Athéniens furent moins blessés des atteintes que les pièces d'Euripide portaient aux idées reçues, qu'entraînés par le sentiment dont il avait su les animer; car ce poète, habile à manier toutes les affections de l'âme, est admirable lorsqu'il peint toutes les fureurs de l'amour, ou qu'il excite les émotions de la pitié *** : c'est alors que, se surpassant lui-même, il parvient quelquefois au sublime, pour lequel il semble que la nature ne l'avait pas destiné ****. Les Athéniens s'attendrirent sur le sort de Phèdre coupable; ils pleurèrent sur celui du malheureux Télèphe, et l'auteur fut justifié.

Pendant qu'on l'accusait d'amollir la tragédie, il se proposait d'en faire une école de sagesse : on trouve dans ses écrits le système d'Anaxagore, son maître, sur l'origine des êtres *****, et les préceptes de cette morale dont Socrate, son ami, discutait alors les principes. Mais comme les Athéniens avaient pris du goût pour cette éloquence artificielle, dont

---

* Aristoph. in *Ran.* v. 1082.
** Ælian. *Var. hist.* IV, 4.
*** Quintil. X, 1. Diog. Laert. IV, 26.
**** Longin. *de subl.* XV, XXXIX.
***** Walck. *diat. in Euripid.* IV, V.

Prodicus lui avait donné des leçons, il s'attacha principalement à flatter leurs oreilles : ainsi les dogmes de la philosophie et les ornements de la rhétorique furent admis dans la tragédie, et cette innovation servit encore à distinguer Euripide de ceux qui l'avaient précédé.

Dans les pièces d'Eschyle et de Sophocle, les passions, empressées d'arriver à leur but, ne prodiguent point des maximes qui suspendraient leur marche ; le second sur-tout a cela de particulier, que, tout en courant, et presque sans y penser, d'un seul trait il décide le caractère et dévoile les sentiments secrets de ceux qu'il met sur la scène. C'est ainsi que, dans son Antigone, un mot, échappé comme par hasard à cette princesse, laisse éclater son amour pour le fils de Cléon *.

Euripide multiplia les sentences et les réflexions **; il se fit un plaisir ou un devoir d'étaler ses connaissances, et se livra souvent à des formes oratoires *** : de là les divers jugements qu'on porte de cet auteur, et les divers aspects sous lesquels on peut l'envisager. Comme philosophe, il eut un grand nombre de partisans, les disciples d'Anaxagore et ceux de Socrate, à l'exemple de leurs maîtres, se félicitèrent de voir leur doctrine applaudie sur le théâtre ; et, sans pardonner à leur nouvel interprète quelques expressions trop favorables au despotisme ****,

---

* Soph in *Antig.* v. 578.
** Quintil. X, 1. Dion. Chrysost. *Orat.* LII, LIII.
*** Dionys. Halic. *De vet. script. cens.* V.
**** Plat. *de rep.* XII, 8.

ils se déclarèrent ouvertement pour un écrivain qui inspirait l'amour des devoirs et de la vertu, et qui, portant ses regards plus loin, annonçait hautement qu'on ne doit pas accuser les dieux de tant de passions honteuses, mais les hommes qui les leur attribuent*; et comme il insistait avec force sur les dogmes importants de la morale, il fut mis au nombre des sages**, et sera toujours regardé comme le philosophe de la scène***.

Son éloquence, qui quelquefois dégénère en une vaine abondance de paroles****, ne l'a pas rendu moins célèbre parmi les orateurs en général, et parmi ceux du barreau en particulier: il opère la persuasion par la chaleur de ses sentiments, et la conviction par l'adresse avec laquelle il amène les réponses et les répliques*****.

Les beautés que les philosophes et les orateurs admirent dans ses écrits, sont des défauts réels aux yeux de ses censeurs : ils soutiennent que tant de phrases de rhétorique, tant de maximes accumulées, de digressions savantes et de disputes oiseuses****** refroidissent l'intérêt; et ils mettent à cet égard Euripide fort au-dessous de Sophocle, qui ne dit rien d'inutile*******.

---

* Euripid. *in Ion.* v. 442 ; *in Hercul. fur.* v. 1341.

** Æschin. *in Tim.* Oracul. Delph. ap. Schol. Arist. in *Nub.* v. 144.

*** Vitruv. *in præf.* VIII, Athen. IV, 15; XIII, 1; Sext. Empir. *Adv. gramm.* I, 13,

**** Aristoph. *in ran.* v. 1101. Plut. *De audit.* II.

***** Quintil. X, 1. Dion. Chrysost. *Orat.* LII.

****** Quintil. ibid. Aristoph. in *Ran.* v. 787, 973, 1101.

******* Dion. Halic. *De vet. script. cens.* V.

EURIPIDE.

Eschyle avait conservé dans son style les hardiesses du dithyrambe, et Sophocle la magnificence de l'épopée : Euripide fixa la langue de la tragédie; il ne retint presque aucune des expressions spécialement consacrées à la poésie *; mais il sut tellement choisir et employer celles du langage ordinaire, que, sous leur heureuse combinaison, la faiblesse de la pensée semble disparaître, et le mot le plus commun s'ennoblir **. Telle est la magie de ce style enchanteur qui, dans un juste tempérament, entre la bassesse et l'élévation, est presque toujours élégant et clair, presque toujours harmonieux, coulant, et si flexible, qu'il paraît se prêter sans efforts à tous les besoins de l'âme ***.

C'était néanmoins avec une extrême difficulté qu'il faisait des vers faciles. De même que Platon, Zeuxis, et tous ceux qui aspirent à la perfection, il jugeait ses ouvrages avec la sévérité d'un rival, et les soignait avec la tendresse d'un père ****. Il disait une fois « que trois de ses vers lui avaient coûté trois jours « de travail. J'en aurais fait cent à votre place, lui « dit un poète médiocre. Je le crois, répondit Eu- « ripide, mais ils n'auraient subsisté que trois « jours *****. »

Quant à la conduite des pièces, la supériorité de Sophocle est généralement reconnue : on pourrait

---

* Walk. *diatrib. in Euripid.* 9.
** Aristot. *rhet.* III, lib. 32. Longin *de subl.* XXXIX
*** Dionys. Halic. *de comp. verb.* V, 23; id. *De vet. script. cens.* V, 413.
**** Longin. *de subl.* XV. Dion. Chrysost. *orat.* LII.
***** Val. Max. III, 7.

même démontrer que c'est d'après lui que les lois de la tragédie ont presque toutes été rédigées; mais comme, en fait de goût, l'analyse d'un bon ouvrage est presque toujours un mauvais ouvrage, parce que les beautés sages et régulières y perdent une partie de leur prix, il suffira de dire en général que cet auteur s'est garanti des fautes essentielles qu'on reproche à son rival.

Euripide réussit rarement dans la disposition de ses sujets* : tantôt il blesse la vraisemblance, tantôt les incidents y sont amenés par force; d'autres fois son action cesse de faire un même tout; presque toujours les nœuds et les dénouements laissent quelque chose à désirer, et ses chœurs n'ont souvent qu'un rapport indirect avec l'action **.

Dans les pièces d'Eschyle et de Sophocle, un heureux artifice éclaircit le sujet dès les premières scènes; Euripide lui-même semble leur avoir dérobé leur secret dans sa *Médée* et dans son *Iphigénie en Aulide*. Cependant, quoique en général sa manière soit sans art, elle n'est point condamnée par d'habiles critiques ***.

Eschyle, Sophocle et Euripide sont et seront toujours placés à la tête de ceux qui ont illustré la scène ****. D'où vient donc que, sur le grand nombre de pièces qu'ils présentèrent au concours, le premier ne fut couronné que treize fois *****, le second

---

* Aristot. *de poet* II, 13. Rem. de Dacier.

** Aristot. ibid. II, 18. Rem. de Dacier.

*** Aristot. *de Rhet.* II, lib. 3--14.

**** Plut. *de fort.* Alex. II. Arist. *Orat.* III. Quint. X, 1. Cicer. *Orat.* III, 7.

***** Anonym. in *Vit. Æschyl.*

que dix-huit fois*, le troisième que cinq fois**? c'est que la multitude décida de la victoire, et que le public a depuis fixé les rangs. La multitude avait des protecteurs dont elle épousait les passions, des favoris dont elle soutenait les intérêts : de là tant d'intrigues, de violences et d'injustices, qui éclatèrent dans le moment de la décision. D'un autre côté, le public, c'est-à-dire la plus saine partie de la nation, se laissa quelquefois éblouir par de légères beautés éparses dans des ouvrages médiocres ; mais il ne tarda pas à mettre les hommes de génie à leur place, lorsqu'il fut averti de leur supériorité par les vaines tentatives de leurs rivaux et de leurs successeurs.

Barthelemy, *Voyage d'Anacharsis.*

II.

Je m'arrêterai plus ou moins sur chacune des pièces qui nous restent d'Euripide, selon le degré de leur mérite, l'intérêt qu'elles peuvent avoir pour nous par les imitations qu'on en a faites, et les instructions qu'on en peut tirer. Je commencerai par dire un mot de celles qui ne sont pas dignes de la réputation de l'auteur, et qui semblent se rapprocher de l'enfance de l'art.

Les *Bacchantes* ne méritent pas même le nom de tragédie, à moins qu'on ne restreigne ce nom à la signification qu'il avait du temps de Thespis : c'est une espèce de monstre dramatique en l'honneur de

---

* Diod. XIII.
** Suid. *in* Ευριπιδ. Varr. ap. Aul. Gell. XVII, 4.

Bacchus. Le sujet est la mort de Penthée, déchiré par sa mère, à qui Bacchus a ôté la raison pour venger sur ce malheureux prince le mépris de son culte. Cette fable atroce peut tenir une place dans les *Métamorphoses d'Ovide*; elle est dégoûtante dans un drame, et Euripide a mêlé à ces horreurs absurdes le délire des orgies et le ridicule de la farce. On y fait d'un bout à l'autre l'éloge du vin et de l'ivresse; ce qui fait conjecturer à Brumoy que la pièce fut composée pour les fêtes de Bacchus. Ce dieu vient pour établir à Thèbes sa divinité et son culte; il paraît sous la figure d'un fort beau jeune homme, et a bientôt un parti puissant parmi les dames thébaines; mais le roi Penthée, à qui l'on veut le faire reconnaître, assure que si le prétendu dieu ne sort pas de Thèbes, il le fera pendre. Bacchus, pour se venger de lui, le rend fou. Nous avons déjà vu Minerve, dans Sophocle, en faire autant d'Ajax; mais il faut avouer que cette folie a tout un autre air que celle de Penthée, tant il est vrai que tout dépend de la couleur que le poète sait donner aux objets. Le roi de Thèbes fait à peu près le rôle du roi de Cocagne : il prend le thyrse et une robe de femme, et se fait coiffer sur le théâtre par Bacchus même, qui est en grande faveur auprès de lui. Tout cela ne serait que grotesque, si Penthée ne finissait pas par être mis en pièces par sa mère Agavé, que le dieu a aussi rendue folle, et qui revient sur la scène, rapportant la tête sanglante de son fils, qu'elle prend pour une tête de lion. Si l'on n'avait jamais fait un autre usage de la fable, il n'y a pas d'apparence qu'elle eût fait une si grande fortune *.

Au reste, on peut remarquer que c'est une vengeance très commune parmi les dieux, que d'ôter la raison aux hommes, pour leur faire commettre les plus horribles atrocités. Nous allons en voir un autre exemple aussi révoltant dans une autre pièce du même auteur, l'*Hercule furieux*, un peu moins ridicule que les *Bacchantes*, mais qui, pour cela, n'en vaut guère mieux. Amphitryon raconte naïvement dans un prologue toute l'histoire que Molière, après Plaute, a rendue si comique. Il rappelle la naissance d'Hercule. Ce héros est absent, et on le croit mort. Un certain Lycas a tué Créon, roi de Thèbes, et s'est emparé du trône : il veut faire mourir le viel Amphitryon, Mégare, sa belle-fille, femme d'Hercule, et leurs enfants, de peur qu'un jour quelqu'un d'eux ne venge la mort de Créon. Toute cette famille proscrite s'est réfugiée auprès de l'autel de Jupiter, comme à un asyle sacré et inviolable : cet autel a été élevé par Hercule lui-même, à la porte de son palais; mais Lycas menace d'y faire mettre le feu. Alors Mégare, perdant toute son espérance, demande qu'il lui soit permis de mourir

* Quoique les critiques de La Harpe sur cette tragédie paraissent fondées, il faut toutefois se souvenir que ces tableaux contre lesquels notre goût moderne se révolte, étaient conformes aux traditions mythologiques, qu'ils se rapportaient au culte du dieu sous la protection duquel était placé l'art dramatique; peut-être doit-on penser qu'ils perdaient par là aux yeux des Grecs cette apparence *atroce et grotesque* qu'ils présentent au critique français. Schlegel, en général très sévère pour Euripide, fait un grand éloge de cette tragédie; il faut lire son jugement, qui est curieux et qui forme avec celui de La Harpe un contraste frappant. H. Patin.

en victime avant ses enfants, et de les parer de leurs vêtements funéraires. Lycas y consent, et leur permet d'entrer dans le palais pour faire ces tristes apprêts. Il sort en disant qu'il reviendra pour les sacrifier. Alcmène arrive aussi pour être témoin de cette exécution; mais Hercule vient à propos pour l'empêcher. On s'imagine bien que tuer Lycas n'est pas une grande affaire pour celui qui vient de tirer Thésée des enfers et d'enchaîner Cerbère; et la pièce paraît finie après la mort du tyran et la délivrance des proscrits. Point du tout, nous ne sommes qu'au troisième acte, et voici une seconde pièce qui commence, et même, comme la première, par un prologue; mais dans celle-ci, c'est une divinité qui le prononce. Iris, messagère des dieux, paraît dans les airs, accompagnée d'une furie, et nous apprend que Junon, n'ayant pu faire périr Hercule aux enfers, a pris le parti de lui ôter la raison et de lui inspirer une telle fureur, qu'il va massacrer la mère et les enfants qu'il vient de sauver. En effet la furie s'empare d'Hercule, et tout s'exécute comme on l'a prédit. Hercule se dépouille sur la scène; il croit combattre Eurysthée, et se bat contre les vents; et, quand il a tout tué, il s'endort. Sur quoi Brumoy fait cette réflexion naïve : « En bon français, Her-« cule est un fou à lier, pire que le Roland de « l'*Arioste*. Nous n'imitons pas ces traits d'Euripide « pour notre siècle, mais aussi nous ne le condam-« nons pas légèrement dans le sien. » Le respect est ici porté un peu loin. Je crois qu'on peut condamner dans tous les siècles d'extravagantes horreurs, qui ne produisent d'autre effet que le dégoût et le ridicule. Alcide, à son réveil, retrouve sa raison, se répand en exclamations de désespoir, et finit par s'en aller tranquillement avec Thésée, qui lui propose de l'emmener dans son royaume d'Attique. Cependant le héros veut auparavant conduire le chien Cerbère chez Eurysthée, pour s'acquitter de sa promesse, et il s'en va en disant : « Malheureux, « quiconque préfère les biens et la gloire à un véri-« table ami ! » *C'est*, dit Brumoy, *la moralité de l'ouvrage.* Elle vient d'un peu loin ; et si jamais Euripide n'avait écrit que dans ce goût, on ne l'aurait pas comparé à Sophocle.

Rhésus est d'un genre différent, et n'est pas encore une tragédie. C'est l'épisode connu de l'*Iliade* mis en dialogue ; c'est Ulysse et Diomède qui tuent Rhésus, roi de Thrace, la nuit même où il arrive dans le camp de ses alliés les Troyens, et qui enlèvent ses chevaux. Il n'y a rien là qui ressemble à un sujet dramatique*.

Les Suppliantes, dont le sujet a quelques rapports avec la pièce d'Eschyle, qui porte le même nom, se rapprochent davantage du genre et du ton de la tragédie ; mais l'espèce d'intérêt qu'on y peut trouver, est purement national, et ne pouvait exister que pour les Grecs*. Il est encore question de sépulture ; et il n'y a que Sophocle qui, dans ces sortes de sujets, ait su mettre des scènes d'une beauté faite pour tous les temps, en attachant un

---

* Plusieurs critiques, dont l'opinion est imposante, doutent que cette pièce soit d'Euripide. Voyez Schœll. (t. II, 63.)   H. P.

intérêt particulier à ses personnages. Dans Euripide, au contraire, tout est général, et par conséquent rien n'intéresse. Il s'agit d'ensevelir les Argiens tués au siége de Thèbes. Créon, vainqueur, s'oppose à ce qu'ils soient inhumés, et les veuves et les enfants des morts viennent à Éleusis avec le roi Adraste, prier Thésée, roi d'Attique, d'employer sa puissance pour forcer Créon à rendre le reste de ces guerriers. Créon les refuse, et l'on en vient à une bataille où les Athéniens sont vainqueurs : on rapporte les corps qui faisaient le sujet de la querelle. On voit, en lisant la pièce, que le but principal de l'auteur a été de flatter les Athéniens*. La seule chose remarquable pour nous, c'est qu'on y trouve au dénouement une scène de spectacle qui a pu donner à Voltaire l'idée du bûcher d'*Olympie*. Évadné, femme de Capanée, l'un des chefs dont on rapporte les corps, monte sur le rocher près duquel est dressé le bûcher qui va consumer les restes de son époux. Comme on n'a pas pris jusque-là le moindre intérêt à cette femme, qui ne paraît qu'à la fin, ni à son époux Capanée, mort avant la pièce, tout cet appareil n'est que pour les yeux; mais le cinquième acte d'*Olympie* fait comprendre que, si la situation de cette princesse avait produit plus d'impression dans le cours de l'ouvrage, ce dénoue-

---

* Il paraît qu'Euripide se proposait dans cette tragédie un but politique plus déterminé. En la faisant jouer la troisième année de la XC⁰ olympiade, la quatorzième de la guerre du Péloponèse. « Il voulait, dit Schœll (II, 53), détourner les Argiens de la cause des Lacédémoniens. Son but fut manqué, et le traité par lequel on sacrifiait Mantinée à l'ambition des Spartiates fut signé. »   H. Patin.

ment et ce spectacle seraient du plus grand effet*.

Euripide aussi a fait une *Thébaïde*, sous le titre des *Phéniciennes*. Elle vaut mieux que ce que nous avons vu jusqu'ici. Il y a du dialogue et des scènes éloquentes ; mais le sujet est du nombre de ceux qui sont plus horribles qu'intéressants ; et Euripide, comme s'il n'avait pas eu assez du meurtre des deux frères, y a joint très gratuitement le sacrifice de Ménécée, fils de Créon, dont les dieux demandent la mort par l'organe du devin Tirésias, qui déclare que c'est au prix de ce sang innocent que les Thébains, assiégés par Polynice et ses alliés, obtiendront la victoire. Cet épisode forme, à proprement parler, une véritable duplicité d'action. Après la mort volontaire de Ménécée, les Thébains sont en effet vainqueurs. Les deux frères ennemis se sont entre-tués : Œdipe sort de sa retraite pour venir renouveler ses plaintes et ses lamentations près du cadavre de ses fils, et pour s'en aller ensuite avec sa fille Antigone chercher une tombe dans l'Attique, tandis

---

* Quoique cette tragédie ne soit pas au nombre des bons ouvrages d'Euripide, elle n'est cependant pas sans beautés, non plus que la plupart des autres pièces du même auteur, où La Harpe ne cherche que des défauts, sans tenir compte de ce qui les compense. Il est assez étrange de ne trouver rien de remarquable dans cet ouvrage que le rapport assez éloigné qu'elle peut offrir avec un des mauvais ouvrages de la vieillesse de Voltaire. *Les Suppliantes* ne peuvent être placées si bas, qu'elles n'aient d'autre mérite que de ressembler accidentellement à *Olympie*. Une des choses qui choquent le plus aujourd'hui dans le *Cours de Littérature*, c'est le perpétuel retour du nom de Voltaire, qui sans doute occupait une grande place dans la pensée de La Harpe et de ses contemporains, mais dont on ne pouvait, même alors sans une sorte de ridicule, faire ainsi le centre de l'histoire littéraire, et comme une sorte de foyer commun où viennent se réunir les rayons épars de toutes les gloires anciennes et modernes. H. Patin.

que Créon, qui a pris le titre de roi, refuse la sépulture à Polynice. Toute cette fin, qui est très longue, et la dispute inutile de Créon avec Antigone, qu'il veut marier à son fils, sont hors de l'action principale, et fort loin de cette sage unité qui est un des mérites de Sophocle*.

L'*Oreste* d'Euripide n'a rien de commun avec les pièces du même nom. L'action se passe sept jours après le meurtre de Clytemnestre. Les Argiens ont condamné à mort Oreste et sa sœur Électre comme des parricides. Hélène et Ménélas, qui viennent d'arriver dans Argos, au retour du siége de Troie, avec leur fille Hermione, se préparent avec joie à recueillir l'héritage d'Agamemnon, et à profiter des dépouilles de ses enfants, qui n'ont plus d'autre appui que l'amitié et le courage de Pylade. Il leur conseille de tuer Hélène, et de s'emparer de sa fille Hermione, comme d'un ôtage qui peut arrêter les mauvais desseins de Ménélas. Le défaut de cette conspiration, qui, d'ailleurs, n'a rien d'intéressant, c'est qu'il est impossible d'en concevoir les moyens. Oreste, sa sœur et son ami Pylade, se trouvent, sans qu'on sache comment, maîtres du palais. Ils y mettent le feu, et Oreste paraît au milieu des flammes, le fer levé sur Hermione, et prêt à la frapper, si Ménélas ne révoque sur-le-champ l'arrêt de mort

---

* Ces critiques sont justes, mais la part de l'éloge est bien faible pour un ouvrage qui, malgré ses défauts, est encore le meilleur qu'ait produit un sujet tant de fois traité. Il abonde en détails d'une grande beauté, et l'on ne saurait trop louer la peinture du caractère des deux frères, et particulièrement de Polynice.   H. P.

porté contre les enfants d'Agamemnon. On voit que cette situation, employée souvent dans nos romans et sur tous les théâtres modernes, est bien ancienne. Elle est frappante; mais il est difficile de la rendre naturelle, et d'en sortir avec vraisemblance. Euripide s'en tire fort aisément par l'intervention d'une divinité. Apollon descend des cieux, déclare qu'il a sauvé Hélène en la faisant disparaître au moment où l'on croyait la frapper, et qu'il l'a transportée dans les cieux. Il la fait voir dans toute sa gloire à Ménélas. On peut dire que c'est une étrange divinité; mais elle vaut bien les autres. Il annule l'arrêt porté contre Oreste et sa sœur, ordonne à celle-ci d'épouser Pylade, à Oreste d'épouser cette même Hermione qu'il était prêt à poignarder, et d'aller subir le jugement de l'Aréopage, en sorte que la pièce finit par un double mariage, dont l'un sur-tout doit paraître bien extraordinaire. Cet ouvrage, ainsi que plusieurs autres d'Euripide, ressemble plus à nos opéra qu'à nos tragédies. Le merveilleux y est employé sans art, et les évènements y sont accumulés sans préparation et sans effet *.

La pièce qui a pour titre *Hélène*, est un roman

* Il faut faire ici la même observation que plus haut. Tout ce que dit La Harpe est incontestable; mais il ne dit pas tout. Cette pièce si défectueuse commence par la peinture admirable d'Oreste abattu par la souffrance et la douleur, et près duquel veille sa sœur, qui le console et le ranime. Il y a là plusieurs scènes d'une beauté ravissante et qui doivent obtenir grace pour tous les défauts qui peuvent suivre et qu'on ne prétend pas nier. Longin en a cité quelques traits dans son livre *du Sublime*. On voit dans Schœll que cette pièce est attribuée par quelques commentateurs à Euripide le jeune, petit fils du premier. H. P.

encore plus singulier, et qui fait voir combien la mythologie était remplie de traditions contradictoires, toutes également à l'usage des poètes. La scène est en Égypte : Hélène, dans un de ces prologues narratifs qui servent ordinairement d'exposition à Euripide, instruit le spectateur que l'Europe et l'Asie, en combattant devant Troie pour la cause d'Hélène, se sont armées pour un fantôme; que ce fantôme a été substitué par Junon à la véritable Hélène pour tromper Vénus et Pâris; que ce prince, qui depuis dix ans croit posséder la plus belle femme du monde, ne possède en effet qu'une ombre, tandis qu'elle-même, la véritable Hélène, est cachée en Égypte depuis le fameux jugement du mont Ida; que le roi d'Égypte, Théoclymène, est amoureux d'elle, et veut l'épouser, mais qu'elle a constamment résisté pour demeurer fidèle à son époux, qu'elle espère toujours de revoir. Elle se désole, et ce n'est pas sans sujet, d'avoir dans le monde une si mauvaise réputation, et si peu méritée. Cependant Ménélas, qui revient de Troie, où il a repris le fantôme, est jeté par le naufrage dans l'île de Phare, où se passe la scène, précisément dans le temps où le roi d'Égypte a publié une loi qui condamne à mort tous les Grecs qui aborderont dans cette île. Ménélas, qui a laissé dans une grotte son Hélène fantastique pour aller à la découverte, est fort étonné d'en retrouver une autre. Cette aventure d'une femme double se trouve dans les *Mille et une Nuits*, où elle est un peu mieux placée que dans une tragédie. A la surprise succède l'éclaircissement, et Ménélas est obligé de se rendre à l'évidence, sur-tout quand un homme de sa suite vient, en criant au prodige, lui apprendre que l'Hélène de la grotte a disparu, apparemment parce que son rôle de fantôme est fini depuis que la véritable Hélène est retrouvée. Il ne s'agit plus que de sauver Ménélas, et d'en imposer au roi : Hélène s'en charge. Elle lui fait accroire que son mari est mort ; qu'elle vient d'en apprendre la nouvelle par un Grec qui a fait naufrage ; et ce Grec, c'est Ménélas lui-même, qui paraît avec des vêtements déchirés, et pleurant son maître, tandis qu'Hélène, en habits de veuve, se lamente aussi. Toute cette comédie ne manque pas de réussir auprès de Théoclymène, aussi crédule que doit l'être toujours un tyran de tragédie. Il ne doute plus de son mariage avec Hélène, puisque Ménélas n'est plus ; et se regardant déjà comme son mari, il lui représente que son devoir n'est pas de pleurer l'époux qui est mort, mais d'aimer celui qui est vivant. Il lui permet toutefois d'aller faire les funérailles de Ménélas en pleine mer, attendu qu'il est mort sur les eaux. Ménélas et ses Grecs tuent les Égyptiens qui montent le vaisseau, s'en rendent maîtres, et s'éloignent à toutes voiles, laissant là le tyran pris pour dupe. Celui-ci veut s'en prendre à sa sœur, une prophétesse nommée Théonoë, pour ne l'avoir pas averti de tout ce stratagème. Il veut même la faire mourir ; et l'on ne sait ce qui en serait arrivé, si l'auteur n'avait pas eu recours à ses machines accoutumées. Castor et Pollux descendent des cieux, et prennent fait et cause pour Théonoë, dont ils attestent l'innocence. Ils ordonnent au roi de se soumettre à la volonté des dieux, et prédisent à Hélène les honneurs divins après sa mort, et à Ménélas un séjour éternel dans les îles Fortunées. Nous voilà un peu loin, depuis quelque temps, de cette simplicité grecque qui, comme on le voit, n'a pas toujours été le caractère d'Euripide. Mais il ne serait pas plus juste de le juger sur toutes ces productions monstrueuses, que de juger Corneille sur *Pulchérie*, *Agésilas* et *Suréna*.

Ion est une nouvelle preuve que le genre romanesque a été connu sur le théâtre des Grecs comme sur le nôtre. Le sujet est si embrouillé, que j'aime mieux renvoyer à Brumoy ceux qui voudront avoir une idée de cette pièce, que de perdre un temps précieux à la développer. Je me hâte d'arriver à ceux des ouvrages d'Euripide qui méritent plus d'attention *.

Il y a dans les *Héraclides* le germe d'une tragédie, et plusieurs modernes se sont essayés sur ce sujet: c'est la famille d'Alcide poursuivie par Eurysthée, roi d'Argos, et demandant un asyle à Démophon, roi d'Athènes. Ce prince, dont le caractère est noble et généreux, s'expose à soutenir la guerre contre Argos plutôt que de violer les droits de l'hospitalité

---

* Si La Harpe n'était pas si pressé, il pourrait remarquer qu'il règne dans cette pièce, d'ailleurs bien romanesque, et principalement dans le rôle du jeune prêtre *Ion*, un ton religieux, plein, comme le dit Schœll (t. II, p. 62) de gravité et de douceur, et dont le souvenir a quelquefois inspiré Racine lorsqu'il composait son admirable *Athalie*. Ce rapprochement, déjà fait par Brumoy et d'autres, méritait bien de ne pas être oublié par La Harpe.   H. P.

envers ces illustres proscrits. Mais un oracle a déclaré qu'il ne pouvait obtenir la victoire qu'en sacrifiant une fille d'un sang illustre. Macarie, l'une des filles d'Hercule et d'Alcmène, s'offre elle-même en sacrifice, et s'occupe sur-tout de cacher à sa mère sa résolution et sa mort. Il y aurait là de quoi former un nœud intéressant; mais Euripide n'en profite pas. Macarie est sacrifiée au troisième acte, sans que personne en parle ou s'en occupe, sans que sa mère le sache; et il n'est plus question, dans tout le reste de la pièce, que de la victoire des Athéniens et de la mort d'Eurysthée, dont personne ne se soucie. Il n'y a encore là nulle connaissance de l'art dramatique *.

La *Médée* d'Euripide a été mise sur tous les théâtres, et imitée par une foule d'auteurs. Sans doute ce qui les a frappés, c'est une sorte d'éclat dans le rôle de cette audacieuse magicienne, et l'espèce d'intérêt qu'inspire toujours à un certain point une femme abandonnée par celui pour qui elle a tout fait. Mais aussi cet intérêt est affaibli par l'abominable caractère et les crimes affreux de Médée, et par la froideur du rôle de Jason. Cependant les justes ressentiments d'une épouse outragée par un

---

* On ne peut se défendre de relever la légèreté de ce langage. Comment ose-t-on écrire que dans un ouvrage d'Euripide, quel qu'il soit, *il n'y a nulle connaissance de l'art dramatique*. Sans doute les plans sont pour la plupart défectueux; mais *l'art* n'est pas tout entier dans la perfection du plan. Il est aussi quelque peu dans les détails. Quelques belles situations, des passions éloquemment exprimées, des peintures de mœurs et de caractères pleines de vérité; c'est ce qu'on trouve dans tous les ouvrages d'Euripide, et ce sont des choses qui ne sont certainement pas étrangères à *l'art*. H. P.

ingrat, les combats de la vengeance et des sentiments maternels, et la profonde dissimulation dont Médée couvre ses noirs desseins, produisent des moments de terreur et des mouvements pathétiques qui ont fourni de belles scènes. C'est d'ailleurs une des pièces d'Euripide les mieux conduites, si l'on excepte l'inutile rôle d'Égée qui vient offrir à Médée un asyle dans ses états*.

Il faudrait avoir toute la partialité que Brumoy ne montre que trop en faveur des anciens pour établir un parallèle entre l'*Hippolyte* d'Euripide et la *Phèdre* de Racine. L'auteur français doit en effet au grec l'idée du sujet, la première moitié de cette belle scène de l'égarement de Phèdre, celle de Thésée avec son fils, et le récit de la mort d'Hippolyte; mais dans tout le reste il a remplacé les plus grandes fautes par les plus grandes beautés. La pièce d'Euripide commence, suivant sa coutume, par un prologue. Vénus est irritée contre Hippolyte, qui méprise son culte, pour se livrer tout entier à celui de Diane. C'est pour le perdre qu'elle a elle-même allumé dans le cœur de la reine une passion indomptable. Elle prévient le spectateur de tout ce qui doit arriver, et prédit l'accusation calomnieuse de Phèdre, les imprécations de Thésée adressées à Neptune, et la mort de l'innocent Hippolyte. « Je sais, dit-elle, que Phèdre m'est fidèle

---

* *L'éloge est assez mince*, comme dit la comédie, lorsqu'il s'agit d'une pièce que quelques critiques regardent comme le chef-d'œuvre de son auteur, et qui est certainement un de ses plus beaux ouvrages. Voyez ce qu'en disent Brumoy, Schlegel, etc.   H. P.

« N'importe, il faut qu'elle périsse. Ses jours ne me
« sont pas assez chers pour leur sacrifier ma ven-
« geance : immolons une victime innocente pour im-
« moler mon ennemi. » Introduire une divinité
pour lui faire jouer un si exécrable rôle, et annoncer
ainsi d'avance tout ce qui va se passer, c'est ramener
l'art à son enfance; et après les pas qu'avait faits
Sophocle, ces fautes énormes d'Euripide ne sont
nullement excusables. Il n'a point mis d'épisode
dans cette pièce; mais aussi a-t-il laissé beaucoup
de langueur dans l'action. Les conversations de
Phèdre avec sa nourrice remplissent les deux
premiers actes. Celle-ci s'est chargée de faire des
propositions à Hippolyte, indécence grossière qui
ne serait pas tolérée sur un théâtre épuré. Le jeune
prince entre sur la scène en repoussant, avec des
cris d'indignation, la malheureuse confidente qui
veut embrasser ses genoux pour l'engager au moins
au silence. Il répète devant un chœur de femmes
les infâmes propositions qu'on vient de lui faire,
comme la reine elle-même a devant ces mêmes
témoins exhalé toutes les fureurs d'une passion
criminelle; en sorte que la bienséance et la vraisemblance sont également violées. La longue déclamation d'Hippolyte contre les femmes n'est pas
de meilleur goût. « Puissant Jupiter, pourquoi avez-
« vous permis qu'on vît paraître sous le soleil un
« mal aussi dangereux que ce sexe? N'y avait-il pas
« d'autre voie pour produire la race mortelle? N'eût-
« il pas été plus avantageux pour les hommes
« de porter dans vos parvis l'airain, le fer et l'or,

« pour acheter des enfants à proportion des offran-
« des, etc. » Suit une satire de quarante vers contre
le mariage, contre les femmes beaux-esprits, contre
les agentes d'amour, enfin tous les lieux communs
dignes du rôle d'Arnolphe, quand il donne toutes
les femmes au diable, mais bien indignes du théâtre
de Melpomène. On a beau dire que ces endroits
faisaient allusion aux mœurs d'Athènes : la tragédie
n'est point la critique des mœurs sociales; cette
critique est le domaine de la comédie, et Hippolyte
ne doit point parler comme un vieillard ridicule et
jaloux. Rejetons dans tous les temps ce qui dans
tous les temps est mauvais.

Phèdre, après avoir maudit sa confidente, sort
pour aller se pendre. On apprend sa mort, et la
pièce est régulièrement finie, que Thésée n'est pas
encore arrivé; autre défaut impardonnable. Voici
bien pis. Il trouve entre les mains de sa femme
morte une lettre qu'elle a écrite avant de se tuer,
dont il reconnaît le caractère, et qui accuse Hippolyte. Ainsi la mort qui est pour tous les hommes le
moment du repentir, a été pour Phèdre le moment
d'un dernier crime. Elle poursuit après sa mort celui
qu'elle a aimé pendant sa vie. Il faut le dire : c'est
un démenti formel donné à la nature, au bon sens,
à tous les principes de l'art; il ne faut point faire
grace à ces honteuses absurdités que les partisans
maladroits et superstitieux des anciens ont cru devoir dissimuler. Si la *Phèdre* de Racine était faite
dans ce goût, serait-elle supportée un moment?
Supporterait-on qu'après le récit du désastre affreux

d'Hippolyte, Thésée s'exprimât ainsi? « Je l'avoue-
« rai : ma haine pour un perfide m'a fait écouter
« ce récit avec quelque sorte de satisfaction. Mais
« enfin je sens que la piété envers les dieux et ma
« tendresse pour un fils, tout coupable qu'il est, se
« réveillent dans mon cœur. Ainsi, sans joie et sans
« douleur de cet évènement, je demeure dans l'in-
« différence. » Et un moment après, comme son
fils n'est point encore mort, il ordonne qu'on l'apporte devant lui. « Je veux le revoir encore, lui re-
« procher son crime, et achever de le convaincre
« par son supplice même. » Faire des reproches à
son fils dans l'état où il est! O nature! qui êtes l'âme
de la tragédie, vous que les Grecs et ce même Euripide ont souvent peinte avec des traits si vrais,
est-ce ainsi que vous êtes faite? Y a-t-il des femmes
comme cette Phèdre et des pères comme ce Thésée?
Graces au ciel, je n'en crois rien, et si par hasard il
y en avait, ce ne serait pas encore une excuse pour
l'auteur; il est de principe que les exceptions monstrueuses ne sont point l'objet des arts d'imitation.

La pièce finit comme elle a commencé, par une
déesse. Diane vient justifier Hippolyte, et accabler
Thésée de reproches. On apporte sur le théâtre Hippolyte expirant, qui, pour achever de rendre son
père plus odieux, lui pardonne sa mort. C'est allonger inutilement la pièce, pour offrir un défaut
de plus. Tel est cet ouvrage, qu'il faut pourtant
bien pardonner à Euripide, puisque nous lui devons celui de Racine*.

* Il serait trop long de répondre en détail à cette diatribe de La Harpe

Si l'on en croit Brumoy, la duplicité d'action est un défaut inconnu aux Grecs. Nous avons déjà vu combien il était fréquent chez Euripide, et nous en verrons encore deux exemples bien remarquables, l'un dans *les Troyennes*, l'autre dans *Hécube;* ce qui n'empêche pas qu'on admire avec raison dans ces deux pièces, des situations très dramatiques et une nature aussi vraie, aussi touchante que celle de sa *Phèdre* et de quelques autres pièces est fausse et révoltante. *Les Troyennes* sont assez connues par la pièce de Chateaubrun, qui en est une imitation. La scène est dans le camp des Grecs et devant les ruines de Troye. Les vainqueurs vont prononcer sur le sort de leurs captives, d'Hécube, de Polyxène, d'Andromaque, de Cassandre et d'Astyanax, fils d'Hector. L'intérêt est divisé, et par conséquent affaibli. Mais pourtant les malheurs réunis sur cette

contre l'une des plus belles productions d'Euripide. Ce n'est pas là le ton de la critique, mais celui du sarcasme et de la parodie. La gloire de Racine n'était point intéressée à ce qu'on dégradât avec tant d'injustice et presque de violence l'œuvre dont il s'est inspiré. Lui-même eût désavoué un éloge fondé sur la satire du poète qu'il avait pris pour modèle. Le parallèle des deux *Phèdre* a été fait par Louis Racine, *Mémoire de l'académie des inscriptions et belles-lettres,* t. VIII, p. 300, par Batteux; ibid. t. XLII, p. 452. On peut voir encore Brumoy, Prévost, Geoffroy, etc. L'injustice appelle l'injustice. Les censures outrées que La Harpe a faites du poète grec, ont provoqué, par une sorte de réaction littéraire, une disertation, où l'ouvrage de Racine est fort mal traité. C'est celle que Schlegel a publiée en 1805 (Paris in-8.) sous ce titre: *Comparaison entre la Phèdre d'Euripide et celle de Racine.* Ce n'est ni chez Schlegel, ni chez La Harpe qu'il faut aller chercher la vérité sur ce sujet, mais dans les ouvrages eux-mêmes, à la beauté desquels, aucun esprit impartial ne pourra résister, qui d'ailleurs ne se disputent rien, car ils sont conçus dans un esprit tout-à-fait différent et ont chacun un effet qui leur est propre.   H. P.

famille royale sont susceptibles de la dignité et de l'émotion tragiques qui se font sentir dans la pièce grecque et dans la française. Polyxène ne paraît point dans la première. C'est pourtant l'incertitude de son sort qui est l'objet des deux premiers actes. On apprend au troisième qu'elle a été immolée sur le tombeau d'Achille, et qu'Astyanax est condamné à périr. Voilà bien une seconde action. Talthybius, officier de l'armée grecque, vient annoncer à la veuve d'Hector cet arrêt foudroyant. Les plaintes de cette mère désolée et ses adieux à son fils sont un des plus beaux morceaux qui soient sortis de la plume d'Euripide; mais il faudrait celle de Racine pour les rendre. Il est vrai qu'après ce beau troisième acte, qui arrache les larmes, il semble les sécher à plaisir dans le suivant, et faire oublier son sujet par l'épisode le plus déplacé. Il fait venir, sans la moindre raison, Ménélas, tout occupé du soin de se venger de son infidèle Hélène, et prêt à la faire embarquer pour la Grèce, où il la fera mourir. Ici s'établit une de ces scènes de controverse dont Euripide avait rapporté le goût de l'école des philosophes, et dont il infecta le théâtre d'Athènes, d'autant plus facilement, que les Grecs, naturellement subtils et disputeurs, aimaient assez ces sortes de scènes, opposées en général à l'esprit dramatique, qui veut beaucoup plus de sentiments que de raisonnements, et qui n'admet ceux-ci que dans les situations tranquilles, encore avec beaucoup d'art et de mesure. Ménélas accuse Hélène, Hélène se défend: double plaidoyer, suivi d'un troisième, car Hécube prend la parole; elle se charge de confondre la femme de Ménélas, et paraît en venir à bout : mais, encore une fois, à quoi tout cela tend-il? qu'à distraire le spectateur pendant un acte entier de l'intérêt qui l'occupait, et du sort de la famille de Priam.

Un des détails les plus brillants de cette pièce, c'est la prophétie de Cassandre, que Chateaubrun a imitée assez heureusement, et qui, dans la nouveauté, contribua beaucoup au succès de la pièce et commença la réputation de la célèbre Clairon.

N'oublions pas que dans *les Troyennes*, comme dans les autres pièces du même auteur, on ne manque pas de retrouver le prologue, qui est de règle chez lui. Les interlocuteurs sont Neptune et Minerve, qui conviennent de faire tout le mal possible à la flotte des Grecs.

Dans *Hécube*, du moins, le prologue ne se fait pas par une divinité. C'est l'ombre de Polydore, fils de Priam, qui vient raconter toute son histoire et prédire tout ce que les spectateurs verront. Il a été assassiné par Polymnestor, roi de la presqu'île de Thrace, à qui Priam l'avait confié. Les Grecs, au retour de Troie, abordent dans cette presqu'île; Hécube leur prisonnière est avec eux, et l'ombre d'Achille demande le sacrifice de Polyxène, sans lequel les Grecs ne pourront pas sortir de la Thrace. C'est cette même Polyxène qu'Euripide n'a pas voulu faire paraître dans *les Troyennes*, quoiqu'elle y soit immolée, mais sur laquelle il a épuisé ici toutes les ressources de son génie, et toutes les richesses de son éloquence. Les trois premiers actes de cette pièce sont peut-être ce qu'il a fait de plus touchant et de plus parfait. Les deux derniers ne contiennent que la vengeance que tire Hécube de Polymnestor; et cette seconde action, absolument indépendante de la première, a de plus l'inconvénient d'être infiniment moins intéressante. Laissons-la de côté, pour ne nous occuper que de Polyxène. La scène où Ulysse vient la chercher pour la conduire à la mort où les Grecs l'ont condamnée, les discours de cette princesse et de sa mère, leur séparation déchirante, le rôle même d'Ulysse, qui, dans un ministère odieux, conserve la dignité convenable, tout est traité avec une supériorité digne des plus grands modèles. Hécube demande à Ulysse la liberté de l'interroger; car elle est captive et parle à un de ses maîtres. Elle lui demande s'il se souvient qu'étant venu à Troie, déguisé et chargé du dangereux personnage d'espion, il fut reconnu par Hélène, qui vint faire part à Hécube de cette découverte. Hécube n'avait qu'à dire un mot, et Ulysse était perdu. Il implora sa pitié, et obtint d'elle qu'elle le laissât partir. Ulysse convient de tout, et l'on sent quel avantage cet aveu donne à Hécube, qui lui a sauvé la vie.

Souviens-toi de ce jour où, d'une voix tremblante,
Et pressant mes genoux d'une main suppliante,
Pâle et défiguré par l'effroi de la mort,
A ma seule pitié tu remettais ton sort.
Je reçus ta prière, et j'épargnai ta vie;
Je te fis échapper d'une terre ennemie.
Tu dois à mes bontés ce jour qui luit pour toi,

Et tu peux à ce point être ingrat envers moi!
Ulysse outrage ainsi ma fortune abattue!
S'il vit, c'est par moi seule, et c'est lui qui me tue!
Il m'arrache ma fille! ah, cruel! et pourquoi?
Quel dieu vous a dicté cette exécrable loi?
Est-ce Achille aujourd'hui qui veut une victime,
Dont les mânes vengeurs s'arment contre le crime?
Eh bien! sacrifiez à l'ombre d'un héros
L'auteur de son trépas, l'auteur de tous nos maux!
Sacrifiez Hélène, odieuse furie,
Et non moins qu'au Troyen, fatale à sa patrie.
Si d'une offrande illustre Achille est si flatté,
S'il veut voir sur sa tombe immoler la beauté,
Hélène à qui les dieux l'ont donnée en partage,
Remporte encor sur nous ce funeste avantage;
Hélène est plus coupable et plus belle à la fois.
O vous à qui j'adresse une débile voix,
Vous que j'ai vu jadis, dans un jour de détresse,
Prosterné devant moi, supplier ma vieillesse,
Que l'équité vous parle, et soit juge entre nous:
Faites ici pour moi ce que j'ai fait pour vous.
J'ai plaint votre infortune, et vous voyez la nôtre;
Vous pressiez cette main, et je presse la vôtre.
Hécube est à vos pieds; Hécube est mère, hélas!
Hélas! n'arrachez point ma fille de mes bras;
Ne versez point son sang; c'est assez de carnage.
Mes revers sont affreux: ma fille les soulage,
Console mes vieux ans, adoucit mes douleurs,
Et me fait quelquefois oublier mes malheurs.
Ah! ne me l'ôtez pas, ne me privez point d'elle!
La victoire jamais ne doit être cruelle.
Quel vainqueur peut compter sur un bonheur constant?
Je suis des coups du sort un exemple éclatant.

Je régnais, j'étais mère, et je me crus heureuse :
Ma fortune a passé comme une ombre trompeuse.
Un jour a tout détruit, et je ne suis plus rien.
Prenez pitié de moi, laissez-moi mon seul bien.
Parlez à tous ces chefs, et que votre sagesse
De tant de cruautés fasse rougir la Grèce.
Les femmes, les enfants, dans l'horreur des combats,
N'ont point été frappés du fer de vos soldats.
Est-ce au pied des autels que, souillant votre gloire,
Vous répandrez le sang qu'épargna la victoire ?
Eh quoi ! pour des captifs désarmés et soumis
Serez-vous plus cruels que pour vos ennemis ?
Parlez, et révoquez l'arrêt de l'injustice :
La Grèce vous écoute, et doit en croire Ulysse.

Ce discours d'Hécube, dans l'original, semble réunir tous les genres d'éloquence : celle de la tendresse maternelle, la dignité d'une reine se mêlant à la douleur suppliante, l'art d'intéresser jusqu'à l'amour-propre d'un ennemi. Ulysse se défend aussi bien qu'il est possible. Il n'a point oublié ce qu'il doit à Hécube, mais il n'est que l'organe des volontés de l'armée, il n'est pas en lui de les changer : si Hécube pleure ses enfants, combien de mères dans Argos et dans Mycènes pleurent aussi leurs fils tués devant Troie ! Enfin Achille, qui a rendu tant de services aux Grecs, a des droits sur leur reconnaissance ; et comment lui refuser la victime qu'il demande ? Les héros sont jaloux des honneurs dûs à leur mémoire. Ici le poète, par la bouche d'Ulysse, fait l'éloge des mœurs grecques et des nobles tributs qu'elles payaient aux mânes des grands hommes, tandis que dans les monarchies barbares leurs services étaient ensevelis avec eux. Hécube, voyant qu'Ulysse résiste à ses prières, exhorte sa fille à le fléchir, s'il se peut, par ses soumissions et par ses larmes. La réponse de Polyxène est d'une fermeté qui contraste très heureusement avec le désespoir d'une mère.

Ulysse, je le vois, vous craignez ma prière :
Votre main fuit la mienne, et votre front sévère,
Votre regard baissé, se détournent de moi.
Rassurez-vous : des Grecs je remplirai la loi.
De la nécessité je subirai l'empire :
On ordonne ma mort, et mon cœur la désire.
J'aurais trop à rougir si, devant un vainqueur,
Trop d'amour de la vie eût abaissé mon cœur.
Pourquoi vivrai-je encor? J'ai vu régner mon père :
Polyxène, l'espoir et l'orgueil d'une mère,
Croissait dans son palais pour le plus beau destin,
Pour voir un jour des rois se disputer sa main,
Pour aller embellir une cour fortunée
Qu'aurait enorgueillie un superbe hyménée ;
Et, dans mes jours de gloire et de prospérité,
Je n'enviais aux dieux que l'immortalité.
Je suis esclave, hélas! ce nom plein d'infamie,
Ce nom seul me suffit pour détester la vie.
Attendrai-je qu'ici, pour combler mes revers,
Un maître, à prix d'argent, me donnant d'autres fers,
Livre la sœur d'Hector aux plus vils ministères,
Aux travaux destinés à des mains mercenaires,
Et qu'un esclave impur, m'obtenant malgré moi,
Vienne souiller mon lit où dut entrer un roi?
Non, j'aime mieux la mort que cet excès d'injure ;

J'aime mieux aux enfers descendre libre et pure.
A qui perd tout espoir il reste le trépas.
Ulysse, je vous suis. N'arrêtez point mes pas,
Ma mère, laissez-moi marcher au sacrifice;
Oui, laissez-moi mourir avant qu'on m'avilisse.
Le malheur, il est vrai, peut frapper tout mortel;
Moins il est attendu, plus il semble cruel;
Mais qui peut à l'opprobre abandonner sa vie?
Ah! le plus grand des maux sans doute est l'infamie.

HÉCUBE.

J'admire ton courage et je pleure ton sort.
Si du fils de Pélée il faut venger la mort,
Grecs, où va s'égarer votre injuste colère?
Du crime de Pâris il faut punir sa mère.
Pâris seul est coupable; il est né dans mon flanc :
Sur la tombe d'Achille épuisez tout mon sang.
Frappez.

ULYSSE.

   Ce n'est pas vous qu'Achille nous demande :
Des jours de Polyxène il exige l'offrande.

HÉCUBE.

Immolez toutes deux : confondez à l'autel
Et le sang de ma fille, et le sang maternel.

ULYSSE.

Achille veut le sien, Madame, et non le vôtre;
Eh! que ne pouvons-nous épargner l'un et l'autre!

HÉCUBE.

Mourir avec ma fille est un devoir pour moi.

ULYSSE.

Non, votre seul devoir est de suivre ma loi.

HÉCUBE.

Vous me verrez sans cesse à ses pas attachée.

ULYSSE.

Non, craignez de la voir de vos bras arrachée.

POLYXÈNE.

(*A Ulysse.*)

Madame, écoutez-moi... Vous, dans votre rigueur,
Ménagez une mère, épargnez sa douleur.
(*A Hécube.*)
Ma mère, c'est assez combattre la puissance.
Ne souffrez pas du moins d'indigne violence.
Voulez-vous qu'à l'instant, d'un bras injurieux,
De farouches soldats, vous traînant à mes yeux,
Insultent à ce point votre rang et votre âge?
Sauvez-nous toutes deux de ce comble d'outrage.
Donnez-moi votre main; à mes derniers moments
Accordez la douceur de vos embrassements.
Ma mère! de ce nom que ma tendresse implore
Pour la dernière fois ma voix vous nomme encore:
Mes yeux à la clarté vont cesser de s'ouvrir...
Adieu, vivez, ma mère; et moi, je vais mourir.

HÉCUBE.

De mes nombreux enfants cher et malheureux reste,
Tu meurs! et dans les fers je traîne un sort funeste!
Quel en sera le terme? A quoi m'attendre encor?

POLYXÈNE.

Que dirai-je à Priam; à votre fils Hector?

HÉCUBE.

Dis que, par tant de coups tour à tour éprouvée,
Au comble des horreurs Hécube est arrivée.

POLYXÈNE.

O sein qui m'a nourrie! ô ma mère! ah! grands dieux!

HÉCUBE.

O gage le plus cher des plus funestes nœuds!

POLYXÈNE.

Recevez mes adieux, Cassandre, Polydore,
O ma sœur ! ô mon frère !

HÉCUBE.

Hélas ! vit-il encore ?
Je suis trop malheureuse, et je crains tout des dieux.

POLYXÈNE.

Sans doute il est vivant, il fermera vos yeux.
Il vit, n'en doutez pas : cet espoir me ranime.
 (*A Ulysse.*)
Allons, couvrez du moins le front de la victime.
Ulysse, cachez-moi ma mère et ses douleurs ;
Je puis souffrir la mort, et ne puis voir ses pleurs.
 Venez, etc.

Le récit de la mort de cette princesse est digne de cette belle scène. Il n'est pas inutile de faire voir comment les anciens traitaient cette partie du drame. C'est Talthybius qui raconte le sacrifice de Polyxène, auquel il présidait en qualité de héraut, et qui le raconte à Hécube. Dans nos mœurs, ce serait manquer aux convenances, et nous ne souffririons pas qu'ayant eu part à la mort de la fille, il en fît le récit à la mère. Mais le récit même nous fera mieux connaître encore toute la férocité des mœurs de ces temps qu'on nomme héroïques, férocité produite par la superstition et le fanatisme qui exaltaient l'énergie des âmes et enfantaient des crimes.

Pour ce grand sacrifice on s'assemble, on s'empresse ;
De jeunes Grecs, rangés autour de la princesse,
Devaient sous ma conduite accompagner ses pas,

La placer à l'autel et l'offrir au trépas.
Pyrrhus vient, il saisit la victime docile,
Et l'entraîne lui-même à la tombe d'Achille.
Il prend un vase d'or, le remplit, et soudain
En l'honneur de son père il épanche le vin.
A l'armée, en son nom, j'ordonne le silence.
« Que ma voix dans ces lieux attire ta présence,
« O mon père ! dit-il : reçois aux sombres bords
« Ces dons religieux qui consolent les morts :
« Vois ce sang consacré que nous allons répandre :
« Ce pur sang d'une vierge appartient à ta cendre.
« Sois-nous propice, Achille, ô mon père ! ô héros !
« Loin des bords d'Ilion fais voguer nos vaisseaux.
« Que, sauvés des écueils d'une mer en furie,
« Un retour fortuné nous rende à la patrie ! »
Il dit, et tous les Grecs s'unissent à nos vœux,
Et nos cris suppliants montent jusques aux cieux.
Dans la main de Pyrrhus déjà le glaive brille ;
Ses regards m'ordonnaient de saisir votre fille.
« Arrêtez, nous dit-elle, ô vainqueur des Troyens !
« Prêts à mêler mon sang avec le sang des miens,
« Épargnez-moi du moins un inutile outrage.
« Ma mort doit-être libre, et j'aurai le courage
« De présenter au glaive et ma tête et mon sein.
« Sur la fille des rois ne portez point la main.
« Polyxène, acceptant un trépas qu'elle brave,
« Ne veut point aux enfers porter le nom d'esclave. »
Elle dit : mille voix parlent en sa faveur.
Agamemnon lui-même, admirant son grand cœur,
Souscrit à sa demande, et veut qu'on se retire.
Polyxène l'entend : elle arrache et déchire
Les voiles, ornements de sa virginité,
Et, de son sein d'albâtre étalant la beauté,

Elle tombe à genoux : « Pyrrhus, frappe, dit-elle;
« Frappe, j'attends tes coups. » Il se trouble, il chancelle,
La victime à ses pieds, l'aspect de tant d'appas,
La pitié, quelque temps semble arrêter son bras.
Mais Achille l'emporte en cette âme hautaine;
Il enfonce le fer au cœur de Polyxène,
Le retire fumant; le sang jaillit au loin.
Elle tombe expirante, et, par un dernier soin,
Elle rassemble encor la force qui lui reste,
Pour n'offrir aux regards qu'une chute modeste *.
Elle meurt. Ce moment change tous les esprits.
Touchés de sa vertu, de son sort attendris,
Tous, et chefs, et soldats, qu'un même zèle anime,
A l'envi l'un de l'autre honorent la victime.
Déjà par mille mains son bûcher est dressé.
Tous hâtent cet ouvrage, et d'un bras empressé
Le couvrent de présents, l'entourent de guirlandes,
Se disputent le droit d'y porter des offrandes;
Et tandis qu'on lui rend ces funèbres honneurs,
J'entends gémir sa mère, et vois couler vos pleurs.

Racine a pris soin d'avertir qu'il ne fallait pas
que la conformité de titre fît imaginer que son
Andromaque fût la même que celle d'Euripide.
« Quoique ma tragédie, dit-il, porte le même titre
« que la sienne, le sujet en est pourtant très diffé-
« rent. Andromaque, dans Euripide, craint pour

---

* Ce détail, qui peut paraître petit dans un pareil moment, tient absolument aux mœurs anciennes. On le retrouve plus d'une fois chez les Grecs et chez les Latins; et La Fontaine, dans la description de la mort de Thisbé, imitée d'Ovide, exprime ainsi la même idée :

> Elle dit : et tombant range ses vêtements,
> Dernier trait de pudeur à ses derniers moments.

« la vie de Molossus, qui est un fils qu'elle a eu de
« Pyrrhus, et qu'Hermione veut faire mourir avec
« sa mère. Mais dans ma pièce il ne s'agit point de
« Molossus. Andromaque ne connaît point d'autre
« mari qu'Hector, ni d'autre fils qu'Astyanax. J'ai
« cru en cela me conformer à l'idée que nous avons
« de cette princesse. La plupart de ceux qui ont
« entendu parler d'Andromaque ne la connaissent
« guère que pour la veuve d'Hector et pour la mère
« d'Astyanax. On ne croit point qu'elle doive aimer
« ni un autre mari ni un autre fils, et je doute que
« les larmes d'Andromaque eussent fait sur l'esprit
« de mes spectateurs l'impression qu'elles y ont
« faite, si elles avaient coulé pour un autre fils que
« celui qu'elle avait d'Hector. »

Ces observations prouvent le jugement exquis de Racine, qui savait combien il importe au théâtre de se conformer aux idées les plus généralement reçues, et d'établir l'intérêt sur les dispositions des spectateurs.

Le rôle d'Andromaque est beau dans la pièce d'Euripide. La naïveté des sentiments et l'expression de la tendresse maternelle, le mélange de douleur et de dignité qui s'y fait remarquer, ont pu fournir à Racine les couleurs qu'il a employées en grand maître. La pièce n'a point de prologue postiche, comme les autres. Voilà ses mérites; mais elle a, comme tant d'autres du même auteur, le défaut capital de ces épisodes déplacés qui forment comme une seconde action, et détruisent l'intérêt quand il commençait à naître. La scène est à Phthie, dans les états de Pyrrhus, fils d'Achille. Il est absent; et sa femme Hermione, soutenue de son père Ménélas, a profité de cette absence pour condamner à la mort Andromaque, sa rivale, et le jeune Molossus, que cette captive troyenne a eu de Pyrrhus. La mère et le fils se sont réfugiés aux autels de Thétis, situation que nous avons déjà vue dans l'*Hercule furieux*. Hermione, qui n'a point d'enfant de Pyrrhus, est animée de toutes les fureurs de la jalousie et de tout l'orgueil que lui inspirent sa naissance et son rang. Elle ne peut souffrir qu'une étrangère, une captive lui dispute, lui enlève même, le cœur de son époux, et que Molossus, le fils d'Andromaque, puisse être un jour l'héritier du fils d'Achille. Sa querelle avec Andromaque, qui se défend d'un ton aussi noble qu'intéressant, est assez théâtrale, quoiqu'elle offre plusieurs traits qui ne sont pas dans nos mœurs. Mais ce qui n'est d'aucun intérêt, c'est la longue querelle qui s'élève sur le même sujet entre le vieux Pélée, qui vient défendre sa petite-fille, et Ménélas qui prend le parti de sa fille Hermione. Les bravades du vieillard devant un guerrier, ses insultes, ses menaces, ne conviennent ni à son âge ni aux circonstances. Son langage devrait être celui de la modération, de la sagesse, de la sensibilité paternelle, et ce long conflit d'injures réciproques, qui ne produisent rien, ne peut jamais être théâtral. Ce qui ne l'est pas plus, c'est de changer tout à coup la situation des personnages sans qu'on aperçoive aucune cause de ce changement aussi subit qu'invraisemblable.

Après qu'on a été occupé pendant trois actes du péril d'Andromaque et de son fils, qui est-ce qui peut s'attendre qu'au quatrième il n'en soit plus question, et qu'on voie paraître cette même Hermione, tout à l'heure si fière et si menaçante, maintenant saisie de frayeur, désespérée, s'arrachant les cheveux et déchirant ses vêtements? Pourquoi? parce qu'elle craint que Pyrrhus, à son retour, ne veuille la punir de tout le mal qu'elle a voulu faire. Mais il n'est point question du retour de son époux, et il n'y a nulle raison pour que cette crainte ne l'occupât pas auparavant. Ce n'est pas ainsi que le spectateur veut être mené; ces secousses en sens contraire sont l'opposé de l'art dramatique, qui veut sur-tout que l'on aille toujours au but proposé. Tout à l'heure on craignait pour Andromaque, à présent c'est Hermione qui veut se tuer, qui ne parle que de fer et de poison, enfin qui ne s'appaise qu'à l'arrivée d'Oreste, qui n'est pas plus préparée que tout ce qui précède. C'est encore une faute très grave que d'amener au quatrième acte un personnage qui n'a pas même été nommé jusque-là, qui ne tient nullement à l'action, et qui vient en commencer une nouvelle *. Oreste est amoureux d'Hermione; mais cet amour, comme nous l'avons déjà vu dans quelques autres pièces grecques, n'est qu'un fait énoncé,

* Ce défaut, si c'en est vraiment un, s'aperçoit peu chez les Grecs, qui ne partageaient pas leurs pièces en actes. Cette division, que La Harpe ne manque jamais d'appliquer à leurs ouvrages, sert merveilleusement à le faire ressortir. C'est une des raisons qui doivent porter les critiques à la rejeter. Voyez ce que nous en avons déjà dit plus d'une fois t. I, p. 51, t. II, p. 101, 109, 119, t XII, p, 347, etc. H. P.

et non pas une passion développée. Oreste veut profiter de l'absence de Pyrrhus pour enlever Hermione. Cette princesse, enchantée de trouver un défenseur, se jette à ses pieds; ce qui, dans les circonstances données, est contraire à toutes les bienséances. Le péril n'est pas assez pressant à beaucoup près pour qu'il lui soit permis d'oublier à ce point sa dignité, son devoir et son sexe. Oreste se charge de la défendre; elle promet de le suivre partout. Il lui a déclaré sans détour qu'il va chercher Pyrrhus à Delphes, et que son dessein est de l'assassiner; et l'épouse de Pyrrhus garde le silence, et sort avec celui qui va tuer son mari. Comment excuser cette violation de tous les devoirs, qui n'est fondée que sur un danger incertain, éloigné, presque imaginaire? Sur quel théâtre aujourd'hui tolèrerait-on cette conduite d'Hermione? Et quand on songe qu'elle n'est pas même punie à la fin de la pièce, conçoit-on que Brumoy compte parmi les avantages du théâtre grec celui d'être plus moral que le nôtre?

Au cinquième acte, un envoyé de Delphes vient apprendre à Pélée qu'Oreste a tué Pyrrhus, et après un long narré, l'on apporte le corps de ce prince. Remarquez que, de l'aveu même de Brumoy, la vraisemblance est violée au point qu'Oreste n'a pas même pu avoir le temps d'aller à Delphes. Il ne manque plus que de voir arriver Thétis pour consoler Pélée, et toute cette multiplicité de machines merveilleuses et inutiles, toutes ces fautes contre l'unité d'action, de temps et de lieu, contre les règles de la décence, de la morale et du bon sens, sembleraient presque inconcevables chez un auteur qui a su, dans d'autres pièces, parvenir aux plus grands effets de la tragédie, si l'histoire de notre théâtre ne nous offrait pas des contradictions à peu près semblables, et si l'on ne se souvenait qu'il est beaucoup plus facile de connaître les règles que de les observer *.

Le fond de la tragédie d'*Alceste* n'est pas aussi vicieux, et même il semble que, du côté moral, cette pièce est comme l'antidote de la précédente; car l'héroïne est un modèle de la tendresse conjugale, comme Hermione en est un de perversité. On assure que Racine trouvait ce sujet très heureux, et qu'il aurait été même tenté de le traiter, s'il avait cru voir la possibilité d'un dénouement qui pût convenir à notre scène. On ne peut pas calculer ce que pouvait faire un homme aussi profond dans son art que l'auteur d'*Athalie*; mais ce qu'on peut assurer, c'est que jamais il n'aurait eu à vaincre de plus grande difficulté. Il y a sans doute de l'intérêt dans le sacrifice héroïque d'Alceste; mais il n'offre qu'une seule et même situation. Il n'y a de ressource, du moins pour nous, que de laisser ignorer à Admète la généreuse résolution de sa femme; dès qu'il en est instruit, la pièce doit toucher à sa fin, parce qu'un pareil combat ne peut pas durer long-temps. Il est possible pourtant que celui qui avait su tirer

---

* Louis Racine a comparé à l'*Andromaque* d'Euripide celle de son père dans les *Mémoires de l'Académie des inscriptions*, t. X, p. 311. Voyez aussi Brumoy, Prévost, Geoffroy, Schlegel, etc. H. P.

cinq actes des adieux de Titus et de Bérénice fût aussi heureux et aussi habile dans *Alceste;* mais comment finir cette pièce par des moyens naturels ? Voilà probablement ce qui l'a détourné de l'entreprendre, et ce qui a renvoyé ce sujet à l'Opéra. Ce n'est pas que plusieurs écrivains ne l'aient essayé au théâtre Français. Lagrange, entre autres, n'a pas été si embarrassé que Racine. Il a fait ramener Alceste des enfers par Hercule, qui est amoureux d'elle ; mais, quand on lui passerait ce dénouement, son ouvrage n'en serait pas moins détestable de tout point. Celui de Quinault est un des plus faibles de cet auteur : les événements et les épisodes y sont trop multipliés, et l'on y voit avec peine ce mélange du sérieux et du familier, du comique et du tragique, qui dans ce temps était encore à la mode, et qu'il a banni de ses bons ouvrages; mais le rôle d'Hercule et le dénouement ont de la noblesse et de l'effet.

Ce qui choque le plus dans l'*Alceste* d'Euripide, c'est la dispute grossière et révoltante d'Admète avec son père, le vieux Phérès. Le fils reproche au père de n'avoir pas le courage de mourir pour lui; et cette scène, indécemment prolongée, est un tissu des plus odieuses invectives. Brumoy a beau réclamer les mœurs antiques, et nous dire que c'était une espèce de loi, un préjugé reçu, que le plus vieux mourût pour le plus jeune, cela n'est point du tout prouvé; et la voix de la nature, plus forte que tous les préjugés, nous crie qu'un fils est aussi injuste que cruel, quand il outrage la vieillesse de son père, et lui fait un crime de ne pas se résoudre à un sacrifice qu'il ne doit pas. Il serait plus facile d'excuser Euripide sur le rôle d'Admète, qui consent, quoiqu'avec tout le regret possible, à laisser mourir Alceste, parce qu'il doit se soumettre aux oracles des dieux; mais à nos yeux cette soumission ne serait qu'une lâcheté, et Admète ne nous paraîtrait digne de l'effort que fait Alceste en sa faveur qu'en s'y refusant de toute sa force. Il faut encore avouer que sur ce point nos idées sont plus délicates et plus nobles que celles des Grecs.

Nous n'aimerions pas non plus à voir Hercule, à table, se livrer à toute la joie d'un festin, pendant que la mort d'Alceste a mis le palais en deuil, et tout le respect des anciens pour l'hospitalité ne saurait couvrir cette disparate choquante; mais il serait bien difficile de ne pas reconnaître le langage de la nature et de l'amour dans les adieux qu'Alceste mourante adresse à son époux :

>Cher Admète, je touche à mon heure suprême.
>Voyez ce que j'ai fait pour un époux que j'aime.
>Pour vous sauver le jour, je me livre à la mort,
>Et ma seule tendresse a voulu cet effort.
>Je pouvais, jeune encore et veuve couronnée,
>Aspirer aux liens d'un nouvel hyménée ;
>Mais je n'ai pas voulu survivre à vos destins
>Pour nourrir dans le deuil des enfants orphelins.
>Ma vie est par mon choix éteinte à son aurore :
>Vos parents à leur fils se devaient plus encore :
>Vous étiez leur seul bien : par l'âge appesantis,
>Ils n'avaient pas le droit d'espérer d'autre fils;

Et si votre bonheur eût fait leur seule envie,
Vous pouviez conserver votre épouse et la vie.
Mais ils vous ont trahi : les dieux l'ont ordonné ;
A pleurer mon trépas vous étiez destiné.
Le Ciel à mes enfants veut ravir une mère.
O vous ! pour qui je meurs, écoutez ma prière.
Je ne demande pas, pour prix de mes bienfaits,
Un sacrifice égal à celui que je fais.
Et quel bien après tout pourrait valoir la vie ?
Mais si de mon époux ma mémoire est chérie,
S'il aime mes enfants, s'il se souvient de moi,
Ah ! que jamais l'hymen, démentant notre foi,
Ne fasse dans mon lit entrer une autre épouse,
Qui, régnant sur mon sang en marâtre jalouse,
Accablerait bientôt sous un joug odieux
De nos premiers amours les gages précieux.
On ne connaît que trop les haines implacables,
D'un second hyménée effets inévitables.
Gardez dans ce palais d'introduire un tyran.
De mon fils, il est vrai, le péril est moins grand :
Son sexe est sa défense ; il croîtra près d'un père ;
Mais à ma fille, ici, qui tiendra lieu de mère ?
Fille trop chère ! hélas ! s'il fallait quelque jour
Qu'une femme étrangère osât, dans cette cour,
A la honte, au mépris dévouer ton enfance,
Et d'un hymen heureux te ravir l'espérance !
Si tu dois de Lucine éprouver les travaux,
Qui sera près de toi pour adoucir tes maux,
Pour t'offrir les secours de l'amour maternelle ?
Je meurs. Ah ! par pitié pour moi-même et pour elle,
Admète, jurez-moi de souscrire à mes vœux ;
Joignez cette promesse à nos derniers adieux.
Il faut nous séparer : la mort, qui me menace,

N'admet point de délai, n'accorde point de grace.
Adieu, mes chers enfants! adieu, mon cher époux!
Vous que j'ai tant aimé, vivez; souvenez-vous
Qu'Alceste à cet amour appartint toute entière,
Fut la plus tendre épouse et la plus tendre mère.

Les deux pièces les plus régulières d'Euripide sont ses deux *Iphigénie, en Aulide* et *en Tauride**.

La première sur-tout peut être regardée comme son chef-d'œuvre, et comme une des tragédies anciennes où l'art ait été porté à sa plus grande perfection. On ne trouve ici aucun des défauts trop fréquents dans cet auteur: ils sont au contraire remplacés par toutes les beautés propres au sujet et à la tragédie : unité d'action et d'intérêt dont on ne s'écarte pas un moment, exposition admirable, caractères soutenus, vérité dans le dialogue, peu de défauts de convenances, pathétique dans les situations, éloquence vraiment dramatique; enfin, une gradation d'intérêt qui va croissant de scène en scène jusqu'au dénouement. Voilà ce qui justifie l'admiration qu'on a eue dans tous les temps pour cet ouvrage, qui a servi de modèle à l'un des plus parfaits de la scène française, et que peut-être le seul Racine pouvait embellir encore et perfectionner.

Si l'on excepte l'épisode d'Ériphyle si adroitement fondu dans la pièce française, et qui était nécessaire pour se passer du dénouement que la fable a fourni à Euripide, Racine, d'ailleurs l'a fidèlement suivi

---

* Voyez la comparaison des deux *Iphigénie* par Louis Racine, Mémoires de l'académie des inscriptions et belles-lettres, t. VIII, p. 288 ; voyez aussi Brumoy, Prévost, Geoffroy, Schlegel, etc.   H. P.

dans tout le reste; et quel plus grand éloge en peut-on faire? Cette exposition, qui peut servir de modèle; ces combats de la nature et de l'ambition, qui forment le fond du caractère d'Agamemnon; cette joie qui éclate à l'arrivée de la mère et de la fille, et qui est si déchirante pour le cœur d'un père, cette scène naïve et touchante entre Agamemnon et Iphigénie; cette nouvelle foudroyante apportée par Arcas, *il l'attend à l'autel pour la sacrifier*; cet hymen d'Achille faussement prétexté; le désespoir de Clytemnestre qui tombe aux pieds du seul défenseur qui reste a sa fille; la noble indignation du jeune héros dont le nom est si cruellement compromis; les transports de l'amour maternel qui éclatent dans Clytemnestre défendant sa fille contre un époux inhumain; la résignation modeste de la victime, et les prières attendrissantes qu'elle adresse à son père : toutes ces beautés, qui ont fait si souvent verser des larmes au théâtre Français, appartiennent à celui d'Athènes, appartiennent à Euripide; et quand il n'aurait pas d'autre titre, n'en serait-ce pas assez pour mériter notre reconnaissance et notre vénération?

L'Achille d'Euripide est beaucoup plus modéré et plus maître de lui que celui de Racine, et par conséquent moins tragique. Il vient en effet avec ses Thessaliens, comme dans la pièce française, pour défendre Iphigénie, il combat la résolution qu'elle a prise de mourir; mais ce n'est pas avec cette impétuosité entraînante que lui donne Racine, avec cette violence prête à tout renverser, et qui sied si bien à un amant, à un guerrier. Ici Achille finit par céder en quelque sorte à Iphigénie; il se contente de dire que l'aspect de la mort peut la faire changer de résolution, et qu'il sera près de l'autel avec ses soldats pour la défendre et la sauver.

Ce n'est point un reproche que je fais à Euripide : chez lui, Achille n'en doit pas faire davantage; il n'est pas amoureux; ce n'est pas son épouse qu'il défend. Elle se dévoue en victime, et il doit, suivant les mœurs du pays, respecter à un certain point son dévouement religieux. Mais, sans blâmer Euripide, j'aime à voir dans Racine le bouillant Achille aller presque jusqu'à la violence pour sauver Iphigénie malgré elle.

On a reproché à Racine l'égarement de Clytemnestre, comme un petit incident dont il a eu besoin pour fonder sa pièce. Cette légère imperfection, si c'en est une, n'est point dans la pièce grecque, mais elle est remplacée par un défaut qui, pour nous du moins, serait moins excusable : c'est Ménélas qui, soupçonnant la faiblesse de son frère, arrache de force à l'officier d'Agamemnon la lettre qu'il porte. Ce moyen nous semblerait peu conforme à la dignité du personnage; et, de plus, il ne paraît pas convenable de faire paraître là Ménélas, la première cause de tous les malheurs qui sont le sujet de la pièce. On serait blessé aujourd'hui de le voir reprocher durement à Agamemnon la répugnance trop juste que celui-ci montre à sacrifier sa fille à la vengeance de son frère. Ménélas est trop intéressé dans cette cause pour avoir le droit de la plaider. C'est peut-être la seule faute grave d'Euripide dans son *Iphigénie*, et Racine l'a corrigée. Il a écarté Ménélas, et a mis à sa place Ulysse, qui, n'ayant d'autre intérêt que celui de tous les Grecs, est bien plus autorisé à combattre la résistance d'Agamemnon; et ce changement judicieux est encore une preuve de l'excellent esprit de Racine*.

Il a mis aussi plus de force dans le rôle de Clytemnestre, et poussé plus loin les combats qu'elle rend en faveur de sa fille. Dans Euripide elle finit, comme Achille, par céder en gémissant à la résolution de sa fille; elle entend les les adieux que la jeune princesse fait à ses compagnes, et la laisse sortir pour aller à l'autel. Il se peut que les mœurs grecques ne lui permissent pas d'en faire davantage; mais, pour nous, il vaut mieux sans doute qu'elle ne cède qu'à la force, et qu'elle ne reste sur la scène que parce que les soldats l'y retiennent**.

Le sujet d'*Iphigénie en Tauride*, quoique vraiment tragique, n'est pourtant pas d'un intérêt si pénétrant; et, quoique la pièce soit bien faite, elle produit moins d'effet que l'autre *Iphigénie*. Il ne faut pas en juger tout-à-fait par la pièce de Gui-

* La substitution d'Ulysse à Ménélas, qu'à imaginée Racine, est, on ne le peut nier, très heureuse. Cependant il paraît bien dur de regarder comme un *défaut* l'intervention du personnage de Ménélas, et ce manque de *dignité* qu'on lui reproche sent un peu le critique moderne, qui veut retrouver notre politesse dans les mœurs antiques.   H. P.

** Les mœurs antiques voulaient en effet qu'on respectât un dévouement religieux; s'y opposer eût été une espèce de sacrilége. Une fois qu'Iphigénie s'offre en victime aux dieux, il n'est plus possible à sa mère de rien tenter pour elle. Toutes ces différences tiennent à la différence même des mœurs plus qu'à celle des deux théâtres.   H. P.

mond de Latouche. Quoiqu'il ait imité la sage simplicité de la pièce grecque, cependant il a tiré ses plus grands effets de l'amitié d'Oreste et de Pylade, et de ce beau combat qui fait de son troisième acte l'un des plus théâtrals que l'on connaisse : ce combat est à peine indiqué dans Euripide. Pylade cède assez facilement à Oreste, parce qu'il se flatte de pouvoir le sauver, et avec beaucoup plus d'apparence de succès que dans la pièce française. Ce n'est point le naufrage qui les a jetés en Tauride; ils y ont abordé heureusement, et paraissent au commencement de la pièce, observant le temple dont ils veulent enlever la statue.

Pour l'exécution de leur projet ils ont un vaisseau à la côte. D'ailleurs le péril est moins grand que dans notre *Iphigénie*. Thoas ne presse point le sacrifice : il ne paraît qu'au cinquième acte, pour être trompé par la prêtresse, dont il n'a aucune défiance, et qui, de concert avec les Grecs, enlève la statue et la porte sur leur vaisseau. Thoas veut les poursuivre; mais Minerve paraît, et le lui défend. A l'égard de la reconnaissance, elle se fait très simplement : Iphigénie, en présence de son frère, charge Pylade d'une lettre pour Oreste. « Oreste, dit Pylade, recevez la lettre de votre sœur. » Nous voulons des reconnaissances graduées avec plus d'art*.

---

* On trouvera dans les articles de notre *Repertoire* où l'on traite de la tragédie moderne, de plus grands développements sur ces mêmes pièces grecques, comparées aux imitations qu'on en a faites. *Voyez* principalement CORNEILLE, RACINE et VOLTAIRE.

Le Cyclope d'Euripide, qui n'est point une tragédie, n'est bon qu'à nous donner une idée d'un genre de spectacle en usage chez les anciens, et qu'on nommait le *drame satyrique;* non qu'il ressemblât en rien à ce que nous appelons la satire, mais parce que les satyres ou *chèvrepieds* en étaient les personnages principaux et nécessaires. Cette espèce de drame se rapprochait de l'origine de la vieille tragédie, lorsqu'elle n'était qu'une fête populaire consacrée à Bacchus, et représentée sur les tréteaux de Thespis. On voit, par *le Cyclope*, la seule pièce qui nous reste de ce genre, que c'était un mélange de sérieux et de bouffon, un amalgame bizarre et grotesque fait pour amuser la populace. Ces farces étaient fort de son goût, car elles faisaient toujours partie des solennités où l'on donnait des représentations théâtrales; et l'on sait que les plus grands écrivains, à commencer par Euripide et Sophocle, ne dédaignaient pas de descendre à ce genre monstrueux. Cela fait voir que dans Athènes, comme dans toutes les grandes villes, il fallait des spectacles pour les dernières classes du peuple, comme pour les classes les plus instruites. Le sujet du *Cyclope* est l'aventure d'Ulysse dans la caverne de Polyphème, telle qu'elle est racontée dans *l'Odyssée*. On peut lire la pièce dans Brumoy qui a eu la patience de la traduire tout entière.

J'ai parcouru tout ce qui nous reste des deux grands maîtres de la scène grecque. Le dernier qui vient de nous occuper, Euripide, a beaucoup de pièces, comme on l'a vu, qui sont bien au-dessous de la renommée de l'auteur. Mais le rôle d'Andromaque dans la pièce de ce nom, celui d'Alceste, celui de Médée, plusieurs scènes des *Troyennes*, les trois premiers actes d'*Hécube*, ses deux *Iphigénie*, et sur-tout celle que Racine a transportée sur notre théâtre, sont les monuments d'un beau génie, et justifient les éloges qu'il a reçus des anciens et des modernes*. Aristote l'appelle le plus tragique des poètes; et, comme nous avons perdu la plus grande partie de ses ouvrages, nous ne savons pas à quel point il pouvait mériter ce titre. On ne peut nier du moins que, dans ce qui nous a été conservé, l'on ne trouve les scènes les plus touchantes du théâtre grec. Il a excellé dans le pathétique attendrissant**: c'est par ce seul endroit qu'il peut balancer tous les avantages que Sophocle a sur lui; c'est par là qu'il a partagé les suffrages, quoique pourtant le plus grand nombre semble avoir donné la palme à ce dernier. Horace, qui n'est pas louangeur, l'appelle *le grand Sophocle* : Virgile en parle avec admiration. Il est certain qu'il n'a aucun des défauts d'Euripide : on ne voit chez lui ni duplicité d'action, ni prologues froids et inutiles, ni merveilleux mal employé, ni épisodes déplacés, ni invraisemblances, ni ces fautes multipliées contre la verité, les convenances et le bon sens, ni ces froides sentences, ni ces ridicules déclamations contre les femmes, ni ces longues et grossières disputes qui remplissent

---

* On pourrait sans injustice allonger beaucoup cette liste des beautés d'Euripide. H. P.

** Et c'est là le sens du mot d'Aristote. H. P.

la plupart des pièces d'Euripide. Ses expositions sont belles, ses plans sont sages, son dialogue est noble, animé, soutenu; il a peu de langueur dans sa marche, et peu d'inutilités dans ses scènes. Son style est poétique, comme le drame doit l'être : il n'est jamais trop figuré, comme celui d'Eschyle; ni familier, comme celui d'Euripide ; il est plein de mouvements et de pathétique, et le langage de la nature, et l'éloquence du malheur sont souvent chez lui au plus haut point de perfection.

Nous avons vu que les grands exemples de la fatalité, les vengeances célestes, les oracles, l'abaissement de la puissance, l'excès de misères humaines, sont en général les pivots sur lesquels roule la tragédie antique. La nôtre s'est d'abord établie sur ces mêmes fondements; mais nous avons donné en même temps à l'art dramatique un ressort puissant et nouveau dans la peinture des passions. C'est un pas d'autant plus important, que notre religion ne nous fournit pas les mêmes ressources théâtrales que celle des anciens, et que l'intérêt produit par le spectacle des passions malheureuses est plus fort, plus varié, plus universel que celui qui naît de la vue d'infortunes inévitables et extraordinaires, qui ne peuvent tomber que sur un petit nombre de personnes. Peu d'hommes craindront le sort d'OEdipe ou d'Électre, mais tous peuvent être malheureux par leurs penchants, tourmentés par leur sensibilité. Nous avons donc étendu et enrichi l'art que les anciens nous ont transmis. Notre système dramatique est beaucoup plus vaste que le leur, et a produit une foule de beautés vraiment neuves, dont ils n'avaient pas l'idée. Cependant, quoique nous sachions construire un drame beaucoup mieux qu'ils ne faisaient, quoique nous ayons à peu près créé cette science, qui consiste à nouer une intrigue attachante, et à suspendre le spectateur entre l'espérance et la crainte, quoique nous ayons mis bien plus de variété dans les objets de nos pièces et bien plus d'habileté dans la manière de les conduire : enfin, quoique nous sachions beaucoup, gardons-nous de croire qu'ils ne puissent plus rien nous enseigner. Ils ont saisi la nature dans ses premiers traits : étudions chez eux cette vérité précieuse, le fondement de tous les arts d'imitation, et que nos progrès mêmes tendent à nous faire perdre de vue. La simplicité des anciens peut instruire notre luxe; car ce mot convient assez à nos tragédies, que nous avons quelquefois un peu trop ornées. Notre orgueilleuse délicatesse, à force de vouloir tout ennoblir, peut nous faire méconnaître le charme de la nature primitive, qui ne perdra jamais ses droits sur les hommes. C'est en ce genre que les Grecs peuvent encore nous être utiles. Il ne faut pas sans doute les imiter en tout; mais, dès qu'il s'agit de l'expression des sentiments naturels, rien n'est plus pur que le modèle qu'ils nous offrent dans leurs bons ouvrages. C'est là que jamais l'accent de l'âme, si cher à l'homme sensible, n'est corrompu ni par l'affectation ni par le faux esprit; c'est, en un mot, la science dont ils sont les véritables maîtres.

LA HARPE, *Cours de Littérature.*

III.

Quand on considère Euripide en lui-même, sans le comparer avec ses prédécesseurs, quand on rassemble ses meilleures pièces et les morceaux admirables répandus dans quelques autres, on peut faire de lui l'éloge le plus pompeux; mais si, au contraire, on le contemple dans l'ensemble de l'histoire de l'art, si l'on examine, sous le rapport de la moralité, l'effet général de ses tragédies et la tendance des efforts du poète, on ne peut s'empêcher de le juger avec sévérité, et de le censurer de diverses manières. Il est peu d'écrivains dont on puisse dire, avec vérité, autant de bien et autant de mal. C'est un esprit extraordinairement ingénieux, d'une adresse merveilleuse dans tous les exercices intellectuels; mais parmi une foule de qualités aimables et brillantes, on ne trouve en lui ni cette profondeur sérieuse d'une âme élevée, ni cette sagesse harmonieuse et ordonnatrice que nous admirons dans Eschyle et dans Sophocle. Il cherche toujours à plaire sans être difficile sur les moyens. De là vient qu'il est sans cesse inégal à lui-même; il a des passages d'une beauté ravissante, et d'autres fois il tombe dans de vraies trivialités; mais avec tous ses défauts, il possède la facilité la plus heureuse et un certain charme séduisant qui ne l'abandonne point.

Ce qu'Euripide prodigue à l'excès, ce sont les ressources de cette séduction purement extérieure, que Winckelmann appelle l'art de flatter les sens,

Il emploie tout ce qui n'a point de valeur réelle pour le sentiment ou la pensée, mais qui frappe, étourdit ou agite vivement le spectateur. Il cherche l'effet à un degré et par des moyens que l'on ne doit pas permettre au poète dramatique. Il ne laisse jamais, par exemple, échapper l'occasion de causer un effroi subit et mal fondé à ses personnages. Les vieillards se lamentent sans cesse sur la caducité de l'âge : on les voyait monter, en haletant et avec des genoux mal affermis, la pente qui conduisait de l'orchestre au théâtre et qui représentait quelquefois le penchant d'une montagne. Ce poete sacrifie au désir d'émouvoir, non-seulement la convenance, mais l'enchaînement nécessaire à l'ensemble d'une pièce. Ses peintures du malheur sont fortes et pénétrantes; toutefois c'est rarement pour les douleurs de l'âme, et sur-tout pour les douleurs contenues ou courageusement supportées, qu'il veut exciter la pitié; c'est pour la souffrance corporelle et vivement exprimée. Ses héros sont réduits à la mendicité; ils souffrent de la faim et de la misère; ils se montrent sur la scène couverts de haillons, et c'est ce dont Aristophane se moque avec bien de la gaieté dans sa comédie des *Acharniens*.

La diction d'Euripide est, en général, trop lâche, on y trouve sans doute des images très heureuses et des tournures charmantes, mais elle n'a point la dignité et l'énergie du style d'Eschyle, ni la grace pure de celui de Sophocle. Il recherche quelquefois dans ses expressions le bizarre et le merveilleux, et tombe d'autres fois dans le commun; le ton des

personnages est souvent très familier, et ils laissent
là leur cothurne pour marcher tout simplement sur
la terre : en cela, ainsi que dans la peinture exagérée, de quelques traits de caractères particuliers
(tels que la conduite inconvenable de Penthée en
habit de femme, et la voracité d'Hercule chez Admète), Euripide se présente comme l'avant-coureur
de la nouvelle comédie. Il avait un penchant marqué
pour ce genre, et on le voit s'en rapprocher lorsqu'il
peint les mœurs comtemporaines, en feignant de
représenter celles des siècles héroïques. C'est ce qui
fait que Ménandre reconnaît en lui son maître, et
affiche pour lui la plus grande admiration. On a un
fragment d'une pièce de Philémon, où il manifeste
un enthousiasme si extravagant pour Euripide, qu'on
serait tenté d'y voir de la plaisanterie : « *Si j'étais*
« *sûr que les morts*, fait-il dire à un de ses person-
« nages, *eussent encore du sentiment, ainsi que cer-*
« *taines gens le prétendent, j'irais me pendre aussitôt*
« *afin de voir Euripide* ». Cette vénération des auteurs comiques plus modernes, forme un contraste
bien frappant avec les sentiments d'Aristophane,
qui était son contemporain ; il le poursuit sans relâche et impitoyablement ; il semble avoir pris à
tâche de ne laisser impunie aucune de ses fautes
contre le goût ou la moralité.

Quoique Aristophane, en qualité d'auteur comique, envisage toujours les poètes tragiques sous
le rapport de la parodie, il n'attaque Sophocle nulle
part, et lorsqu'il saisit le côté par lequel Eschyle
peut prêter à la plaisanterie, son respect pour lui

est cependant visible. Il ne cesse d'opposer la grandeur gigantesque du plus ancien poète à la minutieuse recherche de son successeur; il relève avec une raison victorieuse et un esprit intarissable la subtilité sophistique d'Euripide, ses prétentions oratoires et philosophiques, sa morale relâchée, ses moyens matériels d'émouvoir. La plupart des critiques modernes ont regardé les pièces d'Aristophane comme un amas de bouffonneries exagérées et calomnieuses, et n'ayant pas reconnu des vérités, déguisées sous le voile de la plaisanterie, ils ont donné peu de poids au jugement de cet auteur.

Toutes ces remarques ne doivent cependant pas nous faire oublier qu'Euripide appartenait au plus beau siècle de la Grèce, qu'il était contemporain de plusieurs de ces philosophes, de ces hommes d'état, de ces artistes qui ont répandu un si prodigieux éclat sur leur patrie. S'il paraît au-dessous de ses prédécesseurs, il se relève par la comparaison avec un grand nombre de modernes. Il a une force particulière dans l'expression du malheur; il excelle dans la peinture d'une âme malade, égarée, abandonnée jusqu'au délire à l'empire des passions; il est admirable, quand un sujet, qui exclut tout but plus relevé, l'entraîne au pathétique, et sur-tout lorsque le pathétique même exige la beauté morale; presque toutes ses pièces offrent des morceaux ravissants. Enfin, je n'ai point prétendu lui disputer un talent extraordinaire, mais j'ai seulement voulu dire, que, chez Euripide, les qualités de l'âme, la sévérité des principes moraux et la sainteté des sentiments re-

ligieux, ne marchaient pas de pair avec les brillantes
facultés de l'esprit.

A. W. SCHLEGEL, *Cours de Littérature dramatique.*

MORCEAUX CHOISIS.

I.

HÉCUBE (*à Ulysse qui vient chercher Polyxène pour la conduire au supplice.*)

. . . .
Vous souvient-il encor du jour où dans Pergame,
Sous d'obscurs vêtements déguisant vos projets,
Vous veniez des Troyens surprendre les secrets?
Hélène pénétra cet important mystère;
Je fus de son aveu seule dépositaire.
Ulysse, quel Troyen ne vous eût condamné?
A mes pieds sans espoir vous étiez prosterné,
Et glacé par la mort à vos regards présente,
Vers moi vous étendiez une main suppliante.
N'étais-je pas alors arbitre de vos jours?

ULYSSE.

D'un seul mot votre bouche en eût tranché le cours.
Vous pouviez me punir......

HÉCUBE.

    Je le devais peut-être,
Ingrat, et ma pitié ne te fit point connaître.
Je t'épargne un trépas honteux et mérité;
Tu me dois tout, l'honneur, le jour, la liberté;
Et tu veux m'accabler, et pour reconnaissance,
Tu prends un soin cruel d'irriter ma souffrance;
Sur l'esprit des soldats que ton art a séduit
L'ouvrage de mes pleurs par toi seul est détruit;
Pour Achille et les dieux c'est toi qui les décides.

Les dieux commandent-ils à vos mains parricides
De traîner des captifs sous le couteau mortel,
Comme de vils troupeaux réservés à l'autel ?
Mais je veux que, flatté d'une pareille offrande,
En faveur d'un héros le Ciel vous le commande.
Est-ce à moi d'honorer de ce tribut sanglant
Celui dont les exploits ont déchiré mon flanc ?
Faut-il sacrifier ma fille à sa mémoire ?
Doit-elle de ses jours payer votre victoire ?
Pour mourir sous vos coups quels sont ses attentats ?
Elle n'a point causé nos funestes débats ;
Et, brûlant sur ces bords d'une flamme adultère,
Appelé dans nos champs la famine et la guerre.
Une autre a divisé les Grecs et les Troyens,
Elle seule a perdu vos guerriers et les miens.
De son crime au tombeau qu'elle emporte la peine :
Justifiez les dieux en punissant Hélène.
Mais respectez ma fille, épargnez mes vieux ans,
Laissez-moi cet appui de mes pas chancelants.
Près d'elle mes douleurs me semblent moins amères.
En elle je retrouve et son père et ses frères.
C'est me ravir encor tout ce que j'ai perdu
Que m'enlever ce bien par qui tout m'est rendu,
Ce doux et cher trésor qui me reste de Troie,
Mon guide, mon espoir, ma famille et ma joie.
Écoutez ma prière et soyez généreux ;
Instruit par vos malheurs, plaignez les malheureux.
Ulysse, par ma voix l'équité vous supplie
De ne point opprimer qui vous sauva la vie.
Qu'un service passé vous parle ici pour nous :
Je vous vis à mes pieds, j'embrasse vos genoux ;
Je vis couler vos pleurs, tournez sur moi la vue ;
Contemplez l'infortune où je suis descendue,

Moi, veuve de Priam, j'implore vos regards
Et je baise la main qui livra nos remparts :
Oui, vous nous défendrez, vous serez notre asyle,
Sauvez-nous, retournez vers le tombeau d'Achille.
Par l'amour combattu, Pyrrhus doit hésiter :
Atride à vos discours ne pourra résister.
Vous saurez dans les cœurs réveiller la clémence :
Vous fléchirez les Grecs, et si votre éloquence
De Calchas et des dieux désarme le courroux,
Vous ferez plus pour moi que je n'ai fait pour vous.
. . . .

Casimir Delavigne.

II.

IPHIGÉNIE.

Écoutez-moi l'un et l'autre : je vous vois, ô ma mère! transportée d'une vaine colère contre votre époux. La résistance est impossible : pourquoi tenter d'inutiles efforts? Et vous généreux étranger, mon cœur sent tout le prix de vos services; mais je ne dois pas exposer sans fruit des jours aussi précieux que les vôtres. Redoutez, ma tendre mère, le courroux de l'armée; cédez au sort. Voici le dessein que les dieux m'inspirent : j'ai résolu de mourir; mais je veux mourir avec gloire, et imposer silence à la calomnie. Daignez, ô ma mère! peser avec moi les motifs qui m'animent. Dans ce moment, la Grèce tout entière me regarde; elle attend de moi le départ de ses vaisseaux, la destruction des Phrygiens, la punition éclatante d'un infâme ravisseur, l'exemple d'une vengeance mémorable qui doit à jamais épouvanter les barbares, et mettre nos plus illustres familles à l'abri de leurs attentats. Ma mort affranchit ma patrie de ces indignes craintes, et mon nom volera de bouche en bouche : l'honneur d'avoir délivré la Grèce immortalisera ma mémoire. Loin de moi un attachement honteux à la vie! Vous ne m'avez pas fait naître pour vous seule, mais pour tous les Grecs. Quoi! cette foule de guerriers, ce peuple de héros prêts à s'élancer sur les mers pour venger la patrie, et qui n'aspirent qu'à l'honneur de mourir en combattant ses ennemis, seront tous arrêtés par une fille pusillanime! Je serais confondue, accablée d'un tel reproche. D'ailleurs, nous convient-il de souffrir qu'un guerrier, qu'Achille brave toute l'armée, et périsse pour une femme? Ma vie ne serait-elle pas achetée trop cher au prix du sang d'un homme tel que lui*? Si Diane veut me prendre pour victime, mortelle, puis-je résister à une déesse? Je me donne à la Grèce : immolez-moi, guerriers; et couverts de mon sang, courez renverser Troie; ses ruines seront les monuments éternels de ma gloire : ce seront mes enfants, mon hymen, mon triomphe. Songez enfin, ô ma mère! qu'il appartient aux Grecs de donner des lois aux barbares, et non pas aux barbares de commander aux Grecs : les barbares naissent esclaves, et la nature a fait les Grecs pour être libres **.

Iphigénie en Aulide, trad. de GEOFFROY.

* J'adoucis ici le sens d'Euripide, qui dit crûment, et en forme de sentence : *La vie d'un seul homme vaut mieux que celle de dix mille femmes.*

** Ce morceau brillant réunit à la beauté locale la beauté de tous les pays et de tous les temps. Il était flatteur pour les Grecs, il doit nous paraître sublime. Aristote blâme Euripide de n'avoir pas soutenu le caractère

EURIPIDE.

III.

L'ESCLAVE*.

Nous étions sur le rivage que baignent les flots de la mer, occupés du soin qu'exigent les coursiers de votre fils, et nous pleurions pendant notre ouvrage : car on venait de nous apprendre qu'Hippolyte allait quitter Trézène, et que vous aviez prononcé l'exil de ce malheureux prince. Il arrive lui-même sur le rivage, et renouvelle nos larmes en nous confirmant cette triste nouvelle. Il était suivi d'une foule de jeunes gens de son âge, que l'amitié conduisait sur ses pas. Enfin, étouffant ses sanglots : « C'est trop « gémir en vain, dit-il, obéissons à mon père. Es-« claves, attelez les chevaux à mon char. Cette ville « n'est plus ma patrie. » Nous nous hâtons d'exécuter ses ordres. Dans un instant le char est prêt. Il y monte, prend les rênes, et, levant les mains au ciel, il s'écrie : « Si je suis un méchant, si j'ai mérité mon « sort, ô Jupiter! que ta foudre m'écrase! Que pen-« dant ma vie, ou du moins après ma mort, un jour « vienne où mon père sente son injustice, et se re-« pente de ses rigueurs. » Il presse ensuite les chevaux de l'aiguillon. Nous suivons le char sur la route d'Argos et d'Épidaure. De là, nous entrons dans un

---

d'Iphigénie, de faire tout-à-coup une héroïne d'une fille faible et timide ; mais il y a des situations et des circonstances qui autorisent ce changement de caractère. La résolution d'Iphigénie doit être regardée comme une inspiration soudaine des dieux qui l'ont choisie pour victime, et qui, dans ce moment l'élèvent au-dessus d'elle-même.

* Voyez le récit de Théramène, RACINE, *Phèdre*, act. V, sc. 6.

chemin désert, et nous voyons une côte située vis-à-vis de cette contrée, vers le golfe Saronique. Alors, du sein de la terre sort un cri épouvantable, un bruit horrible qui, comme la voix de Jupiter, répand partout l'effroi. Les coursiers lèvent la tête et dressent l'oreille. Tremblants et consternés*, nous cherchons d'où cette voix terrible peut être partie; mais, en regardant du côté du rivage, nous voyons s'élever une vague immense, dont le sommet semble toucher le ciel, et qui dérobe à nos regards les côtes de Scyron, l'isthme, et le rocher d'Esculape. Elle s'enfle, se grossit, et, répandant au loin l'écume, elle est poussée par le flux, avec un grand fracas, vers l'endroit du rivage que le char côtoyait alors. Le flot se brise avec toute la violence d'une horrible tempête, et vomit à nos yeux un taureau, monstre sauvage, dont les affreux mugissements font retentir tous les lieux d'alentour. Nous le regardons avec horreur, et nous ne pouvons pas en soutenir la vue. L'épouvante s'empare aussitôt des coursiers. Habile dans l'art de conduire un char, Hippolyte saisit les rênes; et, se jetant le corps en arrière comme un rameur, il s'efforce d'arrêter la fougue de ces animaux ardents; mais ils mordent le frein, ils s'irritent contre l'obstacle qu'on leur oppose, et ils ne connaissent plus ni la main ni la voix de leur maître, ni le char auquel ils sont attelés. Lorsque Hippolyte courait dans la plaine, le monstre paraissait à la tête des chevaux : il les remplissait d'épouvante, et les for-

---

* Le texte dit : « Saisis d'une crainte de jeune homme. »

çait de se précipiter en arrière. Lorsque, dans leur fureur, ils s'élançaient vers les rochers, il suivait le char pour augmenter encore leur aveugle impétuosité. Enfin les roues se brisent, le char est fracassé. Hippolyte tombe lui-même embarrassé dans les rênes; ses chevaux traînent ce malheureux jeune homme, enveloppé dans des filets qu'il ne peut rompre. Cette tête si noble et si belle heurte avec violence contre la pointe des rochers; tout son corps est meurtri. Ses cris douloureux remplissent les airs : « Arrêtez-vous, mes amis ; vous que j'ai nourris « de mes propres mains, ayez pitié de votre maître ! « O malheureuse imprécation de mon père! N'y a-« t-il donc ici personne qui veuille sauver un inno-« cent ! » Nous le voulions tous, et nous suivions de loin le char, d'un pas trop lent à notre gré. Les rênes qui enveloppaient Hippolyte se rompent; il reste étendu sur la terre, n'ayant plus qu'un souffle de vie; et, comme si tout-à-coup la terre se fût entr'ouverte, nous voyons disparaître les coursiers, le char et le monstre*.

Hippolyte, trad. du MÊME.

EXORDE. Rien n'est plus important pour l'orateur, dit Cicéron, que de se rendre l'auditeur favorable : « Nihil est in dicendo majus, quam ut faveat « oratori is qui audiet (*De Orat.* II.) Or quoique cet

---

* Le texte dit seulement : « Se cachèrent, sans que nous pussions savoir « en quel endroit de la terre.

objet soit commun à toutes les parties du discours, c'est plus spécialement l'office de l'exorde.

Cependant, comme toutes les causes n'ont pas besoin de la même faveur; qu'il en est dont l'honnêteté se recommande d'elle-même; qu'il en est dont l'importance ne peut manquer de captiver l'attention; qu'il en est dont l'intérêt est si pressant, que l'impatience même de l'auditoire commande à l'orateur d'aller au fait sans préambule; qu'il en est enfin de si minces, que tout appareil d'éloquence y serait aussi déplacé qu'un vestibule décoré devant une cabane; il s'ensuit que toute espèce de harangue ou de plaidoyer ne demande pas un exorde. « Opportet, ut ædibus ac templis vestibula et aditus, sic causis principia proportione rerum præponere. Itaque in parvis atque in frequentibus causis ab ipsâ re est exordiri sæpe commodius. » (*Ibid.* II, 79.)

C'est donc à l'orateur de voir si la cause est susceptible d'exorde, et quel exorde lui convient. Il ne peut s'y tromper, s'il ne pense à l'exorde que lorsque le discours est fait. C'était la méthode d'Antoine. « Tum denique id quod primum est discendum, postremum soleo cogitare quo utar exordio. Nam si quando id primum invenire volui, nullum mihi occurrit, aut nugatorium, aut vulgare, atque commune.» (*Ibid.* 77.) Et qui n'a pas éprouvé comme lui cette stérilité d'idées, lorsqu'avant d'avoir pénétré dans l'intérieur de son sujet on en a cherché le début? C'est des entrailles même de la cause, qu'après l'avoir bien méditée, on tirera un exorde éloquent.

« Hæc autem in dicendo non extrinsecus aliunde
« quærenda, sed ex ipsis visceribus causæ sumenda
« sunt. Idcircò, totâ causâ pertentatâ atque per-
« spectâ, locis omnibus inventis atque instructis,
« considerandum est quo principio sit utendum. »
(*Ibid.* 78.)

Dans toutes les causes vulgaires l'apparat serait ridicule. Dans des causes plus importantes, mais où l'on est sûr de trouver l'auditoire favorablement disposé, l'exorde sera, si l'on veut, un moyen de plus de fixer son attention, ou de gagner sa bienveillance; mais si l'on voit que le temps presse, que l'auditoire est inquiet, impatient, ou déjà fatigué, il faut aller au fait : l'exorde serait importun.

Les causes où il est nécessaire sont celles où l'on craint que les esprits ne soient aliénés ou prévenus par l'adverse partie ; celles qui ne semblent pas dignes d'une application sérieuse; celles enfin qui exigent inévitablement une discussion pénible, et auxquelles des esprits légers ou paresseux ne donneraient peut-être pas une attention suivie et soutenue. Aristote ne voulait point d'exorde lorsqu'on serait sûr de l'impartialité et de l'intégrité des juges; mais l'esprit le plus droit et le plus équitable peut être un esprit dissipé.

Selon le genre de la cause, Cicéron distingue deux espèces d'exordes, le début simple, et l'insinuation ; et il définit celle-ci « un discours qui,
« par une sorte de dissimulation et de détour,
« s'insinue insensiblement et adroitement dans les
« esprits. »

Le début simple et direct a lieu toutes les fois que la cause, au premier coup d'œil, se montre honnête et irréprochable, ou qu'il n'y a que de légers nuages d'opinion à dissiper. Si les esprits sont en balance, il faut, dit Cicéron, annoncer que bientôt l'incertitude cessera, et l'attaquer en débutant. S'il n'y a contre la cause que de vagues soupçons, il faut se hâter de les détruire, tirer l'exorde de ce que l'adversaire aura dit de plus fort, et commencer par où il aura fini, en attaquant son dernier moyen, comme celui dont l'impression est la plus récente et la plus vive. Mais si l'orateur s'aperçoit d'un éloignement trop marqué, soit dans l'opinion, soit dans l'inclination des juges, il emploiera l'insinuation; car demander d'abord à des gens indignés une attention favorable, c'est les irriter encore plus. *Voyez* INSINUATION *.

Dans les affaires peu considérables en apparence, ce qu'il faut éviter, c'est le mépris de l'auditoire et la négligence qui en est la suite. Ici l'exorde se réduit à donner à la cause tout l'intérêt qu'elle peut avoir; et si c'est le pauvre ou le faible, la veuve ou l'orphelin que l'on défend, il est aisé d'agrandir de petits objets par des motifs d'humanité. L'attention suit la bienveillance, et la docilité accompagne l'attention : *Nam is maximè docilis est qui attentissimè est paratus audire.* Cic. *de Inv.*

Or, dans les petites causes comme dans les gran-

---

* Blair, dans la XXXIe leçon de son *Cours de Rhétorique et de Belles-Lettres*, a fort bien parlé des qualités nécessaires à l'exorde, et des diverses manières d'entrer dans son sujet. H. P.

des, on se concilie la bienveillance par quatre sortes de moyens; et ces moyens sont relatifs ou à soi-même, ou à ses adversaires, ou à ses juges, ou à sa cause.

A soi-même, si, par exemple, en rappelant ce qu'on a fait pour mériter la bienveillance, on se plaint de l'indignité de l'accusation dont on est chargé, ou du traitement qu'on éprouve. Ici les mœurs sont un puissant moyen à faire valoir pour et contre: « Valet multum ad vincendum probari « mores, instituta et facta, et vitam eorum qui « agunt causas et eorum pro quibus; et item impro- « bari adversariorum; animosque eorum apud quos « agitur conciliari quam maximè ad benevolentiam, « quum erga oratorem, tum erga illum pro quo « dicet orator. » Un grand caractère de probité dans l'avocat, lorsqu'il est bien connu, peut lui tenir lieu d'éloquence.

Les orateurs, en parlant d'eux-mêmes ou pour eux-mêmes, n'ont pas toujours été modestes. Mais si, dans la chaleur de leur défense et au moment où la violence et l'atrocité de l'injure excitent leur indignation, ils se permettent un noble orgueil, il n'en est pas de même dans l'exorde: l'orateur, l'au-ditoire sont encore de sang-froid; et l'un doit être d'autant plus réservé que l'autre est plus sévère.

On a fait une loi de se montrer timide dans l'exorde; cette règle mérite une distinction. Devant un peuple aussi fier que le peuple romain, la timi-dité de l'exorde, soit qu'elle fût naturelle ou feinte, était flatteuse et intéressante; elle devait contribuer à bien disposer les esprits; et, comme partout les juges sont des hommes, elle sera toujours placée et favorable à l'orateur, lorsqu'elle sera personnelle. Ainsi l'on doit, selon les circonstances, savoir « exa-« gérer, comme le veut Quintilien, la supériorité du « talent de son adversaire et sa propre faiblesse; on « peut feindre d'être alarmé du crédit de la partie « adverse, ou de l'éloquence de son avocat; » on peut même à propos témoigner de l'inquiétude sur les dispositions où l'on trouve son auditoire, sur les préventions de ses juges, sur sa propre situation. Mais lorsqu'il s'agit de sa cause et du droit qu'on défend, on ne saurait marquer trop d'assurance.

« La sécurité est toujours odieuse dans un plai-« deur, nous dit Quintilien; et les juges, qui con-« naissent l'étendue de leur pouvoir, ne sont pas « fâchés, au fond de l'âme, que, par un respect qui « tient de la crainte, on rende une sorte d'hom-« mage à leur autorité. »

Cela suppose un tribunal ou arbitraire ou corrompu; et en défendant une cause juste devant des hommes justes, leur marquer de la crainte, c'est leur faire un outrage.

La timidité de l'orateur annoncera donc la défiance de soi-même, mais jamais de sa cause; c'est ce que les hommes éloquents ont parfaitement distingué : et, lorsqu'ils ont eu leur honneur ou leur dignité à défendre, ils ont su, en parlant d'eux-mêmes, garder une sage modération entre le timide respect qu'un accusé doit à ses juges, et la confiance qu'il doit aussi à leur intégrité et à son innocence.

On voit ce mélange de modestie et de sécurité dans l'exorde de la harangue de Démosthène pour la couronne, où la nécessité de se défendre lui imposait celle de se louer.

Cicéron, le plus adroit des hommes, le plus insinuant lorsqu'il faut l'être, n'a pas toujours été modeste dans ses exordes, où il parle souvent de lui; et le début de sa défense, dans la seconde des *Philippiques*, est bien différent de celui de Démosthène dans la harangue que je viens de citer. « Quonam
« meo fato, Patres Conscripti, fieri dicam ut nemo,
« his annis vigenti, reipublicæ hostis fuerit, qui non
« bellum eodem tempore mihi quoque indixerit?
« Nec vero necesse est à me quemquam nominari
« vobis, quum ipsi recordemini. Mihi pœnarum illi
« plus quam optarem dederunt. Te miror, Antoni,
« quorum facta imitere, eorum exitus non perhor-
« rescere..... Quid putem? contemptumne me? non
« video, nec in vitâ, nec in gratiâ, nec in rebus ges-
« tis, nec in hâc meâ mediocritate ingenii, quid
« despicere possit Antonius. An in senatu facillime
« de me detrahi posse credidit, qui ordo clarissimis
« civibus benè gestæ reipublicæ testimonium mul-
« tis, mihi uni conservatæ dedit? *Philipp.* II*. »

---

* « Par quelle fatalité singulière est-il arrivé, Pères Conscrits, que depuis vingt ans la république n'ait pas eu un seul ennemi qui en même temps ne se soit déclaré le mien? Je n'ai pas besoin de vous les nommer; vous les connaissez tous. Leur fin malheureuse m'en a vengé plus que je ne l'aurais voulu. Toi, je t'admire, Antoine, de ne pas redouter le sort de ceux dont tu imites les actions. Qu'en penserai-je? Est-ce mépris pour moi? Je ne vois pourtant ni dans ma vie, ni dans mon crédit, ni dans ma conduite passée, ni dans le peu de génie dont je suis doué, ce que peut mépriser Antoine. Croit-il donc qu'il lui soit facile d'être mon détracteur

Mais Cicéron avait vieilli dans la tribune; il était chargé d'honneurs; il était en vénération parmi le peuple; il était l'oracle du sénat; et celui qui avait été proclamé *père de la patrie*, avait droit de prendre, en répondant à un homme qui l'insultait, un ton plus haut que Démosthène, qui n'avait chez les Athéniens, ni le même crédit, ni le même caractère de grandeur et de dignité.

On reprochait à Cicéron de se vanter d'avoir sauvé la république; louange, dit-on, que Brutus ne se donnait pas. Mais quoique assassiner soit *le plus sûr*, ce n'est pas le plus glorieux; et un coup de poignard à donner est plus facile et peut-être aussi moins courageux qu'une belle harangue à faire. Enfin Démosthène répondait à une accusation juridique, et Cicéron à un outrage : l'un parlait à un peuple facile et variable, l'autre à un sénat dont il était sûr; l'un voyait devant lui ses juges, et l'autre ses vengeurs.

Au reste, en parlant de soi-même ou de ceux qu'on défend, il est un art de dire, sans ostentation et avec modestie, ce qui peut influer de la personne sur la cause. Il y faut plus de délicatesse, si c'est de soi-même qu'on parle; mais d'un autre, on peut faire valoir non-seulement le malheur, l'innocence, l'âge, la situation, la droiture, la bonne foi, mais la dignité, les services, les mœurs, les talents, les vertus. Les seuls avantages dont il ne faut jamais parler, sont le crédit et la fortune.

---

dans le sénat, dans cet ordre qui a rendu souvent à d'illustres citoyens le témoignage d'avoir bien gouverné la république, mais qui n'a jamais attribué qu'à moi la gloire de l'avoir sauvée ? »

L'exorde pris de la personne de l'adversaire, exigeait autrefois peu de ménagements; et tout ce qui pouvait contribuer à le rendre odieux ou à l'avilir, était permis à l'éloquence.

On peut attirer sur ses adversaires, disait Cicéron, la haine, l'envie ou le mépris : la haine, en faisant voir qu'ils ont agi avec insolence, avec orgueil, avec méchanceté; l'envie, en montrant leur puissance, leurs richesses et leur crédit, l'usage arrogant et intolérable qu'ils en ont fait, la confiance qu'ils y ont mise, bien plus que dans la bonté de leur cause; le mépris, si l'on met au jour leur inertie, leur lâcheté, leur mollesse, leur indolence, leur vie honteusement plongée dans le luxe et l'oisiveté (les plus grands des vices dans les mœurs romaines); « et il ne suffit pas de le dire, ajoute Quintilien, il « faut savoir l'exagérer. »

Ainsi l'on voit que, dans ces plaidoyers, la satire personnelle pouvait se donner toute licence. Mais en cela même peut-être elle avait moins de force; et, comme elle attaquait réciproquement et indistinctement tous les états, on était convenu sans doute de regarder l'invective comme une figure oratoire.

L'exorde relatif à l'auditoire ou à la personne des juges, intéresse leur vanité, leur gloire, leur honneur. On rappelle, dit Cicéron, ce qu'ils ont fait de courageux, de sage, d'humain, de généreux; et en observant que dans l'éloge la complaisance et l'adulation ne se fassent pas trop sentir, on témoigne pour eux autant d'estime personnelle que de confiance en leurs jugements et de respect pour leur

autorité. « Si nous parlons, ajoute Quintilien, pour
« des personnes considérables, nous faisons valoir
« la dignité du juge; pour des gens obscurs, sa jus-
« tice; pour des malheureux, sa compassion; pour
« des opprimés, sa sévérité envers les oppresseurs. »
Il veut aussi qu'on lui présente, soit comme un
frein, soit comme un aiguillon, l'opinion commune,
l'attente du public, la réputation de ses jugements,
son honneur, comme Cicéron aux chevaliers romains, dans la première des *Verrines* : « Quod erat
« optandum maximè, judices, et quod unum ad in-
« vidiam vestri ordinis, infamiamque judiciorum
« sedandam maximè pertinebat; id, non humano
« consilio, sed propè divinitùs datum atque obla-
« tum vobis, summo reipublicæ tempore, videtur. »
Il veut que l'on expose le tort qu'on a souffert ou
que l'on souffrirait, et l'état déplorable où l'on serait réduit en perdant un procès si juste; l'orgueil
et l'insolence de la partie adverse, si elle venait à
gagner le sien.

Dans ces préceptes, l'orateur et le rhéteur n'ont
vu que Rome; mais le caractère de l'exorde et de
l'éloquence en général change selon les lieux, et les
temps et les mœurs. A Rome, il y aurait eu de l'imprudence et du danger à censurer son auditoire. Il
n'en était pas de même à Athènes; et Démosthène,
dans le peu d'exordes qu'il a mis à la tête des *Philippiques* et des *Olynthiennes*, ne fait rien moins
assurément que flatter les Athéniens : jamais un ami
courageux n'a parlé à son ami avec plus de franchise.

L'exorde tiré du fond même de la cause, dit

Cicéron, en doit relever l'importance et l'équité, en même temps qu'il dégradera la cause de l'adversaire, et qu'il l'annoncera comme injuste ou comme odieuse. Nous captiverons l'attention, ajoute-t-il, en promettant de dire des choses nouvelles et grandes, qui intéressent l'auditoire, ou des hommes recommandables, ou l'humanité, ou la religion; et ces moyens, il les employa lui-même plus d'une fois, à l'exemple de Démosthène, comme lorsqu'il voulut relever l'importance de la guerre contre Mithridate. « Il s'agit, dit il, de la gloire du peuple ro« main, de cette gloire que vos aïeux vous ont trans« mise..... Il s'agit du salut de vos alliés et de vos « amis..... Il s'agit des revenus du peuple romain les « plus solides, les plus considérables, et sans les« quels la paix serait privée de ses ornements, et la « guerre de ses subsides...... Il s'agit de la fortune « d'un grand nombre de citoyens, au secours des« quels vous devez aller pour l'amour d'eux-mêmes, « et sur-tout pour l'amour de la république. »

Mais revenons à ses préceptes.

Lorsque la cause est défavorable, sur-tout lorsqu'elle a quelque chose d'odieux et de révoltant, l'insinuation est nécessaire, et il y a, dit Cicéron, plusieurs manières d'en user, ou en mettant à la place de la personne contre laquelle l'auditoire est aigri, une personne qui l'intéresse; le père, par exemple, à la place du fils; ou en substituant à une chose odieuse une chose recommandable, comme serait une action vertueuse du même homme que l'on défend, etc. Pour donner le change à l'auditeur, et pour faire passer son âme de l'objet qui la blesse à l'objet qui peut l'adoucir, cachez-lui d'abord, s'il est possible, ce que vous avez dessein de lui persuader, dit l'orateur; paraissez donner dans son sens, en annonçant que ce qui excite son indignation, excite aussi la vôtre; que ce qui lui paraît injuste et odieux, vous le tenez pour tel; et après l'avoir appaisé, après l'avoir rendu attentif et docile, démontrez-lui que, dans votre cause, il n'y a rien de tout cela. Assurez-lui pourtant que vous n'imputez rien de semblable à vos adversaires; évitez sur-tout de blesser des gens à qui l'on s'intéresse; mais ne laissez pas d'employer tout votre art à diminuer leur crédit.

Cicéron, qui était jeune encore lorsqu'il recueillait ces préceptes, semble avoir oublié ici qu'il ne s'agit que de l'exorde, où tout cet artifice ne saurait avoir lieu; et lorsqu'il l'employa lui-même avec une adresse inimitable, ce ne fut pas dans le début, mais dans le fort de la discussion, comme pour Muréna, lorsqu'il s'agissait d'infirmer l'autorité de Caton, c'est-à-dire au moment critique et décisif de sa défense. C'est là qu'il faut étudier l'art, si on veut savoir jusqu'où il peut aller.

Il peut arriver que l'adversaire ait donné prise au ridicule, ou que l'auditoire ait besoin d'être délassé; et, dans ces deux cas, les anciens se permettaient de débuter par un bon mot, par une raillerie, ou par quelque récit plaisant ou merveilleux. « Nam
« ut tibi satietas et fastidium, aut amarâ aliquâ re
« relevatur, aut dulci mitigatur; sic animus defessus

« audiendo, aut admiratione reintegratur, aut risu
« renovatur. » *De Inv.*

Mais ces moyens ne peuvent guère convenir qu'à l'éloquence populaire; et Cicéron, qui quelquefois s'est permis la raillerie dans ses harangues, ne laisse pas de demander que l'exorde soit grave et sentencieux. Tout doit y avoir, le plus qu'il est possible, un caractère de dignité, parce qu'il importe sur toute chose à l'orateur de commencer par se rendre imposant. Mais en même temps que l'éloquence de l'exorde doit être noble, elle doit être simple : peu d'éclat et peu d'ornements, nulle parure étudiée ; tout cela ferait soupçonner un artifice trop soigneusement préparé, et ce soupçon ferait perdre beaucoup à l'orateur de son autorité, et au discours de l'air de bonne foi qui seul gagne la confiance.

Pour la même raison, il est rare que la véhémence y soit placée. « Neque est dubium quin exordium
« dicendi vehemens et pugnax non sæpe esse debeat.
« *De Orat.* II. » Il faut pour cela que l'impatience et l'indignation semblent avoir fait violence au caractère de l'orateur. Alors même il est encore mieux qu'il paraisse se contenir; que la chaleur et l'énergie soient dans les paroles plus que dans la prononciation; et je présume, par exemple, que ce début, tant de fois cité : *Quo usque tandem abutere, Catilina, patientiâ nostrâ?* fut prononcé plutôt avec l'austérité d'un juge qu'avec l'emportement d'un accusateur indigné.

Enfin l'on doit se souvenir que l'exorde ne fait l'exorde où l'orateur allèguerait, comme le veut

qu'introduire, annoncer, promettre, et que ce n'est le lieu de déployer ni les forces du raisonnement, ni les ressorts du pathétique, ni les voiles de l'éloquence. « Tantum impelli primo judicem leviter, « ut jam inclinato reliqua incumbat oratio. » *Ibid.* Quintilien avertit sagement de n'y hasarder aucune de ces expressions hardies qui échappent dans des mouvements impétueux, parce que la chaleur qui les inspire et qui les fait passer n'est pas encore dans les esprits.

Un architecte est maladroit lorsqu'il épuise les richesses de son art à décorer un vestibule. Un orateur doit ménager celles du sien aussi bien que ses forces, et former son plan de manière que l'étonnement, l'intérêt, l'émotion, la persuasion aillent en croissant : « Nihil est in naturâ rerum omnium « quod se universum profundat, et quod totum re- « pente evolet. Sic omnia quæ fiunt, quæque agun- « tur acerrime, lenioribus principiis natura ipsa « prætexuit. » *Ibid.*

Un bel exorde même serait un beau défaut si, par son éclat, il offusquait le reste du discours, s'il en épuisait la substance, ou si, par des promesses trop exagérées, il prenait des engagements au-dessus des forces de l'orateur; car il faut bien qu'il se souvienne qu'il doit pouvoir tenir ce qu'il promet, et que, s'il ne passe l'attente de l'auditoire, au moins doit-il être en état de la remplir.

L'exorde est comme le front de l'armée : il doit être ferme; mais il faut réserver, pour la péroraison, ce qu'il y a de meilleur : « Firmissimum sit

« quodque primum; ea quæ excellent serventur ad
« perorandum. Si quæ erunt mediocria, in mediam
« turbam atque in gregem conjiciantur. » *Ibid.*

Les autres défauts de l'exorde seraient d'être *vulgaire*, *commun*, *commuable*, *inutile*, *trop long*, *hors d'œuvre*, *déplacé* ou *à contre-sens*.

Cicéron entend par *vulgaire* un exorde qui peut s'accommoder à plusieurs causes indifféremment. Quintilien le permet, je ne sais pourquoi; mais Cicéron l'exclut et le rejette.

Il appelle *commun* celui qui conviendrait tout aussi bien à la cause de l'adversaire; il l'interdit de même, et veut un exorde propre à la cause : « Prin-
« cipia autem dicendi semper, quum accurata, et
« acuta, et instructa sententiis, apta verbis; tum
« verò propria esse debent. » *Ibid.*

Par *commuable*, il entend celui qui peut se rétorquer avec de légers changements; par *inutile*, celui qui ne fait rien à la cause et qui n'est qu'un prélude oiseux : « Atque ejusmodi illa prolusio de-
« bet esse, non ut Samnitum qui vibrant hastas
« ante pugnam quibus in pugnando nihil utantur;
« sed ut ipsis sententiis quibus proluserunt, vel
« pugnare possint. » *Ibid.*

Un exorde long est celui qui contient plus de pensées et de paroles qu'il ne fallait; *hors d'œuvre*, celui qui n'est pas tiré du fonds de l'affaire et qui semble y être ajouté; *déplacé*, celui qui ne va pas au but que l'orateur a dû se proposer; à *contresens*, celui qui va contre l'intérêt de la cause et l'intention de l'orateur. Tel serait, ce me semble,

Quintilien, qu'il ne se serait engagé à défendre une cause « que pour satisfaire aux devoirs de la parenté « ou de l'amitié : » car dès ce moment il se rendrait suspect de partialité, et donnerait mauvaise opinion de sa cause. César fut plus adroit, en parlant pour Catilina: « Omnes homines qui de rebus, dubiis con-« sultant (*dit-il au sénat*), ab odio, amicitiâ, irâ, « atque misericordiâ vacuos esse decet. » SALLUST, *Catil. LI**.

Il est vrai cependant que lorsque l'orateur se voit chargé d'une cause odieuse au premier aspect, et qu'il s'agit pour lui d'être odieux lui-même, ou de paraître obligé par état, ou par devoir, de la défendre, il doit courir au plus pressé, et commencer par appaiser l'indignation de l'auditoire. Mais ce qui ne peut avoir d'excuse, c'est cet exorde d'Isocrate, dans la harangue où, faisant l'éloge d'Athènes, il l'élevait au-dessus de Sparte; et dans laquelle il débutait ainsi : « Puisque le discours a naturellement « la vertu de rendre les grandes choses petites, et « les petites grandes; qu'il sait donner les graces « de la nouveauté aux choses les plus vieilles, et « qu'il fait paraître vieilles celles qui sont nouvelle-« ment faites, etc. » Quoi de plus maladroit que d'annoncer comme une charlatanerie l'art qu'on va soi-même employer? « Est-ce ainsi, dira quelqu'un, « ô Isocrate, que vous allez changer toutes choses « à l'égard d'Athènes et de Lacédémone ? » (LONGIN, *du Subl.*)

---

* « Tous les hommes qui délibèrent sur les affaires douteuses doivent être libres de haine, d'amitié, de colère et de compassion. »

EXORDE.

La plaidoirie moderne donne rarement lieu à l'appareil de la haute éloquence : les causes politiques, les causes criminelles sont écartées du barreau ; mais il ne laisse pas d'y en avoir encore d'assez importantes pour mériter qu'on y emploie tous les moyens de l'art. Un fils qui plaide contre son père, une femme contre son mari, une mère contre ses enfants, un redevable contre son bienfaiteur, un homme obscur et faible contre un homme illustre et puissant, ont besoin que leur défenseur écarte de leur cause ce qu'elle a de défavorable. Mais comme il n'y a plus rien d'arbitraire dans les arrêts, que les tribunaux ne sont plus ou ne doivent plus être que la loi vivante, et que c'est faire aux juges une insulte publique que de chercher ouvertement à les séduire, ou à émouvoir leurs passions ; l'art de les gagner doit avoir plus de réserve et plus d'adresse ; et dans le commun des procès, l'exorde n'est guère que l'exposé de la nature de la cause, ou de la situation de celui qu'on défend.

Dans les états où l'éloquence politique et républicaine se fait encore entendre, la discussion des affaires lui permet rarement de se développer : l'exorde y tiendrait trop d'espace ; et quant aux formes, ses modèles sont plutôt dans Thucydide et Tite-Live, que dans Démosthène et Cicéron.

Un mot comme celui de M. Fox, pour justifier une révolte dont on poursuivait les auteurs : « Sou-
« venons-nous, Montgomeri, que c'est à de pareils
« rebelles que nous devons l'honneur d'être assem-

« blés à Westminster; » ce mot, dis-je, **vaut seul la plus belle harangue.**

Le grand appareil de l'exorde paraît réservé aujourd'hui à l'éloquence de la chaire : c'est en effet là qu'il se montre avec l'éclat qu'il eut dans la tribune, mais par des moyens différents : le personnel en est exclu; ses relations sont du ciel à la terre, de l'homme à Dieu, de la morale à la religion, et du sujet à l'auditoire, avec une austérité sainte, et sans aucun mélange d'artifice et d'adulation. L'orateur s'y attache sur-tout au développement du texte, et à son application, soit au sujet qu'il veut approfondir, soit à la personne qu'il doit louer et qu'il présente pour modèle. Deux des plus beaux exordes connus dans ces deux genres, sont celui du sermon de Bourdaloue pour le jour de Pâques, *Surrexit, non est hic ;* et celui de Fléchier dans l'oraison funèbre de Turenne ; exorde qu'on a dit être pris de Lingende, et qui ressemble à celui de l'oraison funèbre d'Emmanuel de Savoie, comme la *Phèdre* de Racine ressemble à celle de Pradon.

MARMONTEL, *Éléments de Littérature.*

EXPOSITION. Le premier soin qu'on doit avoir en écrivant, c'est d'exposer le sujet que l'on traite. Ainsi, des parties de quantité d'un poème, l'exposition est la première. Aristote l'appelle prologue dans le poème dramatique; et dans l'épopée, c'est la même chose que le début ou la proposition.

Comme le poëte épique annonce lui-même son sujet, cette exposition directe ne demande pas beaucoup d'art : elle doit être simple, majestueuse, claire et précise; assez intéressante pour fixer l'attention, mais sans orgueil et sans aucune emphase; en sorte qu'au lieu de promettre de grandes choses, elle en fasse espérer. « Muse, dis-moi la colère d'A-« chille, cette colère si fatale aux Grecs, et qui pré-« cipita dans le noir empire de Pluton les âmes de « tant de héros. » Voilà le modèle du début ou de l'exposition épique. Elle est comme la pierre de touche du sujet du poëme. Si l'action est simple, grande, intéressante, il sera facile de l'annoncer, et deux mots en feront sentir l'unité, la grandeur, l'importance. Si au contraire le sujet se présente vaguement ou confusément, ou ne promet rien qui d'avance nous intéresse et nous attache, c'est une marque qu'il est ingrat, et un avis pour l'abandonner.

Dans le poëme dramatique, l'exposition est plus difficile, parce qu'elle doit être en action, et que les personnages eux-mêmes, occupés de leurs intérêts et de l'état présent des choses, doivent en instruire les spectateurs, sans autre intention apparente que de se dire l'un à l'autre ce qu'ils se diraient s'ils étaient sans témoins.

L'art de l'exposition dramatique consiste donc à la rendre si naturelle, qu'il n'y ait pas même le soupçon de l'art : pour cela il faut qu'elle réunisse les trois convenances du lieu, du temps, et des personnes.

Eschyle, inventeur de la tragédie, est peut-être, de tous les poètes grecs, celui qui expose ses sujets de la manière la plus simple et la plus frappante. Quoi de plus imposant, en effet, que de voir dans *les Euménides*, à l'ouverture de la scène, Oreste environné des Furies endormies par Apollon; de le voir, la tête ceinte du bandeau des suppliants, tenant une branche d'olivier d'une main, et de l'autre une épée encore teinte du sang de sa mère? Quoi de plus imposant, que de voir dans *les Perses* une assemblée de vieillards attendre avec inquiétude des nouvelles de leur roi et de cette armée innombrable qu'il a menée dans la Grèce, et s'entretenir de la grandeur, et des hasards de cette entreprise? Dans la tragédie des *Sept chefs*, le début est encore plus en action. Éthéocle, au moment de voir sa ville assiégée, paraît entouré de son peuple, hommes, femmes, enfants : il leur annonce l'arrivée d'une armée nombreuse qui les menace, et il exhorte les uns à bien défendre la ville, les autres à faire des sacrifices et des prières aux dieux. Arrive un de ses espions, qui a reconnu l'armée des Argiens :
« Témoin, dit-il, de ce que je viens vous raconter,
« j'ai vu leurs sept chefs immoler un taureau sur un
« bouclier, tremper leurs mains dans le sang, et
« faire d'horribles serments par le dieu Mars et par
« Bellone, ou qu'ils détruiront de fond en comble
« la ville de Cadmus, ou qu'ils périront sous ses
« murs; la pitié est bannie de leur bouche et de leur
« cœur; leur courage s'enflamme comme celui des
« lions à l'approche du combat. »

Sophocle avait pris la manière d'Eschyle dans l'art d'exposer en action*; les deux *OEdipe*, l'*Électre*, l'*Antigone* en sont des exemples. Euripide expose aussi quelquefois avec le même art que Sophocle : ainsi dans l'*Andromaque* on voit cette princesse, au pied d'un autel, ouvrir la scène en rappelant et en déplorant ses malheurs : ainsi dans l'*Oreste* on voit Électre assise à côté du lit de son frère endormi, et pour un moment délivré du tourment de ses remords; on la voit, dis-je, verser des larmes, et se retracer, depuis Tantale jusqu'à Oreste, tous les désastres de sa famille, tous les crimes de ses parents. L'exposition de l'*Iphigénie en Aulide* est la même que dans Racine; et par ces exemples l'on voit que si Euripide a trop souvent négligé l'art des expositions, comme dans l'*Hippolyte*, l'*Électre*, l'*Iphigénie en Tauride*, l'*Hécube*, les *Phéniciennes*, la *Médée*, les *Troyennes*, les *Héraclides*, l'*Hercule furieux*, etc., ce n'était pas qu'il ne connût bien cet art où Sophocle excellait : mais soit que les spectateurs en tinssent peu de compte, soit que le poète lui-même se fût persuadé qu'il était inutile, il est certain qu'il en a laissé presque toute la gloire à Sopho-

---

* Il est assez curieux de rapprocher cette phrase, d'une assertion faite par La Harpe, et qui montre quelle légèreté il portait quelquefois dans la critique. Après avoir dépeint l'exposition de l'*OEdipe à Colone*, de Sophocle, il ajoute : « L'exposition est *tout* entière en spectacle et en action, comme dans l'*OEdipe roi*. C'est un très grand mérite dans une tragédie, parce qu'il importe beaucoup d'attacher d'abord les yeux, la curiosité et l'imagination. Ce mérite, dont tous les sujets ne sont pas susceptibles est *particulier* à Sophocle, qui l'a porté au plus haut degré. *Eschyle ne lui en avait point donné l'exemple.* » C'est comme l'on voit le contraire de ce que dit Marmontel et en même temps l'opposé de la vérité. H. PATIN.

cle; et c'est avec raison la manière de celui-ci que nos poètes ont préférée.

Le théâtre moderne a peu d'expositions aussi touchantes que celles que je viens de citer pour modèles; mais en cela même qu'elles sont moins pathétiques, elles sont plus adroites : car une des premières règles du théâtre, est que l'intérêt aille en croissant; et après une exposition qui arracherait des larmes ou qui saisirait de terreur, il serait difficile, durant cinq actes, de graduer les situations. Ainsi nos poètes, au lieu de jeter l'intérêt dans l'exposition, se contentent de l'y annoncer et de l'y faire pressentir.

Racine, en imitant l'exposition d'Euripide dans *Iphigénie*, laisse entrevoir ce qui se passe dans l'âme d'Agamemnon :

Non, tu ne mourras point; je n'y puis consentir.

Mais les mouvements de la nature sont encore retenus; ses efforts déchirants sont réservés pour le moment où il embrassera sa fille, où il ordonnera qu'elle soit arrachée des bras d'une mère et conduite à l'autel.

L'exposition se fait tout d'un coup ou successivement, selon que le sujet l'exige : tantôt le voile qui dérobe au spectateur l'état présent des choses se lève en un instant; tantôt il est de scène en scène, insensiblement soulevé. C'est ainsi que dans *Héraclius*, le secret de l'action se développe d'acte en acte, et n'est pleinement éclairci qu'au moment de la catastrophe; au lieu que dans *le Cid*, dès la première scène, tout est connu. Dans les tragédies à double intrigue, l'exposition est nécessairement double : et Racine est assez dans l'usage d'en réserver une partie pour le second acte; formule qui a mis dans ses fables un peu trop d'uniformité.

Les fables, dont le fond est un intérêt public, donnent communément lieu à de belles expositions; parce que, l'intérêt public ne devant pas être la source du pathétique, on peut l'employer sans ménagement, dès la première scène, à donner de l'importance et de la majesté à l'action : ainsi deux des plus beaux modèles d'exposition, sur notre théâtre, sont la première scène de *la Mort de Pompée*, et le premier acte de *Brutus :* bien entendu que, du discours de Ptolomée, Corneille aurait dû retrancher l'emphase et la déclamation.

La plus froide, la plus pénible, la plus longue, et en même temps la plus obscure de toutes les expositions, est celle de *Rodogune :* elle est longue, obscure et pénible, parce que, le trait d'histoire dont il s'agit n'étant pas connu, il a fallu tout dire; que les faits sont compliqués, et les noms mêmes inouis pour le plus grand nombre des spectateurs : elle est froide non-seulement par sa lenteur laborieuse, mais par l'indifférence réciproque des deux personnages qui sont en scène, lesquels ne sont, ni l'un ni l'autre, intéressés dans l'action, que comme simples confidents. C'est quelque chose d'inconcevable que la négligence qu'a mise le grand Corneille dans l'exposition d'une pièce qu'il regardait comme son chef-d'œuvre : supérieur à tout dans les choses de génie, il est toujours au-dessous de lui-même dans tout ce qui n'est que de l'art*.

La célébrité d'un sujet en rend l'exposition infiniment plus simple et plus facile : aux noms d'Iphigénie, d'OEdipe, de Didon, de César, de Brutus, on sait d'avance non-seulement quels sont les caractères, mais quels sont les antécédents et les rapports de l'action. Voyez de combien de détails Racine a été dispensé dans l'exposition de l'*Iphigénie*, par la connaissance qu'on avait déjà de l'enlèvement d'Hélène, du serment fait de venger son époux, de ce qu'étaient Achille, Ulysse, Agammemnon, de ce qu'étaient Pâris et Troie; et supposé que cette fable eût été de l'invention du poète, ou qu'il en eût pris le sujet dans quelque historien obscur, concevez dans quel embarras l'eût mis cet exposé de l'avant-scène. Lorsqu'une action n'est pas célèbre, il faut qu'elle soit claire et frappante par elle-même, et que les personnages qu'on y emploie aient un caractère si marqué, qu'à la première vue ils laissent leur empreinte dans les esprits.

L'action comique ne saurait avoir des rapports éloignés, c'est communément dans le cercle d'une société, d'une famille, qu'elle se passe; et par conséquent l'exposition n'en est jamais bien difficile. Les intérêts domestiques, les qualités, les affec-

---

* Corneille a montré quelquefois plus d'art, notamment dans la tragédie d'*Othon*. « Il y a peu de pièces, dit Voltaire dans son commentaire, qui commencent plus heureusement que celle-ci ; je crois même que, de toutes les expositions, celle d'*Othon* peut passer pour la plus belle ; et je ne connais que l'exposition de *Bajazet* qui lui soit supérieure. » La Harpe a fort bien développé l'artifice admirable de cette dernière scène. H. P.

tions, les inclinations particulières, qui en sont les mobiles et les ressorts, nous sont tous familiers; un seul mot les indique, une scène nous met au fait. Dans le comique même cependant on voit peu d'expositions ingénieuses : on cite avec raison comme un modèle rare celle du *Tartufe*, à côté de laquelle on peut mettre celle du *Misanthrope*, celle de l'*École des maris*, et celle du *Malade imaginaire*, plus originale peut-être encore et plus comique.

Dans cette partie, comme dans toutes les autres, il faut avouer que Molière est bien supérieur aux anciens : ceux-ci n'employaient aucun art dans l'exposition de leurs comédies : tantôt c'était un monologue oiseux, tantôt un prologue adressé aux parterre, comme dans *les Guêpes* d'Aristophane, où l'un des acteurs annonçait au public ce qu'il allait voir. Cette manière, la plus commode sans doute, mais la moins adroite, fut apparemment celle de Cratinus et de Ménandre, puisque Plaute et Térence, leurs imitateurs, l'adoptèrent. Nos poètes comiques, à leur exemple, firent usage du prologue avant d'avoir appris à faire mieux; et Molière, en traitant l'un des sujets de Plaute, n'a pas dédaigné de prendre de lui cette manière d'exposer : mais que l'on compare le dialogue de Mercure et de la Nuit, dans le comique français, avec le simple récit de Mercure dans le comique latin : et du côté de l'imitateur on reconnaîtra, n'en déplaise à Boileau*, la supériorité du maître.

MARMONTEL, *Éléments de Littérature*.

* Je ne sache pas que Boileau ait jamais dit le contraire. C'est une an-

EXTRAIT. On a calculé qu'à lire quatorze heures par jour, il faudrait huit cents ans pour épuiser ce que la Bibliothèque du roi contient seulement sur l'histoire : cela seul prouverait la nécessité des extraits. On sent de plus que ce travail, bien dirigé, serait un moyen d'occuper utilement une multitude de plumes que l'oisiveté rend nuisibles; et bien des gens qui n'ont pas le talent de produire auraient assez d'intelligence pour réussir à faire des extraits précieux. Ce serait, en littérature, un atelier public, où les désœuvrés trouveraient à subsister en travaillant : les jeunes gens commenceraient par là; de cet atelier il sortirait des hommes instruits, et formés de bonne heure dans l'art de penser et d'écrire.

L'extrait d'un ouvrage historique, philosophique, didactique, n'exige, pour être fidèle, que de la netteté et de la justesse d'esprit. Des extraits raisonnés demanderaient un mérite plus rare. (*Voyez* CRITIQUE.) Mais les écrivains dont je parle seraient dispensés de cette discussion qui suppose tant de lumières : en désirant de retrouver un Bayle, on n'a pas droit de l'espérer.

Il n'en est pas des belles-lettres comme des sciences : l'extrait d'un ouvrage d'esprit, s'il n'est que froidement exact, n'en donnera qu'une fausse idée. Supposez même, ce qui n'est pas toujours, qu'il embrasse et qu'il développe le plan et le dessein de

---

tipathie bien malheureuse que celle qui ramène toujours sous la plume de Marmontel ces attaques téméraires contre l'un de nos premiers critiques, comme de nos plus grands poètes.   H P.

l'ouvrage, l'analyse la plus exacte et la mieux détaillée n'en sera que l'anatomie. Rappelons-nous ce mot de Racine : « Ce qui me distingue de Pradon, « c'est que je sais écrire. » Cet aveu est assurément trop modeste; mais il apprend du moins que les bons auteurs diffèrent encore plus des mauvais par les détails et par l'éloquence du style, que par le fond et l'ordonnance.

Combien de situations, combien de traits de caractère, que les détails préparent, tempèrent, adoucissent, et qui révoltent dans un extrait? Il n'est point de couleurs qui ne se marient : tout l'art consiste à les bien nuancer; et ce sont ces nuances qu'on néglige de faire apercevoir dans les linéaments d'une esquisse. Le mérite le plus général des ouvrages de peinture, de sculpture, de poésie, est dans l'exécution. Un plan géométral ne suffit pas pour bien juger de l'architecture d'un palais, et l'on ne jugerait pas mieux d'un ouvrage de littérature d'après une simple analyse.

Supposons que l'on eût à faire l'extrait de la tragédie de *Phèdre*; croirait-on avoir bien instruit le public, si, par exemple, on avait dit de la déclaration de Phèdre à Hippolyte :

Phèdre vient implorer la protection d'Hippolyte pour ses enfants; mais elle oublie le dessein qui l'amène, et le cœur plein de son amour, elle en laisse échapper quelques marques. Hippolyte lui parle de Thésée; Phèdre croit le revoir dans son fils; elle se sert de ce détour pour exprimer la passion qui la domine. Hippolyte rougit et veut se retirer; Phèdre le retient, cesse de dissimuler, et lui avoue en même temps l'amour qu'elle a pour lui, et l'horreur qu'elle a d'elle-même.

Croirait-on de bonne foi trouver dans ses lecteurs une imagination assez vive pour suppléer aux détails qui font de cette scène un prodige de l'art? Croirait-on les avoir mis à portée de donner à Racine les éloges qui lui sont dus?

La netteté, la justesse d'esprit qui suffirait pour l'analyse d'un ouvrage philosophique, ne suffirait donc pas pour l'extrait d'un ouvrage d'agrément et de goût; et ceux qui se font un métier de l'art de la critique littéraire, présument souvent trop d'eux-mêmes et trop peu des difficultés de cet art qu'ils ont avili.

Quand un journaliste fait à un homme de lettres l'honneur de parler de lui, il lui doit les éloges qu'il mérite; il doit au public les critiques dont l'ouvrage est susceptible; il se doit à lui-même un usage honorable de l'emploi qui lui est confié : cet usage consiste à s'établir médiateur entre les auteurs et le public; à éclairer poliment l'aveugle vanité des uns, et à rectifier les jugements précipités de l'autre. C'est une tâche pénible et difficile; mais avec des talents, de l'exercice, et du zèle, on peut faire beaucoup pour le progrès des lettres, du goût et de la raison.

Dans ce qu'on appelle le public, la partie du sentiment a beaucoup de juges; la partie de l'art en a peu; la partie de l'esprit en a trop.

Si chacun de ces juges se renfermait dans les bornes qui lui sont prescrites, tout serait dans l'ordre :

mais celui qui n'a que de l'esprit trouve insipide tout ce qui n'est que senti ; celui qui n'est que sensible trouve froid tout ce qui n'est que pensé; et celui qui ne connaît que l'art ne fait grace ni aux pensées ni aux sentiments, dès qu'on a pris quelque licence ; voilà pour la plupart des juges. Les auteurs, de leur côté, ne sont pas plus équitables : ils traitent de bornés ceux qui n'ont pas été frappés de leurs idées, d'insensibles ceux qu'ils n'ont pas émus, et de pédants ceux qui leur parlent des règles. Le journaliste est témoin de cette dissension; c'est à lui d'en être le conciliateur. Il faut de l'autorité, dira-t-il. Oui, sans doute ; mais il lui est facile d'en acquérir. Qu'il se donne la peine de faire quelques extraits, où il examine les caractères et les mœurs en philosophe, le plan et la contexture de l'intrigue en homme de l'art, les détails et le style en homme de goût : à ces conditions, qu'il doit être en état de remplir, nous lui sommes garants de la confiance générale.

Mais par malheur il en est rarement ainsi. Il n'y a point de si mauvais livre dont on ne puisse tirer de bonnes choses, disent tous les gens d'esprit et de goût. Il n'y a pas non plus de si bon livre dont on ne puisse faire un extrait malignement tourné, qui défigure l'ouvrage et l'avilisse; ou un extrait sec, froid et plat, qui, avec une apparence de bonne foi et d'impartialité, donne à juger d'un corps vivant par un misérable squelette. Qu'on me livre l'ouvrage le mieux pensé, le mieux écrit, le plus intéressant par les détails, le plus animé par la couleur et par le tour de l'expression, je l'anéantirai, avec cette méthode de tout ternir et de tout glacer. C'est le méprisable talent de ceux qui n'en ont aucun; c'est l'industrie de la basse malignité, et l'aliment le plus savoureux de l'envie; c'est par cette lecture que les sots se vengent de l'homme d'esprit qui les humilie, et qu'ils goûtent le plaisir secret de le voir humilié à son tour. C'est là qu'ils prennent l'opinion qu'ils doivent avoir des productions du génie, le droit de le juger eux-mêmes, et des armes pour l'attaquer. De là vient que, dans un certain monde, les plus chéris de tous les écrivains, quoique les plus méprisés, sont ces journaliers qui travaillent, les uns honteusement et clandestinement, et les autres à découvert avec une fière impudence, à dénaturer par leurs extraits les productions du talent. On reproche à Bayle d'avoir fait d'excellents extraits de mauvais livres, et d'avoir trompé les lecteurs par l'intérêt qu'il savait prêter aux ouvrages les plus arides : les critiques dont nous parlons ont trouvé plus facile de dépouiller que d'enrichir : et le reproche qu'on fait à Bayle est le seul qu'ils ne méritent pas.

Suggon l'istesso fior, ne prati Hiblei,
Ape benigna e vipera crudele;
E secondo gl'instinti, o buoni, o rei,
L'una in tosto il converte, et l'altra in melle*.

* « Dans les prairies d'Hybla, la douce abeille et la cruelle vipère hument le suc des mêmes fleurs ; et, selon leur naturel bienfaisant ou nuisible, l'une en compose son miel, et l'autre son venin. »

Les plus modestes et les plus décents des journalistes pensent que leur tâche est remplie lorsqu'ils ont rendu compte de ce qu'ils appellent l'opinion et le jugement du public; mais en cela même ils sont quelquefois très injustes sans le savoir.

La partie du sentiment est du ressort de toute personne bien organisée : il n'est besoin ni de combiner ni de réfléchir; et le suffrage du cœur est un mouvement subit et rapide. Le public est donc un excellent juge dans cette partie ; mais des circonstances accidentelles ont cent fois altéré, sur-tout dans nos spectacles, l'équité de ses jugements : la légèreté française, si contraire à l'illusion ; ce caractère enjoué qui nous distrait de la situation la plus pathétique, pour saisir une allusion ou une équivoque plaisante; la figure, le ton, le geste d'un acteur susceptible de ridicule; un bon mot placé à propos, ou tel incident plus étrange encore à la pièce, ont quelquefois fait rire où l'on eût dû pleurer. Il est bien vrai que si le pathétique de l'action est soutenu, la plaisanterie ne se soutient point : on rougit d'avoir ri, et l'on s'abandonne au plaisir plus décent de verser des larmes. Mais ces révolutions ne se font pas toujours d'un moment à l'autre : et le public, pour se livrer ingénument à sa sensibilité naturelle, a besoin d'être calme ou désintéressé. Ainsi, le journaliste qui se presse de rendre compte de l'impression du moment, risque de se voir démenti par ce public dont il se croit l'organe, et qui demain peut-être ne sera plus le même. Son devoir eût été d'attendre que l'opinion se fût rectifiée, ou qu'elle se fût affermie; à moins que, plus équitable encore, il n'eût osé modestement plaider la cause du talent méconnu, et en appeler pour l'auteur,

Du parterre en tumulte au parterre attentif.

Ce fut pour l'Académie française une triste nécessité, que celle d'avoir à prononcer entre un Scudery et Corneille; encore dans l'examen du *Cid* fut-elle assujettie à la méthode de Scudery, pour le suivre dans sa critique. Cependant, et malgré la gêne où la retint l'ascendant de son fondateur, sans même avoir la liberté de rendre gloire aux beautés de l'ouvrage qu'on la forçait d'examiner, l'Académie ne laissa pas de se montrer juge éclairé, impartial, honnête; peu de personnes l'ont imitée. Scudery fut un censeur malin, pointilleux, insolent, sans lumières, sans goût; il a eu trop d'imitateurs.

En général, les extraits littéraires, si commodes pour les esprits qui veulent s'épargner la peine de lire et de penser, ont trois effets également nuisibles aux progrès du goût et des lettres. L'un d'ôter, par des préventions, au jugement de la multitude, sa liberté, son ingénuité, son activité naturelle; l'autre, de contrarier, d'affaiblir l'influence du petit nombre des esprits cultivés sur le grand nombre qui ne l'est pas; l'autre enfin d'humilier, de décourager les talents, en leur faisant sentir une autre espèce de domination que celle du public, de qui doivent dépendre les bons et les mauvais succès. Ces inconvénients seraient moindres et seraient compensés, si la balance de la critique était confiée à des gens de lettres qui auraient fait au moins preuve de connaissances et de goût, et dont l'intégrité, l'impartialité reconnue justifieraient l'autorité. Les préventions données au public seraient justes; le critique, d'accord avec les bons esprits, ne ferait que les seconder; et les auteurs auraient du moins la consolation d'être appréciés par leurs pairs.

Mais il est plus que difficile que cela soit constamment ainsi. Il arrivera trop souvent que cet emploi sera la ressource des écrivains qui n'en ont pas d'autres. Alors au mérite réel d'une critique judicieuse, éclairée, impartiale, qui supposerait un goût sain et des connaissances acquises, on sera obligé, pour être lu, de substituer l'appât de la malignité; et comme il n'est pas amusant de voir rabaisser ce que l'on méprise, mais bien ce qu'on estime et qu'on admire à regret, le critique aura soin de choisir les talents les plus distingués, pour les immoler aux plaisirs de la malice et de l'envie. On a vu deux listes imprimées des écrivains qu'un journaliste avait déchirés et loués. L'une, celle de la satire, était composée de presque tous les écrivains célèbres; et l'autre, d'une foule d'hommes obscurs, dont le plus grand nombre était inconnu, et dont le reste n'avait échappé à l'oubli que par le ridicule.

La même chose arrivera toujours quand le métier de journaliste sera permis à ces écrivains dont Voltaire a dit : « Ils sont, parmi les gens de lettres, » ce que les escarbots sont parmi les oiseaux. » Et ce sera, j'ose le prédire, une des causes de la ruine dont les lettres sont menacées. On les lira, parce qu'on est secrètement envieux et malin; on les croira, parce qu'en se donnant le plaisir de penser comme eux on n'aura pas la peine de s'instruire pour avoir un avis à soi; et insensiblement on s'accoutumera à ne plus voir que par leurs yeux.

Qu'importe, direz-vous, ces opinions éphémères, si le public finit par être juste? Il finit par là, j'en conviens; mais l'époque du changement est incertaine, et souvent éloignée. Or il y a pour les talents deux succès et deux récompenses : le succès du moment, et le succès de l'avenir. Le plus glorieux sans doute est celui-ci, parce qu'il est le plus durable; mais l'autre est le plus attrayant, parce que l'on aime à jouir. J'ai vu parmi les gens de lettres ceux que je savais être les plus amoureux de la gloire, et qui la méritaient le mieux, je les ai vus indignés, rebutés, découragés jusqu'à l'abattement par l'insolence des écrits où l'on déchirait leurs ouvrages. Ils avaient eu sans doute, en écrivant, la perspective de la postérité; mais ils avaient plus présent encore le siècle et le public aux yeux duquel ils étaient insultés par des hommes chargés d'opprobre, mais soufferts et autorisés. Ils regardaient ceux qui toléraient cette licence comme les ennemis des lettres, comme leurs propres ennemis; et cette pensée accablante, qu'on se plaisait à les voir outrager, glaçait leurs âmes et leurs esprits. Ils ne pouvaient supporter l'idée que tous les mois, toutes les semaines, deux ou trois de ces écrivains faméliques pussent impunément décrier leurs travaux, et que pour faire avorter, au moins pour le moment, le succès le mieux mérité, cette bande de détracteurs n'eussent qu'à se liguer ensemble.

Or supposons que ces temps reviennent, et que la licence une fois autorisée aille en croissant; où se trouvera l'homme doué d'une âme noble, d'un esprit élevé, qui veuille prostituer les dons qu'il a reçus, jusqu'à subir la condition imposée à l'homme de lettres? S'il arrivait un nouvel Omar, et qu'il voulût étouffer au berceau tous les talents littéraires, il n'aurait qu'à donner toute liberté à la presse de les insulter journellement. On leur permettra de répondre; ce sera leur permettre de se déshonorer. Je ne dispute pas, disait Malebranche, contre des gens qui font un livre tous les mois. Que serait-ce donc si un Zoïle donnait des feuilles tous les jours?

Je sais bien qu'on peut m'opposer quelques intérêts de négoce; mais tandis que nos souverains répandent avec magnificence les récompenses et les graces, pour encourager les talents qui décorent la nation, qui l'éclairent et qui l'honorent, je demande si un misérable trafic de librairie doit rendre infructueuse cette magnificence, et tarir ou empoisonner les sources de l'émulation?

Mais la critique n'est-elle pas utile aux talents mêmes? Oui, si on l'oblige à être éclairée, juste et décente. Ce serait là, me dira-t-on, l'arrêt de mort de bien des journaux. Oui, des journaux qui seraient faits sans goût, sans esprit et sans style, où le manque d'étude et le vide absolu de connaissances et d'idées ne laisseraient à l'écrivain, pour tout mérite et pour tout agrément, qu'une basse malignité.

Mais qu'un journal littéraire soit composé par de vrais gens de lettres, il sera lu, quoique juste et modeste, sur-tout lorsqu'un goût dépravé n'aura plus pour pâture ce vil amas d'écrits accumulés depuis un demi-siècle, et dont l'épigraphe devrait être ce que Virgile a dit des Harpies :

Contactuque omnia fœdant.

MARMONTEL, *Éléments de Littérature.*

FABLE (APOLOGUE.) On a fait consister l'artifice de la fable à *citer les hommes au tribunal des animaux* : c'est comme si l'on prétendait que la comédie citât les spectateurs au tribunal de ses personnages, les hypocrites au tribunal de Tartufe, les avares au tribunal d'Harpagon, etc. Dans l'apologue, *les animaux sont quelquefois les précepteurs des hommes*; La Fontaine l'a dit : mais ce n'est que dans les exemples où la fable les représente meilleurs et plus sages que nous.

Dans le discours que La Motte a mis à la tête de ses Fables, il démêle en philosophe l'artifice caché dans ce genre de fiction : il en a bien vu le principe et la fin; les moyens seuls lui ont échappé. Il traite, en bon critique, de la justesse et de l'unité de l'allégorie, de la vraisemblance des mœurs et des caractères, du choix de la moralité et des images qui l'enveloppent : mais toutes ces qualités réunies ne font qu'une fable régulière; et un poème qui n'est que régulier est bien loin d'être un bon poème.

C'est peu que dans la fable une vérité utile et peu

commune se déguise sous le voile d'une allégorie ingénieuse; que cette allégorie, par la justesse et l'unité de ses rapports, conduise directement au sens moral qu'elle se propose; que les personnages qu'on y emploie remplissent l'idée qu'on a d'eux. La Motte a observé toutes ces règles dans quelques-unes de ses fables : il reproche avec raison à La Fontaine de les avoir négligées dans quelques-unes des siennes. D'où vient donc que les plus défectueuses de La Fontaine ont un charme et un intérêt que n'ont pas les plus régulières de La Motte?

Ce charme et cet intérêt prennent leur source non-seulement dans le tour naturel et facile des vers, dans l'originalité piquante et heureuse de l'expression, dans le coloris des images, dans la justesse et la précision du dialogue, dans la variété, la richesse, la rapidité des peintures, en un mot, dans le génie poétique, don précieux et rare, auquel tout l'excellent esprit de La Motte n'a pu jamais bien suppléer; mais encore dans la naïveté du récit et du style, caractère dominant du génie de La Fontaine.

On a dit : « Le style de la fable doit être simple, « familier, riant, gracieux, naturel, et même naïf. » Il fallait dire : *et sur-tout naïf.*

Essayons de rendre sensible l'idée que j'attache à ce mot de naïveté, qu'on a si souvent employé sans l'entendre.

La Motte distingue le naïf du naturel; mais il fait consister le naïf dans l'expression fidèle et non réfléchie de ce qu'on sent; et d'après cette idée vague, il appelle naïf le *qu'il mourût* du vieil Horace. Il me semble qu'il faut aller plus loin, pour trouver le vrai caractère de naïveté qui est essentiel et propre à la fable.

La vérité de caractère a plusieurs nuances qui la distinguent d'elle-même : ou elle observe les ménagements qu'on se doit et qu'on doit autres, et on l'appelle sincérité; ou elle franchit, dès qu'on la presse, la barrière des égards, et on la nomme franchise; ou elle n'attend pas même. pour se montrer à découvert, que les circonstances l'y engagent et que les décences l'y autorisent, et elle devient imprudence, indiscrétion, témérité, suivant qu'elle est plus ou moins offensante ou dangereuse. Si elle découle de l'âme par un penchant naturel et non réfléchi, elle est simplicité; si la simplicité prend sa source dans cette pureté de mœurs qui n'a rien à dissimuler ni à feindre, elle est candeur; si à la candeur se joint une innocence peu éclairée, qui croit que tout ce qui est naturel est bien, c'est ingénuité; si l'ingénuité se caractérise par des traits qu'on aurait eu soi-même intérêt à déguiser, et qui nous donnent quelque avantage sur celui auquel ils échappent, on la nomme naïveté ou ingénuité naïve. Ainsi la simplicité ingénue est un caractère absolu et indépendant des circonstances, au lieu que la naïveté est relative.

Hors les puces qui m'ont la nuit inquiétée,

ne serait, dans Agnès, qu'un trait de simplicité, si elle parlait à ses compagnes.

> Jamais je ne m'ennuie,

ne serait qu'ingénu, si elle ne faisait pas cet aveu à un homme qui doit s'en offenser. Il en est de même de

> L'argent qu'en ont reçu notre Alain et Georgette,

Par conséquent, ce qui est compatible avec le caractère naïf dans tel temps, dans tel lieu, dans tel état, ne le serait pas dans tel autre. Georgette est naïve autrement qu'Agnès; Agnès autrement que ne doit l'être une jeune fille élevée à la cour ou dans le monde : celle-ci peut dire et penser ingénument des choses que l'éducation lui a rendues familières, et qui paraîtraient réfléchies et recherchées dans la première. Ainsi la naïveté est susceptible de tous les tons. Joas est naïf dans sa scène avec Athalie, mais d'une naïveté noble, qui fait frémir pour les jours de ce précieux enfant; et lorsque M. de Fontenelle a dit que le naïf était une nuance du bas, il a prouvé qu'il n'avait pas le sentiment de la naïveté. Cela posé, voyons ce qui constitue la naïveté dans la fable, et l'effet qu'elle y produira.

La Motte a observé que le succès constant et universel de la fable venait de ce que l'allégorie y ménageait et flattait l'amour-propre. Rien n'est plus vrai ni mieux senti; mais cet art de ménager et de flatter l'amour-propre, au lieu de le blesser, n'est autre chose que l'éloquence naïve, l'éloquence d'Ésope chez les anciens et de La Fontaine chez les modernes.

De toutes les prétentions des hommes, la plus générale et la plus décidée regarde la sagesse et les mœurs : rien n'est donc plus capable de nous indisposer que des préceptes de morale et de sagesse présentés comme des leçons. Je ne parle point de la satire, le succès en est assuré : si elle en blesse un, elle en flatte mille. Je parle d'une philosophie sévère, mais honnête, sans amertume et sans poison, qui n'insulte personne et qui s'adresse à tous : c'est précisément de celle-là qu'on s'offense. Les poètes l'ont déguisée au théâtre et dans l'épopée en forme d'action, et ce ménagement l'a fait recevoir sans répugnance. Mais toute vérité ne peut pas avoir au théâtre son tableau particulier : chaque pièce ne peut aboutir qu'à une moralité principale, et les préceptes répandus dans le cours de l'action passent trop rapidement pour ne pas s'effacer l'un l'autre : l'intérêt même les absorbe, et ne nous laisse pas la liberté d'y réfléchir. D'ailleurs l'instruction théâtrale exige un appareil qui n'est ni de tous les lieux ni de tous les temps : c'est un miroir public qu'on n'élève qu'à grands frais et à force de machines. Il en est à peu près de même de l'épopée. On a donc voulu nous donner des glaces portatives, aussi fidèles et plus commodes, où chaque vérité isolée eût son image distincte, et de là l'invention des petits poèmes allégoriques.

Dans ces tableaux, on pouvait nous peindre à nos yeux sous trois symboles différents : ou sous les traits de nos semblables, comme dans la fable du Savetier et du Financier, dans celle du Berger et du Roi, dans celle du Meûnier et de son fils, etc.; ou sous le nom des êtres surnaturels et allégoriques, comme dans la fable d'Apollon et de Borée, dans celle de la Discorde, dans les fictions poétiques, dans les contes des fées; ou sous la figure des animaux et des êtres matériels que le poète fait agir et parler à notre manière. C'est ici le genre le plus étendu, et peut-être le seul vrai genre de la fable, par la raison même qu'il est le plus dépourvu de vraisemblance à notre égard.

Il s'agit de ménager la répugnance que chacun sent à être corrigé par son égal. On s'apprivoise aux leçons des morts, parce qu'on n'a rien à démêler avec eux, et qu'ils ne se prévaudront jamais de l'avantage qu'on leur donne. On ne s'offense point du ton d'un misanthrope solitaire et farouche, qu'on ne voit point : il est au rang des morts, et notre imagination en fait un être d'une espèce étrangère. Mais le sage qui vit simplement et familièrement avec nous, et qui, sans chaleur et sans violence, ne nous parle que le langage de la vérité et de la vertu, nous laisse toutes nos prétentions à l'égalité : c'est donc à lui à nous persuader, par une illusion passagère, qu'il est, non pas au-dessus de nous (il y aurait de l'imprudence à le tenter), mais au contraire si fort au-dessous, qu'on ne daigne pas même se piquer d'émulation à son égard, et qu'on reçoive les vérités qui semblent lui échapper comme autant de traits de naïveté sans conséquences.

Si cette observation est fondée, voilà le prestige

de la fable rendu sensible, et l'art réduit à un point déterminé. Or on va voir que tout ce qui concourt à nous persuader la simplicité et la crédulité du poète rend la fable plus intéressante, au lieu que tout ce qui nous fait douter de la bonne foi de son récit en affaiblit l'intérêt.

Quintilien pensait que les fables avaient sur-tout du pouvoir sur les esprits bruts et ignorants : il parlait sans doute des fables où la vérité se cache sous une enveloppe grossière; mais le goût, le sentiment, les graces que La Fontaine y a répandus, en ont fait la nourriture et les délices des esprits les plus délicats, les plus cultivés et les plus profonds.

Or l'intérêt qu'ils y prennent n'est certainement pas le vain plaisir d'en pénétrer le sens : la beauté de cette allégorie est d'être simple et transparente; et il n'y a guère que les sots qui puissent s'applaudir d'en avoir percé le voile.

Le mérite de prévoir la moralité, que La Motte veut qu'on ménage aux lecteurs, parmi lesquels il compte les sages eux-mêmes, se réduit donc à bien peu de chose : aussi La Fontaine, à l'exemple des anciens, ne s'est-il guère mis en peine de la donner à deviner; il l'a placée tantôt au commencement, tantôt à la fin de la fable : ce qui ne lui aurait pas été indifférent, s'il eût regardé la fable comme une énigme.

Quelle est donc l'espèce d'illusion qui rend la fable si séduisante? On croit entendre un homme assez simple et assez crédule pour répéter sérieusement les contes puérils qu'on lui a faits ; et c'est dans cet air de bonne foi que consiste la naïveté du récit et du style.

On reconnaît la bonne foi d'un historien à l'attention qu'il a de saisir et de marquer les circonstances, aux réflexions qu'il y mêle, à l'éloquence qu'il emploie à exprimer ce qu'il sent : c'est là surtout ce qui met La Fontaine au-dessus de tous ses modèles. Ésope raconte simplement, mais en peu de mots : il semble répéter fidèlement ce qu'on lui a dit. Phèdre y met plus de délicatesse et d'élégance, mais aussi moins de vérité. On croirait en effet que rien ne dût mieux caractériser la naïveté, qu'un style dénué d'ornements ; cependant La Fontaine a répandu dans le sien tous les trésors de la poésie, et il n'en est que plus naïf : ces couleurs si variées et si brillantes sont elles-mêmes les traits dont la nature vient se peindre, dans les écrits de ce poète, avec tant de grace et de simplicité. Ce prestige de l'art paraît d'abord inconcevable; mais dès qu'on remonte à la cause, on n'est plus surpris de l'effet.

Non-seulement La Fontaine a ouï dire ce qu'il raconte, mais il l'a vu, il croit le voir encore. Ce n'est pas un poète qui imagine, ce n'est pas un conteur qui plaisante; c'est un témoin présent à l'action, et qui veut vous y rendre présent vous-même : son érudition, son éloquence, sa philosophie, sa politique, tout ce qu'il a d'imagination, de mémoire et de sentiment, il met tout en œuvre, de la meilleure foi du monde, pour vous persuader; et c'est cet air de bonne foi, c'est le sérieux avec lequel il mêle les plus grandes choses avec les plus petites, c'est l'importance qu'il attache à des jeux d'enfants, c'est l'intérêt qu'il prend pour un lapin et une belette, qui font qu'on est tenté de s'écrier à chaque instant : *Le bon homme!* On le disait de lui dans la société ; son caractère n'a fait que passer dans ses fables. C'est du fond de ce caractère que sont émanés ces tours si naturels, ces expressions si naïves, ces images si fidèles ; et quand La Motte a dit :

>Du fond de sa *cervelle* un trait naïf *s'arrache*,

ce n'est pas le travail de La Fontaine qu'il a peint dans un vers si dur.

La Fontaine raconte la guerre des vautours ; son génie s'élève : *Il plut du sang.* Cette image lui paraît encore faible ; il ajoute, pour exprimer la dépopulation :

>Et sur son roc Prométhée espéra
>De voir bientôt une fin à sa peine.

La querelle de deux coqs pour une poule lui rappelle ce que l'amour a produit de plus funeste :

>Amour, tu perdis Troie.

Deux chèvres se rencontrent sur un pont trop étroit pour y passer ensemble ; aucune des deux ne veut reculer, il s'imagine voir,

>Avec Louis-le-Grand,
>Philippe Quatre qui s'avance
>Dans l'île de la Conférence.

Un renard est entré la nuit dans un poulailler : comment exprimer ce désastre ?

>Les marques de sa cruauté
>Parurent avec l'aube. On vit un étalage
>De corps sanglants et de carnage.
>Peu s'en fallut que le soleil
>Ne rebroussât d'horreur vers le manoir liquide, etc.

La Motte a fait, à mon avis, une étrange méprise, en employant à tout propos, pour avoir l'air naturel, des expressions populaires et proverbiales : tantôt c'est Morphée qui fait *litière de pavots;* tantôt c'est la lune qui est *empêchée* par les charmes d'une magicienne; ici le lynx, attendant le gibier, prépare ses dents à *l'ouvrage:* là le jeune Achille *est fort bien morigéné* par Chiron. La Motte avait dit lui-même : « Mais prenons garde à la bassesse, trop « voisine du familier. » Qu'était-ce donc, à son avis, que *faire litière de pavots?* La Fontaine a toujours le style de la chose.

>Un mal qui répand la terreur,
>Mal que le Ciel en sa fureur
>Inventa pour punir les crimes de la terre.
>. . . . .
>Les tourterelles se fuyaient :
>Plus d'amour, partant plus de joie.

Ce n'est jamais la qualité des personnages qui le décide. Jupiter n'est qu'un homme dans les choses familières; le moucheron est un héros, lorsqu'il combat le lion : rien de plus philosophique, et en même temps rien de plus naïf que ces contrastes. La Fontaine est peut-être celui de tous les poètes qui passe d'un extrême à l'autre avec le plus de justesse et de rapidité. La Motte a pris ces passages pour de la gaieté philosophique; et il les regarde comme *une source du riant* : mais La Fontaine n'a pas dessein de faire croire qu'il s'égaie à rapprocher le grand du petit; il veut que l'on pense, au contraire, que le sérieux qu'il met aux petites choses les lui fait mêler et confondre de bonne foi avec les grandes, et il réussit en effet à produire cette illusion. De là vient qu'il n'est jamais contraint, ni dans le style familier, ni dans le haut style. Si ses réflexions et ses peintures l'emportent vers l'un, ses sujets le ramènent à l'autre, et toujours si à propos, que le lecteur n'a pas le temps de désirer qu'il prenne l'essor ou qu'il se modère : en lui chaque idée réveille soudain l'image et le sentiment qui lui est propre : on peut le voir dans ses peintures, dans son dialogue, dans ses harangues. Qu'on lise, pour les peintures, la fable d'*Apollon et Borée*, celle du *Chêne* et du *Roseau*; pour le dialogue, celle de *la Mouche et la Fourmi*, celle des *Compagnons d'Ulysse*; pour les monologues et les harangues, celle du *Loup* et des *Bergers*, celle du *Berger* et du *Roi*, celle de l'*Homme et de la Couleuvre*, modèles à la fois de philosophie et de poésie. On a dit souvent que l'une nuisait à l'autre; qu'on nous cite, ou parmi les anciens, ou parmi les modernes, quelque poète plus riant, plus fécond, plus varié, quelque moraliste plus sage.

Mais ni sa philosophie ni sa poésie ne nuisent à

sa naïveté : au contraire, plus il met de l'une et de l'autre dans ses récits, dans ses réflexions, dans ses peintures, plus il semble persuadé, pénétré de ce qu'il raconte, et plus par conséquent il nous paraît simple et crédule. Le premier soin du fabuliste doit donc être de paraître persuadé ; le second de rendre sa persuasion amusante ; le troisième, de rendre cet amusement utile.

...... Pueris dant crustula blandi
Doctores, elementa velint ut discere prima.
(HORAT.)

On vient de voir de quel artifice La Fontaine s'est servi pour paraître persuadé ; je n'ai plus que quelques réflexions à ajouter sur ce qui détruit ou favorise cette espèce d'illusion.

Tous les caractères d'esprit se concilient avec la naïveté, hors l'affectation et l'air de la finesse. D'où vient que *Janot Lapin*, *Robin Mouton*, *Carpillon Fretin*, *la Gent Trotte-Menu*, etc., ont tant de grace et de naturel ? d'où vient que *dom Jugement*, *dame Mémoire* et *demoiselle Imagination*, quoique très bien caractérisés, sont si déplacés dans la fable? Ceux-là sont du bon homme ; ceux-ci du bel-esprit.

On peut supposer tel pays ou tel siècle, dans lequel ces figures se concilieraient avec la naïveté : par exemple, si on avait élevé des autels au jugement, à l'imagination, à la mémoire, comme à la paix, à la sagesse, à la justice, etc., les attributs de ces divinités seraient des idées populaires, et il n'y aurait aucune finesse, aucune affectation à dire : *le dieu Jugement, la déesse Mémoire, la nymphe*

Imagination : mais le premier qui s'avise de réaliser, de caractériser ces abstractions par des épithètes recherchées, paraît trop fin pour être naïf. Qu'on réfléchisse à ces dénominations *dom, dame, demoiselle :* il est certain que la première peint la lenteur, la gravité, le recueillement, la méditation qui caractérisent le jugement; que la seconde exprime la pompe, le faste et l'orgueil qu'aime à étaler la mémoire; que la troisième réunit en un seul mot la vivacité, la légèreté, le coloris, les graces, et, si l'on veut, le caprice et les écarts de l'imagination. Or peut-on se persuader que ce soit un homme naïf qui le premier ait vu et senti ces relations et ces nuances?

Si La Fontaine emploie des personnages allégoriques, ce n'est pas lui qui les invente; on est déjà familiarisé avec eux : la fortune, la mort, le temps, tout cela est reçu. Si quelquefois il en introduit de sa façon, c'est toujours en homme simple; c'est *Que-si-que-non*, frère de la Discorde; c'est *Tien-et-mien*, son père, etc.

La Motte au contraire met toute la finesse qu'il peut à personnifier des êtres moraux et métaphysiques : « Personnifions, dit-il, les vertus et les vices; « animons, selon nos besoins, tous les êtres; » et suivant ce système, il introduit la Vertu, le Talent et la Réputation, pour faire faire à celle-ci un jeu de mots à la fin de la fable. C'est encore pis, lorsque *l'Ignorance, grosse d'enfant,* accouche *d'Admiration, de demoiselle Opinion,* et qu'*on fait venir l'Orgueil et la Paresse* pour nommer *l'enfant,* qu'*ils appellent la Vérité.* La Motte a beau dire qu'il se trace *un nouveau chemin*, ce chemin l'éloigne du but.

Encore une fois, le poète doit jouer dans la fable le rôle d'un homme simple et crédule; et celui qui personnifie des abstractions métaphysiques avec tant de subtilité n'est pas le même qui nous dit sérieusement que *Jean Lapin*, plaidant contre *dame Belette, allégua la coutume et l'usage.*

Mais comme la crédulité du poète n'est jamais plus naïve, ni par conséquent plus amusante, que dans des sujets dépourvus de vraisemblance à notre égard, ces sujets vont beaucoup plus droit au but de l'apologue que ceux qui sont naturels et dans l'ordre des possibles. La Motte, après avoir dit :

Nous pouvons, s'il nous plaît, donner pour véritables
    Les chimères des temps passés,

ajoute :

    Mais quoi! des vérités modernes
Ne pouvons-nous user aussi dans nos besoins ?
    Qui peut le plus, ne peut-il pas le moins ?

Ce raisonnement, *du plus au moins*, n'est pas concevable dans un homme qui avait l'esprit juste, et qui avait long-temps réfléchi sur la nature de l'apologue. La fable des *Deux Amis, le Paysan du Danube, Philémon et Baucis,* ont leur charme et leur intérêt particulier : mais qu'on y prenne garde, ce n'est là ni le charme ni l'intérêt de l'apologue; ce n'est point ce doux sourire, cette complaisance intérieure qu'excitent en nous *Rominagrobis, Janot*

Lapin, *la Mouche du coche*, etc. Dans les premières, la simplicité du poète n'est qu'ingénieuse, et n'a rien de ridicule : dans les dernières, elle est naïve, et nous amuse à ses dépens.

Ce n'est pas que dans celles-ci mêmes il n'y ait une sorte de vraisemblance à garder; mais elle est relative au poète. Son caractère de naïveté une fois établi, nous devons trouver possible qu'il ajoute foi à ce qu'il raconte; et de là vient la règle de suivre les mœurs, ou réelles ou supposées. Son dessein n'est pas de nous persuader que le lion, l'âne et le renard ont parlé, mais d'en paraître persuadé lui-même; et pour cela il faut qu'il observe les convenances, c'est-à-dire qu'il fasse parler et agir le lion, l'âne et le renard, chacun suivant le caractère et les intérêts qu'il est supposé leur attribuer : ainsi la règle de suivre les mœurs dans la fable est une suite de ce principe, que tout doit y concourir à nous persuader la crédulité du poète. La Fontaine a quelquefois lui-même oublié cette règle, comme dans la fable du *Lion*, de la *Chèvre* et de la *Génisse*[*].

Il faut de plus que la crédulité du conteur soit amusante, et c'est encore un des points où La Motte

---

[*] Batteux se faisait de la naïveté, dans l'apologue, une tout autre idée que La Fontaine, quand il a dit que notre grand fabuliste n'a pas plus l'air de croire à ses animaux que Corneille à ses Romains. Il a donné, du reste, de la naïveté une bien mauvaise définition. C'est un exemple curieux du vague que porte Batteux dans la critique : « La naïveté du style, dit-il, consiste dans le choix de certaines expressions simples, pleines d'une molle douceur, qui paraissent nées d'elles-mêmes plutôt que choisies; dans ces constructions faites comme par hasard; dans certains tours rajeunis, et qui conservent cependant encore un air de vieille mode » Après une telle définition, on peut demander de nouveau, qu'est-ce que la naïveté? H. PATIN.

s'est trompé : on voit que dans ses fables il vise à être plaisant ; et rien n'est si contraire au génie de ce poème.

> Un homme avait perdu sa femme ;
> Il veut avoir un perroquet.
> Se console qui peut. Plein de la bonne dame,
> Il veut du moins chez lui remplacer son caquet.

La Fontaine évite avec soin tout ce qui a l'air de la plaisanterie, et s'il lui en échappe quelque trait, il a grand soin de l'émousser.

> A ces mots l'animal pervers,
> C'est le serpent que je veux dire.

Voilà une excellente épigramme ; et le poète s'en serait tenu là, s'il avait voulu être fin : mais il voulait être, ou plutôt il était naïf ; il a donc achevé :

> C'est le serpent que je veux dire,
> Et non l'homme ; on pourrait aisément s'y tromper.

De même dans ces vers qui terminent la fable du *Rat Solitaire* :

> Qui désigné-je, à votre avis,
> Par ce rat si peu secourable ?
> Un moine ? non, mais un dervis.

il ajoute :

> Je suppose qu'un moine est toujours charitable.

La finesse du style consiste à se laisser deviner ; la naïveté, à dire tout ce qu'on pense.

La Fontaine nous fait rire, mais à ses dépens, et

c'est sur lui-même qu'il fait tomber le ridicule. Quand, pour rendre raison de la maigreur d'une belette, il observe qu'*elle sortait de maladie*; quand, pour expliquer comment un cerf ignorait une maxime de Salomon, il se croit obligé de nous avertir que *ce cerf n'avait pas accoutumé de lire*; quand, pour nous prouver l'expérience d'un vieux rat et les dangers qu'il avait courus, il remarque qu'*il avait même perdu sa queue à la bataille*; quand, pour nous peindre la bonne intelligence des chiens et des chats, il nous dit :

Ces animaux vivaient entre eux comme cousins :
Cette union si douce, et presque fraternelle,
   Édifiait tous les voisins;

nous rions, mais de la naïveté du poète, et c'est à ce piége si délicat que se prend notre vanité.

L'oracle de Delphes avait, dit-on, conseillé à Ésope de prouver des vérités importantes par des contes ridicules. Ésope aurait mal entendu l'oracle, si, au lieu d'être risible, il s'était piqué d'être plaisant.

Cependant, comme ce n'est pas uniquement à nous amuser, mais sur-tout à nous instruire, que la fable est destinée, l'illusion doit se terminer au développement de quelque vérité utile : je dis *au développement*, et non pas *à la preuve*; car il faut bien observer que la fable ne prouve rien. Quelque bien adapté que soit l'exemple à la moralité, l'exemple est un fait particulier, la moralité une maxime générale, et l'on sait que du particulier au général il n'y a rien à conclure. Il faut donc que la moralité soit une vérité connue par elle-même ; et à laquelle on n'ait besoin que de réfléchir pour en être persuadé. L'exemple contenu dans la fable en est l'indication, et non la preuve : son but est d'avertir, et non pas de convaincre ; et son office est de rendre sensible à l'imagination ce qui est avoué par la raison. Mais pour cela il faut que l'exemple mène droit à la moralité, sans diversion, sans équivoque ; et c'est ce que les plus grands maîtres semblent avoir oublié quelquefois.

La vérité doit naître de la fable.

La Motte l'a dit et l'a pratiqué ; il ne le cède même à personne dans cette partie : comme elle dépend de la justesse et de la sagacité de l'esprit, et que La Motte avait supérieurement l'une et l'autre, le sens moral de ses fables est presque toujours bien saisi, bien déduit, bien préparé. J'en excepterai quelques-unes, comme celle de l'*Estomac*, celle de l'*Araignée* et du *Pélican*. L'estomac pâtit de ses fautes ; mais s'ensuit-il que chacun soit puni des siennes ? Le même auteur a fait voir le contraire dans la fable du *Chat* et du *Rat*. Entre le pélican et l'araignée, entre Codrus et Néron, l'alternative est-elle si pressante, qu'*hésiter ce fût choisir ?* et à la question, *lequel des deux voudrez-vous imiter ?* n'est-on pas fondé à répondre *ni l'un ni l'autre ?* Dans ces deux fables, la moralité n'est vraie que par les circonstances ; elle est fausse dès qu'on la donne pour un principe général.

La Fontaine s'est plus négligé que La Motte sur le choix de la moralité : il semble quelquefois la chercher après avoir composé sa fable : soit qu'il affecte cette incertitude pour cacher jusqu'au bout le dessein qu'il avait d'instruire, soit qu'en effet il se soit livré d'abord à l'attrait d'un tableau favorable à peindre, bien sûr que d'un sujet moral il est facile de tirer une réflexion morale. Cependant sa conclusion n'est pas toujours également heureuse : le plus souvent profonde, lumineuse, intéressante, et amenée par un chemin de fleurs; mais quelquefois aussi, commune, fausse, ou mal déduite. Par exemple, de ce qu'un gland, et non pas une citrouille, tombe sur le nez de Garo, s'en suit-il que tout soit bien?

> Jupin pour chaque état mit deux tables au monde :
> L'adroit, le vigilant, et le fort sont assis
>   A la première; et les petits
>   Mangent leur reste à la seconde.

Rien n'est plus vrai; mais cela ne suit point de l'exemple de l'araignée et de l'hirondelle : car l'araignée, quoique adroite et vigilante, ne laisse pas de mourir de faim. Ne serait-ce point pour déguiser ce défaut de justesse, que dans les vers que je viens de citer, La Fontaine n'oppose que les *petits* à l'*adroit*, au *vigilant* et au *fort?* S'il eût dit : *le faible, le négligent,* et *le maladroit,* on eût senti que les deux dernières de ces qualités ne convenaient point à l'araignée. Dans la fable des *Poissons et du Berger*, il conseille au rois d'user de violence; dans celle du *Loup déguisé en berger,* il conclut :

> Quiconque est loup, agisse en loup.

Si ce sont là des vérités, elles ne sont rien moins qu'utiles à répandre. En général, le respect de La Fontaine pour les anciens ne lui a pas laissé la liberté du choix dans les sujets qu'il en a pris; presque toutes ses beautés sont de lui, presque tous ses défauts sont des autres : ajoutons que ses défauts sont rares, et tous faciles à éviter, et que ses beautés sans nombre sont peut-être inimitables.

J'aurais beaucoup à dire sur sa versification, où les pédants n'ont su relever que des négligences, et dont les beautés ravissent d'admiration les hommes de l'art les plus exercés et les hommes de goût les plus délicats. Mais la richesse, la vérité, l'originalité, l'heureuse hardiesse de son langage, ne sont pas des qualités qu'on puisse rendre sensibles en les définissant. Pour en avoir l'idée et le sentiment, il faut le lire et le lire encore : c'est un plaisir qui ne s'épuise point.

Du reste, sans aucun dessein de louer ni de critiquer, ayant à rendre sensibles, par des exemples, les perfections et les défauts de l'art, je crois devoir puiser ces exemples dans les auteurs les plus estimables, pour deux raisons, leur célébrité et leur autorité. Je sais tous les égards que je leur dois; mais ces égards consistent à parler de leurs ouvrages avec une impartialité sérieuse et décente, sans fiel et sans dérision : méprisable recours des esprits vides et des âmes basses. J'ai donc reconnu dans La Motte une invention ingénieuse, une composition régulière, beaucoup de justesse et de sagacité; j'ai profité de quelques-unes de ses réflexions sur la fable; mais avec la même sincérité, j'ai cru devoir observer ses erreurs dans la théorie, et ses fautes dans la pratique, du moins ce qui m'a paru tel.

Comme La Fontaine a pris d'Ésope, de Phèdre, de Pilpay ce qu'ils ont de plus remarquable, et que deux exemples me suffisaient pour développer mes principes, j'ai cru pouvoir m'en tenir aux deux fabulistes français*.

MARMONTEL, *Éléments de Littérature.*

* On peut rapprocher de ce morceau l'article *Apologue*, de Batteux, que nous avons donné dans le tome I de notre *Répertoire*, et les divers articles relatifs aux fabulistes ÉSOPE, BABRIAS, PHÈDRE, AVIÉNUS, LA FONTAINE, LA MOTTE, GAY, YRIARTE, FLORIAN, etc.

Comme on a beaucoup écrit sur la *fable*, il ne sera pas déplacé de parcourir ici rapidement les opinions des critiques, parmi lesquelles celle de Marmontel occupe une place fort distinguée.

En littérature, comme en tout le reste, la pratique précède toujours la théorie; c'est dans les chefs-d'œuvre des grands maîtres qu'on va chercher les principes de l'art. Il n'est donc pas étonnant que la théorie d'un genre change à certaines époques, toutes les fois qu'il se fait dans le genre lui-même quelque changement important.

Or, l'histoire de l'Apologue présente deux époques bien distinctes. Dans la première, il n'était qu'un moyen de persuasion employé également par les philosophes et les orateurs, et ne se proposait que d'instruire; dans la seconde, il devint un genre de littérature cultivé par les poètes, et dont l'agrément était le but autant que l'instruction. Par suite de ce changement, les critiques qui ont parlé de l'*Apologue*, se séparent naturellement en deux classes. Ce genre, qui était d'abord du domaine de la *Rhétorique*, a depuis passé dans celui de la *Poétique*.

C'est dans sa Rhétorique (liv. 2 ch. 20) qu'Aristote en a parlé. Il en est de même des rhéteurs qui ont suivi, tels que Théon, Aphtonius, etc. Tous établissent que l'*Apologue* étant spécialement destiné à instruire, les qualités fondamentales du genre sont la *brièveté*, la *simplicité*, l'*unité*. Dans des temps plus modernes, ceux qui ne considèrent l'Apologue que comme un moyen d'instruction, ne tiennent pas un autre langage. Tel est sur-tout Lessing qui, par haine pour la littérature française, retranche de l'apologue tous les ornements que La Fontaine, après Phèdre, y a ajoutés, et réduit la

FABLE.

FABLE, (COMPOSITION POÉTIQUE.) Dans les poèmes épiques et dramatiques, la fable, l'action, le sujet

perfection qu'on doit y chercher à un rapport exact entre le récit et la moralité. Nous avons eu occasion, t. I, p. 242 de notre *Répertoire*, d'exposer ce singulier système que l'auteur a fort ingénieusement développé, mais qui ne nous fera pas abandonner pour la nudité du vieil Ésope, et La Fontaine, et même Phèdre.

Batteux n'a fait que répéter les principes posés par La Motte, mais il les a répétés plus faiblement, et les a, comme il lui arrive souvent, rendus plus vagues. Ce qu'il dit pourrait s'appliquer à tous les genres où on raconte, à l'épopée comme à l'apologue. Voltaire a peu parlé de l'apologue dans son article *Fable*, où ce ne sont guère que des critiques de détail.

On trouvera presque tout ce qu'on peut dire sur ce sujet, exprimé avec beaucoup d'esprit et de précision dans l'éloge de La Fontaine par Chamfort. Il a été conduit naturellement à établir entre la fable et la comédie des rapports qui sont très réels, et qui le paraissent sur-tout dans La Fontaine chez qui la fable est vraiment

>   Une ample comédie à cent actes divers,
>   Et dont la scène est l'univers.

Florian, le plus heureux successeur de notre grand fabuliste, a écrit avec esprit sur la fable; mais on ne peut rien tirer de bien précis de sa dissertation.

L'excellente histoire de La Fontaine qu'a donnée assez récemment M. Walkenaer, contient sur ce fabuliste, sur ses modèles anciens, sur le genre lui-même, de fort judicieuses réflexions.

Une seconde classe de critiques se compose de ceux qui ont envisagé l'apologue comme un genre de littérature, et qui en ont donné la poétique. On ne saurait les rappeler tous; car quiconque a fait des fables, n'a pas manqué de mettre en tête un traité de la fable, applicable à ses compositions.

C'est ce qu'a fait La Motte, non-seulement pour ce seul genre, mais encore pour tous ceux où il s'est exercé; il a, dans toutes ses dissertations, le défaut à peu près inévitable de présenter sa pratique particulière comme la théorie de l'art. Du reste, il démêle avec beaucoup de finesse le but et la nature de l'apologue, les qualités que doit réunir une bonne fable, et dont il trouve le modèle dans La Fontaine.

Marmontel va plus loin que La Motte : il rapporte ces diverses qualités à une qui les contient et les explique toutes, la naïveté.

Voyez encore sur ce sujet le chapitre où le docteur Lowth parle de l'allé-

sont communément pris pour synonymes; mais dans une acception plus étroite, le sujet du poème est l'idée substantielle de l'action; l'action par conséquent est le développement du sujet; la fable est cette même disposition considérée du côté des incidents qui composent l'intrigue, et servent à nouer et à dénouer l'action.

Tantôt la fable renferme une vérité cachée, comme dans l'*Iliade*; tantôt elle présente directement des exemples personnels et des vérités toutes nues, comme dans le *Télémaque* et dans la plupart de nos tragédies. Il n'est donc pas de l'essence de la fable d'être allégorique : il suffit qu'elle soit morale, et c'est ce que le P. Le Bossu n'a pas vu assez nettement.

Comme le but de la poésie est de rendre, s'il est possible, les hommes meilleurs et plus heureux, un poète doit sans doute avoir égard, dans le choix de son action, à l'influence qu'elle peut avoir sur les mœurs; et, suivant ce principe, on n'aurait jamais dû nous présenter le tableau de la fatalité qui entraîne OEdipe dans le crime, ni celui d'Électre criant au parricide Oreste : « Frappe, frappe, elle « a tué notre père. »

Mais cette attention générale à éviter les exemples qui favorisent les méchants, et à choisir ceux qui

gorie, dans son *Traité de la poésie des Hébreux;* l'article *fabuliste*, dans l'*Encyclopédie*, par le chevalier de Jaucourt; la préface de la *Chaumière indienne*, par Bernardin de Saint Pierre; les divers commentaires faits sur les fabulistes, et particulièrement sur La Fontaine, etc., etc. Il est difficile d'indiquer tout ce qui se rapporte à une matière tant de fois traitée.

H. P.

peuvent encourager les bons, n'a rien de commun avec la règle chimérique de n'inventer la fable et les personnages d'un poème qu'après la moralité: méthode servile et impraticable, si ce n'est dans de petits poèmes, comme l'apologue, où l'on n'a ni les grands ressorts du pathétique à mouvoir, ni une longue suite de tableaux à peindre, ni le tissu d'une intrigue vaste à former. (*Voyez* ÉPOPÉE.)

Il est certain que l'*Iliade* renferme la même vérité que l'une des fables d'Ésope, et que l'action qui conduit au développement de cette vérité est la même au fond dans l'une et dans l'autre; mais qu'Homère, ainsi qu'Ésope, ait commencé par se proposer cette vérité; qu'ensuite il ait choisi une action et des personnages convenables, et qu'il n'ait jeté les yeux sur l'évènement de la guerre de Troie qu'après s'être décidé sur les caractères fictifs d'Agamemnon, d'Achille, d'Hector, etc., c'est ce qui n'a pu tomber que dans l'esprit d'un spéculateur qui veut mener, s'il est permis de le dire, le génie à la lisière. Un sculpteur détermine d'abord l'expression qu'il veut rendre, puis il dessine sa figure et il choisit enfin le marbre propre à l'exécuter; mais les évènements historiques ou fabuleux, qui sont la matière du poème héroïque, ne se taillent point comme le marbre; chacun d'eux a sa forme essentielle, qu'il n'est permis que d'embellir, et c'est par le plus ou le moins de beautés qu'elle présente ou dont elle est susceptible, que se décide le choix du poète; Homère lui-même en est un exemple.

L'action de l'*Odyssée* prouve, si l'on veut, qu'un

état ou qu'une famille souffre de l'absence de son chef ; mais elle prouve encore mieux qu'il ne faut point abandonner ses intérêts domestiques pour se mêler des intérêts publics, ce qu'Homère certainement n'a pas eu dessein de faire voir.

De même, on peut conclure de l'action de l'*Énéide* que la valeur et la piété réunies sont capables des plus grandes choses ; mais on en peut conclure aussi qu'on fait quelquefois sagement d'abandonner une femme après l'avoir séduite, et de s'emparer du bien d'autrui quand on le trouve à sa bienséance : maxime que Virgile était bien éloigné de vouloir établir.

Si Homère et Virgile n'avaient inventé la fable de leurs poèmes qu'en vue de la moralité, **toute** l'action n'aboutirait qu'à un seul point : le dénouement serait comme un foyer où se réuniraient tous les traits de lumière répandus dans le poème, ce qui n'est pas. Ainsi l'opinion du P. Le Bossu est démentie par les exemples mêmes dont il prétend l'autoriser.

La fable doit avoir différentes qualités, les unes particulières à certains genres, les autres communes à la poésie en général. *Voyez*, pour les qualités communes, les articles FICTION, INTÉRÊT, INTRIGUE, UNITÉ, etc. *Voyez*, pour les qualités particulières, les divers genres de poésie à leurs articles.

Sur-tout, comme il y a une vraisemblance absolue et une vraisemblance hypothétique ou de convention, et que toutes sortes de poèmes ne sont pas indifféremment susceptibles de l'une et de l'autre ;

voyez, pour les distinguer, les articles, FICTION, MERVEILLEUX, VÉRITÉ RELATIVE.

MARMONTEL, *Éléments de Littérature.*

FABRE - D'ÉGLANTINE (PHILIPPE - FRANÇOIS - NAZAIRE), naquit à Carcassone, le 28 décembre 1755, d'un bourgeois de cette ville, qui ne donna pas beaucoup de soins à son éducation. Livré à lui-même d'assez bonne heure, le jeune Fabre, après quelques folies qui indisposèrent sa famille contre lui, prit le parti de se faire comédien, et joua successivement sur les théâtres de Genève, de Lyon, de Bruxelles, où il obtint peu de succès. Cette carrière ne paraissant pas lui offrir un avenir brillant, il tourna son espoir vers la littérature qu'il commençait à cultiver. Il possédait de plus des talents d'agrément qui l'avaient fait accueillir dans la société : peintre, graveur, musicien, il annonçait des dispositions heureuses pour chacune de ces professions; mais le titre d'homme de lettres le flatta davantage. Déjà il avait publié une épître en vers sur l'*Étude de la Nature*, qui avait concouru pour le prix de l'Académie française, en 1771. Quelque temps après, une *églantine* qu'il remporta au concours des Jeux Floraux de Toulouse, l'enorgueillit tellement qu'il ajouta le nom de cette fleur à son nom de famille, et se fit dès lors appeler *Fabre-d'Églantine*. Ce succès acheva de le déterminer, il quitta le théâtre, et vint à Paris, le porte-feuille garni d'une douzaine de pièces, tant tragédies que comédies, drames, opéra-comiques, etc. Les premiers ouvrages qu'il fit représenter, *Augusta*, *l'Amour et l'Intérêt*, *les Gens de lettres*, *le Présomptueux*, sont au-dessous du médiocre : cependant leur chûte ne le découragea point. Il redoubla de persévérance et de travail, et son *Philinte de Molière* ou *la suite du Misanthrope*, en cinq actes et en vers, qui fut joué en 1790, obtint un succès mérité. Mais les premiers troubles de la révolution avaient éclaté; et déjà Fabre s'était signalé parmi les innovateurs les plus exaltés. Sans fortune, d'un caractère ambitieux et turbulent, il croyait entrevoir dans le nouvel ordre de choses, un moyen sûr de se distinguer, et d'acquérir des richesses. On lui reproche d'avoir provoqué, par des écrits incendiaires, la funeste journée du 10 août et celle plus affreuse encore du 2 septembre. A la convention nationale, il se prononça pour les mesures les plus violentes, vota la mort du roi, et enfin partagea tous les horribles excès qui ont signalé ces temps malheureux. Mais comme tant d'autres révolutionnaires, il a payé de sa vie les crimes dont il l'avait souillée; accusé de *royalisme*, de *modérantisme* par Robespierre et Hébert, ses ennemis personnels, il fut mis en jugement et condamné à mort le 14 germinal an 2 (3 avril 1794).

Le Philinte de Molière est sans contredit le meilleur ouvrage de Fabre-d'Églantine; l'idée première de cette pièce est peut-être la plus dramatique que l'on ait vue sur la scène depuis bien des années;

mais le style est d'une négligence, d'une incorrection impardonnables. *L'Intrigue épistolaire*, comédie en cinq actes et en vers, eut du succès dans la nouveauté; cet ouvrage est aujourd'hui apprécié à sa juste valeur. *Les Précepteurs*, autre comédie en cinq actes et en vers, ne fut représentée qu'après la mort de Fabre, en 1799. C'est une contrefaçon de *l'Émile*; mais il est reconnu depuis long-temps que si un tel système d'éducation peut séduire à la lecture, il devient ridicule, lorsqu'on veut le mettre en action. La prose de Rousseau a fait vivre son ouvrage, et la pièce de Fabre, n'était qu'un secours superflu pour faire tomber sa pièce. La comédie du *Présomptueux*, jouée en 1790, fut le sujet d'une rivalité entre Fabre et Collin-d'Harleville. Le premier prétendit que Collin, en traitant *les Châteaux en Espagne*, avait pris cette idée dans sa pièce, dont il avait parlé devant lui; Collin se défendit de ce plagiat avec toute la bonhomie de son caractère; mais l'irascible Fabre ne borna pas sa vengeance à cette réclamation, et dans la préface de son *Philinte*, il a fait de *l'Optimiste* de Collin une satire personnelle d'autant plus odieuse, qu'au temps où elle fut publié (1793), elle pouvait perdre cet auteur estimable.

Outre les ouvrages dont nous avons parlé, Fabre-d'Églantine a composé plusieurs autres pièces dont le titre est à peine connu aujourd'hui. L'une d'elles, *l'Orange de Malte*, qui n'a jamais été jouée et qui est perdue, paraît avoir fourni à M. Al. Duval, l'idée de *La Fille d'Honneur*. Fabre a fait aussi un poème sur *Châlons*, et un grand nombre de poésies légères, *satires*, *contes*, *romances*, etc. Mais presque tous ces ouvrages sont d'une faiblesse de style qui en rend la lecture insupportable. On ne se douterait guère, que ce partisan sanguinaire de la révolution, soit l'auteur de cette chanson si naïve et si connue : *Il pleut, il pleut, bergère*.

En 1802, on a imprimé les *OEuvres mêlées et posthumes de Fabre-d'Églantine*, en 2 vol. in-8° ; elles renferment tous les ouvrages que nous avons mentionnés.

Ph. T.

JUGEMENT.

Fabre, comédien de province, vint à Paris peu de temps avant la révolution, apportant, disait-on, une douzaine de pièces de théâtre, tragédies, comédies, opéra-comiques, etc. Tout ne fut pas joué ; et ce qui put l'être est déjà, pour la plus grande partie, oublié depuis long-temps. *Augusta*, prétendue tragédie, et une comédie du *Présomptueux*, furent à peine achevées, celle-ci notamment, dans un temps où les théâtres étaient déjà révolutionnés, et où Fabre lui-même était devenu une puissance. Mais il fut plus heureux dans *l'Intrigue épistolaire*, qui eut beaucoup de vogue aux représentations ; et dans *le Philinte de Molière*, qui attira les regards des connaisseurs. On pourra voir plus loin une analyse détaillée de cette dernière pièce : il suffit de dire que c'est sans comparaison le meilleur, ou plutôt le seul estimable ouvrage que Fabre ait laissé, non pas à ceux qui lisent, mais du moins à ceux qui vont au spectacle. Il est vrai que le titre même de la pièce est d'abord une fausseté et une ineptie : c'est calomnier très ridiculement Molière que de faire du complaisant Philinte, qu'il a fort à propos opposé au Misanthrope Alceste, un homme dénué de toute morale et de toute humanité ; en un mot, un parfait égoïste, ce qu'est véritablement le Philinte de Fabre. Molière opposait un excès à un excès, celui de la douceur à celui de la sévérité ; mais il en savait trop pour mettre en regard et sur la même ligne les vices du cœur et les travers de l'esprit. Quand le règne des bienséances sera rétabli, l'on effacera cette insulte publique à la mémoire de Molière, et la pièce sera intitulée ce' qu'elle est, *Philinte* ou *l'Égoïste*. Cette étrange méprise ferait présumer que Fabre lui-même n'avait pas bien compris ce qu'il faisait. Envenimé de haine, comme tous les esprits de la même trempe, contre tout ce qui s'appelait homme du monde, contre tout ce qui avait dans la société un rang qu'il n'avait pas et ne devait pas avoir, il eût bien voulu faire croire que toute la société était en effet composée de méchants et de fripons ; et cette espèce de haine (on a dû le voir assez dans les événements de nos jours) était bassement envieuse, et pas plus morale que politique. Mais enfin il eut le mérite de tracer un caractère très prononcé et trop commun dans la corruption philosophique de notre siècle, l'égoïsme de principe et de calcul, sujet essayé deux fois en peu d'années et sans succès[*], et que lui seul a su traiter. Il n'est

---

[*] *L'Homme personnel*, de Barthe, et *l'Égoïsme*, de M. Cailhava.

pas moins vrai qu'il a manqué ce qu'il y avait à la fois et de plus moral et de plus comique dans le sujet; mais c'est ce que Fabre était bien loin d'apercevoir. Si le Philinte de Molière n'est qu'un peu trop homme du monde, celui de Fabre est décidément philosophe, j'entends de ceux dont l'auteur de la comédie de ce nom a dit fort spirituellement :

..... Pour moi, je les soupçonne
D'aimer le *genre humain*, mais pour n'aimer personne.

Combien leur jargon, à la fois emphatique et doucereux, leur hypocrisie de phrases, leur ton rogue ou mielleux, selon le besoin et l'occasion, auraient pu répandre de teintes légères et badines sur *le Philinte-Égoïste*, si l'auteur avait eu assez de sens pour saisir ces nuances, et assez de talent pour en égayer son tableau ! Il eût évité un des défauts les plus marqués de son ouvrage, et qui en affaiblit le plus l'effet dans la nouveauté et aux reprises, le sérieux trop fréquent, qui fait que son *Philinte* tient plus souvent du genre mixte qu'on appelle drame, que de la comédie proprement dite. On peut se souvenir qu'il fut plus estimé que suivi, et je crois en avoir assigné ici une des causes principales. Les connaisseurs lui savent gré de cette idée vraiment heureuse et dramatique, d'avoir fait trouver à l'égoïste sa punition dans son égoïsme même, et fait retomber sur lui les conséquences de ses détestables principes. Mais, en général, on aurait voulu que la pièce fût plus gaie et plus amusante, et l'on n'avait pas tort : toute comédie doit l'être. On rit peu à celle-là; et combien l'on rit encore au *Misanthrope*, quoiqu'on y désirât ce me semble, un peu plus d'action et d'intrigue! ce n'est pas assurément que je sois capable d'établir aucune ombre de parallèle entre deux productions qui sont à une si prodigieuse distance l'une de l'autre; si j'ai nommé *le Misanthrope*, c'est la faute de Fabre, qui par son titre même rappelle malheureusement cet inimitable chef-d'œuvre, dont lui seul peut-être pouvait ne pas redouter le souvenir et la concurrence, tant son amour-propre était fou. Aussi l'ai-je entendu se vanter tout haut de ne consulter personne : il regardait les avis comme des pièges, et les critiques comme des injures. Il avait pourtant de l'esprit naturel, et même son talent ne pouvait guère être autre chose; car on peut conclure de ses écrits qu'il manquait d'études et d'éducation. L'ignorance de la langue y est portée à un excès qu'on ne retrouverait dans aucun écrivain connu, depuis cent cinquante ans que la langue est fixée. Il faut, pour s'en faire une idée, avoir le courage de le lire de suite; et comme les fautes de grammaire sont susceptibles de démonstration pour tout homme un peu instruit, une preuve qu'il ne l'était pas, c'est qu'il affecta de ne rien comprendre aux reproches qu'on lui fit sur sa diction, lorsqu'il eut paru mériter par son *Philinte* qu'on l'avertît de ses fautes. On ne voit pas non plus qu'il ait mis depuis le moindre soin à corriger son style; et s'il l'avait pu, il est vraisemblable que l'amour-propre même l'eût intéressé à rendre au moins supportable à la lecture ce que les bons juges avaient trouvé digne d'estime au théâtre; au lieu qu'il ne lui restera dans la postérité que le plan bien conçu d'un drame illisible.

Je ne sais si le sérieux reproché à son *Philinte* le piqua d'émulation, et lui fit chercher le mérite de la gaieté dans l'*Intrigue épistolaire;* mais il ne trouva pas celle qui est de bon goût. Cette intrigue, qui n'est qu'une grossière contre-épreuve du *Barbier de Séville*, en est aussi loin que le très joli *imbroglio* du très amusant *Barbier* est lui-même encore loin des bonnes pièces du haut comique. Celle de Fabre n'est qu'un vieux canevas rapiécé de tous les lambeaux de l'ancien théâtre italien et espagnol, déjà usés depuis cent ans sur le nôtre, et qu'assurément la broderie du style de Fabre n'était pas propre à relever. Molière, qui s'en servit dans ses commencements, mais en homme qui sait perfectionner tout ce qu'il touche, donna dans son excellente *École des Maris* le meilleur modèle possible de ce genre secondaire dont les moyens, par eux-mêmes faciles et nombreux, ont en même temps l'inconvénient de se ressembler trop, soit par des ressorts trop forcés, soit par des résultats trop prévus. Molière, au lieu d'épuiser ce jeu de machines devenues vulgaires dès ce temps-là, sut le premier y mettre de l'art et de la mesure, les raffina sans les multiplier, les réduisit à la vraisemblance, et fit sortir d'un très petit nombre d'incidents bien liés et bien ménagés des effets de situation, de caractère et de dialogue. Ce fut là le progrès rapide qui le conduisit en un moment de l'*Étourdi* et du *Dépit amoureux* à *l'École des Maris* et à *l'École des Femmes*. Disciple des Espagnols dans les deux premières, il semblait leur dire dans les deux autres : Voilà comme il convient au vrai talent de traiter votre genre, qui, même tel que je vous l'ai fait voir, n'est encore qu'au second rang; et bientôt après il créa la comédie de caractère et de mœurs, dont personne en Europe n'avait encore eu l'idée. Si je retrace cette marche, qui ne peut être que celle d'un génie rare, ce n'est pas, encore une fois, que je demande à Fabre rien de semblable, même dans ce genre inférieur, le seul dont il s'agit ici. Beaumarchais, qui avait bien un autre esprit et un autre talent que Fabre, n'a fait dans son *Barbier de Séville* que se rapprocher plus que personne du degré où Molière avait porté autrefois ce genre d'intrigue, que lui-même ensuite, par des conceptions d'un ordre bien supérieur, fit baisser beaucoup dans l'opinion, mais qui dans ces derniers temps fut ressuscité et accueilli avec joie, faute de mieux. Je veux dire seulement qu'après tant de secours et de modèles, Fabre n'en est que plus inexcusable de n'avoir fait de son *Intrigue épistolaire* qu'une très gauche et très lourde caricature de tout ce que l'on connaissait; d'amalgamer maussadement ce qu'il prend partout; de heurter sans cesse la vraisemblance et le sens commun, sans pouvoir même tirer une seule situation vraiment comique de la quantité de ressorts qu'il met en œuvre; de n'avoir pas un seul caractère bien entendu et bien soutenu, et de n'obtenir le rire que par des rôles de charge et des scènes de tréteaux. A la preuve, car il est temps que la critique se fasse entendre, et précède les sifflets, qui, bientôt, je l'espère, chasseront de notre scène régénérée toutes ces productions bâtardes dont l'existence prolongée anéantirait enfin l'art dramatique et le théâtre français.

Son Clénard n'est autre chose que Bartholo sans esprit; quoiqu'il soit procureur, il finit (indépendamment de toutes ses autres sottises) par être dupe de l'artifice le plus trivial, il est vrai, dans les dénouements de comédies, à dater des *Plaideurs*, un écrit substitué à un autre, mais qui certainement, de tous les escamotages possibles, est celui qui doit échapper le moins à un vieux procureur, averti même d'avance (tant l'auteur est adroit) que c'est là nommément le seul piége dont il ait à se garantir. Et il y tombe! Un vieux retors tel que Clénard, qui n'est rien moins qu'un fou tel que Chicaneau, signe sans y regarder! Il donne raison à Cléry, son jeune rival, déguisé en clerc de notaire, contre le véritable clerc, qui pendant un quart d'heure n'a pas même l'esprit de se faire entendre, qui n'a que quatre mots à dire pour se faire connaître, et ne les dit pas, qui ne parvient pas même à donner le moindre soupçon au soupçonneux Clénard. Certes, il n'y a ni esprit ni talent à bâtir une pièce sur un pareil amas d'absurdités, et ce n'est pas ainsi que Beaumarchais construit un *imbroglio*. Ses tours d'adresse sont de nature à ce qu'on puisse être dupe sans être un imbécile, et à ce que les spectateurs puissent applaudir sans être des sots.

Que dire de cette invention puérile et faite pour des contes d'enfants, de cette lettre attachée par Cléry au pan de l'habit du tuteur, apparemment avec la certitude que personne ne l'apercevra, si ce n'est celle à qui on l'adresse? C'était bien la peine de se travestir en garçon marchand pour ne pas même monter chez Pauline, quoique ce soit dans ce cas-là l'usage général et indispensable, que le marchand lui-même étale ses étoffes, et qu'il n'y ait pas ici la moindre raison particulière pour que Clénard et sa sœur ne le fassent pas monter, puisqu'ils ne se défient de lui en aucune manière. Et depuis quand un garçon marchand livre-t-il des ballots de soie à la discrétion d'un jeune homme inconnu? Cela serait tout au plus possible, si l'inconnu commençait par acheter tout, comme on le voit dans quelques romans. *J'ai gagné deux commis*, dit Cléry dans sa lettre; et comment les a-t-il *gagnés?* Supposons qu'il en ait même eu le temps, lorsqu'à peine il a celui d'être instruit de l'achat projeté; ce Cléry, *qui a peu de fortune*, frère d'un peintre qui meurt de faim, est-il l'opulent Almaviva, qui a toujours ses poches pleines d'or pour persuader des Basile qui n'ont rien à perdre ni à risquer? et des commis de magasin sont-ils dans le cas de ces Basile? Que de moyens faux pour en amener un follement périlleux, celui d'une lettre qui peut tout perdre, à moins du plus grand hasard!

Autre invention de la même force, celle de la lettre que Pauline veut faire partir pour son amant et qu'elle met subtilement à la place d'une autre lettre que la sœur de Clénard, surveillante de sa pupille, doit envoyer par un commissionnaire, on ne sait où. On prend la précaution de nous dire qu'*elle a la vue très mauvaise*, et rien n'est plus commode en effet que des personnages aveugles pour faire jouer de pareils ressorts de comédie. Je conçois qu'il faut à l'auteur des aveugles pour ne pas voir le gros fil qui fait mouvoir ses marionnettes; mais aveugle tant qu'on voudra, elle descend à la porte pour donner la lettre au commissionnaire, et il faut bien, suivant la coutume et le besoin, qu'elle lui dise où il doit aller. S'il sait lire, il verra que l'adresse contredit l'ordre; il le dira : s'il ne sait pas lire, il n'ira pas chez Cléry; il ira où on lui a dit d'aller; et dans les deux cas, que deviennent le message et le secret? Est-il permis d'appeler *intrigue* cet assemblage d'inepties et d'impossibilités, qu'on passerait dans une *parade* des boulevards, parce qu'alors tout serait d'accord avec le titre? Le style d'ailleurs serait souvent dans le genre, à commencer par le rôle de la sœur. qu'on peut appeler, pour ses proverbes, la femelle de Sancho Pança. Le bon choix de comique qu'un personnage qui parle ainsi !

A cheval qui veut fuir il ne faut d'éperon.
L'occasion, *je sais*, fait souvent le larron.
Mais à bon chat bon rat : j'étais bonne et je change.
Oui, qui se fait brebis, toujours le loup le mange.
Enfin, bon averti, mon enfant, en vaut deux.
Suffit : *péril* prévu n'est plus si *dangereux*.
Le succès n'est pas sûr à faire un coup de tête;

Abus ; avant le saint ne chômons* pas la fête.
Qui cherche le malheur, malheur trouve en amour,
Et voyageur de nuit se repose le jour.
Pour n'avoir plus d'amis, il suffit d'une faute,
Et l'on compte deux fois quand on compte sans l'hôte.

Et le rôle entier est dans ce goût. Où est Don Quichotte, pour s'écrier ici fort à propos comme dans Cervantes : « Maudit sois-tu de Dieu et de ses « saints, misérable, avec tes proverbes enfilés deux « à deux! » Mais le rôle du peintre Fougère est-il meilleur? C'est un véritable grotesque. L'auteur a voulu, mais très sérieusement (on ne saurait en douter), lui donner l'enthousiasme de son art, comme le Métromane de Piron a celui de la poésie : c'est le peintre de taverne qui veut copier une tête de Vandyck. Ce Fougère est un fou burlesque, qui parle de son talent comme don Japhet de sa parenté avec l'empereur, son cousin au mille huitantième degré :

. . . . . Paix, madame Fougère.
Voilà, graces à vous, à l'humeur qui vous prend,
Dix fautes que je fais dans la barbe d'Argant.
. . . .
Parler au procureur, me mêler de chicane,
Et frapper mon cerveau d'un mélange profane

---

* L'auteur, qui savait plus de proverbes que d'orthographe, a écrit *chaumons*; car ce n'est sûrement pas une faute d'impression. Je la vois encore répétée tous les jours dans les papiers qui circulent; c'est de l'orthographe révolutionnaire. Beaucoup de nos auteurs devraient avoir au moins le bons sens de M. Jourdain, qui demande avant tout à son *maître de philosophie* de lui apprendre l'orthographe. Mais nos *philosophes* du jour seraient-ils tous en etat de l'enseigner?

D'objets rapetissés, qui tiendrait étouffé,
Pendant plus d'un grand mois, mon génie échauffé!

Ce génie échauffé doit être facile à refroidir, car il ne s'agit nullement de *chicane* ; il s'agit d'empêcher, en payant ce qu'il doit, qu'on ne saisisse ses meubles et son lit : c'est là ce que l'auteur appelle *chicane*, et je n'en suis pas trop surpris. Mais ce qui pourrait étonner, si ce pauvre Fougère, dont on prétend faire un artiste enthousiaste, n'était pas un pitoyable fou, c'est de le voir aller chez ce même procureur dont il craignait tant d'approcher, et lui parler et le haranguer fort au long; pourquoi? pour lui redemander à grands cris une vieille cuirasse que les huissiers ont emportée : il faut l'entendre.

CLÉNARD.

Que venez-vous chercher *en ces lieux ;* et pourquoi....

FOUGÈRE.

Ne le savez-vous pas ? Pouvez-vous ?... Mais que dis-je ?
Je ne me flatte pas d'un semblable prodige.
Vous ignorez sans doute et ne concevez pas
Le *sublime* motif qui guide ici mes pas.

Sublime assurément, comme on va voir, et digne de *guider ici ses pas*. Mais pourquoi le procureur, qui n'est pas monté au tragique comme le peintre, lui demande-t-il ce qu'il vient chercher *en ces lieux*, mots qu'on n'a peut-être jamais prononcés dans l'étude d'un procureur? Cela est aussi ridicule, aussi faux, aussi plat, que si Agamemnon disait en voyant Achille : « Que demande ici monsieur? » Et je parierais encore que Fabre n'aurait rien compris à cette observation, non plus que beaucoup d'auteurs dramatiques d'aujourd'hui, à en juger par l'inconcevable mélange de tous les tons et de tous les styles, l'un des caractères de la barbarie dominante. Fougère continue :

Dois-je m'en étonner? et de pareilles âmes
Peuvent-elles *brûler de ces célestes flammes*
Qu'allume dans nos cœurs le plus noble des arts?
. . . . Un meuble précieux,
Une cuirasse, enfin, qui doit être *en ces lieux*.

CLÉNARD.

Une cuirasse? quoi?

FOUGÈRE.

La perte serait grande.
Gardez-vous de *nier* ce que je vous demande.

(Il veut dire *dénier* ou *refuser* : qu'importe?)

Son usage est trop noble; *et quel sublime emploi?*
Renaud, Tancrède, Argant, Clorinde, Godefroi,
En seront revêtus : rendez-moi ma cuirasse;
N'outragez pas les arts, n'outragez pas le Tasse.

(Le Tasse est bien là!)

On ne résiste point à ce nom éclatant :
Rendez-la moi, Monsieur, et je m'en vais content.
Ce meuble m'est sacré, sa valeur infinie;
C'est l'armure, en un mot, de la tendre Herminie.

S'il y a quelque chose d'aussi risible que ce *phébus*, que l'auteur prend de très bonne foi pour du *sublime*, et que ces *burlesques écarts*, qu'il prend pour de l'*exaltation*, c'est le soin qu'il a eu de nous avertir de ce qu'il fallait en penser, dans les petites notes indicatives, jointes au dialogue de ses personnages, et qui ne laissent aucun doute sur son intention. Ainsi, lorsque Clénard se moque, et avec grande raison, du *phébus* et des *burlesques écarts* de Fougère, l'auteur met en italique *Clénard, moqueur comme les sots*; et Fougère réclamant sa cuirasse, au nom du Tasse et de tous ses héros, c'est *Fougère exalté*. J'avouerai bien qu'en total le rôle de Clénard est celui d'un *sot*, dans toute la force du terme, mais ce n'est pas ici; et je prendrai la liberté d'être *moqueur* comme lui, sans croire être un sot, et je me *moquerai*, avec tous ceux qui ne sont pas des *sots*, d'un imbécille énergumène qui n'est *exalté* qu'en bêtise. Il est évident (puisque l'évidence est nécessaire contre la démence autorisée) que la prétendue *exaltation* de Fougère n'est point d'un artiste passionné, mais d'un échappé des Petites-Maisons. Si on lui avait enlevé le moindre dessin, la moindre esquisse, il pourrait avoir une colère de peintre; mais invoquer le Tasse pour une vieille cuirasse d'atelier, appeler *meuble précieux et sacré, meuble dont la perte serait grande*, une antiquaille qu'il peut trouver partout, même pour rien, et confondre un objet si commun avec *la cuirasse d'Herminie*, qui, dans la langue de son art, s'il la savait, n'est et ne doit être que sous son pinceau; c'est, dans la tête de l'auteur, une énorme balourdise, et sur la scène comique, une plate turlupinade à renvoyer à la foire. Renvoyons-y tout d'un temps le troisième acte entier, qui se passe dans la maison du peintre; cette jeune fille novice et son amant qui se déguisent en mannequins; ce Cléry qui laisse enlever sa maîtresse par des *recors*, quoiqu'il soit armé d'une *pique* (Fabre aurait dû mieux savoir ce que pouvaient les *piques*, au moins contre ceux qui ne se défendaient pas, et les *recors* ne se défendent guère); ce Cléry qui se laisse emporter lui-même sans résistance, malgré sa *pique*; ce Fougère qui, voyant sa chambre pleine d'archers, ne se doute même pas de ce qui se passe, et s'amuse à déclamer un demi-quart d'heure contre les *mannequins*, lui qui ne saurait se passer d'une *cuirasse*; cet artiste *exalté* qui, ayant l'épée à la main, ne se sert pas plus de son épée que son frère de sa *pique*, et qui n'est dans toute cette scène, comme l'indique ingénieusement l'auteur, en interligne, que *stupéfait et agité*. Tout cela peut faire rire en certains temps, à l'aide des grimaces des acteurs, mais doit en d'autres temps aller retrouver dans leur préau *le beau Liandre, et monsieur de Gilles, son valet, et mameselle Zirzabelle, sa maîtresse*.

Quant à la pupille Pauline, l'auteur lui a donné, tantôt la naïveté d'Agnès, tantôt la finesse de Rosine; ce qui forme, comme on peut s'y attendre, un amalgame fort heureux et un caractère très conséquent. Elle raconte à son tuteur comment elle a fait la connaissance de Cléry, précisément avec le même détail qu'Agnès raconte son aventure avec Horace, sauf la différence du style, qui forme les deux extrêmes, ce qu'il y a de meilleur et ce qu'il y a de pis. On me dispensera de citer : je ne m'y résoudrai que dans *les Précepteurs*, dont je vais parler ; et comme l'auteur a toujours écrit de même, c'est assez de quelques morceaux pour remplir cette tâche, dont on ne peut tout au plus se charger qu'une fois.

Clénard dit, comme un autre Arnolphe :

Il fallait s'en aller : c'était fort mal agir ;

et Pauline répond, comme une autre Agnès :

Que voulez-vous, Monsieur ? j'y prenais du plaisir.

N'était-il pas plus court et plus simple de prendre les deux vers de Molière tels qu'ils sont ?

— Mais il fallait chasser cet amoureux désir.
. . . .
— Le moyen de chasser ce qui nous fait plaisir ?

Je ne serais pas du tout surpris que Fabre, en refaisant les vers de Molière, ait cru les faire mieux. Mais enfin, puisqu'il a, du moins à sa manière, voulu montrer, dans toute cette première scène, sa pupille naïve, il ne fallait pas que dans le reste du rôle elle fût toujours avisée, et même effrontée comme une soubrette. Beaumarchais avait eu l'art de placer sa Rosine dans une situation qui pût la rendre intéressante, en développant la pureté et la délicatesse de ses sentiments, lorsqu'elle croit que son amant n'est qu'un perfide ; et alors sa sensibilité franche et courageuse excuse et rejette sur la nécessité des circonstances les artifices qui répugnent toujours à une âme neuve et à une fille bien née. Il s'en fallait que Fabre en sut autant : il emprunte bien le moyen d'une fausse trahison, mais il en détruit tout l'effet en mettant Pauline dans la confidence, ce qui est très maladroit. Il arrive de là qu'elle soutient seulement la curiosité du spectateur par tous les efforts d'une fille enfermée, mais qu'elle ne l'attache jamais par les qualités d'une âme honnête et sensible. On ne s'intéresse pas davantage à son amant, ce petit Cléry, qu'on ne connaît pas plus qu'elle ne le connaît elle-même, et dont elle est devenue folle dès le premier moment, au milieu d'une promenade publique, au point de lui faire sur-le-champ une déclaration d'amour en réponse à la sienne. Ce n'est là ni l'Agnès de Molière, ni même la Rosine de Beaumarchais. L'une attend du moins qu'Horace se soit expliqué sur ses intentions, et l'autre ne paraît sensible aux poursuites de Lindor que parce qu'elles durent depuis six mois.

Mais ce qui passe toute croyance, c'est le drame posthume intitulé *les Précepteurs*, dont je ne me pardonnerais même pas de parler, tant il est au-dessous de la critique, si à l'heure même où j'écris [*], il n'était joué avec les plus grands applaudissements, et célébré dans les journaux avec une sorte d'adoration, puisque l'auteur n'y est plus nommé que *le Molière du siècle*. Quels journaux (dira-t-on)! Soit, mais ce sont à peu près les seuls qui aient droit de paraître; et cette abjecte littérature dont

---

[*] Le directoire régnait encore, quoique déjà renouvelé en entier, et fort loin de croire à sa chute prochaine.

ils sont les trompettes, rangée depuis dix ans sous les drapeaux révolutionnaires, commande encore le silence et la terreur à quiconque oserait juger Fabre autrement que comme un *patriote martyr*, à qui *la nation* vient enfin de rendre hommage. Je veux bien encore que *la peur* et le besoin de vivre inspirent quelque pitié pour ceux de ces journalistes *de la liberté* qui craignent *les scellés*; mais du moins on ne met pas *les scellés* sur un spectacle pour venger une pièce qui ne regarde pas la chose publique. Les hommes *à bonnets rouges* ne se jettent plus dans le parterre, le sabre à la main, pour soutenir *l'esprit public à sa hauteur*; et l'on n'est plus bâtonné et traîné dans les ruisseaux, au sortir de la salle, pour avoir hué ou applaudi *dans un sens contre-révolutionnaire*. C'est une décadence ou un progrès dont je suis sûr, quoique je n'aille pas au spectacle. Ceux qui applaudissent *les Précepteurs* n'ont donc point d'excuse, puisqu'ils n'y sont pas forcés *sous peine de la vie*, et qu'ils pourraient siffler sans être *déportés*. Le succès au théâtre tient donc évidemment au goût actuel, et devient l'époque la plus marquée de l'extrême dégradation de l'art, depuis que nos spectacles sont livrés à une multitude sans frein et à une jeunesse sans éducation. Cette rapsodie des *Précepteurs*, toute méprisable qu'elle est, devient aussi un monument (car il y en a de plus d'une sorte), et la fortune qu'on lui a faite est un mémorable symbole de la scène française *révolutionnée*. C'est encore moins de l'ouvrage qu'il convient de faire justice que de son succès impudent, et du nouveau public de nos spectacles, dirigé par une nouvelle littérature qui règne impunément, dans le silence universel de la raison et du bon goût. Et qu'on ne vienne pas nous rebattre des méprises qui sont de tout temps, et la *Phèdre* de Pradon, et le *Timocrate*, etc. Il y a des degrés dans tout, dans le mauvais comme dans le bon, il est littéralement vrai que le mauvais d'aujourd'hui est à celui d'autrefois ce que celui-ci était au bon. *Les Précepteurs* particulièrement sont un chef-d'œuvre unique en bêtise (le mot propre est ici indispensable), en bêtise de toute espèce, soutenue, variée, redoublée d'acte en acte, de scène en scène, de vers en vers. Tout y est absurde et ridicule, le plan, l'intrigue, les moyens, les caractères, les incidents, les détails, les pensées, et le style par-dessus tout. Accoutumé, dans ma situation isolée, à parler de tout sans déguisement et sans crainte, je ne manquerai pas cette occasion de faire voir jusqu'où nous sommes descendus, notamment dans les arts de l'esprit, en attendant que je développe ailleurs * les diverses causes qui ont progressivement dénaturé notre théâtre, qui était encore, il y a quinze ans l'admiration de l'Europe.

Fabre, qui, excepté son *Philinte*, n'a jamais eu une idée à lui, n'avait ici d'autre objet que de mettre sur la scène l'*Émile* de Rousseau dans la première adolescence, entre dix et douze ans ; de lui donner un *précepteur philosophe*, opposé à un *pré-*

---

* Dans l'*Aperçu* que j'ai promis sur la littérature actuelle.

cepteur homme du monde; de mettre en contraste dans la même maison les deux maîtres et les deux élèves, et de ces deux plans d'éducation différents, faire approuver l'un et condamner l'autre. Pour remplir ce double objet, il eût fallu que l'une des deux éducations fût sensiblement bonne, et l'autre sensiblement mauvaise; et toutes deux bien caractérisées ne pouvaient guère fournir qu'un de ces petits drames moraux dont madame de Genlis a donné le modèle dans son *Théâtre d'éducation.* En faire une véritable comédie, et lier en ce genre le dessein moral à une intrigue comique et théâtrale, était, sinon impraticable (ce que je n'oserais affirmer), au moins une entreprise si nouvelle et si difficile, que ce n'eût pas été trop du plus grand talent pour en venir à bout. Il ne serait pas plus aisé de tirer de l'enfance des moyens et des effets comiques pendant cinq actes, que des moyens et des effets tragiques; et ce dernier prodige n'a paru qu'une fois, et c'était Racine. Que Fabre n'ait pas même soupçonné la difficulté, je le conçois fort bien; mais que sera-ce s'il n'a rien fait, absolument rien de ce qu'il devait faire, dans quelque classe qu'on veuille placer son drame; s'il a fait sans cesse tout le contraire; si l'enfant qu'il donne pour très-mal élevé ne paraît mauvais en rien, et ne dit, ne fait rien qui ne soit du commun des enfants; si celui qu'on donne pour un modèle commet des fautes graves et très extraordinaires à son âge, et parle et agit comme un très mauvais sujet : si, des deux précepteurs, l'un, qui ne devrait être qu'un homme frivole et borné, est un fripon aussi insensé dans ses projets que plat et vil dans sa conduite et dans son langage ; l'autre, qui ne devrait être qu'un homme sage et modeste, est un pédant rogue, aussi grossier qu'inconséquent, bouffi d'orgueil et de phrases, déraisonnant avec gravité contre une mère et caressant les fautes de l'enfant, et mesurant son estime pour lui-même par le mépris qu'il a pour tout le monde ? C'est là sans doute un parfait *philosophe* de nos jours ; mais le proposer à notre admiration, c'est ce qu'on ne pouvait oser que de nos jours, et ce que Fabre était digne de faire.

Cette *philosophie*, la seule qui fût à sa portée, l'occupait ici tout entier : un maître *philosophe*, un enfant *philosophe*, c'est là ce qu'il lui fallait. Si, d'après ses principes, il était de force à faire le premier, c'est-à-dire un sophiste aussi révoltant qu'ennuyeux, il n'a pas dû se douter que le second était hors de nature sur la scène comme dans le monde, et qu'un petit *philosophe* de douze ans * était ce qu'on pouvait voir au théâtre de plus ridicule, après l'auteur qui le fait parler. Rousseau avait trop d'esprit pour s'égarer à ce point dans son roman didactique ; et même ce qu'il évite le plus, c'est de faire de son Émile un petit docteur précoce, un petit

* On m'objectera peut-être que la révolution nous a donné de ces *petits philosophes*-là par milliers ; mais on ne fera que confirmer ce que je dis. Est-il besoin de répéter que ce qui est *dans le sens de la révolution*, est nécessairement *hors de nature ?* Je n'en voudrais pour preuve que les lamentations très risibles et très gratuites que font entendre aujourd'hui, à ce sujet, ceux même qui ont fait le mal, et qui, soit hypocrisie, soit imbécillité, gémissent si niaisement sur le mal, sans vouloir revenir au bien.

raisonneur impertinent. Je n'en suis pas ici à distinguer, à séparer le bon et le mauvais du système de l'*Émile*; je remarque seulement que Fabre, qui a cru le suivre et le mettre en action, ne l'a pas même entendu, et n'était pas en état de l'entendre, encore moins d'en profiter. Ce qu'il y a de charme dans l'enfance d'Émile tient précisément à la nature et à son âge : on va voir ce qu'est l'Alexis de Fabre, substitué à l'Émile de Rousseau.

S'il voulait faire une comédie de ses deux *précepteurs* et de ses deux enfants, il fallait de toute nécessité faire entrer ces quatres personnages dans une action digne de la scène, et que la théorie morale trouvât sa place au milieu des situations comiques. C'est cet accord heureux, caractère des bonnes comédies, que l'on admire dans la meilleure de celles de La Chaussée, *l'École des Mères*; mais aussi le personnage chéri et gâté n'est point un enfant; c'est un jeune homme déjà dans le monde. Quelle différence! Si l'on eût proposé à Lachaussée un enfant de douze ans, il en savait assez pour répondre que l'enfance pouvait fournir à la comédie une scène d'épisode, d'incident, de détail, comme on en voit des exemples dans les petites pièces de Molière, de Dancourt, de Brueys, etc.; mais que ce serait se moquer d'un auditoire raisonnable que de l'occuper pendant cinq actes de tout ce qui se passe de nécessairement puéril entre deux pédagogues et deux enfants. Si, pour parer à cet inconvénient, on eût parlé d'un moyen tout simple, celui de rabaisser jusqu'à l'enfance les principaux personnages; par exemple, une mère assez imbécile pour passer une demi-heure à tirer les cartes avec sa femme de chambre (ce qui serait *la grande scène*, *le grand comique* de la pièce), c'est de lui-même, pour ce coup, qu'il aurait cru qu'on se moquait, et il aurait demandé si l'on croyait aussi le public tombé en enfance. Alors je ne connais guère que Fabre qui eût osé lui tracer avec confiance le plan que voici :

Deux précepteurs, Ariste et Timante, élèvent dans la même maison deux enfants, dont l'un est le fils, l'autre le neveu d'une Araminte, veuve sur le retour, c'est-à-dire entre quarante et cinquante ans, et qui, suivant l'usage, ne se place encore qu'entre trente et quarante. Mais elle a aussi cinquante mille écus de rente, ce qui doit lui donner à peu près autant de maris qu'elle en voudra; et en effet elle en veut au moins un, et l'aurait déjà pris, si ce n'était ce Timante, *dont les précautions ont écarté de nombreux soupirants.* — Comment! avec quelles *précautions?* Il est donc son amant ou son meilleur ami tout au moins? — Ni l'un ni l'autre. — Et par quel art ou quel empire a-t-il donc isolé ainsi *depuis quinze mois* une veuve riche et pressée de se remarier? Plus une chose est extraordinaire et difficile à supposer, plus il est indispensable de la fonder bien ou mal. — Rien n'est mieux fondé : ce Timante, qui n'est ni l'amant ni l'ami d'Araminte, est en revanche l'ami, l'amant, le futur époux de la femme de chambre. — Passe; ceci rentre dans l'ordre commun; et cette femme de chambre?.... — Se nomme Lucrèce, a trente-quatre ans, à ce qu'elle dit, et

Timante met toute son ambition à l'épouser. — Mais pourquoi n'a-t-il pas celle d'épouser la maîtresse, puisqu'il a déjà le pouvoir d'éconduire tous les prétendants? C'est s'arrêter en beau chemin. — Son ambition, quoique plus humble, n'est pas trop mal entendue; car cette Lucrèce aura *douze mille écus de rente*. — Ah! ah! c'est un grand parti que cette soubrette: et d'où sera-t-elle si riche? — Du génie de Timante, qui, ne se souciant pas apparemment d'épouser une veuve de cinquante mille écus, quoiqu'il ne nous dise pas pourquoi, trouve tout simple de la faire épouser à un sien frère, sous la condition qu'il commencera par prendre sur les biens d'Araminte *douze mille écus de rente* (c'est bien le moins), pour doter cette Lucrèce de trente-quatre ans, que l'auteur, afin de la relever un peu, qualifie, dans la liste des personnages, de *femme de compagnie et de chambre*, quoique d'ordinaire l'un ne soit pas l'autre. — Ah! ah! mais où est ce frère? et qu'est-ce que ce frère? Il faut que cet Araminte ait déjà un grand penchant pour lui, puisque Timante croit n'avoir rien de mieux à faire que de la céder, lui qui pourrait en avoir quelque envie pour son compte. — Oui, elle aime ce frère, qui n'est rien et n'a rien, non plus que Timante. — Ah! ah! j'entends; c'est sans doute un Adonis, un Joconde, un conquérant de femmes, un....... — Rien ne prouve le contraire, car il ne paraît même pas dans la pièce; Araminte ne l'a vu de sa vie, n'en a jamais entendu parler, si ce n'est à Timante, qui lui a dit, il y a dix jours, *qu'il avait un frère de trente ans, bien fait et bien bâti.* — Quoi! elle ne l'a pas même vu, et elle en est amoureuse! — Elle en est ensorcelée, c'est le mot, car elle est sentimentale; elle en rêve le jour et la nuit, tire les cartes pour savoir s'il viendra et si elle en sera aimée; et toute la pièce est remplie des détails de cette passion toute *sentimentale*, comme vous voyez, puisqu'on n'en voit pas même l'objet. C'est là le nœud et l'intérêt de la pièce, et l'un et l'autre est aussi tout sentimental. — Mais cette Araminte est donc tout-à-fait folle ou imbécille? — C'est peut-être ce qu'on pourrait croire d'un bout de la pièce à l'autre. Mais ce n'est plus dans l'action et le dialogue, comme on sait, que l'auteur caractérise ses personnages : c'était la mode du temps passé. Depuis l'invention des drames philosophiques, c'est à la nomenclature des rôles, en tête de la pièce, que l'auteur nous apprend au juste ce qu'il a voulu faire de chacun de ses personnages, et ce qu'ils sont et doivent être pour nous. Cela se pratiquait déjà depuis quelques années; mais Fabre, pour rendre cette nouvelle méthode plus imposante, a mis en grandes capitales, à la tête d'un exposé de deux pages et demie : CARACTÈRES ET COULEURS DES ROLES. C'est là que nous apprenons que cette Araminte, que nous pourrions prendre tout simplement pour une folle ou une imbécille, à ne voir que la pièce, n'est autre chose que *superstitieuse et crédule à l'excès, sentimentale par tempérament* (vous entendez), *passionnée par manie du sentiment* (vous comprenez), *esclave et dupe de tout ce qui promet des jouissances promptes et arti-*

ficielles (cela est clair). Or, comme un homme de *trente ans, bien fait et bien bâti, promet des jouissances promptes,* si elles ne sont pas *artificielles,* vous touchez au doigt que c'est là ce qui tourne la tête à cette veuve, qui, ne pouvant, avec ses cinquante mille écus de rente, trouver à Paris un mari *de trente ans, bien fait et bien bâti,* n'a rien de mieux à faire que d'attendre par le coche le frère du précepteur de son fils.

On est tenté de s'arrêter; on recule devant cette profusion d'inconcevables bêtises. Mais qui sait si ceux qui n'auront pas la pièce sous les yeux n'imagineront pas que j'ajoute un peu à la lettre, et que tant d'absurdités inouïes ne sont pas toutes de l'auteur? Il faut donc aller jusqu'aux citations, et l'on verra si j'exagère ou si j'ai pu exagérer.

TIMANTE (*Scène première*).
Déjà *depuis dix jours,* sans paraître empressé,
J'ai *jeté des désirs* dans le cœur d'Araminte.
J'ai parlé de mon frère, elle a reçu l'atteinte.

Vous voyez si j'invente, et si c'est moi qui le lui fais dire : dès qu'il *a parlé de son frère, elle a reçu l'atteinte.* Si l'on parlait à une jeune fille gardée de près, d'un jeune homme bien joli et bien amoureux, elle pourrait *recevoir une atteinte*, au moins de curiosité; et pour recevoir une atteinte d'amour il faudrait qu'elle l'eût vu, ou à toute force qu'il lui eût écrit. C'est ainsi que la nature est faite pour nous autres hommes vulgaires; mais pour un *philosophe* tel que le *patriote* Fabre, oh! c'est autre chose.

Écoutez la suite :

Sur le même sujet, d'un air fort ingénu,
Pas à pas mon discours est souvent revenu.
Quand j'ai vu que *le trait avait passé l'écorce,*
J'ai d'un peu plus de charme assaisonné l'amorce
« Il est jeune. — Quoi ! jeune ? .... »

Timante a un frère *jeune*. Quelle *atteinte!* quel *trait!* quel *charme!* quelle *amorce!* Amusez-vous, lecteurs, de ce style figuré comme on le figure aujourd'hui, et accordez avec *le trait* qui *passe l'écorce* un *charme* qui *assaisonne une amorce*. Chaque mot est impayable.

« Il est jeune. — Quoi ! jeune ? — Et bien bâti, bien fait. »
Ces petits mots tout bas ont produit leur effet.
Puis les dons de l'esprit, du cœur, une belle âme,
Du sentiment sur-tout ont *éveillé* la dame,
Si bien que d'elle-même, hier, *presque en tremblant*;
Elle m'en a parlé *sans en faire semblant.*

Comme elle est *éveillée*, cette *presque tremblante* Araminte ! Quel mélange de sentiment et de pudeur, à la seule idée de ce *frère bien fait* dont elle parle *sans en faire semblant!* Et ce n'est pas un valet qui plaisante, c'est un personnage sérieux qui parle ainsi très sérieusement. La beauté de ce style et de ce dialogue est consommée par ces deux vers :

Il faut à votre tour, *saisissant la matière,*
Lui...

C'est à sa Lucrèce que Timante s'adresse dans tout ce

discours ; mais comme elle ne se soucie pas de *saisir la matière*, elle s'écrie vivement :

Non pas, s'il vous plaît, *je resterai derrière.*

J'ai toujours remarqué qu'à une première représentation, le public se faisait une loi d'entendre avec assez de patience, au moins le premier acte, quelque mauvais qu'il pût-être, ne fût-ce que pour savoir à peu près ce que l'auteur pouvait ou voulait faire. Mais je répondrais bien, sur ce que je me rappelle de cet ancien public, qu'à ces deux vers où l'on propose à une soubrette de *saisir la matière*, et où elle répond si à propos qu'*elle restera derrière*, les acteurs auraient été obligés de baisser la toile pour échapper aux huées qui les auraient accueillis.

Lucrèce reprend :

On l'a reçu, le trait ; *il a percé le cœur :*
Ce cœur bat, il se gonfle, et Philinte est vainqueur.

Si ce ne sont pas là tous les caractères d'une grande passion, il n'y en a pas; et cela ne fait que croître et embellir jusqu'à la fin de la pièce. Quel dommage que l'auteur ne nous ait pas montré ce *Philinte vainqueur*, qui triomphe de si loin, ce terrible *frère*, dont ne peuvent parler qu'en *tremblant* les veuves de cinquante ans qui ne l'ont jamais vu! Encore deux vers de Lucrèce et je m'arrête là par discrétion.

Il n'est pas temps, je crois de *secourir* la belle,
Laissons gémir encor la tendre tourterelle.

La tourterelle arrive, et ne *gémit* pas tout-à-fait;
mais elle a *le cœur transi d'un rêve affreux*, épouvantable.

LUCRÈCE.

O mon Dieu !

ARAMINTE.

Des rochers, une auberge, une table....

LUCRÈCE *vivement.*

Avez-vous mangé?

ARAMINTE.

Non, non, je n'ai pas mangé.

LUCRÈCE.

Ah! tant mieux.

ARAMINTE.

Tout-à-coup cela s'est mélangé.
C'était *tout plein* d'objets que je ne saurais dire,
Une confusion comme dans un délire.

Oh! pour du *délire*, il n'y a pas autre chose dans la pièce, non plus que dans le rêve. Mais encore pourrait-on *délirer* sans être si insipide et si sot.

Après, j'ai vu venir, le long d'un grand chemin,
Une chaise de poste et des chevaux de main.

Après pour *ensuite* est de l'élégance de Fabre, comme *tout plein*. On voit bien qu'elle a rêvé du *frère*, et l'on rêverait à moins. Mais comme il est fort douteux qu'il arrive en *chaise de poste*, et qu'il ait des *chevaux de main*, à moins qu'il ne les ait gagnés à la révolution, on peut observer ici comme *le sentiment* ennoblit tout, même en rêve : c'est un des traits fins de cette scène.

LUCRÈCE.

Avez-vous rêvé d'eau ?

ARAMINTE.

Mais je crois qu'oui.

LUCRÈCE.

Bourbeuse?

ARAMINTE.

Attends, attends... Non pas; très claire et poissonneuse,
Car j'ai vu des poissons; il m'en souvient très bien.

LUCRÈCE.

Bon signe les poissons ! cela ne sera rien.

Je crois qu'il y a encore là dedans quelque finesse de l'auteur; mais je ne suis pas toujours dans le secret. Laissons *l'eau et les poissons*, et venons aux deux précepteurs.

Il y a sept ans qu'Ariste est près d'Alexis, le plus souvent à la campagne, suivant les maximes de Rousseau, que je n'examine pas ici. L'on ne nous dit point qu'Araminte ait jamais paru mécontente de lui ni de ses principes d'éducation : seulement elle l'a fait revenir près d'elle avec Alexis, et c'est depuis ce temps que Timante et Lucrèce travaillent à le faire renvoyer pour introduire *le frère bien bâti*; ce qui pourrait faire présumer qu'Ariste ne l'est pas, ni même Timante, puisqu'il n'en faut pas davantage, même en idée, pour que cette pauvre Araminte ne sache plus où elle en est. Il se peut aussi que ce soit la faute d'Ariste, qui, à ce que dit Lucrèce, « est un pédant qui fait toujours la moue. »

Et tranche du docteur *en son particulier*.

Si c'est *en son particulier*, cela ne peut guère choquer personne. Toujours le style niais, *le genre bête*, comme nous disions autrefois, lorsque nous comptions cinq ou six auteurs de ce *genre* : aujourd'hui il n'y aurait pas moyen de compter. Cet Ariste, que Lucrèce nous peint comme *un franc original, une espèce de sauvage*, justifie parfaitement ce portrait dès les premiers mots de son rôle, que l'auteur prétend nous donner pour celui d'un sage. Voici comme il débute avec Araminte en entrant sur la scène :

> Pour de très justes causes,
> Je trouve qu'il est bon que votre fils et moi
> Nous quittions ce séjour : *l'habitude a sa loi.*
> Chaque éducation, Madame, *est un système.*

Cela fait passablement de *systèmes*, et il y en a pour tout le monde, comme en toute autre chose, ce qui va fort bien à notre *philosophie*; cette fois l'auteur a dit mieux qu'il ne croyait dire. Mais d'ailleurs, ce début de son Ariste est le comble de l'impertinence et de la grossièreté. Il est intolérable qu'un précepteur aborde la mère de son élève sans daigner même lui dire *madame* en commençant, ce dont aucun homme ne se dispenserait. S'il l'appelait *citoyenne*, il n'y aurait rien à dire, car on n'avait pas encore renoncé à cette partie de l'urbanité *républicaine*[*]; mais il dit *madame* au quatrième vers; ce

---

[*] On peut en conclure que *la contre-révolution est faite* à moitié, du moins si l'on en croit l'oracle prononcé, non pas par un *sans-culotte*, mais par un *ci-devant*, très *ci-devant*, membre de la *minorité*, qui passe même pour avoir ce que l'on appelle de *l'esprit*, et qui a dit publiquement qu'*il*

qui le rend inexcusable de ne l'avoir pas dit au premier. Et puis, cet exorde sententieux, ce ton de harangueur, cette *habitude* qui *a sa loi*, au lieu de dire au moins que l'*habitude est aussi une loi*! Quel plat pédant! quelle ignorance de toutes les bienséances sociales! Nos bons comiques n'ont pas donné une autre tournure à leurs plus ridicules pédagogues, à leurs Métaphraste, à leurs Bobinet, à leurs Mamurra; et il est singulièrement heureux que Fabre, en voulant nous faire respecter son *philosophe*, l'ait fait sans y penser, tout semblable aux plus grotesques personnages livrés à la risée publique dans nos scènes les plus bouffonnes; c'est la nature prise sur le fait.

Ariste continue son sermon, et défigure dans son galimatias rimé ce qu'avait dit Jean-Jacques en bonne prose, quand il emmène son Émile à la campagne. Lucrèce se moque de lui avec raison, car l'auteur voulait qu'elle eût tort, comme Clénard avec Fougère. Quand à la mère, il a ici recours à son procédé ordinaire, qui devait lui coûter fort peu. Pour donner de l'avantage contre elle au précepteur Ariste, il la fait parler encore plus ridiculement que lui. Contre-balancer la sottise par la sottise, c'est tout l'art de la pièce et du dialogue. Citons, car il me faut les vers de l'auteur pour justifier mes expressions.

---

n'y aurait plus de république, du jour où ce ne serait plus une loi de la république de dire citoyen *au lieu de* monsieur. *Je ne veux pas nommer le personnage; mais à moins que ce ne fût un très bon plaisant (et il ne l'est pas du tout), c'est un pauvre républicain.*

S'il veut voir le feuillage, au cours il en verra :
Des troupeaux, des bergers; menez-le à l'Opéra.

Si Araminte n'est pas stupide, elle sait qu'à l'Opéra on ne voit de *troupeaux* qu'en peinture, et de bergers qu'en taffetas. Quoiqu'elle aille peu à la campagne, elle sait que son fils n'a qu'à sortir des barrières pour voir, en se promenant, *des bergers*, *des troupeaux*, même des *chaumières*. Elle sait que la belle saison suffit de reste pour prendre toutes les notions de la vie rustique qui peuvent être une leçon d'humanité. Rien ne l'empêche donc de répondre pertinemment à la fantaisie *philosophique* d'emmener Alexis aux champs dans le cœur de l'hiver; et si elle ne sait ce qu'elle dit, c'est que l'auteur a besoin qu'elle n'ait pas le sens commun, afin que son Ariste paraisse avoir de l'esprit. Toute autre qu'elle aurait beau jeu à berner l'inepte suffisance de ce lourd pédant, *affublé* de la *philosophie* d'emprunt dont Fabre avait pris les lambeaux partout. Ayons le courage de les secouer un moment; et s'il n'en sort que la plus sale poussière, n'oublions pas qu'elle a couvert toutes les écoles d'un grand empire, depuis Bayonne jusqu'à Dunkerque, et renversé tous ces monuments que l'on commence enfin à regretter après huit années, sans qu'il soit jusqu'ici plus possible de les rétablir qu'il ne l'a été de les remplacer.

Un long monologue d'Ariste est employé à montrer *l'absurde préjugé*, qui selon lui préside à toutes les éducations publiques ou particulières, et quelques efforts qu'il fasse pour dénaturer les choses, il se trouve, par la force des choses mêmes, que c'est lui seul qui est absurde et ignorant.

> D'un précoce génie admirant les prémices,
> L'autre veut qu'à vingt ans *gouvernant les comices*,
> Son fils soit un *Gracchus, un Varron;* et voilà
> Qu'un sot, en attendant, instruit ce Varon-là.

Tant pis pour celui qui choisit *un sot* pour précepteur de son fils : c'est un tort personnel qui ne tient à aucun *préjugé* général. Mais c'est un tort aussi dans un législateur d'éducation, tel que l'Ariste de Fabre, d'entasser tant de bévues en quatre vers, d'ignorer que jamais personne n'a *gouverné les comices à vingt ans*, puisqu'il fallait en avoir trente-trois pour arriver aux magistratures curules; de rapprocher dans un même plan d'ambition Gracchus et Varron, dont l'un fut un puissant démagogue dans la république, et l'autre un savant bibliothécaire sous Auguste.

> Ici c'est un enfant courbé sur *cent volumes*,
> Qui, n'ayant point *assez de mains*, d'encre, de plumes
> *Pour boucher son cerveau des sottises d'autrui*,
> Ne pourra plus penser désormais d'après lui.

Cent volumes, c'est beaucoup; c'est ce qu'on dirait d'un académicien des belles-lettres; mais enfin ces volumes, c'étaient *les sottises* de Cicéron, de Tite-Live, de Tacite, d'Homère, de Sophocle, de Démosthène, d'Horace, de Virgile, etc., qui passaient successivement sous les yeux des adolescents *pour boucher leur cerveau.* Il faudra bien, s'il est possible, évaluer quelque jour en langage humain cet inénarrable excès de révolte insolente et stupide contre la raison des siècles et des nations : ce n'est pas ici mon objet; et d'ailleurs les faits ont déjà parlé plus haut que toute l'éloquence des hommes. On voit assez que ce n'était pas de ces *sottises*-là que Fabre avait *bouché son cerveau.* Mais ce qu'il y a de plus remarquable, c'est le grand refrain, la grande prétention de *penser d'après soi*, comme s'il était permis d'oublier que ceux qui ont su le mieux *penser d'après eux* étaient précisément ceux qui savaient le mieux ce qu'avaient pensé les autres. Cette phrase banale, *penser d'après soi*, a peut-être été répétée un million de fois depuis qu'on a rêvé au lieu de *penser*; et cette phrase, quand il s'agit d'éducation, contient un million pesant d'absurdités : c'est ce qui me dispense d'en marquer une seule. Attendons le procès de notre *philosophie*; il s'instruit à présent devant le monde entier, et finira par être jugé sans retour.

> Là j'en rencontre un autre : en qui *de la nature*
> Brille la repartie et la lumière pure.
> Bientôt armé d'un fouet par le droit du plus fort,
> Un pédant convaincu lui montre qu'il a tort.

Je ne sais trop ce que c'est que *la repartie de la nature*; mais ce que je sais très bien, c'est que cette *repartie* peut trop souvent, dans un homme, et encore plus dans un enfant, n'être pas une *lumière pure*. J'avoue aussi que le maître, comme le père, compte nécessairement parmi ses droits sur un enfant, *le droit du plus fort :* d'où je conclus, suivant l'intention de l'auteur *philosophe*, et la leçon formelle qu'il en donne dans la suite de l'ouvrage, que l'enfant *qui se sent opprimé*, a aussi son *droit de résistance à l'oppression*, pris dans *la lumière pure de la nature*, et consigné dans nos *droits de l'homme*. Continuons à suivre *les sublimes discours* d'Ariste : c'est ainsi que Lucrèce les appelle, avec un peu d'ironie; et je suis de l'avis de la *femme de compagnie et de chambre*, avec l'ironie tout entière.

> Plus loin c'est un *marmot* triste et mélancolique
> Que tel docteur instruit, par sa métaphysique,
> Comment l'homme est né *libre;* et le *marmot* dolent
> Ne peut sortir, hélas! pour jouer au volant.

Je me souviens que, quand on nous parla pour la première fois de métaphysique, c'est-à-dire, dans notre première année de philosophie, selon l'usage de toutes les universités de France et d'Europe, nous étions des *marmots* de quatorze ou quinze ans, fort peu *mélancoliques*, fort peu *dolents*, fort disposés à faire encore notre partie de *volant* tout comme des sixièmes, fort *libres* de la faire, et plus d'une fois par jour, dans la cour, il est vrai, et non pas en classe, mais assez long-temps pour nous y lasser. Ce que je ne me rappelle pas, c'est qu'il se soit trouvé parmi tous ces *marmots métaphysiciens* quelqu'un d'assez sot, d'assez ignorant pour confondre la liberté morale des actions de l'homme, le libre arbitre, comme nous l'apprenions en métaphysique, avec la liberté sociale : si l'un de nos camarades en eût été là, cela nous aurait plus divertis qu'une partie de volant. Eh bien! je suis aujourd'hui plus indulgent, car je pardonne à Fabre, qui était loin de *penser d'après lui*, cette méprise incompréhensible en elle-même, je l'avoue, mais devenue aussi commune parmi nous que nouvelle dans le monde; ce qui fait que, dans une nation qui savait lire, elle sera au nombre des phénomènes de la révolution française, quand on en fera le calcul, au moins par approximation.

Après qu'Ariste s'est apitoyé avec un grand *hélas!* sur cet enfant *né libre*, et qui ne peut pas *jouer au volant* quand il lui plaît, il se remémore fort à propos l'aventure d'Émile, quand il se croit loin de Montmorency, parce que des bois le lui cachent : et cela nous vaut ces quatre vers sûr l'étude de la géographie :

Un autre vient me dire, *à force de routine*,
Qu'Ispahan est en Perse, et Pékin à la Chine;
Et le pauvre innocent, à cent pas du manoir,
Se croit au bout du monde; *il est au désespoir.*

Puisque Fabre savait où est Ispahan et Pékin, je voudrais qu'il nous eût dit comment il avait pu l'apprendre autrement que par une *routine* de mémoire, puique des noms ne s'apprennent pas, que je sache, par une autre méthode. Quant au *désespoir à cent pas du manoir*, je le crois d'un enfant de cinq ou six ans, et cela doit être; mais à dix ou douze, ce qui est l'âge où l'on peut d'ordinaire apprendre un peu de géographie, quel est donc l'enfant qui aurait tant de peur de s'écarter du *manoir?* Eh! le désir de voir et le besoin d'aller sont déjà tels à cet âge, qu'il faut y veiller pour parer aux inconvénients. Toujours des contre-sens en tout et partout. Patience : nous touchons au point capital, à l'idée-mère où l'on veut nous mener.

Enfin, entre mes mains tombe un enfant aimable,

(Vous verrez comme il est aimable!)

D'un naturel heureux, humain, sensible, affable,
Mais fier, impétueux *jusqu'à la passion*,
Plein de grace, d'esprit, d'imagination;

(Comme la comédie des *Précepteurs.*)

Enfin *parfait*... et tels ils seraient tous peut-être
Si *la nature seule* était leur premier maître.

Ah! nous y voilà donc. Le voilà, le grand arcane dont la grande découverte était réservée à nos jours. La voilà, cette *perfectibilité sans bornes*..... qui n'est qu'une sottise *sans bornes* d'une *philosophie* sans raison. Tous les enfants vont être *parfaits*, et par conséquent tous les hommes. Rien n'est si simple et si aisé : tout le secret consiste à n'avoir que *la nature seule pour premier maître*, et un *philosophe* pour précepteur; car *la nature* est si *parfaite*, et cette *philosophie* une si belle chose! *Le peuple est bon*, criait sans cesse Robespierre, qui ne voulait que gouverner le peuple : *l'homme est bon*, crient depuis cinquante ans nos *philosophes*, qui n'ont voulu que gouverner les hommes..... Allons, contenons-nous encore quelque temps, vous qui me lisez et m'entendez. Au procès tout cela, au procès, *adhuc modicum*; et achevons *les Précepteurs*, comme si de rien n'était. Nous en sommes aux deux enfants; vous connaissez les maîtres.

C'est la fête d'Araminte; et Jules, l'élève de Timante, vient apporter à sa tante un bouquet, et lui réciter un compliment tourné en apologue de la façon du précepteur. Fabre nous avertit que les fleurs sont *factices*, sans doute parce qu'il voulait que tout fut *factice* dans l'élève de Timante, et *naturel* dans celui d'Alexis. Mais à Paris, au mois de janvier, on a pour 12 ou 15 francs un fort beau bouquet de fleurs naturelles; et un agréable comme Timante doit savoir que c'est celles-là qu'il est d'usage d'offrir en pareille occasion. Tout est faux dans cet ouvrage, jusqu'aux plus petites choses: c'est ce qui motive cette petite observation. L'auteur, son *Émile* à la main, fait courir Alexis à travers les champs pour cueillir de la perce-neige, non pas cette fois avec Ariste, mais avec son ami Chrysalde, autre *philosophe* de la même trempe, admirateur enthousiaste du grand Ariste, suivant les us et coutumes de la secte, où chaque maître a toujours eu son prôneur en titre d'office. L'idée de cette course sur la neige n'est pas mauvaise en elle-même, car elle n'est pas à l'auteur; mais les circonstances dont il a cru la relever et l'embellir, sont bien à lui; aussi sont-elles ingénieuses, exemplaires, édifiantes comme tout le reste. Chrysalde vient dès le point du jour chercher Alexis, et frappe long-temps sans pouvoir réveiller le portier; mais Alexis, *qui ne dormait pas*, entend le bruit que fait Chrysalde, *saute de son lit, descend chez le traître, qui ronflait*, et qu'il ne peut, non plus que Chrysalde, parvenir à réveiller :

(Morphée avait touché le seuil de ce palais.)

Que fait-il? *De son poing il casse la fenêtre*, et *tire le cordon;* c'est lui qui fait ce récit. On peut s'étonner qu'il faille *casser une fenêtre* pour réveiller un portier, à moins qu'il ne soit tombé en apoplexie; mais c'est là le *beau.* Ne vous a-t-on pas dit qu'Alexis était fier, impétueux jusqu'à *la passion, enfin parfait?* Où serait toute cette *perfection*, si, pour réveiller un portier et ouvrir une porte, il connaissait un autre moyen que de *casser de son poing la fenêtre* dès qu'il entend *ronfler ce traître de portier?* Aussi le sage Ariste se garde-t-il bien de faire là-dessus la moindre réprimande à cet enfant, *parfait jusqu'à la passion;* et si à douze ans *il casse une fenêtre*, avec l'approbation de tout le monde, pour faire entrer Chrysalde une minute plus tôt, jugez ce qu'il cassera de fenêtres et de portes à dix-sept ans, s'il lui prend envie de faire entrer sa maîtresse avant le jour! C'est alors qu'il sera *parfait* comme *la nature*, et il n'y a dans tout ceci rien que de très *philosophique*. On peut incidenter sur la vraisemblance physique : en *tirant le cordon*, on n'ouvre pas une porte qui, à cette heure, doit être fermée à la grosse clé. Il fallait donc, pour s'en emparer et ouvrir lui-même, qu'Alexis allât jusqu'à l'escalade, et entrât par la brèche : mais qui peut songer à tout ?

Maintenant partageons l'admiration qu'inspire à Chrysalde l'élève de son ami :

>   Le drôle de manège,
> Que l'allure et le jeu de cet aimable enfant !
> Il vous saute un fossé, leste, allez, comme un faon.

Quel prodige ! à douze ans il saute un fossé dans les champs. Qu'il est *aimable !* Et nous donc, qui sautions si souvent le grand fossé du Cours, un peu plus large assurément; qui nous exercions à le franchir jusqu'au grand chemin, sous les yeux et à l'envi de nos maîtres, qui sautaient avec nous ! Mais comme il n'y avait là aucun *système*, ni dans les maîtres ni dans les écoliers, on sent qu'il n'y avait rien de *beau*. Tout à l'heure peut-être parviendrons-nous à nous faire admirer aussi, même comme *philosophes;* voyons :

> Un gros morceau de pain qu'il avait dans sa poche,
> Dévoré dans l'instant ; c'était de la brioche :
> Et de son chapeau rond faisant un gobelet,
> Il vous a bu de l'eau tout comme on boit du lait.

Quoi ! *il a bu de l'eau* quand il avait soif, et dans son chapeau, faute de gobelet, et il a *dévoré un morceau de pain* après avoir assez couru pour avoir appétit ! Comme une éducation *philosophique* rend tout miraculeux ! Faut-il qu'on n'ait rien dit de pareil en notre honneur et gloire, que personne ne se soit extasié sur nous (et quand je dis nous, c'étaient dix mille écoliers de l'université)? Ne vous en déplaise, messieurs Chrysalde, Ariste, et vous, Fabre, leur digne interprète, en vérité nous étions, dans votre *sens* même, tout autrement *aimables* et tout autrement *philosophes* que votre Alexis, et nous lui en aurions appris bien davantage. Qu'auriez-vous donc dit si vous nous eussiez vus descendre les escaliers, en nous laissant glisser en équilibre, à cheval sur la rampe; si vous nous eussiez vus à la promenade, où l'on nous menait régulièrement par les plus grands froids, faire la fameuse pelote de neige, jusqu'à ce qu'elle formât une masse qu'à nous tous nous ne pouvions plus mouvoir; si vous aviez vu nos efforts réunis pour ébranler encore ce bloc énorme, la sueur qui nous coulait du visage malgré l'âpreté du froid, et notre joie triomphante quand nous étions parvenus à rouler le rocher de Sisyphe? Mais ce n'est rien encore, et voici pour le coup *la nature parfaite*. C'est dans les rues de Paris, quand nous revenions vers le soir, et que le maître, un peu loin, ne pouvait guère nous voir dans l'obscurité; c'est alors que commençait la guerre des boules de neige que nous faisions pleuvoir sur la figure des passants. Comme tout fuyait devant nous! *Voilà les diables!* criait-on. Et comme nous étions *fiers* d'être *les diables!* Il y avait bien par-ci par-là quelques yeux pochés, quelques dents cassées, quelques nez en sang; quelques-uns de nous aussi étaient parfois passablement rossés par des gens *qui n'aimaient pas la philosophie;* mais nous n'avions garde de nous en vanter; car on nous aurait fouettés par-dessus le marché, comme on n'y manquait pas quand on nous surprenait glissant sur la rampe. Peut-être même nos maîtres n'avaient-ils pas grand tort, puisqu'ils n'étaient pas encore aussi *philosophes* que nous. Mais vous, Ariste, Chrysalde et consorts, jugez si nous l'étions, et si vous vous seriez écriés : *O les aimables enfants!* ô les charmants petits *philosophes!*

Un peu plus de sérieux. Que l'on eût condamné ici un défaut assez commun autrefois dans les éducations domestiques, celui de tenir l'enfance dans une contrainte un peu trop dure pour la franchise et la vivacité d'un âge qu'il est bon de tempérer et de régler autant qu'il est possible, mais qu'il est imprudent et dangereux de réduire à l'esprit de captivité et de dissimulation; qu'aux habitudes trop sédentaires de ces mêmes éducations, trop peu favorables au développement des forces et des organes, on eût opposé l'exercice continuel et commandé des maisons d'institution publique, on n'eût fait, il est vrai, que reporter dans un drame ce qui avait déjà été dit mille fois, et dans l'*Émile* plus efficacement qu'ailleurs; et s'il était assez inutile de revenir sur des abus en général corrigés depuis long-temps, et déjà même remplacés par d'autres, comme c'est assez la coutume, rien n'empêchait du moins que l'intention ne fût bonne, et que l'exécution ne pût l'être. Mais Fabre était un ces docteurs qui, en se piquant de nous enseigner tout, semblent ne pas savoir même ce qui est, loin de pouvoir nous montrer ce qui doit être. Il n'a l'idée et la mesure de rien; confond sans cesse la chose avec l'abus, et se méprend par ignorance ou mauvaise foi, même dans ce qui a un côté raisonnable, graces à ce qu'il a lu partout. Ainsi, par exemple, tout le monde a blâmé et blâmera comme lui l'apprêt et l'affectation dans une démarche aussi naturelle, dans une obligation aussi chère que celle de souhaiter la bonne fête ou la bonne année à ses parents. Mais il est très bon en soi d'accoutumer un enfant bien né à s'énoncer avec facilité et à bien prononcer des vers dans cette occasion comme dans tout autre; et si Timante dit à son Jule:

Allons, le geste libre *et la voix éclatante*,

il dit une sottise très gratuite, lui qu'on ne nous donne point pour un sot. Il doit savoir ce que tout le monde sait, que, pour un compliment débité dans une chambre, rien ne serait plus maussade qu'une *voix éclatante*, même dans un homme, à plus forte raison dans un enfant.

Araminte a un frère, Damis le marin, autre rôle de charge, autre inconséquence, puisqu'on nous le présente comme un homme très sensé. Tout le comique de cette caricature consiste dans un jargon burlesquement hérissé de termes de marine, et qu'on n'avait encore employé jusqu'ici, quoique avec moins d'excès, que dans des rôles subalternes, qui n'ont d'autre objet que de divertir, n'importe comment. Ce Damis est encore un autre *philosophe*, un admirateur d'Ariste, qui n'en saurait avoir trop, et c'est lui aussi qui est chargé de détromper Araminte, à la fin de la pièce, sur le compte de Timante. L'auteur a trouvé plaisant de composer presque toutes les phrases de ce rôle avec le dictionnaire de marine, et de donner à ce Damis la brutalité d'un matelot avec l'emphase d'un raisonneur à la mode : il n'y a point d'assemblage plus ridicule. C'est lui qui promet à son neveu Alexis un petit cheval, et cet enfant, qui a tant d'esprit, a toutes les peines du monde à croire que ce ne soit pas *un cheval de bois*, comme s'il n'y avait pas cinq ou six ans qu'il doit savoir qu'on n'amuse plus un enfant de son âge avec *un cheval de bois*. Il fallait que tout fût inepte dans ce drame *philosophique*, et le nœud de l'intrigue y met le comble. On ne saurait nier qu'il n'ait l'avantage d'être neuf; mais il faut voir comment, et il faut le voir pour le croire.

Araminte a donné à Jule un bel exemplaire des *Fables de La Fontaine*, en récompense de celle qu'il a récitée, et Alexis a reçu un cornet de bonbons pour sa perce-neige. Jule ne se soucie point du tout de son livre, et l'on ne voit pas pourquoi ce dédain; car le livre est bien *doré*, et en sa qualité d'enfant très frivole, élevé par un maître très frivole, il doit aimer ce qui est *doré*; et de plus, un précepteur à la mode a dû faire de lui un petit perroquet dont on n'exerce que la mémoire, témoin la fable qu'on lui a fait apprendre sans qu'elle fût à sa portée, toute mauvaise qu'elle est. On ne voit pas davantage pourquoi Alexis troque avec tant de joie son cornet de bonbons contre le livre, puisqu'on ne nous a pas dit qu'il eût le moindre goût pour la lecture, et qu'on ne nous a parlé que de son ardeur à courir les champs. Le dégoût pour les bonbons, qu'il ne daigne pas même goûter, n'est pas plus naturel, à moins qu'on ne nous dise qu'Ariste lui a défendu les bonbons. Hors ce cas, il est difficile qu'un enfant de douze ans en soit si dégoûté, quelque *philosophe* qu'il soit; et je connais depuis trente ans, moi et bien d'autres, un *philosophe* de la première force (car il est athée), renommé par son amour pour les bonbons, et qui en a toujours dans sa poche, s'il ne les a pas à la bouche. Quoi qu'il en soit, le troc, s'il n'est pas très motivé, amène de grands incidents; c'est le premier ressort de toute l'intrigue, et la cheville ouvrière du dénouement.

Ariste, que Lucrèce fait renvoyer au troisième acte, après sept ans de soins auprès du fils de la maison, sans plus de cérémonie qu'un billet de quatre lignes écrit par elle-même, au nom de sa maîtresse, Ariste se retire chez son ami Chrysalde, et Alexis ne manque pas de l'y rejoindre au bout de quelques heures. Il lui apporte tous ses petits bijoux, et le livre *doré* est du nombre; il est sous une enveloppe de papier. Qui a mis cette enveloppe? est-ce Jule? est-ce Alexis? C'est ce qu'on n'a pas jugé à propos de nous apprendre, quoiqu'un acte entier soit rempli des terribles aventures de cette enveloppe et des terribles effets qu'elle produit dans la maison avant de produire la dernière catastrophe. Qu'est-ce donc que cette enveloppe? Tout justement la lettre de Timante, qui forme l'exposition au premier acte, et qui est adressée à ce *frère bien bâti*, à qui Timante explique tous ses beaux projets. Mais comment cette lettre se trouve-t-elle là? C'est que Jule l'a prise sur le bureau de Timante, sous un carton. Et pourquoi l'a-t-il prise? Pour *faire une petite barque*. Et qu'a-t-il fait de la petite barque? Il l'a lancée sur la pièce d'eau. Et comment en est-elle revenue pour envelopper un livre *doré?* C'est ce qu'on ne sait pas ; car ici s'arrête le récit de Jule et le jeu de la machine imaginée par l'auteur. On conçoit les alarmes de Timante et de Lucrèce quand la lettre a disparu : Timante fulmine contre l'enfant qui *seul* a pu la prendre, puisque *seul* il a pu rester dans la chambre en l'absence de Timante. D'abord il nie tout; mais Lucrèce, moyennant *un pot de confitures*, lui fait tout avouer, et Timante court bien vite à la pièce d'eau pour repêcher *la petite barque*. Peine perdue; *l'eau est si trouble* qu'on n'y peut rien voir, et *la barque* apparemment a fait naufrage dans la vase. Ce qu'il y a de certain, c'est qu'il n'en est plus question jusqu'à la fin du quatrième acte, où elle reparaît comme par enchantement autour du livre *doré*. Le mot de l'énigme est perdu, j'en conviens ; mais c'est ici une de ces machines dramatiques si puissamment construites, qu'il faut excuser l'artiste s'il y a quelque chose d'embrouillé dans les ressorts. L'effet et le résultat justifient tout : et quel résultat! Chrysalde se saisit de la lettre, court la remettre à Damis le marin, qui la remet à sa sœur, et menace Timante et Lucrèce de les *submerger* s'ils ne s'en vont pas : ils s'en vont, Ariste revient, et la *philosophie* triomphe. Que peut-on demander de plus ?

Voilà sans doute *le beau* dans la partie de l'art; mais *le beau moral*, n'en dirons-nous rien ? il y a tant à se récrier ! *Le beau*, c'est que notre *philosophe* de douze ans s'enfuie le soir de la maison paternelle sans le plus petit scrupule ni la plus petite inquiétude sur les alarmes mortelles où il va laisser sa mère; qu'il n'en dise pas même un seul mot dans la longue effusion de sa joie, quand il est entre Ariste et Chrysalde; que le nom, l'idée de sa mère ne lui viennent pas une seule fois à l'esprit, ne soient pas une seule fois dans sa bouche pendant tout ce temps, jusqu'à ce qu'enfin Ariste hasarde de lui en parler; et alors même il ne témoigne pas la plus petite émotion, tant il est déjà *philosophe*. Le *beau*, *le plus beau*, ce que les panégyristes ont le plus exalté, c'est l'incomparable morceau du *grain de blé* qui se trouve dans la poche d'un homme jeté dans une île déserte, et la *sublime* comparaison de ce *grain de blé*, qui va couvrir toute l'île de moissons, avec le jeune Alexis, qui, dans la main d'Ariste, aurait couvert la France entière de petits *philosophes*, comme le palais du sultan des *Mille et une Nuits*, dans les Contes d'Hamilton, doit se remplir de *petits Tartares*. On assure que ce morceau a excité des transports, et je n'en doute pas. Le *beau*, c'est qu'à la vue d'un commissaire qui vient chercher Alexis chez Chrysalde, et emmener Ariste chez le magistrat, pour rendre compte de cette étrange aventure, Alexis commence par se saisir de deux pistolets chargés, et menace de faire feu sur le premier qui approchera. *Le beau* (et ceci est *le beau en système* d'éducation, *le beau* de plus, en incident et en moyen), c'est *la boussole* d'Alexis........ Oui, la boussole avec laquelle il vient à bout de découvrir la rue où demeure Chrysalde, rue dont il sait le nom et non pas le chemin; et s'il n'a pas assez d'esprit pour se le faire enseigner, c'est qu'avec sa science il trouve bien plus court et bien plus simple de se guider par sa *boussole;* car il loge au midi, et Chrysalde au nord, aux deux extrémités de Paris : et comme sa boussole, *posée sur une borne, de ruelle en ruelle, au premier réverbère*, lui indique le nord, et qu'il n'y a guère que deux cents rues situées au nord de Paris, la boussole d'Alexis le conduit tout droit à la rue qu'il cherche, en allant toujours au nord, précisément comme Colomb trouva la terre d'Amérique en voguant toujours au couchant. Chrysalde a-t-il tort de s'écrier :

> Quel enfant! Alexis, mon ange, mon bijou,
> Que je t'embrasse!

Jacquette aussi, la servante de Chrysalde, ne sait où elle en est, et crie au miracle, et je le pardonne à Jacquette. Peut-être *les femmes savantes* auraient-elles aussi embrassé Fabre *pour l'amour de la boussole*, comme Trissotin *pour l'amour du grec*. Et moi aussi je rirai, si l'on veut, de l'ignorance personnifiée débitant ses puérilités au théâtre, et les préconisant par la bouche des journalistes du coin, *hommes de lettres de par le peuple*. Mais je suis obligé d'être sérieux sur ce qui attaque la morale dans ses bases, et la nature dans ses affections les plus chères, dans ses devoirs les plus saints. C'est là sur-tout ce qui appelle l'animadversion sur un ouvrage dont le dessein est profondément immoral, quoique si platement exécuté. Ce dessein n'est autre que de mettre en action et en exemple cette monstrueuse erreur, digne de nos *maîtres en philosophie* et en révolution, ce principe aussi absurde que pernicieux, *que tous les penchants de la nature sont bons*. Un enfant de douze ans ne pouvait, il est vrai, montrer cette doctrine dans toutes ses conséquences ; mais Fabre s'en est servi pour les montrer toutes en germe dans la conduite de cet enfant, toutes en raisonnements dans la bouche de son instituteur. On a vu comme Ariste avait appris à son élève ce qu'il devait à ses parents : on peut juger de la culture par les fruits. Mais ce n'est pas tout : quoiqu'il sente la nécessité de rendre le fils à la mère, et qu'il paraisse embarrassé et alarmé de ce qui se passe, il ne fait pas à l'enfant fugitif la plus légère réprimande, le plus petit reproche. Il ne diffère de Chrysalde, qui paraît tout émerveillé, qu'en ce qu'il trouve *tout simple* ce que cet autre extravagant trouve admirable. Pourquoi s'étonnner (dit Ariste)?

Pourquoi? *La nature est si bonne!*
Tout ce qu'il fait est simple, et n'a rien qui m'étonne.

Pour ce dernier point, je le crois ; il doit reconnaître son ouvrage. Mais ne nous lassons pas de relever avec indignation ce qu'on ne se lasse pas de répéter avec impudence, que *la nature est si bonne*, précisément quand elle est mauvaise. Remarquez que ce sourcilleux pédant trouve *tout simple* qu'une mère ne soit rien pour son fils, et que lui, précepteur, soit tout, parce qu'il a eu la malheureuse facilité de sanctionner, avec des mots vides de sens, toutes les fantaisies, toutes les petites *passions* de cet enfant, comme des lois de *la bonne nature*. Aussi que fera-t-il pour déterminer Alexis à retourner chez sa mère? Lui parlera-t-il des devoirs de soumission, d'attachement, de reconnaissance? Pas un mot. Fabre s'est bien gardé de contredire à ce point une doctrine qui fait de tout devoir *une convention d'intérêt*, et de tout sentiment légitime *une habitude*. Ariste ne connaît que *ce qui compose tout l'homme, les sensations*; et tout ce qu'il imagine pour persuader Alexis, c'est de le faire souvenir que sa mère pleure son absence, et que par conséquent il doit retourner près d'elle pour la consoler, comme Ariste ferait lui-même s'il savait que sa mère pleurât. Sans doute ce moyen de persuasion est bon en soi; mais seul, il est très mauvais, parce qu'il donne à la pitié, qui est volontaire, ce qui appartient au devoir, qui est de rigueur; et quel devoir! Il y a plus, et il se trouve, à l'examen, que l'auteur, à coup sûr sans le vouloir, a donné une leçon toute contraire à son dessein; car ici la puissance des *sensations* échoue, et Alexis, *toujours bon*, répond nettement qu'il ne s'en ira pas, si Ariste ne vient avec lui. D'ailleurs, nul repentir, nulle idée d'obéissance due à sa mère ni à son précepteur qu'il aime tant :

le précepteur n'en dit pas un mot, ni l'enfant non plus; c'est *tout simple*. Enfin, sans le commissaire et la garde, Alexis serait encore avec Ariste et Chrysalde. Ce que c'est qu'une éducation *philosophique!*

A cette haute leçon sur *la nature*, c'est-à-dire contre la nature, telle qu'elle doit être dans l'homme qui n'est pas dépravé, l'auteur en voulait joindre une autre sur *la résistance à l'oppression*. C'est Ariste qui s'en charge encore lorsqu'il dit froidement au commissaire, dans la scène des pistolets :

Sur tout ceci, Monsieur, recevez mon excuse.
C'est un enfant.
    Fort bien ! est-ce ainsi qu'il s'amuse ?

répond fort à propos le commissaire. Mais la réplique est dans ce *système*,

Qui commence en un sens, et qui finit de même,

comme avait dit Ariste au premier acte :

Si vous étiez au fait, vous verriez, comme moi,
Que *la nature* ici l'emporte sur la loi,
Par le vif sentiment même de la justice.
Il se sent opprimé, non pas sur un indice,
Mais il en a la preuve entière dans son cœur,
Et ce n'est pas à lui qu'appartient son erreur.

Certes, ce sont là des maximes et des vers *dans le sens de la révolution*; ce sont bien là les phrases tant rebattues à nos oreilles depuis dix ans, et à qui nous devons de si belles années! *Il se sent opprimé.* Voilà tout le nouveau code social, où chacun est juge, témoin, accusateur, exécuteur tout ensemble, d'après son *cœur*. Voilà *la question intentionnelle*, cet autre phénomène de démence, par lequel l'homme ne juge plus les faits que l'homme peut connaître, mais ce qui est *dans le cœur*, et dont Dieu seul peut juger. En un mot, toute la science révolutionnaire est là; et ce n'est pas ici, je le répète, qu'il faut s'enfoncer dans l'immensité de folies et d'horreurs où elle a dû conduire. Observons seulement qu'Alexis a été instruit à la soumission aux lois comme à la soumission à ses parents. Il abandonne sa mère, et veut l'abandonner bien décidément pour courir après son précepteur; il veut tuer un officier de justice, parce qu'il croit qu'on veut mener ce précepteur en prison. C'est ainsi qu'*il se sent opprimé*, et qu'il a *le sentiment vif de la justice même au fond de son cœur!* Je dis qu'il croit, car il en a coûté à l'auteur une invraisemblance grossière pour donner sa scandaleuse leçon. On n'a nulle envie de mener personne en prison: l'auteur, qui a besoin de ce mot pour mettre en jeu les pistolets, le fait prononcer au hasard par Chrysalde; et après tout le vacarme que cela occasionne, lorsque Ariste demande enfin à être conduit chez le magistrat, le commissaire, qui apparemment n'avait pas eu jusque là l'esprit d'énoncer en quatre mots l'ordre dont il est chargé, le commissaire, qui a pris la parole trois ou quatre fois sans savoir dire ce qu'il avait à dire, répond enfin : *L'ordre le porte ainsi*. Eh! nigaud! que ne le disais-tu d'abord? (Ce n'est pas au commissaire que je parle.)

Reste à voir comment Alexis est *aimable*, *affable*, et de quel ton *le petit ange* parle à tout le monde, et sur-tout à sa mère. Son oncle le rencontre, l'embrasse bien vite, étant fort pressé, et lui dit : Je te quitte. *Chanson*, répond le très leste neveu de douze ans. Cela ne sera, si l'on veut, qu'un manque d'égards et de politesse, soit; mais avec sa mère il a toute l'arrogance d'un adepte de vingt ans qui serait dans tous les secrets de *la philosophie*. Sur ce qu'Araminte lui dit, à son retour, quoiqu'en tournant assez mal sa pensée, qu'Ariste n'a plus les mêmes droits sur les sentiments d'un élève qui ne lui appartient plus, il répond :

Cela ne se peut pas : *ce sont des ignorants*
Qui vous ont dit cela, maman; il est sensible
Que vous voulez m'apprendre une chose impossible.

ARAMINTE.

Comment! que dites-vous?

TIMANTE.

       Alexis, vous manquez
De respect à maman.

ALEXIS.

       Qui? moi? vous vous moquez.
Je manque de respect à maman? Au contraire,
Je l'instruis d'une chose, et d'une chose claire;
Car maman est trompée, et le serait toujours,
Si je n'en disais rien.

Le *bijou* argumente joliment et décemment; il est sûr de son fait; il sait ce que c'est que *la liberté de penser;* il endoctrine tout le monde, et fait la leçon aux *ignorants* qui trompent sa mère. Encore s'il était instruit de quelque fait ignoré et positif, il aurait quelque excuse au moins pour le fond, quoiqu'il n'en pût avoir pour la forme. Mais point du tout : il s'agit seulement de soutenir sa thèse envers et contre tous, et il ne se doute pas seulement que, s'il est ridicule à son âge d'être tranchant avec qui que ce soit, il est intolérable de l'être à cet excès avec sa mère. Quel modèle à présenter sur la scène, et quels exemples l'adolescence et la jeunesse y vont chercher !

Je n'ai pas le courage de revenir sur le style; on a pu voir déjà ce qu'il était. Veut-on s'amuser de solécismes, de barbarismes et de contre-sens réunis comme à plaisir? ouvrez la pièce au hasard :

Ce qu'il sent, l'exprimer d'une âme franche et bonne,
C'est tout à quoi s'entend sa petite personne.
. . . .
Serait-ce des débats? Serait-ce la nature
Qu'on aurait fait jouer.....
. . . .
Sous ce large carton qui *fait le portefeuille.*
. . . .
Cela porte malheur et le sort *se débauche.*
. . . . . D'ailleurs, ceci *se gaze*
Par la chose elle-même....
. . . .
Vous imaginez bien, par ce préliminaire,
Que ceux qui l'ont soustrait, *ont la marche ordinaire.*
. . . .

Un mauvais traitement *engage leur honneur.*
. . . .
...... *Le prix d'un affront doit être la rancune.*
. . . .
Est-il un sentiment que pour lui *je possède ?*
. . . .
Cette discrétion dont *mon âme se pique*
Doit *s'éclipser* devant votre intérêt unique.
. . . .
Tant léger soit le mal, il n'y faut de longueur.
. . . .
     Il n'est d'autres *écoles*
Pour une tendre mère, *ayant un bon esprit,*
Que le fond de son cœur où tout se trouve écrit, etc. etc.

Je crois qu'en effet, pour une mère qui *réunit un bon cœur et un bon esprit, il n'est d'autres écoles* que celles du trictrac. Mais quel étrange assortiment du baroque et du niais! Quelle impuissance continuelle, je ne dis pas de tourner sa pensée en vers (Fabre en est à mille lieues), mais de construire une phrase raisonnable en français! C'est au lecteur à dire comme Jacquette :

O la charmante langue! Ah! Ah! c'est un prodige.

Prodige s'il en fut; mais je ne sais si la prose n'en est pas encore au-dessus des vers : lisez, pour en décider, les *couleurs et caractères des rôles.* Il sera bon quelque jour d'encadrer quelques morceaux semblables, pour donner à nos neveux une idée de ce que sont devenues, et la raison humaine, et la langue française, à la fin du XVIIIe siècle.

Sur le Philinte de Molière, ou la suite du Misanthrope[*].

On a fait une observation critique sur le titre de cette comédie que l'on voudrait changer; et cela prouve d'abord qu'on la regarde comme un ouvrage de mérite; car qu'importe le titre d'une mauvaise pièce? On a dit, et avec raison, ce me semble, qu'il ne fallait pas appeler celle-ci le *Philinte* de Molière, parce que le *Philinte* de M. d'Églantine en est très différent; lui-même paraît l'avoir senti, puisque l'on dit à son Philinte :

Et je vous ai connu bien meilleur que vous n'êtes.

C'est qu'en effet celui de Molière n'est point un homme personnel, insensible et dur; son caractère est celui de la raison indulgente, qui croit devoir se prêter aux faiblesses et aux travers que l'on ne saurait corriger; il est d'ailleurs très bon ami, et s'occupe, pendant toute la pièce, des intérêts d'Alceste, dont il ne blâme la mauvaise humeur qu'en raison du mal qu'elle peut lui faire. Cette manière d'être n'a rien de commun avec celle du nouveau Philinte, qui n'est autre chose qu'un parfait égoïste. J'aurais donc intitulé la pièce : *Philinte égoïste et Alceste philanthrope*, et j'aurais voulu exposer, dans le cours de l'ouvrage, comment le caractère de Philinte s'était corrompu et endurci dans le commerce d'un certain monde où l'on ne s'accoutume que trop à n'exister que pour soi. J'en aurais tiré une morale

---

[*] Représentée le 22 février 1790.

de plus, c'est que l'indulgence et la douceur, quand elles ne tiennent pas à des principes réfléchis, mais à une sorte de mollesse et d'indolence, peuvent conduire jusqu'à cette insouciance méprisable qui rend un homme étranger aux sentiments et aux devoirs de l'humanité. C'est précisément notre Philinte : l'idée et l'exécution de ce rôle font beaucoup d'honneur à M. d'Églantine, et d'autant plus qu'il a réussi où d'autres avaient échoué. On avait plusieurs fois essayé de peindre cet égoïsme qui a été, au yeux des observateurs, un des caractères les plus marqués parmi nous. L'auteur en a supérieurement saisi et dessiné tous les traits; et grace à lui, nous avons enfin au théâtre, ce qui était très difficile à faire, un personnage qui remplit l'idée que nous avons d'un véritable égoïste. M. d'Églantine a très habilement évité le grand écueil du sujet, celui de rentrer dans des caractères connus. Je ne le louerai pas de n'avoir pas fait de son égoïste un escroc et un fripon; cette faute est trop grossière, et n'a pu être commise qu'une fois; mais il a fait plus : son Philinte n'est ni un ambitieux, ni un avare, ni un intrigant; c'est purement un égoïste, et pas autre chose, un de ces hommes comme il y en a tant dans une nation profondément dépravée; qui, pour ne pas déranger leur sommeil ou leur digestion, se refuseraient à rendre le plus grand service, ou à faire la meilleure action qui dépendrait d'eux; un homme pour qui rien n'existe au monde que lui, pour qui tout est bien dès que lui-même n'est pas mal, qui n'a aucun autre sentiment que celui de son bien-être individuel; un homme tout entier dans son *moi*, et que rien de ce qui regarde autrui ne peut en tirer un moment; qui ne plaint point le malheur et ne s'indigne point du crime, attendu que cela troublerait sa tranquillité, et qu'il ne se croit chargé de rien que de lui. On sent qu'un pareil caractère est la mort de toutes les vertus, de tous les sentiments humains et honnêtes : on ne peut savoir trop de gré à un auteur comique d'avoir fait servir son talent à combattre cette espèce de monstre anti-social, à en inspirer l'horreur, à le montrer dans toute sa difformité. Il a fait très heureusement concourir à ce but moral le contraste de l'Alceste de Molière, qui reparaît ici avec son âme ardente et impétueuse, et toute sa haine pour les méchants, mais, l'objet de l'auteur moderne étant très différent de celui de Molière, il a représenté son Alceste sous un jour nouveau, beaucoup moins comique, il est vrai, mais bien plus intéressant. Molière a voulu faire voir combien la vertu pouvait se nuire à elle-même par des formes rudes et repoussantes, et par l'oubli de tous les ménagements, conventions nécessaires de la société, et il a parfaitement rempli cet objet. L'auteur moderne qui a eu le noble courage de marcher sur ces traces, s'est emparé du bon côté que Molière n'avait pas dû présenter. Nous avions un Alceste ne pouvant supporter les vices des hommes, ni même leurs faiblesses et leurs travers, et les gourmandant avec une rigueur intraitable; et sous ce point de vue, *c'est le misanthrope*. Ici Alceste ne peut voir une injustice sans s'y opposer de toute sa force, ni un opprimé sans vouloir le servir; et sous cet autre point de vue, *c'est le philanthrope*. Ce beau caractère moral est peint avec toute l'énergie, toute la véhémence, tout le feu dont il est susceptible; et mis en opposition avec l'odieux égoïsme de Philinte, il acquiert encore plus d'effet.

Le plan de la pièce est simple et bien conçu; la marche en est claire et soutenue; et l'action, sans être compliquée, ne languit pas un moment. Toute l'intrigue se rapporte à une seule idée; mais elle est du nombre de celles qu'on appelle, en termes de l'art, idées mères; et il n'en faut qu'une de ce genre pour fournir cinq actes au talent qui sait construire une pièce et disposer les accessoires. Cette idée, très dramatique et très morale, consiste à punir l'égoïsme par lui-même, en rendant l'apathique Philinte l'objet d'une friponnerie atroce, qu'il ne veut pas que l'on combatte, quand il croit qu'elle ne tombe que sur un autre, contre laquelle il refuse obstinément d'employer des moyens qui sont à sa disposition, et dont il est au moment d'être lui-même la victime, s'il ne trouvait son appui dans le zèle actif et courageux d'Alceste; dans ce même zèle qu'il n'a cessé, pendant trois actes, de blâmer comme une imprudence, et de mépriser comme un ridicule. Il ne peut pardonner à son vertueux ami, qui a déjà un procès pour un de ses vassaux qu'il veut défendre de l'oppression, et qui est en ce moment frappé d'un décret de prise de corps surpris par la chicane et la calomnie; il ne peut lui pardonner de vouloir se mêler encore d'une affaire qui ne le regarde pas; il se refuse à faire aucune démarche auprès d'un homme en place, qui est de ses parents, et qui pourrait prévenir un crime; il rebute très durement les prières de sa femme Éliante, qui se joint à son ami Alceste pour solliciter ses secours; et les raisons de ses refus sont prises dans la nature d'un pareil personnage : c'est qu'il ne faut pas se brouiller avec les méchants qui ne pardonnent pas, et que, si l'on a quelque crédit, il faut le garder pour soi; voilà bien l'égoïste. Il fait plus, il emploie ce qu'il a d'esprit a prouver, par de misérables sophismes, qu'il n'y a aucun mal à ce que deux cent mille écus passent de la bourse du légitime possesseur dans celle d'un fripon. Rien ne lui paraît plus simple et plus *dans l'ordre :* tant pis pour l'homme confiant; s'il est dupe, il n'a que ce qu'il mérite; il est bien sûr, lui, de ne pas l'être; et si cela lui arrivait, il ne dirait mot...... Et c'est lui qui est la dupe dont il s'agit; et dès qu'il l'apprend, il jette des cris de fureur, et tombe, un moment après, dans l'anéantissement, qui est le dernier degré du désespoir : c'est là, sans contredit, une situation qui réunit la leçon et l'effet; elle est d'ailleurs bien suspendue, amenée par des ressorts naturels : tout a été caché, et tout se découvre à propos, sans qu'il y ait rien de forcé ni d'invraisemblable; et toujours les situations mettent en jeu les personnages, de manière à faire ressortir leur caractère. Alceste, dans ce moment terrible et théâtral, où Philinte est atterré, ne dément pas la générosité qu'il a montrée jusque-là. Il est vrai que, par un mouvement impossible à contraindre, et que le spectateur partage, il s'écrie d'abord :

>   Oh morbleu!
> C'est vous que le destin, par un terrible jeu,
> Veut instruire et punir!... O céleste justice!
> Votre malheur m'accable, et je suis au supplice.
> Mais je ne prendrais pas, moi, de ce coup du sort,
> Cent mille écus comptant. Eh bien! avais-je tort?
> Tout est-il bien, Monsieur?

PHILINTE.

>   Je me perds, je m'égare.
> O perfidie! ô siècle et pervers et barbare!
> Hommes vils et sans foi! que vais-je devenir?
> Rage! fureur! vengeance! il faut... on doit punir.
> Exterminer...

N'est-ce pas là encore l'égoïste? Les autres souffrent, cela est dans l'ordre : le monde vient-il jusqu'à lui, le monde entier est confondu. Mais comme le spectateur jouit de cette catastrophe! comme, après tous les beaux propos que Philinte vient de débiter, on est tenté de lui crier avec Alceste,

> Tout est-il bien, Monsieur?

On le déteste si cordialement, qu'on pardonnerait presque au fripon qui lui vole toute sa fortune. Mais, ce premier mouvement donné à la justice, a-t-on moins de plaisir à entendre Alceste dire à son ami coupable, mais malheureux :

> Vous pouvez disposer de tout ce que je puis.
> Mes reproches, Monsieur, seraient justes, je pense;

Mais mon cœur les retient, le vôtre m'en *dispense*.
Tout mérité qu'il est, le malheur a ses droits,
La pitié des bons cœurs, le respect des plus froids.
Mon âme se contraint quand la vôtre est *pressée* ;
Quand vous serez heureux, vous saurez ma pensée.

Ce dernier vers est fort beau; les autres devraient être meilleurs.

Remarquez que ce même Alceste, qui s'affecte si vivement de ce qui regarde les autres, est calme et imperturbable dans ses propres dangers; il est arrêté au quatrième acte, en présence de Philinte qui s'écrie :

Alceste, est-il bien vrai ? quel accident terrible ?

Mais Alceste se contente de lui répondre froidement :

Quoi ! Monsieur, vous voyez enfin qu'il est possible
Que tout ne soit pas bien !

PHILINTE.
Après un pareil coup,
Je suis désespéré... Que faire ?

ALCESTE.
Rien du tout.
(*Au commissaire.*)
Monsieur, me voilà prêt; menez-moi, je vous prie,
Au juge sans tarder.

On ne peut mieux observer les convenances de caractère. Philinte aussi ne dément pas le sien; le revers qu'il vient d'éprouver, et la leçon qu'il a reçue, ne le rendent pas meilleur. Sa femme le presse, au cinquième acte, de courir auprès de son ami arrêté, et qui ne l'est que parce qu'il s'est exposé pour lui : mais Philinte a bien autre chose à faire. Tout ce qui l'occupe, c'est d'engager sa femme à faire opposition à la saisie des biens, en vertu de ses droits et de ses reprises. Il compte employer la journée avec elle à courir chez des gens d'affaire, et Alceste deviendra ce qu'il pourra. Un autre trait caractéristique, c'est qu'il consent à s'accommoder en payant une partie de ce billet faux que l'on produit contre lui : ce qui est à peu près avouer la dette qu'il nie, et par conséquent se déshonorer : mais il aime mieux cette infâme transaction que les peines et fatigues d'un procès où son honneur n'est pas moins compromis que sa fortune. Son avocat en rougit pour lui : Alceste refuse d'être témoin d'une démarche aussi avilissante; mais un égoïste n'est pas si délicat.

Cet avocat est encore un rôle très bien entendu, bien adapté à la pièce, bien lié à l'action. C'est Alceste qui le fait venir, au commencement du premier acte, pour le charger de la poursuite de ce procès qu'il a entrepris en faveur de ses vassaux; mais la manière dont il s'y prend pour se procurer un avocat, est fort originale. Se défiant de son choix et de la renommée, qui peuvent le tromper également, il aime mieux s'en rapporter au hasard pour trouver un honnête homme, et il envoie son valet au Palais chercher le premier avocat qu'il rencontrera. Cette idée est plaisante et bizarre, et produit quelques détails comiques. Heureusement il se trouve que cet avocat est en effet le plus honnête homme du monde, mais il commence par avoir une querelle avec Alceste, parce qu'il refuse d'abord de se charger d'une affaire qui l'empêcherait d'en suivre une très instante, où il ne s'agit pas moins que de faire tête à un fripon qui, avec un faux billet dont la signature est vraie, veut escroquer deux cent mille écus. C'est précisément l'affaire de Philinte ; mais on n'en sait encore rien, vu que Philinte a pris, depuis quelque temps, le titre de comte de Valancès Un intendant qu'il a chassé lui a surpris une signature, et il y a joint le billet frauduleux; il l'a remis entre les mains de notre avocat, pour en poursuivre le paiement ; mais celui-ci, qui connaît son homme, et qui ne doute pas de la fausseté du titre, est occupé à chercher le prétendu débiteur, pour éclaircir l'affaire avec lui. Dès qu'Alceste a entendu ces détails, il est le premier à convenir que l'avocat a raison ; il laisse là son procès, et se joint à l'honnête légiste pour consommer la bonne action qu'il veut faire; il veut y employer le crédit de Philinte, dont l'oncle est ministre d'état, et peut en imposer à un faussaire impudent : mais Philinte, comme on l'a vu, ne veut rien entendre; il prépare lui-même son malheur et sa punition. La manière dont tous ces incidents sont ménagés, mérite des éloges, et prouve la connaissance du théâtre.

On voit, par la nature de cette intrigue et par celle des personnages; que le ton de la pièce doit être, en général, fort sérieux : c'est plutôt celui du drame que de la comédie. Mais on ne saurait trop le redire, ne circonscrivons point le talent dans des bornes trop étroites : tout ouvrage dramatique qui attache, qui intéresse, qui instruit, est, par cela même, un ouvrage estimable. Sans doute, si l'auteur avait pu y répandre le comique que Molière a mis dans le sujet sérieux du *Misanthrope*, et dans le sujet odieux du *Tartufe*, il aurait infiniment plus de mérite et de gloire ; mais ces chefs-d'œuvre de l'esprit humain sont nécessairement rares, et, fort loin au-dessous d'eux, il y a encore de la gloire dans un art aussi difficile que celui de la comédie.

Le rôle d'un coquin de procureur, nommé Rolet, et très digne de son nom, est le seul qui ait une teinte comique. Ce rôle est très bien fait, et suffirait pour prouver que l'auteur n'est point du tout étranger au ton de la comédie proprement dite.

On peut faire quelques observations sur le dénouement ; il peut paraître un peu forcé. Ce même procureur Rolet se rend peut-être un peu facilement ; il a les formes pour lui, il ne risque rien, et il a montré de la tête. Alceste a beau s'offrir pour aller en prison, il a beau demander qu'on y traîne aussi l'intendant, sous la condition d'être pendu, lui Alceste, s'il ne prouve pas que l'intendant doit l'être ; dans les formes de nos anciens tribunaux, un pareil défi n'eût pas été accepté, surtout de la part d'un homme étranger à l'affaire. Le commissaire lui aurait répondu qu'il fallait suivre la marche prescrite par les lois. C'est là sur-tout la réponse que le praticien Rolet devait faire ; cependant Alceste nous apprend, dans un récit, que ce Rolet s'est troublé, et que l'intendant a rendu le billet. Mais, après tout, on n'a pas coutume de se rendre si difficile sur un dénouement de comédie, qui d'ailleurs est satisfaisant, puisqu'il remplit tous les vœux des spectateurs, et fait justice à tout le monde. Alceste humilie Philinte en lui rendant sa fortune, et le punit en renonçant pour jamais à son amitié. L'innocence de ce même Alceste est reconnue, et l'ordre qu'on avait donné contre lui est révoqué sur le vu des pièces probantes; sa vertu brille aux yeux de tous les juges, qui lui assurent le triomphe le plus complet dans le procès généreux qu'il a entrepris. Il va retrouver ses vassaux, dont il est le libérateur, et emmène avec lui le vertueux avocat, dignement récompensé par le titre d'ami d'un homme tel qu'Alceste, qui désormais ne veut plus se séparer de lui.

Le seul reproche essentiel qu'on puisse faire à cette pièce porte sur le style, qui ne répond pas à tout le reste; et je dois d'autant moins dissimuler ce reproche, après toutes les louanges que j'ai cru devoir à l'auteur, qu'heureusement il n'y a point ici impuissance de faire mieux, mais seulement un excès de négligence, avec lequel il est impossible de faire bien. M. d'Églantine n'a point, en écrivant, les défauts qu'on ne corrige point, le manque d'idées, de naturel, de vérité, de force, il a, au contraire, tout cela; il pense, il sent, il dialogue; mais il est trop évident qu'il s'abandonne sans réserve à une facilité de composition qui est très dangereuse, si l'on ne s'en défie pas. Sa diction est entièrement incorrecte, pleine de fautes de langage, de construction, de versification, chargée de termes impropres et de chevilles. Toutes ces fautes échappent, je le sais, dans la chaleur du débit théâtral; mais à la lecture, elles choquent et fatiguent tout lecteur un peu instruit, et sont senties même de quiconque a un peu d'oreille et de goût naturel : en un mot, un ouvrage mal écrit n'est jamais relu; je ne dirais pas trop, en assurant que la moitié de la pièce demande à être récrite. On n'exigera pas que je relève tous les vers défectueux; mais une foule de fautes graves, rassemblées dans un petit nombre de vers pris fort près les uns des autres démontreront combien la diction de l'auteur est habituellement vicieuse :

Eh! quel endroit *sauvage*
Que le vice insolent ne parcoure et ravage!
Ainsi de proche en proche, et de chaque cité,
File au loin le poison de la perversité...

Ce ne sont point les endroits *sauvages* que le vice *ravage* : il est clair que *sauvage* est là pour la rime. Et comment *ravage-t-on un endroit sauvage?* C'est se contredire dans les termes. *File au loin* est extrêmement dur; et qu'est-ce qu'un poison qui file?

La vertu ridicule avec faste est vantée.

C'est encore une contradiction dans les termes. Si la vertu est *vantée avec faste,* elle n'est pas ridicule. L'auteur a voulu dire : *La vertu dont on se moque en secret est vantée avec faste,* mais il ne le dit pas.

Tandis qu'une morale en secret adoptée,
Morale désastreuse, est l'arme du puissant,
Et des fripons adroits, pour frapper l'innocent.

Pour comprendre comment une morale peut être *l'arme* du puissant, il faudrait que l'on nous dît ce que c'est que cette *morale :* et il n'en est pas question dans tout le morceau. Il ne suffit pas de dire qu'elle est *désastreuse;* tout cela est vague et insignifiant. Et quelle langueur traînante dans cet enjambement et dans cette construction, l'*arme du puissant et des fripons pour frapper!* Cela serait mal écrit et mal construit en prose comme en vers. Et ce morceau sur le crédit :

On n'en a jamais trop *pour que,* de toute part,
On aille l'employer et l'user au hasard.

On n'en a jamais trop pour qu'on aille, etc., n'a pas même l'apparence d'une construction française; c'est une phrase barbare.

Vous voulez *le rebours de tout ce qu'on évite ;*
Comme si la coutume en effet n'était pas,
Au lieu de porter ceux *qu'on jette sur nos bras,*
Pour si peu de crédit qui vous tombe en partage,
D'être prompt au contraire, à prendre de l'ombrage
De toute créature et de tout protégé
De qui l'on pourrait voir ce crédit partagé,
Soit pour les détourner ou pour les mettre en faute.

Non-seulement ces vers se traînent misérablement les uns après les autres ; mais, pour en découvrir le sens, il faut absolument reconstruire toute la phrase, dont il n'y a pas un seul membre qui tienne à l'autre.

Vos jours voluptueux, *mollement écoulés*,
Dans cet affaissement dont vous vous accablez.

Concevez ce que c'est que des jours écoulés mollement dans un affaissement dont on s'accable! Tâchez d'accorder ensemble ces expressions et ces idées.

Ce goût de la paresse, où la froide opulence
Laisse au morne loisir bercer son existence,
Sur ces fruits corrompus, qu'au milieu de l'ennui
L'égoïsme enfanta, *qui remontent vers lui*
Pour en mieux affermir le triste caractère...

Quelle incohérence de figures, d'idées et de termes! Je le demande, comment peut-on se figurer des fruits qui remontent pour affermir un caractère? Ces quatre métaphores, absolument disparates, forment le plus étrange amphigouri.

Mais aussi *de ces fruits dérive le salaire.*

Même style. Un *salaire qui dérive*, et qui *dérive* des *fruits!* Je le répète, ce style est intolérable.

J'ai entendu applaudir au théâtre ce vers:

Vous *clouez le bienfait* aux mains du bienfaiteur.

Quelque illusion qu'ait pu faire le jeu de l'acteur, qui mettait une grande expression dans ce vers, il n'en est pas moins mauvais. Il n'y a point d'énergie sans vérité, et il est impossible de se représenter, de quelque manière que ce soit, *le bienfait cloué à une main*. L'expression est également fausse et ignoble.

La pièce est précédée d'une préface assez étendue, dont le but est de faire voir combien l'*Optimiste* de M. Collin d'Harleville est un ouvrage immoral. Il y a bien un fond de vérité générale dans les remarques du censeur à ce sujet; mais d'abord il y règne un ton d'amertume qui accuse une animosité personnelle, et qui dès lors infirme et décrédite l'autorité du critique; de plus, c'est un grand principe d'erreur et d'injustice de tirer des conséquences strictes et rigoureuses des discours d'un personnage de théâtre pour les appliquer à l'auteur, comme s'il eût écrit un livre de philosophie. Il est certain qu'il se mêle à l'optimisme de Plainville une sorte d'insouciance sur les mœurs d'autrui qui est fort contraire à la philanthropie. Mais d'abord le caractère de Plainville n'est pas donné dans la pièce comme un modèle à imiter; il est représenté seulement comme un homme dont la tournure d'esprit consiste à voir tous les objets du côté le plus favorable. M. d'Églantine relève quelques détails analogues à des préjugés qui régnaient encore quand M. Collin a fait son *Optimiste*. Je ne vois pas qu'on puisse faire un crime à un auteur de se conformer aux préjugés dominants, mais j'avoue qu'il est beau de les combattre; et je pardonne de bon cœur à M. d'Églantine son indignation contre l'*Optimiste*, puisqu'elle lui a fait faire son *Philinte*.

Facit indignatio versum.

LA HARPE, *Cours de Littérature*.

FAGAN (CHRISTOPHE-BARTHÉLEMI), naquit à Paris en 1702. Il était fils du premier commis au grand bureau des consignations, où il eut lui-même un emploi dont il s'occupait fort peu, préférant cultiver la littérature. D'ailleurs, d'un caractère indolent et paresseux, il négligeait non-seulement ses affaires, mais encore les devoirs de la société. Il travailla tour à tour pour les Français, les Italiens, et pour la Foire. On remarque dans ses ouvrages des intentions comiques, de l'enjouement, de la finesse dans le style; mais on y désirerait plus d'élégance et de pureté. Quatre de ses pièces, *la Pupille*, *l'Étourderie*, *le Rendez vous*, *les Originaux*, sont restées au théâtre; la première passe pour le meilleur ouvrage de Fagan, et l'on s'accorde généralement à dire que La Harpe, dans son *Cours de littérature*, l'a jugé un peu sévèrement. Les intrigues de cet auteur sont, en général, peu naturelles; les moyens qu'il emploie sont forcés; mais il en résulte souvent des effets comiques. On a encore de Fagan un assez grand nombre de pièces aujourd'hui oubliées, telles que *la Grondeuse*, *Joconde*, *le Musulman*, *l'Inquiet*, etc. Il a composé pour le théâtre de la Foire sept opéra-comiques, en société avec Pannard, à qui il ressemblait beaucoup par le talent, le caractère et le genre de vie. Fagan mourut à Paris, le 28 avril 1755, âgé de cinquante-trois ans. Son *Théâtre*, Paris, 1760, 4 vol. in-12, a été publié par Pesselier, qui y a ajouté un *Éloge historique* de l'auteur.

JUGEMENT.

On ne joue plus de Fagan, que *les Originaux*, *l'Étourderie*, *le Rendez-vous* et *la Pupille*. L'idée du *Rendez-vous* est assez comique, quoiqu'il faille se prêter un peu à la supposition qui en est le fondement, qu'un valet et une suivante puissent faire accroire à deux personnes qui ne se connaissent presque point qu'elles ont la plus vive inclination l'une pour l'autre; et qu'une lettre d'affaires, dictée par un procureur, est une déclaration d'amour; mais en n'examinant pas de trop près les moyens, on peut s'amuser des effets, et la pièce, d'ailleurs, n'est pas mal versifiée. *La Pupille* eut pendant quelque temps une vogue extraordinaire, qui prouve seulement à quel point la figure et la voix d'une actrice peuvent tourner toutes les têtes. Quand on voit aujourd'hui cette comédie, on conçoit qu'il fallait que tout le parterre fût, comme nos anciens le racontent, amoureux de mademoiselle Gaussin, pour fermer les yeux sur l'invraisemblance révoltante de cette espèce d'intrigue. C'est bien pis que *le Rendez-vous*, qui du moins fait rire. *La Pupille* impatiente : la pièce est finie dès les premières scènes, pour peu que le tuteur n'ait pas juré d'être sourd, aveugle et stupide; car il s'agit seulement de lui faire savoir que sa pupille est amoureuse de lui ; elle le lui dit vingt fois très clairement : elle le lui écrit de manière qu'il est impossible de s'y méprendre, puisqu'elle lui parle, dans sa lettre, des soins qu'il a pris de son enfance. Cependant il plaît à ce tuteur de s'obstiner à ne rien voir, à ne rien entendre, uniquement parce qu'il a quarante-cinq ans; et de son côté, la pupille, en même temps qu'elle fait tout ce qu'il faut pour se déclarer, semble ne vouloir pas détruire la fausse idée qu'on a de sa prétendue inclination pour le jeune Valère, idée qui n'a pas même de prétexte, et qu'elle peut faire tomber d'un seul mot. Il est encore bien plus étrange que, un moment après, le sot rapport d'une soubrette persuade à un homme aussi sensé que le tuteur que sa pupille est amoureuse d'un vieillard de soixante et dix ans. Cette suite de malentendus est trop peu motivée pour être supportable; il n'y a pas d'ailleurs un trait de comique dans la pièce : tout y est faux ou insipide. Mais il faut bien croire que l'embarras et le dépit de la pupille qui se tue de dire de cent façons ce qu'on ne veut pas comprendre, a pu amuser et intéresser le public quand cette pupille était la charmante Gaussin; et depuis, la pièce a subsisté sur son ancienne réputation.

En général, les intrigues de Fagan sont extrêmement forcées, et personne, en cette partie, n'a plus abusé de la complaisance du spectateur. Voyez *l'Étourderie* : comment se persuader une méprise de cette nature? Mondor voit deux femmes avec Cléonte: on lui dit que l'une est la femme de ce Cléonte, et l'autre sa sœur. L'une est jeune et jolie, et c'est madame Cléonte; l'autre n'est plus ni l'un ni l'autre, et c'est mademoiselle Cléonte. Mondor se persuade le contraire, et, sans autre information, il demande en mariage la sœur de Cléonte, qui est une vieille fille ridicule, tandis que, dans le fait, il est amoureux de la belle-sœur. Qui croirait que ce quiproquo dure jusqu'à la dernière scène, quoique Mondor ait plusieurs conversations avec ces deux femmes et avec Cléonte, et que l'éclaircissement doive venir à chaque phrase, si l'auteur ne se donnait pas la torture pour dialoguer de manière à ce que jamais personne ne s'entende? Une semblable erreur peut fournir une scène plaisante, mais non pas une pièce, parce que l'on sent qu'en fait de mariage il n'est pas possible qu'on ne s'informe pas au moins quelle est la femme dont on veut faire la demande.

La Harpe, Cours de Littérature

FAMILIER. J'ai observé, en parlant de l'ANALOGIE du style, que dans la langue usuelle on devait distinguer le langage du peuple et celui d'un monde cultivé et poli. C'est du premier qu'est pris le style bas; c'est du second qu'est pris le style familier noble, au-dessus duquel sont les différents tons du style élevé, depuis le ton sévère et majestueux de l'histoire, jusqu'au ton exalté de l'épopée, et jusqu'au ton prophétique de l'ode.

Entre le populaire et l'héroïque, entre le bas et le sublime, il y a cette ressemblance, que l'un et l'autre abondent en expressions figurées, hyperboliques, pleines de force et de chaleur, parce que le langage passionné du bas peuple, comme celui des héros, est l'expression immodérée ou des mouvements de l'âme ou des impressions faites sur l'imagination. Du côté du peuple, la nature est franche et libre; du côté des héros, elle est fière et hardie: ainsi l'homme inculte et grossier, l'homme altier et indépendant, laissent aller leur pensée et leur âme; l'un, parce qu'il ignore la mesure prescrite par l'usage et les convenances; et l'autre, parce qu'il dédaigne et néglige de la garder.

Entre ces deux extrêmes, le langage familier noble tient le milieu, et c'est à lui qu'appartiennent les ménagements, les réserves, les détours du sentiment et de la pensée, les demi-teintes, les nuances, les reflets de l'expression.

Dans le commerce d'un monde poli jusqu'au raffinement, où il ne s'agit pas d'instruire, d'étonner, d'émouvoir, mais de flatter, de plaire et de séduire; où la persuasion doit être insinuante, la raison modeste, la passion retenue et déguisée; où toutes les rivalités de l'amour-propre s'observent réciproquement, et sont comme sur le *qui vive;* où les combats d'opinions et d'affections personnelles se passent en légères atteintes et à la pointe de l'esprit; où l'arme de la raillerie et de la médisance est, comme les flèches des sauvages, souvent trempée dans du poison, mais si subtilement aiguisée, que la piqûre en est imperceptible; dans ce monde, dis-je, le langage usuel doit être rempli de finesses, d'allusions, d'expressions à double face, de tours adroits, de traits délicats ou subtils; et plus il y a de société et de communication entre les esprits, plus la galanterie et le point d'honneur ont rendu la politesse recommandable, et plus aussi la langue sociale doit être maniée et façonnée par l'usage.

Il s'ensuit, 1° que dans aucun pays du monde, le langage familier noble ne doit être plus cultivé, plus élégant que parmi nous.

2° Que dans les ouvrages destinés à instruire et à plaire, c'est le style qui convient le mieux, parce qu'il est le plus insinuant, le plus séduisant pour l'amour-propre, et qu'il a toutes les adresses dont il faut user avec des hommes vains, soit pour adoucir la censure, soit pour assaisonner la louange, soit pour déguiser la leçon.

3° Que dans les ouvrages de ce genre les femmes doivent exceller, parce que, dans la lice de la conversation, elles sont sans cesse exercées aux artifices de la parole; que la surveillance réciproque de leur malice et de leurs jalousies doit les rendre plus attentives à choisir, à placer les mots; que l'une de leurs graces est celle du langage, et qu'un désir inné de plaire leur défend de la négliger; que faibles, elles ont besoin d'adresse, et quelquefois de ruse; qu'il ne leur est permis de se montrer sensibles qu'avec délicatesse, instruites qu'avec modestie, passionnées qu'avec pudeur, malicieuses qu'avec l'air d'un badinage innocent et léger; qu'ainsi leur sincérité même est toujours accompagnée d'un peu de dissimulation; et qu'enfin, ambitieuses de dominer par la persuasion, leur naturel les porte dès l'enfance à en étudier tous les moyens : de là sur nous leur avantage pour la facilité, la grace, la légèreté, l'élégance, les nuances fines ou délicates du style, soit dans leurs lettres, soit dans les ouvrages d'agrément qui sont les fruits de leurs loisirs.

4° Que dans les compositions d'un style relevé, comme dans la poésie héroïque et dans la plus haute éloquence, un art essentiel à l'écrivain est de savoir du moins entremêler quelques traits du familier noble, de le choisir avec goût, et de le placer à propos. Ce mélange a trois avantages : l'un, de détendre le haut style, de l'assouplir, d'en varier les tons, sans quoi il serait raide, guindé et monotone ; l'autre, de lui donner un air de naturel et de vérité : car si jamais le héros qu'on nous fait entendre ne parle comme nous, si jamais l'orateur ne prend notre langage, nous admirerons peut-être l'art de l'orateur et du poète ; mais nous ne l'oublierons jamais ; et l'art doit se faire oublier. Un troisième avantage de ce mélange du familier et du sublime, est de prêter à celui-ci des nuances qu'il n'aurait pas : son caractère est l'élévation, la majesté, la force, la hardiesse des figures, l'éclat des images, la véhémence et la rapidité des mouvements ; mais les souplesses de l'expression, ses délicatesses, ses demi-jours sont du langage familier ; et c'est de là que le poète et l'orateur doivent les prendre : Racine, Bossuet, Massillon n'y manquent jamais. Quelquefois même l'expression d'usage est la plus énergique : elle est sublime dans sa simplicité ; et une image, une métaphore, une hyperbole, un mot étrange ou pris de loin, gâterait tout. « Madame se meurt, madame « est morte. »

Je ne t'ai point aimé, cruel ! qu'ai-je donc fait :

Quand vous me haïriez, je n'en plaindrais pas.

Voilà l'expression naturelle, et on le dirait de même sans étude et sans art.

Il est bien vrai que dans le langage de la conversation tout n'est pas digne de passer dans le style sublime; mais à cet égard le goût consiste à n'être ni trop indulgent ni trop sévère dans le choix. Il est bien vrai aussi qu'après s'être rapprochés du ton de la conversation, l'orateur et le poète doivent se relever; mais c'est en cela que consistent ces belles ondulations du style, qui, comme je l'ai dit, lui donnent de la souplesse, de la variété et du naturel, sans en dégrader la majesté : car la dignité du langage comme celle de la personne, consiste à savoir s'abaisser avec noblesse, et se relever sans orgueil.

L'art d'enchâsser les mots familiers dans le style noble, est non-seulement l'art de les associer, comme je l'ai dit souvent, avec des mots qui les relèvent, mais de les placer de manière que ni l'esprit ni l'oreille ne s'y reposent. Il en est de la construction du langage (qu'on me pardonne la comparaison) comme de celle de ces murs dont les faces présentent des pierres artistement taillées, et dont les milieux sont remplis d'une pierre brute et commune. Or, les endroits ostensibles du style, comme Cicéron nous l'enseigne, sont le début, les repos, et sur-tout la clôture des périodes. C'est là que les mots nobles et d'appareil doivent être placés; et dans les intervalles, les mots familiers et communs. Quelques exemples feront sentir cette industrie du langage. On lit dans l'*Athalie* de Racine :

Où courez-vous ainsi, tout pâle et hors d'haleine?...
Je commence à voir clair dans cet avis des cieux...
Eh quoi! vous n'avez point de passe-temps plus doux?...
Que des chiens dévorants se disputaient entre eux...

et rien de tout cela ne blesse. Mais supposons que le poète eût dit :

Où courez-vous ainsi, hors d'haleine et tout pâle?...
Dans cet avis des cieux je commence à voir clair....
Eh quoi! vous n'avez point de plus doux passe-temps?...
Des lambeaux que des chiens se disputaient entre eux....

Ces mots, *tout pâle, voir clair, passe-temps*, et *chiens*, mis en évidence au repos du vers et à l'endroit sensible pour l'oreille, auraient été insoutenables.

Des caractères propres au style familier, on doit inférer que les ouvrages bien écrits dans ce style sont les plus difficiles à traduire; qu'il est même impossible qu'ils passent d'une langue à une autre sans une extrême altération, et la raison en est sensible. Le haut style est partout le même, parce qu'il est partout étranger à l'usage, et qu'il est pris dans l'analogie des images avec les idées, laquelle est à peu près la même dans tous les pays et dans tous les temps : au lieu que les propriétés, les singularités, les finesses, les graces, les délicatesses de chaque langue, son esprit, son génie enfin, sont consignés dans le langage de la société, puisque c'est là que le naturel, les mœurs, les usages d'une nation déposent leur couleur locale : de là vient, par exemple, que Racine est plus difficile à bien traduire que Corneille; et que, dans aucune langue, il n'est possible de traduire La Fontaine et madame de Sévigné.

Quant au choix des locutions qui peuvent passer du langage familier dans le style héroïque, il me semble qu'il est aisé de les reconnaître aux signes que voici : nulle affinité avec les idées, les images auxquelles l'opinion attache le caractère de bassesse ; rien que l'usage ait avili ; de l'exactitude, de la justesse, de l'analogie dans les termes, et pour l'oreille, l'agrément qui résulte de la liaison des mots, du mélange des sons, des nombres qu'ils forment ensemble. Ce choix était le secret de Racine : toutes ses pièces, sans en excepter *Athalie*, présentent mille façons de parler prises dans le familier noble ; et ceux qui veulent qu'on les évite dans le langage des héros, n'ont pas l'idée de ce qui fait la grace et le naturel de la poésie dramatique.

Dans le genre de poésie dont l'hypothèse est l'inspiration, et où le poète parle lui-même, il peut s'élever, autant qu'il lui plaît, au-dessus du langage familier : le sien n'est obligé d'avoir que sa vérité relative ; et le dieu qui l'instruit, comme dans l'épopée, ou qui le possède, comme dans l'ode, peut et doit lui faire parler une langue extraordinaire : son style fait partie du merveilleux de son poëme. Mais dans le genre dramatique, tout est supposé naturel : le style, ainsi que l'action, y doit donc avoir avec la nature une ressemblance embellie.

Je soumets ce que je vais dire à l'examen des gens versés dans la langue de Sophocle et de Démosthène. Mais je crois entrevoir que rien n'est plus rare, dans l'un et dans l'autre, que les expressions éloignées du langage familier noble. Partout où la véhémence du sentiment, et l'énergie qu'il veut se donner, ne demandent pas une figure hardie, rien ne me semble plus naturel que l'éloquence de Démosthène et que la poésie de Sophocle : peu de métaphores, presque point d'épithètes; dans l'un, c'est la raison dans toute sa force et presque dans sa nudité ; dans l'autre, c'est le sentiment approfondi, mais rarement orné par l'expression poétique, et d'autant plus énergique et touchant, que le langage en est plus naturel. (*Voyez* STYLE.)

MARMONTEL, *Éléments de Littérature.*

FARCE. Espèce de comique grossier, où toutes les règles de la bienséance, de la vraisemblance et du bon sens, sont également violées. L'absurde et l'obscène sont à la farce ce que le ridicule est à la comédie.

Or on demande s'il est bon que ce genre de spectacle ait, dans un état bien policé, des théâtres réguliers et décents. Ceux qui protègent la farce, en donnent pour raison que, puisqu'on y va, on s'y amuse; que tout le monde n'est pas en état de goûter le bon comique, et qu'il faut laisser au public le choix de ses amusements.

Que l'on s'amuse au spectacle de la farce, c'est un fait qu'on ne peut nier. Le peuple romain désertait le théâtre de Térence, pour courir aux bateleurs; et, de nos jours, *Mérope* et le *Méchant*, dans leur nouveauté, ont à peine attiré la multitude pendant deux mois, tandis que la farce la plus grossière a soutenu son spectacle pendant deux saisons entières.

Il est donc certain que la partie du public dont le goût est invariablement décidé pour le vrai, l'utile et le beau, n'a fait, dans tous les temps, que le très petit nombre, et que la foule se décide pour l'extravagant et l'absurde. Ainsi, loin de disputer à la farce les succès dont elle jouit, j'ajouterai que, dès qu'on aime ce spectacle, on n'aime plus que celui-là; et qu'il serait aussi surprenant qu'un homme qui fait habituellement ses délices de ces grossières absurdités, fût vivement touché des beautés du *Misanthrope* et d'*Athalie*, qu'il le serait de voir un homme nourri dans la débauche se plaire à la société des honnêtes femmes.

On va, dit-on, se délasser à la farce : un spectacle raisonnable applique et fatigue l'esprit; la farce amuse, fait rire et n'occupe point. Oui, je conviens qu'il est des esprits qu'une chaîne régulière d'idées et de sentiments doit fatiguer. L'esprit a son libertinage et son désordre; il doit se plaire naturellement où il est le plus à son aise, et le plaisir machinal et grossier qu'il y prend sans réflexion, émousse en lui le goût des choses simples et décentes. On perd l'habitude de réfléchir comme celle de marcher, et l'âme s'engourdit et s'énerve, comme le corps, dans une stupide indolence. La farce n'exerce ni le goût ni la raison : de là vient qu'elle plaît à des âmes paresseuses; et c'est pour cela même que ce spectacle est pernicieux. S'il n'avait rien d'attrayant, il ne serait que mauvais.

Mais qu'importe, dit-on encore, que le public ait raison de s'amuser, ne suffit-il pas qu'il s'amuse? C'est ainsi que tranchent sur tout, ceux qui n'ont réfléchi sur rien. C'est comme si on disait : Qu'importe la qualité des aliments dont on nourrit un enfant, pourvu qu'il mange avec plaisir? Le public comprend trois classes : le bas peuple, dont le goût et l'esprit ne sont point cultivés et n'ont pas besoin de l'être, mais qui, dans ses mœurs, n'est déjà que trop corrompu et n'a pas besoin de l'être encore par la licence des spectacles; le monde honnête et poli, qui joint à la décence des mœurs une intelligence épurée et un sentiment délicat des bonnes choses, mais qui lui-même n'a que trop de pente pour des plaisirs avilissants; l'état mitoyen, plus étendu qu'on ne pense, qui tâche de s'approcher par vanité de la classe des honnêtes gens, mais qui est entraîné vers le bas peuple par une pente naturelle. Il s'agit sur-tout de savoir de quel côté il est le plus avantageux de décider cette classe moyenne et mixte. Sous les tyrans, et parmi les esclaves, la question n'est pas douteuse : il est de la politique de rapprocher l'homme des bêtes, puisque leur condition doit être la même, et qu'elle exige également une patiente stupidité. Mais, dans une constitution de choses fondées sur la justice et la raison, pourquoi craindre d'étendre les lumières et d'ennoblir les sentiments d'une multitude de citoyens dont la profession même exige le plus souvent des vues nobles, des sentiments honnêtes, un esprit cultivé? On n'a donc nul intérêt politique à entretenir, dans cette classe du public, l'amour dépravé des mauvaises choses.

La farce est le spectacle de la grossière populace, et c'est un plaisir qu'il faut lui laisser, mais dans la forme qui lui convient, c'est-à-dire avec une grossièreté innocente, des tréteaux pour théâtres, et pour salles des carrefours : par là il se trouve à la bienséance des seuls spectateurs qu'il convienne d'y attirer. Lui donner des salles décentes et une forme régulière, l'orner de musique, de danses, de décorations agréables, et y souffrir des mœurs obscènes et dépravées, c'est dorer les bords de la coupe où le public va boire le poison du vice et du mauvais goût. Admettre la farce sur les grands théâtres, en faire le spectacle de prédilection, de faveur, de magnificence, c'est afficher le projet ouvert d'avilir, de corrompre, d'abrutir une nation. Mais ce sont les spectacles qui rapportent le plus. Ils rapporteront davantage s'ils sont plus indécents encore. Et avec ce calcul, que ne verrait-on pas introduire et autoriser?

Dans le temps que le spectacle français était composé de moralités et de sottises, la petite pièce était une farce ou comédie populaire, très simple et très courte, destinée à délasser le spectateur du sérieux de la grande pièce. Le modèle de la farce est *l'Avocat Patelin*, non pas telle que Brueys l'a remise au théâtre, mais avec autant de naïveté et de vrai comique. Toutes ces scènes qui, dans la copie, nous font rire de si bon cœur, se trouvent dans l'original facilement écrites en vers de huit syllabes, et très plaisamment dialoguées. Un morceau de la scène de Patelin avec le berger, suffit pour en donner l'idée.

PATELIN.

Or viens çà, parle... qui es-tu ?
Ou demandeur, ou défendeur ?

LE BERGER.

J'ai à faire à un entendeur,
Entendez-vous bien, mon doux maître ?
A qui j'ai long-temps mené paître
Les brebis, et les lui gardoye
Par mon serment, je regardoye
Qu'il me payait petitement.
Dirai-je tout ?

PATELIN.

Dea, sûrement,
A son conseil doit-on tout dire.

LE BERGER.

Il est vrai et vérité, sire,
Que je les lui ai assomées,
Tant que plusieurs se sont pâmées
Maintefois, et sont cheutes mortes,
Tant fussent-elles saines et fortes :
Et puis je lui faisais entendre,
Afin qu'il ne m'en peust reprendre,
Qu'ils mourroient de la clavelée :
Las ! fait-il, ne soit plus meslée
Avec les autres, gette-là.
Volontiers fais-je. Mais cela
Se faisoit par une autre voie ;
Car par saint Jehan, je les mangeoye,

Qui savoye bien la maladie.
Que voulez-vous que je vous die?
J'ai ceci tant continué
J'en ai assommé et tué
Tant, qu'il s'en est bien aperçu;
Et quand il s'est trouvé déçu
M'aist Dieu, il m'a fait espier,
Car on les ouist bien crier....
Je sais bien qu'il a bonne cause,
Mais vous trouverez bien la clause,
Se vouslez, qu'il l'aura mauvaise.

PATELIN.

Par ta foi, seras-tu bien aise?
Que donras-tu, si je renverse
Le droit de ta partie adverse,
Et si je te renvoye absouz?

LE BERGER.

Je ne vous payerai point en soulz,
Mais en bel or à la couronne.

PATELIN.

Donc, tu auras ta cause bonne.
. . . .
Si tu parles, on te prendra
Coup à coup aux positions;
En un tel cas, confessions
Sont si très préjudiciables
Et nuisent tant, que ce sont diables.
Pour ce, vecy que tu feras,
J'a tost, quand on t'appellera
Pour comparoir en jugement,
Tu ne répondras nullement
Fors *bé*, pour rien que l'on te die.

Ce petit prodige de l'art, où le secret du comique de caractère et du comique de situation était découvert, eut la plus grande célébrité. Après l'avoir traduit en vers français (car il était d'abord écrit en prose), on le traduisit en vers latins pour les étrangers qui n'entendaient pas notre langue. Il semblerait donc que dès-lors on avait reconnu la bonne comédie; mais jusqu'au *Menteur* et aux *Précieuses ridicules*, c'est-à-dire durant près de deux siècles, cette leçon fut inutile.

Dans les farces du même temps, il y avait peu d'intrigue et de comique, mais quelquefois des naïvetés plaisantes, comme dans celle du savetier qui demande à Dieu cent écus, et qui lui dit de se mettre à sa place.

>Beau Sire, imaginez le cas,
>Et que vous fussiez devenu
>Ainsi que moi pauvre et tout nu,
>Et que je fusse Dieu; pour voir :
>Vous les voudriez bien avoir.

Au bas comique de la farce avait succédé le genre insipide et plat des comédies romanesques et des pastorales; et celui-ci, plus mauvais encore, faisait regretter le premier. On y revenait quelquefois : Adrien de Montluc donna une farce en 1616, sous le nom de *Comédie des Proverbes*, où il avait réuni tous les quolibets de son temps, lesquels sont presque tous usités parmi le bas peuple; et en cela cette farce est un monument curieux. En voici des échantillons.

« La fortune m'a bien tourné le dos, moi qui avais

feu et lieu, pignon sur rue, et une fille belle comme le jour! A qui vendez-vous vos coquilles? à ceux qui viennent de Saint-Michel? Patience passe science. Marchand qui perd ne peut rire; qui perd son bien perd son sang. Il n'y songea non plus qu'à sa première chemise. Il est bien loin s'il court toujours. Il vaut mieux se taire que de trop parler. Tu es bien heureux d'être fait, on n'en fait plus de si sot. Je n'aime point le bruit, si je ne le fais. Je veux que vous cessiez vos riottes, et que vous soyez comme les deux doigts de la main; que vous vous embrassiez comme frères; que vous vous accordiez comme deux larrons en foire, et que vous soyez camarades comme cochons. Je ne sais comment mon père est si coiffé de cet avaleur de charrettes ferrées; quelques-uns disent qu'il est assez avenant; mais pour moi je le trouve plus sot qu'un panier percé, plus effronté qu'un page de cour, plus fantasque qu'une mule, méchant comme un âne rouge, au reste plus poltron qu'une poule, et menteur comme un arracheur de dents..... Vous dites-là bien des vers à sa louange, etc. »

Cette plaisanterie d'un homme de qualité semble avoir été faite sur le modèle du rôle de Sancho Pança: elle parut la même année que mourut Michel Cervantes, le célèbre auteur de don Quichotte.

Que le succès de la farce se soit soutenu jusqu'alors, on ne doit pas en être surpris; mais que la bonne comédie ayant été connue et portée au plus haut degré de perfection, les farces de Scarron aient réussi à côté des chefs-d'œuvre de Molière, c'est ce qu'on aurait de la peine à croire, si l'on ne savait pas que, dans tous les temps, le rire est une convulsion douce, que le plus grand nombre des hommes préfère, autant qu'il le peut sans rougir, aux plaisirs les plus délicats du sentiment et de la pensée.

MARMONTEL, *Éléments de Littérature.*

FAVART (CHARLES-SIMON), poète dramatique, né à Paris le 13 novembre 1710, était fils d'un pâtissier en renom, qui, peu satisfait de la gloire que lui avait acquise l'invention des échaudés, ambitionnait encore celle de poète-chansonnier. Ce goût des belles-lettres lui fit soigner l'éducation de son fils à qui il inspira de bonne heure le désir de faire des vers. A peine sorti du collége de Louis-le Grand, le jeune Favart fit paraître un *Discours sur la difficulté de réussir en poésie;* cet ouvrage ne faisait pas prévoir qu'il était destiné à la surmonter. Son poème de *la France délivrée par la Pucelle d'Orléans,* meilleur que son *Discours,* quoique fort médiocre, lui fit obtenir un prix à l'académie des Jeux Floraux. Encouragé par ce succès, Favart voulut essayer ses forces dans le genre dramatique, et bientôt la réussite la plus complète couronna ses premiers essais. Il a donné, à l'Opéra-Comique et aux Italiens, plus de soixante pièces, parmi lesquelles on distingue *la Chercheuse d'esprit, Acajou, la Fête du château, Annette et Lubin, Ninette à la cour, Bastien et Bastienne, Isabelle et Gertrude, la Fée Urgèle, les Moissonneurs, l'Amitié à l'épreuve, la*

Belle Arsène, les *Rêveries renouvelées des Grecs*, etc. Sa comédie de *Soliman* II ou *les Trois Sultanes*, qui fut d'abord représentée aux Italiens, est passée depuis au théâtre Français, où on la voit encore avec plaisir. Celle de *l'Anglais à Bordeaux*, fut composée à l'occasion de la paix de 1763; ces deux ouvrages prouvent, malgré leurs défauts, que Favart, s'il eût voulu travailler avec moins de rapidité, aurait pu s'élever avec honneur jusqu'à la comédie. Mais il était directeur de l'Opéra-Comique, et la nécessité d'alimenter son théâtre ne lui laissait pas le temps de polir ses ouvrages autant qu'il aurait pu le faire.

Les succès brillants qu'il obtenait, la faveur du public qui ne se lassait pas d'applaudir toutes les nouveautés que lui offrait l'auteur de *la Chercheuse d'esprit*, portèrent ombrage aux Italiens; ils sollicitèrent la suppression de l'Opéra-Comique, et ce théâtre fut fermé en 1745. Ce fut à peu près à cette époque que Favard épousa mademoiselle Duronceray, dite *Chantilly*, actrice de son théâtre, à laquelle il devait en partie la vogue prodigieuse dont il avait joui. Peu de temps après ce mariage, Favart obtint la direction d'une troupe de comédiens, dont le maréchal de Saxe se faisait accompagner à l'armée de Flandre; « J'étais obligé, dit-il dans une
« de ses lettres, de suivre l'armée, et d'établir mon
« spectacle au quartier-général. Le comte de Saxe,
« qui connaissait le caractère de notre nation, sa-
« vait qu'un couplet de chanson, une plaisanterie,
« faisaient plus d'effet sur l'âme ardente du Français

« que les plus belles harangues. Il m'avait institué
« chansonnier de l'armée ; et j'étais obligé d'en cé-
« lébrer les évènements les plus intéressants. »
Madame Favart, actrice aussi distinguée par son
talent et sa beauté que par les graces de son esprit,
eut le malheur de fixer les regards du vainqueur de
Fontenoy ; sincèrement attachée à ses devoirs, elle
ne fit aucun cas des offres brillantes du prince, qui,
peu accoutumé à une telle résistance, osa se porter,
dit la chronique, à des abus d'autorité qui ne font
pas honneur à M. le maréchal. Une lettre de cachet
tint madame Favart un an dans un couvent de
province, et son mari, pour éviter semblable ré-
clusion, fut obligé de prendre la fuite. Enfin l'intéressante captive obtint la liberté de se rendre à
Paris ; et par suite de ses démarches, les persécutions cessèrent aussitôt. Favart reparut, et rendu
à la culture des lettres, il se lia avec l'abbé Voisenon qui s'associa à quelques-uns de ses travaux. Le
nom de madame Favart parut aussi dans cette
association, et, dans le temps, plusieurs personnes
la regardèrent réellement comme l'auteur d'*Annette et Lubin*, de *Bastien et Bastienne*, et de quelques autres petits opéra villageois. Mais on ne tarda
point à reconnaître la faible part qu'elle avait dans
la communauté, ainsi que l'abbé de Voisenon. Selon
toutes les apparences, Favart faisait la pièce ; sa
femme ensuite ajoutait particulièrement à son rôle
des saillies, des traits naïfs et délicats ; et l'abbé,
pour y mettre la dernière main, embellissait, ou
plutôt gâtait l'ouvrage par quelques jeux de mots

bien maniérés, par l'affectation et le clinquant du bel esprit, qui souvent déparent la grâce et la simplicité de ces jolis vaudevilles.

En 1769, Favart obtint une pension de 800 francs de la comédie italienne, qui d'abord la lui avait offerte en lui imposant l'obligation de donner au moins deux pièces par an, et de ne plus travailler pour les autres théâtres. Favart, indigné, répondit que l'honneur lui était plus cher que l'argent, et qu'il ne savait pas vendre sa liberté. Les comédiens un peu confus, lui accordèrent la pension sans condition; il en a joui jusqu'à sa mort, arrivée le 12 mai 1792. Ses pièces de théâtre ont été réunies en 1763 — 1772, 10 vol. in-8°. En 1809, on a publié le *Théâtre choisi* de Favart, 3 vol, in-8°, avec une liste chronologique de tous ses ouvrages.

Ph. T.

JUGEMENT.

Favart est le premier qui ait tiré l'opéra comique de son ancienne et longue roture, et en cela il fit ce que n'avaient pu faire ni Lesage, ni Piron, ni Boissi, ni Fagan : car ces deux derniers ont aussi laissé, mais dans un entier oubli, quantité d'opéra comiques. C'est une nouvelle preuve qu'il n'est pas toujours vrai que qui peut le plus peut le moins, puisque les auteurs de *la Métromanie*, de *l'Homme du jour* et de *Turcaret* n'ont pu faire un seul opéra comique qui ne fût loin, mais très loin, de ceux de Favart. Cet homme vraiment estimable, autant par les qualités sociales que par celles d'écrivain, et à qui l'on ne peut au moins disputer la modestie et la douceur, puisqu'il se laissa si long-temps disputer ses ouvrages par l'opinion trompée, et que celui qu'elle lui donnait si mal à propos pour rival * ne cessa pas d'être son ami; cet auteur si fécond, sans être trop négligé, a réuni dans ses bonnes pièces, qui sont en assez grand nombre, le naturel, la finesse, la grace, la délicatesse et le sentiment. Son chef-d'œuvre, qui est encore, et peut-être sera toujours celui du vaudeville dramatique, *la Chercheuse d'esprit*, a un avantage unique jusqu'ici : c'est de pouvoir être lue et relue avec un plaisir continu, quoiqu'il soit de nature à devoir beaucoup aux tableaux du théâtre et au choix des airs. Dans un sujet assez chatouilleux, il n'y a pas un mot indécent**, et il ne fallait pas un art vulgaire pour déniaiser l'innocence de Nicette sans la ternir, et opérer en si peu de temps sa métamorphose et celle d'Alain, sans que la ressemblance, qui est complète, laisse rien soupçonner au-delà de ce qu'on voit. La petite intrigue de la pièce est très bien ourdie, et ne devait pas être d'une trame plus forte : tous les fils en sont dirigés et entrelacés vers l'objet principal, qui est d'amener, de justifier et de seconder

---

* L'abbé de Voisenon.

** Il y en a un de mauvais goût *mon trognon*, dans un couplet que chante l'Éveillé. Ailleurs, M. Narquois définit l'esprit, *saillie aimable et raisonnée*. La raison peut quelquefois s'exprimer en *saillies*, et c'est ce que l'auteur a voulu dire ; mais c'est précisément quand elle est en *saillies* qu'elle n'est pas en raisonnements, et *saillie raisonnée* offre deux mots incohérents. Ce sont, je crois, les seules taches dans le style ; et le soin même qu'on prend ici de les relever prouve que la pièce est bien écrite.

les démarches de Nicette pour avoir *de l'esprit*. Ce seul mot, d'après le conte si connu dont la pièce est tirée, indique assez ce que l'auteur était obligé de faire, et ce qui n'était rien moins qu'aisé. Il fallait jouer sans cesse avec l'imagination du spectateur, et lui faire attendre toujours ce qu'il était impossible de lui laisser seulement entrevoir sans la blesser elle-même. Aussi la pièce est-elle bien au-dessus du conte, quoiqu'il soit narré comme il appartenait à La Fontaine; et c'est peut-être la seule fois où le *conteur* est resté au-dessous du poète qui le mettait en scène. Combien Favart lui-même en est loin dans *la Servante justifiée!* Le seul dialogue des *deux Commères*, dans le conte, vaut mieux que toute la pièce. Mais ici la prose et les couplets, tout est excellent. Tous les personnages parlent à merveille, c'est-à-dire comme ils doivent parler; tous, hors Nicette et Alain, peuvent avoir quelque esprit, et l'auteur leur donne celui de leur caractère et de la situation. Alain et Nicette n'en manquent point, car ils ne disent point de sottises: ils sont innocents et non pas niais, et leur naïveté n'est pas sans grace, d'autant qu'elle leur fait dire très naturellement des choses qui sont naïves pour eux et gaies pour le spectateur. Les scènes de Nicette et d'Alain sont pleines de cette espèce d'agrément qui était celui du genre et du sujet; et pour l'avoir tout entier sans passer la mesure, il fallait du talent et du goût. « Je suis fâché de n'avoir point
« d'esprit : je vous en ferais présent. — Je ne sais,
« j'aimerais mieux vous avoir cette obligation-là

« qu'à d'autres... — Je ne sais comment ça se fait,
« mais vous me revenez mieux que toutes les filles
« du village. — Et vous, vous me plaisez mieux que
« Robin mon mouton. » Ce dialogue est très bien
conçu dans sa naïveté. *Robin mon mouton* marque
tout au juste où en est encore Nicette. Quelques
scènes après, elle a déjà fait bien du chemin, pas
trop ni trop vite. Mais dans cette même scène le
naïf devient plaisant :

NICETTE.

Cherchons-en ensemble*
Quand nous en aurons,
Nous partagerons.

ALAIN.

Vous avez raison, ce me semble.
J'en trouvarrons mieux
Quand nous serons deux

L'innocence est toujours dans les personnages**, et
la malice pour les spectateurs : on rit, et ni l'un
ni l'autre ne savent pourquoi l'on rit. C'est le comique d'*Agnès*, sauf la disproportion des genres,
qui est la même que celle des deux auteurs ; mais

* De l'esprit.

** Tant mieux pour l'auteur ; mais pourtant quels parents sages et timo-
rés conduiront leur fille a un pareil spectacle ? et ce que je dis de celui-là,
je le dis de tous. La raison et la décence les interdisent aux jeunes personnes : n'y exposez jamais leur innocence ou leur curiosité. Quand elles seront mariées, passe : c'est l'affaire de leur conscience ou de leurs maris. Si
les spectacles sont devenus un mal politiquement nécessaire, il faut au moins
rendre ce mal le moindre possible. Plus ils sont dépravés aujourd'hui, plus
il est à croire qu'ils seront épurés.

en petit comme en grand, la vérité a toujours son prix :

ALAIN.

La part sera bientôt faite.
Dès qu'il m'en viendra,
Tout sera pour vous, Nicette ;
Tout pour vous sera.

C'est le sentiment dans sa simplicité ; et le spectateur, qui l'interprète à sa manière, peut rire sans qu'il y ait de la faute d'Alain. Mais Nicette veut que *tout soit en commun*, et imagine d'aller à Paris avec Alain pour *chercher de l'esprit*.

ALAIN chante

On trouve de tout à Paris :
On en vend là sans doute.
Ne vous embarrassez du prix :
J'en aurons, quoi qu'il en coûte.
Allons ensemble de ce pas :
Et que sait-on? peut-être, hélas !
J'en trouvarrons en route.

Tout cela est fort gai et innocemment gai. Quant aux ressorts de l'intrigue, rien n'est mieux imaginé que cette madame Madré, amoureuse d'Alain, et qui lui donne des leçons au profit de Nicette : c'est la vérité et l'expérience.

Si par hasard on trouvait mauvais (car il faut s'attendre à tout) que j'aie accordé quelques pages d'analyse au mérite d'un opéra comique, comme j'ai cru devoir donner des volumes à celle des chefs-d'œuvre de Melpomène et de Thalie, ce qui a déplu aussi à quelques personnes, je me servirais de la même raison pour l'un et pour l'autre : c'est qu'en tout genre la connaissance approfondie de la perfection instruit cent fois mieux que la censure du médiocre ou du mauvais, et rend en même temps celle-ci beaucoup plus sensible et plus évidente. J'ai toujours laissé à la dernière dix fois moins de place qu'à l'autre : c'est ce qu'aucun critique n'avait fait, et ce qui par cette raison même me restait à faire. J'ose même ajouter qu'il n'y avait qu'un homme de l'art qui pût être critique de cette manière ; ce qui n'était pas encore arrivé, et ce qui fait que ce *Cours*, venu après tant de livres didactiques, ne ressemble à aucun ni par le plan ni par l'exécution. J'aurai occasion de prouver cette dissemblance quand j'aurai à parler de ces mêmes ouvrages, du moins de ceux qui ne sont pas oubliés, et il y en a peu. Ici je me borne à un seul exemple, qui peut faire comprendre comment l'examen et le sentiment du bon peuvent servir à faire rejeter le mauvais. Je ne prendrai pas cet exemple dans ce que le vaudeville moderne a de pis, mais dans ce qu'il a de meilleur, du moins à la représentation, et par les tableaux adaptés à la scène. *Les Amours d'été* ont sans contredit cette espèce de mérite et de succès : la lecture n'en est pas supportable. Jugez-en par ces couplets, les plus applaudis au théâtre, et les plus répétés dans la société :

> Avec les jeux dans le village,
> Quand le printemps fut de retour,

> Je méprisais le tendre hommage
> De tous les bergers d'alentour :
> Mais l'été me rend moins sauvage,
> Et je me demande, à mon tour,
> Ce qui m'enflamme davantage,
> De la saison ou de l'amour.
> . . . .
> Sous les arbres du voisinage
> Évitons la chaleur du jour.
> Mais, hélas! il n'est point d'ombrage
> Qui mette à l'abri de l'amour.

Je ne connais rien de plus mauvais que ces couplets. C'est, je crois, la première fois qu'on s'est avisé de donner à l'amour, et à l'amour de village, un caractère si grossier : et comme la grossièreté y est crûment exprimée! *La saison ou l'amour.* Que cette réunion est touchante ; et comme Guillot en serait flatté, s'il entendait ce monologue champêtre. Comme elle est intéressante cette jeune villageoise qui nous apprend qu'elle est insensible dans le printemps, dont pourtant la nature elle-même a fait la saison de l'amour, célébrée par tous ceux qui ont chanté l'un et l'autre; mais que les chaleurs de l'été *la rendent moins sauvage!* Si cet étrange excès d'indécence n'a pas été hué, il ne faut pas l'attribuer seulement à l'inimitable talent de l'actrice qui chantait ces couplets ; il faut ici reconnaître un public devenu si *philosophiquement* matériel, qu'on peut lui offrir sans honte ce que la nature elle-même a honte de montrer. Voilà le progrès de la contagion générale qui suit la subversion des principes. L'art se bornait du moins à déguiser, à embellir les faiblesses dont le cœur s'excuse, et cela seul n'était déjà que trop dangereux : on a fini par étaler les besoins humiliants que la nature raisonnable rougit d'avouer, parce qu'ils la rapprochent de la brute.

Après ce grand vice d'immoralité, c'est peu de chose qu'une cheville telle que *les arbres du voisinage*. Le voisinage est là trop visiblement pour remplir le vers, puisque jamais personne n'a dit de l'arbre qui borde le chemin, *l'arbre du voisinage*. Une faute plus choquante, c'est le bel esprit de la paysanne :

> Mais, hélas ! il n'est point d'ombrage
> Qui mette à l'abri de l'amour.

Apollon ne parle pas autrement dans Ovide :

> Hei mihi ! quòd nullis amor est medicabilis herbis.

Mais ce n'est pas lui qui enseigne à faire parler la maîtresse de Guillot comme l'amant de Daphné. Je n'en dirai pas davantage pour ne pas trop anticiper sur *la littérature actuelle*, et je reviens à Favart.

Il a été, sur la scène, le meilleur peintre des amours de village; et en présupposant le talent, sans lequel il n'y a rien, il était naturel que cette espèce de perfection se rencontrât sur un théâtre où il est permis de descendre à la nature commune, pourvu qu'elle soit vraie, et où la musique y joint un charme qui relève la petitesse des détails. *Jeannot et Jeannette*, *Bastien et Bastienne*, *Ninette à la Cour*, *Annette et Lubin*, sont les modèles de ce genre, et rien n'a pu encore s'en rapprocher. Il est à remarquer que dans la pièce de *Bastien et Bastienne*, donnée comme parodie du *Devin du village*, le fond est absolument le même que dans cet heureux mélodrame de Rousseau. Les scènes de l'un sont toutes calquées sur celles de l'autre; et ici la parodie, loin d'être une critique, n'est qu'une imitation, ou même une espèce de lutte à qui traitera mieux un sujet dont l'idée la plus ancienne est le *Donec gratus eram* d'Horace, et a été si souvent reproduite, sous diverses formes. Rousseau a sur Favart l'avantage de l'invention théâtrale, qui, si l'on veut, est peu de chose, mais enfin qui est à lui; Favart a, ce me semble, celui d'une vérité plus naïve. Les personnages de Rousseau sont des bergers, il est vrai; mais leur langage fait quelquefois souvenir de la ville : dans Favart, ils sont toujours villageois; tout ce qu'ils disent est du village.

>Dans ma cabane obscure,
>Toujours soucis nouveaux;
>Vent, soleil ou froidure,
>Toujours peine et travaux.
>Colette, ma bergère,
>Si tu viens l'habiter,
>Colin dans sa chaumière,
>N'a rien à regretter.
>
>Des champs, de la prairie,
>Retournant chaque soir,
>Chaque soir plus chérie,
>Je viendrai te revoir.

> Du soleil dans nos plaines,
> Devançant le retour,
> Je charmerai mes peines
> En chantant notre amour.

Tout cela est assez, et peut-être trop élégamment pastoral. *Devancer le retour du soleil, charmer ses peines*, ne laisse pas que d'être bien écrit pour Colin. Écoutons Bastienne :

> Plus matin que l'aurore
> Dans nos vallons j'étais.
> Bien après l'soir encore,
> Dans nos vallons j'restais.
> Le travail et la peine,
> Tout ça n'me coûtait rien.
> Hélas! c'est que Bastienne
> Était avec Bastien.
>
> Drès que le jour se lève
> Je voudrais qu'il fût soir,
> Et drès que l'jour s'achève,
> Au matin j'voudrais me voir.
> D'où vient qu'tout me chagrene,
> Et que j'n'ons cœur a rien?
> Hélas! c'est que Bastienne
> N'voit plus son cher Bastien.
>
> Le chang'ment de c'volage
> Devrait bien m'dégager;
> Mais j'n'en ons pas l'courage,
> Et je n'fais qu'm'affliger.
> D'un ingrat quand on s'venge,
> C'est se dédommager,
> Mais, hélas! Bastien change,
> Et je n'saurais changer.

FAVART.

Aux inversions près, qui conviennent peu à ce genre de style, mais qu'on ne saurait toujours éviter, celui de Bastienne est ici plus près de la nature que celui de Colin. Je poursuis cette comparaison, qui n'est pas indifférente :

>   Si des galants de la ville
>   J'eusse écouté les discours,
>   Ah ! qu'il m'eût été facile
>   De former d'autres amours !
>   Mise en riche demoiselle,
>   Je brillerais tous les jours ;
>   De rubans et de dentelles
>   Je chargerais mes atours.
>
>   Pour l'amour de l'infidèle
>   J'ai refusé mon bonheur.
>   J'aimais mieux être moins belle,
>   Et lui conserver mon cœur.

Ce que dit Colette est généralement bien, si ce n'est que *charger ses atours de rubans et de dentelles* est trop bien pour elle, puisqu'un poète s'en contenterait. *J'ai refusé mon bonheur* me fait aussi quelque peine, sur-tout à cause des deux vers suivants, qui en sont le démenti. Mais voyons comment Favart a brodé ce canevas de couleurs bien autrement villageoises.

>   Si j'voulions être un tantet coquette,
>   Et prêter l'oreille aux favoris,
>   Que je ferions aisément emplette
>   Des plus galants monsieux de Paris !
>   Mais Bastien est l' seul qui peut nous plaire

　　　　Et j'ons sans mystère
　　　　Toujours répondu :
　　Laissez-nous, messieux, je somm' trop sage :
　　　　Sachez qu'au village
　　　　J'ons de la vartu.

　　Au déclin du jour, près d'un bocage,
　　Un jeune monsieu des plus gentis,
　　Voulait, dans un brillant équipage,
　　Nous mener, c' dit-il, jusqu'à Paris.
　　Il voulait m'donner ribans, dentelle ;
　　　　Mais toujours fidèle,
　　　　J'y ons répondu :
　　Laissez-nous, etc.

　　« En honneur, je vous trouve charmante,
　　« Me dit un jour un petit collet ;
　　« Venez, vous serez ma gouvernante,
　　« Chez moi vous vous plairez tout-à-fait. »
　　Tous ces biaux discours n'étiont qu' finesse.
　　　　J'ons connu l'adresse,
　　　　Et j'ons répondu :
　　Laissez-nous, etc.

Cela est excellent : on croit entendre une jolie fille de village qui a pu être plus d'une fois exposée à de pareilles attaques. Je conçois que le théâtre du grand Opéra n'ait pas paru alors, même dans *le Devin du village*, susceptible de ce genre de gaieté qu'il a cherché depuis dans de mauvaises farces, où rien n'approche seulement d'un de ces couplets de Bastienne ; mais je dis qu'ils sont parfaits dans leur genre, et que l'auteur ne les a dus qu'au talent qu'il y apportait, et que personne n'a eu au même degré. Tout se réunit ici, vérité, gaieté, et, tout en passant, critique de mœurs. Les couplets suivants me semblent encore au-dessus, parce qu'ils sont pleins de sentiment et de grâce, et ne sont pas imités du *Devin*.

> Autrefois à sa maîtresse
> Quand il volait une fleur,
> Il marquait tant d'allégresse,
> Qu'elle passait dans mon cœur.
> Pourquoi reçoit-il ce gage
> D'une autre amante aujourd'hui ?
> Avions-je dans le village
> Queuq'chos'qui n'fût pas à lui ?
> Mes troupiaux et mon laitage,
> A mon Bastien tout était.
> Faut-il qu'une autre l'engage
> Après tout ce que j'ai fait ?

> Pour qu'il eût tout l'avantage
> A la fête du hamiau,
> De ribans à tout étage
> J'ons embelli son chapiau.
> D'une gentille rosette
> J'ons orné son flageolet.
> C'n'est pas que je la regrette ;
> Malgré moi l'ingrat me plaît.
> Mais, pour parer ce volage,
> J'ons défait mon biau corset,
> Faut-il qu'une autre l'engage
> Après tout ce que j'ai fait.

Jamais la nature, dans toute la simplicité de la vie champêtre, n'a rien inspiré de plus vrai, de plus tendre, de plus gracieux que ces deux couplets-là. Je les sais depuis ma première jeunesse, et ils me paraissaient nouveaux quand je les ai lus. *J'ons défait mon biau corset* est un trait sans prix : qu'est-ce qu'une amante de village peut faire de plus ? *C'n'est pas que je la regrette* est un mot qui sort du cœur, et que Bastienne explique dans le vers suivant sans songer à l'expliquer : *Malgré moi l'ingrat me plaît*. Le refrain est plein du même intérêt; enfin il n'y a rien là qui n'ait pu être dit et senti au village, et rien qui n'ait du charme. On aurait tort d'en conclure qu'une ressemblance si fidèle est bien aisée. C'est tout le contraire : voyez comme elle est rare ! C'est qu'il faut beaucoup d'esprit pour mettre ainsi le village sur la scène, en choisissant ce qu'il a d'agréable et d'intéressant, et ôtant tout ce qui peut être bas et déplaisant. Cela demande plus d'art qu'on ne pense : *In tenui labor, at tenuis non gloria*, du moins quand on atteint à ce point de perfection. Je me livre d'ailleurs très-volontiers, je l'avoue, au plaisir de développer cette nature-là, parce qu'elle a encore l'avantage d'être innocente.

Presque tous les couplets de ce petit ouvrage ont ce mérite du naturel, précieux partout, et ici le premier. Voyez encore Favart en parallèle avec Rousseau, dans les rôles de Bastien et de Colin.

> Non, non, Colette n'est point trompeuse :
>   Elle m'a promis sa foi.
>   Peut-elle être l'amoureuse
>   D'un autre berger que moi?
> Non, non, etc.

FAVART.

Combien Favart a l'imagination plus riche quand il fait parler Bastien!

> Bon, bon, vous m'contez eun'fable :
> Si Bastienne aime, c'est moi.
> Pour me faire un tour semblable;
> Elle est de trop bonne foi.
> Quand je la trouvons gentille,
> A' m'trouve aussi biau garçon.
> Et Bastienne n'est pas fille
> A' m'dire un oui pour un non.
>
> Si j'allons dans la prairie,
> All' me guett' venir de loin.
> Pour m'faire queuqu'tricherie,
> All' se gliss' darrière l'foin.
> All' me jette de la tarre,
> Et queuquefois aussi, dà,
> All' me pousse dans la mare :
> Ce sont des preuves que çà.
>
> Et pis, c'jour qu'à la main chaude
> On jouait sur le gazon,
> Moi, qui ne sis pas un glaude,
> Je m'y boutis sans façon.
> All', toujours folle et maleigne,
> Pour se divartir un brin,
> Courut tôt prendre eun' épeigne,
> Et m'en tapit dans la main.

C'est originairement le *malo me Galatea petit* de Virgile; et dans l'églogue il était de droit et de devoir de joindre l'élégance des vers à la fidélité des tableaux. Fontenelle, qui a trop négligé l'une et l'autre, s'en rapproche quelquefois, à la suite des anciens; et ce trait est un de ceux qui ne lui ont pas échappé, et dont il a profité aussi bien qu'il le pouvait :

.....Elle vint par derrière
Au fier et beau Damis ôter sa pannetière.
. . . .
Ces tours-là ne se font qu'au berger que l'on aime.

Ce vers est très-joli; mais c'est une bergère qui le dit à son amant, et j'aimerais mieux que ce fût à sa compagne, comme par malice ou par reproche : ce sont de ces petits secrets que les femmes gardent volontiers entre elles, et qu'elles nous laissent deviner. Dans l'églogue de Virgile et dans la pièce de Favart, c'est un amant qui s'en vante, et fort à propos, car au village même on devine fort bien ce que les femmes ne disent pas, et c'est ce qui fait que ce vers charmant, *Ce sont des preuves que ça*, me plaît encore plus que celui de Fontenelle, quoique celui-ci soit du petit nombre des vers d'églogue que l'on rencontre dans ses pastorales.

Jeannot et Jeannette, ou *les Ensorcelés*, roulent à peu près sur ce même fond qui avait déjà si bien réussi dans la *Chercheuse d'esprit* : la première innocence et les premiers désirs, et l'embarras de l'ignorance avec l'aiguillon de la curiosité; tableau que la poésie, les romans, le théâtre, ont si souvent reproduit, à dater de *Daphnis et Chloé*, et qui est toujours plus ou moins séduisant. Il y a quelque mauvais goût dans le rôle de *Guillaume* le maréchal :

> Ah ! ma poitreine est un'forge d'amour,
> Dont mes soupirs soufflent l'feu nuit et jour, etc.

C'est de la poésie de Vadé quand il veut donner de l'esprit à ses personnages de la Rapée. Mais il est très rare que Favart donne dans ce grotesque phébus, et les deux rôles de Jeannot et de Jeannette sont au nombre des meilleurs qu'il ait faits. Rien n'est à la fois plus naïf et plus gai que ces deux enfants, à qui l'on fait accroire qu'on a jeté un sort sur eux, et qui s'en accusent réciproquement, jusqu'à ce qu'ils en viennent à se guérir du *sortilège*, à peu près comme Alain et Nicette. Cette crédulité est du village, comme elle est de leur âge, et fournit des scènes, en vaudevilles, où la difficulté technique d'un rhythme extrêmement varié ne gêne en rien l'aisance d'un style et d'un dialogue vif et rapide. Ce mérite, qui se fait remarquer partout, dans les pièces de Favart, n'a été égalé nulle part ! Panard lui-même n'y atteint que dans le vaudeville moral, et la différence est grande ; car dans ce dernier, le poète parle tout seul, et dans l'autre, les acteurs dialoguent. Ce morceau, parodié sur l'*Allemande suisse* : *V'là qu'est fini, Tu s'ras puni*, est en ce genre de la plus étonnante facilité ; et l'auteur en a vingt qui ne sont pas moins bien tournés. Il place le vers monosyllabique tout aussi bien que Panard, quant à la construction, et y joint les effets de la scène et du dialogue; ce que Panard n'a jamais su faire :

> Hélas ! j' me croyais près de toi,
> Roi.
> . . . .
> Tiens, Jeannot,
> Sans dir' mot,
> S'enfuira s'il t'aperçoit.

JEANNETTE.

> Soit.
> . . . .
> V'là tes présents
> Que j' te rends.
> Prends.

JEANNOT.

> Je s'rais niais
> Si j'y touchais.
> Lia d'l'artifice,
> Du maléfice ;
> Et tu fais
> Ça tout exprès.
> Sur d'autres jette tes sorts.
> Sors.

Et cet air en couplets alternés, dont le refrain est si heureux et toujours si bien préparé :

> Çà, Jeannot, en bonne foi
> Qu'est c' qui fait m' fait tourner la tête ?
> Çà, Jeannot, en bonne foi,
> Diras-tu que ce n'est pas toi ?

Mais un couplet que je préférerais à tout, c'est celui-ci :

> Dès que je vois passer Jeannot,
>   Tout aussitôt je m'arrête.
> Quoique Jeannot ne dise mot,
> Près d'lui chacun m'paraît bête.
> Quand i'm'regarde, i'm'interdit ;
> Je deviens rouge comm' un' fraise,
> Apparemment que l'on rougit
>   Lorsque l'on est bien aise.

Je ne connais que Favart, qui sache si bien donner à la naïveté un fond d'esprit qui ne la dénature pas, parce que cet esprit n'est autre chose qu'un sentiment vrai de la nature. C'est bien lui que l'on pourrait appeler le La Fontaine du vaudeville, et non point Panard, qui en général n'est que sensé et soigné, mais d'un sérieux très froid, et trop souvent dénué de grace. Favart en a, et beaucoup ; par exemple dans ces deux vers :

> Apparemment que l'on rougit
>   Lorsque l'on est bien aise.

La grace tient ici à ce que la finesse est cachée sous l'air de l'ignorance qui devine.

> Quoique Jeannot ne dise mot,
> Près d'lui chacun m'paraît bête.

N'est-il pas très ingénieux d'avoir su exprimer avec une simplicité qui semble niaise ce qu'on a pu observer plus d'une fois dans des sociétés qui n'étaient pas celles de Jeannot et Jeannette? Mettez en maxime, dans le vers le mieux tourné, que pour nous personne n'a plus d'esprit que celle que nous aimons; ce ne sera qu'une vérité bien exprimée : dans Jeannette c'est un sentiment. Quelle différence, et combien il est heureux que Jeannette n'ait d'esprit que celui que l'amour donne!

Ninette à la Cour est une très jolie petite comédie, fort supérieure à presque toutes ces pièces d'un acte ou deux, ou même de trois, jouées depuis quarante ans au théâtre Français, et qu'a fait valoir ou supporter la supériorité réelle que ses acteurs ont toujours conservée dans le comique, devenu sa seule gloire et sa seule richesse depuis qu'il a perdu Lekain. Exceptez-en *les Fausses Infidélités* et *les Philosophes*; d'ailleurs, vous ne citerez pas une seule pièce parmi celles de Dorat, de Rochon, de Poinsinet, de Forgent, de Dudoyer, etc., qui vaille à beaucoup près *Ninette à la Cour*. C'est sans comparaison la meilleure du théâtre Italien; et en y joignant *les Étourdis* [*] et *l'Embarras des Richesses* [**], vous aurez à peu près tout leur fond en comédies de trois actes, avec une seule pièce en cinq, *Tom-Jones à Londres*. Je ne fais pas entrer dans cette comparaison les autres opéra comiques du même théâtre, soit de Favart lui-même, soit d'autres auteurs : je considère ici *Ninette à la Cour* comme une comédie, parce que c'en est une. L'auteur y introduit des personnages nobles, et sa pièce

[*] De M. Andrieux.
[**] De d'Alinval.

n'est pas sans intrigue. Il tire la sienne tout entière du caractère de Ninette, dont il a fait un personnage fort au-dessus de son état, il est vrai, mais non sans vraisemblance, puisque tout est suffisamment justifié par ces vers que, dès la seconde scène, il met dans la bouche du prince amoureux de Ninette :

>On m'a dit qu'une vieille dame,
>Contrainte par le sort d'habiter en ces lieux,
>Et qui vivait comme une pauvre femme,
>Avait, par un soin complaisant,
>Formé l'esprit de cette belle enfant,
>En laissant toujours dans son âme
>Une aimable simplicité,
>Une franchise honnête et beaucoup de gaîté.

Ce sont en effet les qualités de Ninette ; et quoique sa conduite soit fort adroite et fort avisée, ce qu'elle montre d'esprit et même de malice tient aux intentions toujours pures d'un cœur droit et sensible, qui veut se conserver l'amant qu'il a choisi, et rendre à ses devoirs un prince que l'amour a égaré. Son éducation rend toute cette marche assez probable, et l'exécution est charmante. Ninette est un des rôles les plus agréables à jouer et à voir jouer : c'était le triomphe de madame Favart [*] ; et

---

[*] ... le fut long-temps idolâtrée du public, au point de donner de l'humeur ... Voltaire, qui en prenait assez volontiers de tout succès qui n'était pas le ... « Peuple qui vous passionnez, tantôt pour une actrice de la « comédie ... ienne, tantôt, etc. » C'était de madame Favart qu'il parlait. Je ne dis r... quelques pièces qui portent son nom, dans le recueil de celles de son ... ri. Je ne doute pas qu'elle n'eût de l'esprit : mais, dans une

l'auteur méritait de trouver dans son épouse des talents si analogues et si utiles aux siens, et qui la mettoient avec lui en société de gloire et de succès. Les rôles du prince Astolphe et de la comtesse Émilie, qu'il doit épouser, sont très-convenablement tracés; mais Ninette est l'âme de la pièce; elle y est tout; elle en a fait à elle seule le nœud, l'action et le dénouement. Ce dénouement sur-tout est ce qu'il y a de mieux conçu, et exige ici quelque détail, pour plus d'une raison. Astolphe, qui a promis sa main à la comtesse Émilie, et rend justice à ses attraits et à ses sentiments, s'est pourtant pris d'un goût assez vif pour Ninette, qu'il a vue à la chasse. Il lui a proposé de l'emmener à sa cour, et Ninette y a consenti, moitié curiosité et vanité, moitié pour corriger son amant Colas, dont la jalousie est un peu brusque. Son premier soin est d'obtenir qu'on le fasse venir aussi à la cour, où il joue à peu près le rôle de Thaler dans le *Démocrite* de Regnard. La malicieuse Ninette s'amuse de ses inquiétudes et de ses soupçons, qu'elle se promet de faire bientôt cesser; elle-même est exposée aux railleries et aux mépris d'Émilie, en présence même du prince, qui n'ose le trouver mauvais, de peur d'avouer une infidélité qu'il dissimule, et qu'il déguise sous le prétexte de se divertir, lui et sa cour, d'une petite paysanne et de son amant Colas. Il n'en poursuit pas moins ses desseins sur Ninette; et celle-ci, qui

pareille communauté, il serait difficile de lui faire sa part; et c'est ce que fait entendre assez clairement l'éditeur de Favart dans une préface très sensée, ce qui n'est pas commun dans ces sortes de morceaux de commande.

a aussi ses vues, feint d'être brouillée avec Colas, et promet à Fabrice, écuyer du prince, un entretien secret avec lui dans la soirée; elle veut de plus que Colas en soit témoin, quoique caché, afin qu'il ne doute pas du triomphe de son rival; et pour cela il suffit qu'on n'ait pas l'air de prendre garde à Colas, qui la guette sans cesse, et qui ne manquera pas de trouver quelque cachette dans la chambre de Ninette, pour peu qu'on ne l'en empêche pas. Tout s'arrange comme elle le désire, et cette précaution de faire cacher Colas éloigne déjà de ce rendez-vous nocturne tout ce qui pourrait blesser les bienséances. Ce n'est pas tout : elle a ouvert son cœur à Émilie, malgré toutes ses hauteurs, et lui a dicté son rôle pour cette scène de nuit, où l'on va voir que toutes les vraisemblances sont réunies à toutes les convenances, de manière à produire un dénouement heureux et irréprochable. Colas s'est caché sous une table; et à peine Astolphe paraît-il, que Ninette éteint les bougies, au grand étonnement du prince; mais elle lui fait entendre que c'est pour se mettre à l'abri de toute surprise de la part d'un rival qui l'espionne. *Attendez un moment*, dit-elle; et aussitôt elle fait entrer doucement Émilie dans l'obscurité, et se place derrière elle, en sorte que le prince lui adresse réellement tout ce qu'il croit dire à Ninette; et celle-ci, qui est tout près, répond pour Émilie, qui ne dit que quelques mots à part et tout bas. Il arrive de là que, pendant toute la scène, le prince est trompé et doit l'être, et qu'aucune invraisemblance ne choque les yeux ni l'oreille du spectateur. Pour cette fois, ce n'est plus ici de ces dialogues nocturnes, tels surtout que celui des *Noces de Figaro*, où quatre a cinq acteurs, qui se connaissent parfaitement, conversent un quart d'heure sans se reconnaître à la voix, que pourtant ils ne déguisent pas ; ce qui est absolument impossible, et ce qui est la chose du monde la plus choquante dans tous ces *imbroglio* espagnols et italiens, redevenus français, qui sans doute n'obtiennent tant d'indulgence qu'en faveur des priviléges d'un genre où l'on ne se pique pas de raison. La raison et le goût ne peuvent qu'applaudir à un auteur qui, dans un opéra-comique, s'est cru obligé d'observer les règles de l'art avec beaucoup plus de soin qu'on n'en met dans beaucoup de comédies. Le dialogue, parodié sur un air italien (*l'Écho*), est de la plus heureuse précision ; et bien d'autres airs, empruntés aussi des intermèdes italiens qui depuis quelques années étaient en vogue à Paris, contribuèrent au grand succès de cette pièce, comme à celui de *Raton et Rosette*, autre parodie, mais faible et froide, et qui ne se soutint quelque temps que par la musique. *Ninette* et *Bastien et Bastienne* firent une fortune prodigieuse, et pendant des années l'affluence publique ne l'épuisait pas.

Ninette termine la dernière scène : au moment où Astolphe croit être à ses genoux, quand il est à ceux d'Émilie, Ninette paraît tout à coup avec deux flambeaux allumés ; ce qui met les quatre personnages en situation. Colas sort d'une crise qui a diverti les spectateurs, d'autant plus qu'entendant toujours la voix de Ninette, il a dû se croire aussi complètement trahi qu'il est possible; et sa joie imprévue est aussi comique que son chagrin. On comprend que le prince, pris en flagrant délit, et si bien éconduit par une fille de village, n'a rien de mieux à faire que d'obtenir d'Émilie son pardon, qu'elle ne demande pas mieux que d'accorder; et l'auteur n'a pas négligé non plus de préparer toujours son dénouement par les reproches continuels que se fait Astolphe, de plus en plus sensible aux chagrins d'Émilie et aux efforts qu'elle fait pour les surmonter. C'est Ninette qui a tous les honneurs de la journée, et qui les mérite. Quand on lit cette pièce, on n'est point du tout surpris de toute la faveur qu'elle obtint. L'opéra comique s'élevait ici pour la première fois (en 1756) jusqu'à la bonne comédie, celle qui instruit en amusant, et qui moralise en badinant. Le dialogue en est toujours vif et spirituel, et offre de jolis détails et des critiques de mœurs. Ninette, telle qu'on la représente, ne monte point trop haut lorsqu'elle dit :

..... Eh bien! je suis très lasse
(Puisqu'il faut parler net) de ce pays maudit,
    Où sans affaire on se tracasse,
    Où l'on mange sans appétit,
    Où sans dormir on reste au lit,
    Où pour s'étouffer on s'embrasse,
    Où poliment on se détruit...

Et comme Émilie se met à rire, elle ajoute :

    Où d'un air triomphant on rit

Pour cacher un secret dépit;
Où la gaîté n'est que grimace,
Où le plaisir n'est que du bruit.

Ces vers sont un peu dans les formes redoublées de ceux de Panard, mais d'une marche plus aisée et plus rapide, et qui s'arrête à propos. Les portraits de la toilette et de l'éventail sont d'un style plus brillant, et l'esprit y est prodigué, mais non hors de place, puisque ce sont des gens de cour qui parlent. L'accord des paroles et du chant est parfait dans tous ces airs, autrefois tant chantés : *Colas, je renonce au village*, etc.; *Contente, je chante*, etc.; mais il y a aussi des morceaux où, pour s'approprier les beautés de la musique des Italiens, il a fallu prendre leurs mauvaises paroles, et tomber dans le défaut de leurs éternelles comparaisons, si déplacées dans la scène, et qui ne seraient que musicales, si l'on prenait le parti de les rejeter du moins dans les divertissements, comme cela est très aisé; et alors il n'y aurait rien de perdu et rien de gâté.

Le vent dans la plaine
Suspend son haleine;
Mais il *s'excite*
Sur les côteaux :
Sans cesse il agite
Les orgueilleux ormeaux, etc.

Tout ce plat verbiage, pour dire qu'il fait plus de vent sur les montagnes que dans les plaines, ne convient ni à la scène ni à Ninette; et c'est encore pis lorsque Astolphe amoureux vient nous chanter :

> Le nocher, loin du rivage,
> Lutte en vain contre l'orage, etc.
> Ainsi mon cœur, qu'amour tourmente,
> Est agité,
> Est emporté.

Ah! tu es comme un *nocher*, et tu te dis amoureux! Je puis t'assurer que les amoureux ne font point de comparaisons poétiques, ou du moins ne les vont pas chercher si loin, et ne les font pas si longues. Je pardonne à Favart, qui a rarement payé ce tribut à la musique. Je l'aime assurément autant qu'un autre, mais non pas au point qu'elle puisse me faire supporter des balivernes rimées, dont elle a dans ses archives dramatiques une si ample provision.

Il y a beaucoup moins d'invention et d'art dans *Annette et Lubin*, où l'auteur a presque tout emprunté du conte dont la pièce est tirée, et souvent même des détails heureux. Ce n'était pas un tort sans doute; mais c'en était un de faire entrer dans cette espèce d'églogue dramatique des traits d'une philosophie déplacée et fausse, dès lors, il est vrai, applaudie partout, mais qui n'en sont pas moins contraires au bon sens, et l'un des abus d'esprit qui commençaient à se montrer dans les écrits de Favart, et y font d'autant plus de peine, que cet écrivain a généralement du naturel et du goût. Il n'en fallait pas beaucoup pour supprimer la grossesse d'Annette; elle n'aurait pas été supportée au théâtre, et il a été réservé au *drame honnête* (comme disait Diderot), d'y introduire cette sublime *nouveauté*, renouvelée du temps de Hardy, où l'on entendait sur la scène les cris de l'accouchement dans les coulisses, comme on y entendait aussi les cris du viol. Favart n'a pas non plus fait usage du seul obstacle réel à l'union d'Annette et de Lubin, qui, dans le conte, sont cousins-germains : il ne pouvait pas *philosopher* sur la scène aussi hardiment que Marmontel dans le *Mercure*, contre les liens de parenté et les dispenses. Mais il en résulte aussi qu'il manque un ressort à la vraisemblance, mérite d'autant plus nécessaire, sur un fond si simple, qu'il y était plus facile. Annette et Lubin, dès que le bailli leur a fait connaître leur faute, qui n'est que celle de leur ignorance, n'ont qu'un cri pour être mariés; et, dans le fait, rien ne les en empêche. Si le bailli leur répond :

> Vous marier! Eh! que pourriez-vous faire?
> Vous êtes pauvres tous les deux.
> Vous rendriez vos enfants malheureux...

on le passe au bailli, qui est rival de Lubin, et veut épouser Annette; mais Lubin, qui n'est pas un sot, et qui réplique fort bien :

> Quand on sait travailler, on craint peu la misère ;

Lubin doit savoir que la pauvreté n'est pas une défense de se marier au village ni même à la ville. La pièce finirait donc là comme le conte, si les deux amants prenaient le seul parti que naturellement ils doivent prendre, celui de s'adresser tout de suite à leur seigneur, qui est bon et généreux, et de lui dire : Mariez-nous. Mais il faut un peu plus d'action pour la plus petite pièce de théâtre, qu'il n'y en a dans le conte de Marmontel, dont tout l'agrément est dans les détails. Favart a donc employé deux incidents qui sont à lui, l'enlèvement d'Annette, que le seigneur fait conduire à son château, et la violente témérité de Lubin, qui l'en arrache à force ouverte, en maltraitant les gens du seigneur. Ces deux incidents pourraient passer dans un *imbroglio*, où l'on n'y regarde pas de si près ; mais dans une aventure si naturelle et si simple, les moyens doivent être plus vraisemblables. Il n'y a nulle raison pour que le seigneur s'empare d'Annette ; il n'en a pas le droit ; et la décence exigerait du moins qu'elle fût placée au château auprès de l'épouse, ou de la sœur, ou de la tante du seigneur ; en un mot, auprès d'une femme. Il n'y a ici pas plus d'excuse que que de décence, puisque le seigneur, en trouvant Annette fort jolie, n'en est point amoureux comme Astolphe l'est de Ninette, et que tout ce rôle du seigneur, qui est à peu près nul, ne sert qu'au dénouement. Il n'est pas trop croyable non plus que le jeune Lubin, quoiqu'il puisse avoir de force et d'amour, attaque impunément et mette en fuite avec un bâton toute une maison ordinairement nombreuse, et qui a des fusils sous la main, puisqu'on revient de la chasse. Mais ces observations prouvent seulement que l'exacte vraisemblance est trop souvent comptée à peu près pour rien dans l'opéra comique comme dans le grand opéra. C'est une excuse, du moins au théâtre, pour ceux qui se permettent tout : mais il en résulte aussi un mérite de plus, et très réel, pour ceux qui obtiennent de l'effet sans violer les règles du bon sens ; et ce mérite distingue avantageusement plusieurs des bonnes pièces du genre, à commcener par celles de Favart. Il s'en est écarté ici ; mais les scènes entre Annette et Lubin forment des tableaux charmants qui ont couvert et dû couvrir les fautes. Tout ce qui est en chanson a obtenu le succès le plus décisif, celui d'être sur-le-champ retenu et répété partout. *Annette, à l'âge de quinze ans*, etc. ; *Lubin est d'une figure*, etc. ; *Ma chère Annette n'arrive pas*, etc. ; *Pour orner ma retraite*, etc. ; *Monseigneur, Lubin m'aime*, etc. ; *Jeune et novice encore*, etc. ; *Le cœur de mon Annette* ; et ce refrain si bien choisi : *Eh! mais, oui dà, Comment peut-on trouver du mal à çà?* Tout cela respire à la fois le sentiment, la grace et la gaieté, réunion qui est la perfection de ce genre de vaudeville où Favart a sans contredit le premier rang. Il s'y mêle très peu de taches, et qu'il ne faudrait pas même remarquer, tant elles sont légères. Peu de couplets faibles : l'auteur en général les tourne si bien, qu'à peine y apercevrait-on un mot de trop ; et ceux qui ne sont pas aussi bons que les autres, ne se chantent pas même à la représentation ; par exemple, deux couplets d'une moralité froide, et qui ne pouvaient guère se trouver que dans le rôle du seigneur. Le dialogue n'est pas de même à l'abri du reproche ; il s'en faut : l'auteur a beau nous faire entendre qu'Annette et Lubin, allant souvent à la ville, ont pu former jusqu'à un certain point leur esprit et leur langage : il y a ici des choses que jamais ils n'ont pu dire ni penser, à moins qu'ils ne soient autres qu'on ne nous les représente. Il y a même une sorte de contradiction doublement vicieuse. Quelquefois leur ignorance passe de beaucoup celle de leur condition, comme dans l'endroit où Lubin s'écrie :

> Morgué, si je savais
> Comment on se marie !

Et où donc, dans quel village, dans quel hameau deux jeunes gens de l'âge de Lubin et d'Annette ignorent-ils *comment on se marie ?* Quoi ! ils n'ont jamais vu de noces ! ils n'ont jamais entendu parler de mariage, la chose peut-être dont la jeunesse des deux sexes parle le plus souvent et le plus curieusement ! Cela ne serait présumable qu'autant qu'ils auraient vécu dans les bois et loin du monde entier. C'est un contre-sens qui n'a point d'excuse, si ce n'est l'envie et le besoin d'exagérer l'embarras et le chagrin des deux amants. Aussi les fait-on parler quelquefois comme de petits sauvages ou de petits *philosophes* : c'est la même chose, si ce n'est que, n'étant dans le fait rien moins que des sauvages, l'espèce de *philosophie* qu'ils mêlent dans leurs discours forme un contraste encore plus étrange avec cette ignorance des choses les plus communes, qui ressemble à la bêtise.

LE BAILLI.

Mais vous vivez sans lois.

LUBIN.

Tant mieux.

LE BAILLI.

Voilà le mal.

LUBIN.

Voilà le bien.

LE BAILLI.

Les lois vous contrarient.

LUBIN.

Toujours des obstacle nouveaux.
Je me moque de tout : eh! morbleu les oiseaux
N'ont point de lois et se marient.

Cela peut faire rire ceux qui oublient les personnages, et se rappellent seulement qu'ils ont vu cent fois des raisonnements de cette force dans des livres appelés *philosophiques;* mais cela n'en est pas moins faux de toute manière, et aussi faux dans la scène que dans la morale. Lubin, qui n'est ni un bel esprit ni un imbécille; Lubin, *marié* avec Annette à la façon des oiseaux, et qui vient de demander au bailli à être *marié* autrement; Lubin, qui même veut l'assommer parce qu'il refuse de les marier, Lubin sait donc très bien que les oiseaux ne se *marient* pas. L'auteur ne lui a donc fait dire qu'une sottise, en lui prêtant un bon mot qui n'a d'objet que de faire sourire à la *loi naturelle* ceux qui n'en veulent point d'autre, sans savoir même ce qu'elle est, ou plutôt parce qu'ils ne le savent pas. Il fait pis, il gâte et dénature le personnage, en qui la simplicité ignorante est la seule excuse du mal qu'il a fait sans le savoir, et d'une faute qui est de son âge. C'est sous ce seul rapport que Lubin plaît et intéresse; mais Lubin raisonneur ne vaut plus rien. L'esprit, que Favart lui donne, nuit même à son bon cœur : il a vu Annette tout en larmes depuis qu'elle a su que ce qu'elle prenait pour *de l'amitié* était *de l'amour;* elle lui a dit qu'il fallait se marier *pour rendre l'amour légitime;* et c'est lui qui dit au bailli :

> Oh ! qu'à cela ne tienne,
> Je vivrai comme je vivais !

Il a grand tort : qu'il soit hardi, vif, impétueux, autant qu'Annette est douce, modeste et timide, je l'approuve : cela doit être; mais ce que celle-ci a fort bien compris, il doit le comprendre, et il ne doit pas s'embarrasser si peu de ce qui afflige ce qu'il aime.

Si la critique paraît ici un peu sérieuse sur un genre assez léger, c'est qu'elle porte sur un mal qui ne l'est pas, sur cette fausse philosophie qui, vers cette époque, allait se glissant et s'insinuant partout, pour dominer tout par la corruption, les arts comme la morale. Ce n'est pas que j'accuse ou même que je suspecte les intentions de Favart; plus simple que son Lubin, il prenait pour bon ce qu'il puisait dans un conte généralement applaudi Il y avait pris toute cette prétention raisonneuse qu'on mettait à tout, et que souvent on avait l'adresse de faire passer sous le voile d'une *ignorance primitive*, tout aussi mal contrefaite que la philosophie elle-même; et l'intention et l'effet de tous ces artifices étaient, comme on l'a trop vu, de détruire toute autorité morale et religieuse. Je crois bien que le bon Favart n'était pas dans le secret; il suivait le torrent, et défigurait son ouvrage sans y penser; d'autant plus excusable, que le public lui-même ne s'en apercevait pas depuis qu'on l'avait accoutumé à battre des mains au seul mot de *nature*, quoique le mot ne fût rien moins que la chose. Favart, quand il suivait son propre instinct, rendait très bien la vraie nature, et beaucoup mieux que l'auteur même du conte. Je n'en veux pour preuve que cet endroit de sa pièce:

LE BAILLI.

Vous a-t-elle* ordonné d'écouter les garçons?

ANNETTE.

Oh! jamais cela ne m'arrive.

LE BAILLI.

Ne le croirait-on pas à sa mine naïve?
Et Lubin, s'il vous plaît, Lubin?

ANNETTE.

Ce n'est pas un garçon.

LE BAILLI.

Quoi donc?

ANNETTE.

C'est mon cousin.

Ce trait, le meilleur de toute la pièce, comme naïveté; ce trait, qui peint Annette telle qu'elle est, et

---

* Sa mère.

qui suffirait pour l'excuser, n'est point dans le conte, et vaut cent fois mieux que ce que Marmontel appelle *la philosophie d'Annette et Lubin* : ce sont ses termes. C'est là ce qui causa l'erreur de Favart, et mêla dans son dialogue des choses qui ne sont pas de ses personnages :

> Je mesure le temps à mon impatience,
> Plus qu'à la hauteur du soleil.

Cela est trop élégant pour Lubin; un poète ne dirait pas mieux : mais les fautes de sens sont moins pardonnables qu'un peu trop d'élégance. Lubin dit, en montrant sa cabane :

> Rien n'annonce ici la grandeur.

Je le crois; mais que fait là cette *grandeur*? Diogène pouvait fort bien en parler à propos de son tonneau; c'était un *philosophe* : mais Lubin opposer à *la grandeur* sa cabane de feuillages, quoi de plus déplacé? Un moment après, il dit, en parlant du bonheur qu'il goûte avec Annette :

> La lumière et l'air sont à nous,

et à tout le monde apparemment. Ce vers est mot à mot dans la prose du conte, mais du moins en opposition du séjour de la campagne avec celui des villes; ce qui a un sens, quoique l'expression et l'idée soient outrées. Ici le vers de Lubin n'est qu'une déclamation qui refroidit la peinture de son bonheur :

> Les grands *ne sont heureux* qu'en nous contrefaisant.

> Chez eux la plus riche tenture
> Ne leur paraît un spectacle amusant
> Qu'autant qu'elle rend bien nos champs, notre verdure,
> Nos danses sous l'ormeau, nos travaux, nos loisirs.
> Ils appellent cela, je crois, un paysage.

Le fond de ces idées est aussi dans le conte; mais plus modifié : ici elles sont exagérées, au point de devenir fausses. Les tapisseries à paysage, qu'on appelait des *verdures*, se trouvaient partout dès ce temps-là, même dans les auberges de campagne. Lubin a dû en voir, et ne peut croire par conséquent que ce soit là ce qui rend *heureux* les grands. Toutes ces moralités critiques sont affectées et forcées.

> Ils peignent nos plaisirs, au lieu de les goûter.

Eh! ne voyait-il pas tous les ans les citadins accourir à la campagne? N'avait-il jamais dansé au château les dimanches avec les dames de Paris, qui s'en faisaient un plaisir? N'y avait-il pas toutes les semaines un bal de village, ou dans un endroit du parc préparé tout exprès, ou dans les salles basses de la maison seigneuriale? Qui n'a pas vu cela mille fois et partout?

> Ces lits où la mollesse
> *S'unit avec les maux*,
> Nourrissent la paresse
> Sans donner le repos.

Les deux derniers vers sont trop bons pour Lubin; les deux premiers sont trop mauvais pour l'auteur;

mais ceux de cette dernière espèce sont trop rares chez lui.

C'est un mal de haïr, c'est un bien que d'aimer.

Laissons Voltaire nous dire très-*philosophiquement*, et par la bouche d'un saint :

Haïr est bon ; mais aimer vaut bien mieux.

Ce ton sentencieux ne va pas à Lubin, et d'ailleurs ces prétendues moralités sont trop vagues pour enseigner ce qui est bien, et le sont assez pour justifier ce qui est mal.

Il n'y a qu'à louer dans ce morceau de Lubin, défendant Annette :

>Non, non, je ne crains personne ;
>Aucun danger ne m'étonne.
>Mon sang bouillonne;
>L'amour me rend fort.
>Si quelqu'un me raisonne,
>Je l'étends mort.
>Moi! que je t'abandonne !
>Ma force t'environne, etc.

Je ne blâmerai pas même ce dernier vers, tout figuré qu'il est ; il l'est par l'imagination qu'exaltent la présence du danger et par le sentiment de cette force que donne la fureur; il semble inspiré par la situation de Lubin, seul contre tous autour d'Annette. C'est là ce qui rend naturelles les figures les plus poétiques; ce qu'on ne saurait trop redire, et ce qu'ignoreront toujours ces rimeurs si pauvres et si vains, qui suent à froid pour combiner et déguiser si mal les belles expressions métaphoriques et métonymiques qu'ils vont ramassant dans tous les vers connus. Mais je voudrais ôter de ce morceau un vers qui sonne faux à l'oreille de la raison :

> Sur moi que le ciel tonne.

C'est le mouvement d'un héros de tragédie ou d'épopée, et une telle pensée est à mille lieues de Lubin.

Cette envie de philosopher bien ou mal et à tout propos commençait alors à devenir épidémique au théâtre et dans les écrits, et formait un contraste très digne d'attention en se mêlant avec le fond de gaieté naturel aux Français, et qu'ils ne perdirent jamais, si ce n'est que cette gaieté prenait d'autres formes depuis qu'elle n'était plus sous la garde des bienséances, filles de la bonne morale et mères du bon goût, et qui tombaient en même temps que les principes de l'un et de l'autre, sous la faux du philosophisme qui frappait de tous côtés, d'abord dans l'ombre et ensuite au grand jour. Ce n'était plus cet enjouement facile et délicat qui naît sur-tout de l'àpropos, égaye le sérieux autant qu'il en est susceptible, et ne viole point ce qui est respectable et sacré. C'était une licence sans bornes, une véritable et continuelle débauche d'esprit, une affectation folle de tourner tous les objets à la frivolité, au persifflage, au libertinage. Il semblait qu'on ne voulût plus rire que de ce qui doit faire rougir ; et le sexe même, toujours soumis au besoin de plaire, et par-là du moins plus excusable que le nôtre, qui lui donnait des leçons d'immodestie, au lieu de prendre de lui, comme autrefois, des leçons de décence; le sexe, qui ne s'apercevait pas qu'on ne voulait des femmes philosophes que pour en faire des courtisanes, affichait par vanité un mépris des bienséances, qui n'est qu'un déshonneur, et une prétendue *force d'esprit* qui ne serait encore que ridicule quand elle ne serait pas coupable. On se piquait de *tout dire et tout entendre*, selon l'expression de Boileau; et ce qu'il ne faisait que prédire comme possible au très petit nombre de femmes qui fréquentaient alors les spectacles, était devenu une réalité trop commune depuis que ces spectacles, grands et petits, attiraient toutes les conditions, et qu'on se faisait gloire, d'avoir, d'après l'avis de Voltaire, *loge à l'Opéra au lieu de banc dans la paroisse*. On se vantait *de s'être fait homme*, et c'est pourtant ce qu'une femme peut faire de pis sous tous les rapports; mais il fallait bien en croire les philosophes, qui prescrivaient la même éducation pour les deux sexes; ce qui heureusement est assez absurde pour n'être jamais réalisé, si ce n'est dans l'éducation révolutionnaire, qui est en effet aussi bonne pour un sexe que pour l'autre.

Il ne fallait rien moins qu'une pareille contagion pour que Favart, beaucoup plus retenu que tous ses prédécesseurs, et qui l'avait été jusque dans un sujet tel que *la Chercheuse d'esprit*, donnât, quinze ans après (1755), un spectacle aussi indécent, aussi scandaleux que les *Nymphes de Diane*, où l'obscénité, si elle n'est pas très grossière dans les paroles, est révoltante en action et en tableau. La pièce, quoiqu'elle ne fût qu'une mauvaise farce mythologique et allégorique, pillée partout, n'en fut pas moins courue; et il convenait à nos mœurs qu'un semblable sujet fût encore reproduit depuis sur les tréteaux des boulevards, sous le nom de l'*Amour quêteur*, et fît la même fortune.

Favart ne s'est laissé aller qu'une fois à ce méprisable genre; mais il donna davantage dans la manie de moraliser hors de mesure et de convenance, quoique pourtant on s'aperçoive que ce travers n'est chez lui qu'une faute de goût, et que ses intentions ne sont point du tout mauvaises. Il y a loin des *Nymphes de Diane* aux *Moissonneurs*, dont le sujet est pris de la Bible : c'est l'histoire de Ruth, qui, à ne la considérer que comme une pastorale, serait encore ce qu'elle est aux yeux de tous les connaisseurs, la plus aimable et la plus intéressante églogue que l'antiquité nous ait laissée. C'est des livres saints qu'est pris mot à mot cet endroit, qui est le plus touchant de la pièce :

>Laisse tomber beaucoup d'épis,
>Pour qu'elle en glane davantage.

La fable de ce petit drame est bien entendue, et a de l'intérêt, quoique tirée d'une assez mauvaise comédie de Voltaire, le *droit du Seigneur*, qui n'a pu s'établir au théâtre, ni en cinq actes ni en trois. Mais Favart a sagement écarté l'échafaudage romanesque et les rôles de charge; il a réduit son intrigue à la simplicité d'un opéra comique, et a su amener un dénouement très satisfaisant, en ménageant avec adresse le penchant réciproque que Candor et Rosine ont depuis long-temps l'un pour l'autre. La pièce est d'un sérieux peut-être un peu monotone, et l'auteur lui-même, à en juger par sa préface, paraît s'en être douté. Mais la pureté des mœurs et des jouissances champêtres, les vertus de Gènevotte et de Candor, et la tendresse innocente que Rosine prend pour de la reconnaissance, toutes ces peintures ont aussi leur attrait, et le succès complet de l'ouvrage en est la preuve. Le seul reproche que je crois pouvoir faire à l'auteur, c'est un peu de cette vertu apprêtée et de ce faste de mots dont il payait le tribut à la mode, mais qu'il fallait éviter sur-tout dans un sujet où le style devait être aussi simple que les vertus qu'il représente. Candor donne de fort bonnes leçons à son étourdi de neveu, quand il lui apprend qu'en prodiguant l'or à Paris, et pressurant ses vassaux et ses fermiers pour payer ses dépenses insensées, on nuit à ses propres possessions que l'on pourrait améliorer. Qu'il se moque aussi des plaisirs frivoles et bruyants où se livre ce jeune homme, et notamment des délices qu'il trouve à tuer sans peine beaucoup de gibier, c'est l'office d'un oncle sensé, qui d'ailleurs prêche d'exemple, puisqu'il ne s'est fixé à la campagne que pour faire du bien aux habitants de ses terres. Mais plus cet homme est sensé, moins je puis souffrir qu'il y ait de l'étalage dans ce qu'il fait et dans ce qu'il dit :

Plus délicat que toi *je jouis de moi-même.*

On ne dit point de soi, en ce sens, qu'on est *délicat;*

et qu'est-ce donc que *jouir de soi-même?* C'est une des phrases parasites du philosophisme moderne : je puis assurer que je ne l'ai jamais comprise, et qu'elle m'a toujours paru vide de sens. Ce serait une pauvre jouissance que celle de *soi-même* : j'ignore s'il y a des gens qui connaissent celle-là; quant à moi, j'avoue que je n'en ai pas même l'idée. Est-ce le témoignage d'une bonne conscience? Mais plus elle est éclairée, plus elle sent les faiblesses humaines dans l'homme le plus parfait, et ses propres fautes, si elle en commet : et qui n'en commet pas? Dès lors où est donc cette jouissance, à moins que ce ne soit celle de l'amour-propre toujours content de soi? Celle-là est bien du philosophe, j'en conviens, et n'en est pas plus réelle; car plus l'amour-propre est content de lui, moins il l'est des autres ; et c'est encore ce qui fait que la philosophie a si rarement le front serein. Allons au fait : il n'est donné qu'à Dieu, à l'Être parfait de *jouir de soi-même;* ce mot, dans la bouche de l'homme, est celui de l'orgueil qui ment. Tout ce dont nous jouissons est hors de nous, et c'est pour cela précisément que Dieu a dit: *Il n'est pas bon que l'homme soit seul.* La sagesse humaine elle-même, qui n'est pas plus celle de nos *philosophes* que la sagesse divine, a reconnu de tout temps que l'homme n'est pas bien avec lui ni par lui, puisqu'il cherche toujours à être hors de lui. C'est ainsi qu'il jouit de ses travaux, de ses succès, de ses affections, de ses possessions, de ses espérances, de la nature et de la société; et tout cela est hors de lui. Il fallait bien une fois rappeler ces vérités évidentes, qui n'ont besoin que d'être énoncées pour qu'on n'ose pas même les contredire; et qu'importe que ce soit à propos d'un opéra comique? Il y a si long-temps qu'on n'entend guère que des mensonges et des sottises, le tout déguisé avec plus ou moins d'artifice! Il faut bien que le bon sens prenne sa place où il peut; et d'ailleurs l'à-propos même ne manque pas, puisque le philosophisme a envahi jusqu'à l'opéra comique.

On vous prendrait pour un fermier,

dit Dolival à son oncle, qui lui répond :

J'ai l'honneur d'en être un; je fais valoir ma ferme...
Je tire vanité de l'habit du métier.

Vanité! pourquoi donc? Il ne faut *tirer vanité* de rien. Et qu'y a-t-il de plus simple, comme il vient de le dire lui-même, que de se précautionner contre le vent et la pluie quand on trouve bon de s'y exposer? cela n'est que raisonnable; mais il n'y a que du faste à dire : *J'ai l'honneur d'être le fermier de ma terre.* Et quand tu le serais de celle d'autrui, c'est un état honnête, comme tous ceux qui sont utiles à la société, sans supposer aucune bassesse personnelle : mais de ce qui est honnête à ce qui est honorable il y a encore loin; et où est donc l'honneur de faire ce que tout le monde peut faire? C'est là le principe originel des distinctions sociales, et je ne veux qu'indiquer ici cet objet important, dont les extravagances *philosophiques* ont rendu la démonstration nécessaire, puisqu'elles ont encore été solennellement répétées, même depuis le détrônement du *sans-culottisme*, digne enfant de la *philosophie*, et qui est bien à elle et à elle seule, puisque, après avoir eu la maladroite hypocrisie de le désavouer, elle a encore eu la bassesse ou l'orgueil (c'est ici la même chose) de revenir à ses plates adulations, et toujours pour ne pas renoncer à sa doctrine; qui n'est ici, comme ailleurs, qu'un excès inouï d'ignorance, d'abjection et de démence.

Un vieillard rend à Candor une bourse pleine d'or qu'il a trouvée.

Quoique pauvre, il est vrai, j'avons des sentiments:

Fort bien : c'est la pauvreté honnête qui parle. Mais il ajoute :

L'honneur est chez les pauvres gens.

Ceci est de trop, ce vers est de l'auteur, qui croit être fort moral en flattant le pauvre aux dépens du riche : il ne faut pas flatter l'un plus que l'autre. L'honneur n'est-il que *chez les pauvres gens?* C'est ce que le vers semble dire, et c'est une injure à tout ce qui n'est pas pauvre.

Le titre seul de *la Rosière de Salency* annonce un ouvrage moral : il l'est beaucoup, et sans l'être trop. Le plan, qui me paraît bien conçu, tend principalement à caractériser la sorte d'éducation la plus propre à inspirer la sagesse au sexe dont elle est la première gloire; et l'auteur met en contraste une bonne mère qui la fait aimer par la douceur de ses leçons, et une mauvaise mère qui la fait haïr par les duretés et les mauvais traitements. Toutes deux ont la même ambition, celle de voir leur fille *Rosière :* et la différence des moyens justifie celle du succès, car l'indulgence ici est éclairée; elle n'est ni faiblesse ni négligence. L'auteur, pour relever convenablement ses deux principaux personnages, la mère et la fille, suppose que le père, quoique simple fermier, *avait étudié;* et il est naturel que sa veuve et sa fille, se ressentent des bons principes qu'on puise dans les bonnes études, et qu'il a eu soin de faire fructifier autour de lui. L'intrigue est peu de chose, comme dans presque toutes ces petites pièces, où la musique en tient lieu. Il suffit de quelques incidents qui retardent le dénouement, et de quelques tableaux qui fournissent au musicien de quoi remplir la scène. Tout roule ici sur les trois prétendantes à la rose, Hélène, Nicole et Thérèse. Nicole n'est qu'une petite niaise qui *n'est sage que par ignorance,* comme Thérèse ne *l'est que par contrainte.* Hélène, mieux élevée et mieux née, *est sage par devoir et par amour pour la vertu :* c'est le jugement qui termine la pièce, et qu'elle justifie suffisamment dans la conduite des trois jeunes personnes. Le rôle d'Hélène sur-tout est tracé avec cet art qui appartient à l'auteur : personne n'a paru plus que lui entrer dans les petits secrets du cœur de la jeunesse villageoise. Hélène a de l'inclination pour Colin; mais comme *il n'est pas permis à une fille de Salency de disposer de son cœur ni de témoigner la moindre in-*

clination, elle a une telle frayeur de Colin qu'elle s'enfuit dès qu'elle l'aperçoit : elle prétend même qu'elle ne peut le souffrir, *qu'il n'y a que lui au monde qui lui fasse de la peine.* C'est ce qu'elle dit au régisseur, qui, chargé, en l'absence du seigneur, d'interroger les prétendantes, s'est mis en tête d'épouser celle qui sera Rosière, et après les avoir vues toutes trois, voudrait bien que ce fût Hélène. Ce régisseur répand seul dans la pièce une gaieté qui était nécessaire pour en tempérer le sérieux. C'est un homme du monde, qui a tout ce qu'il faut d'esprit pour plaisanter avec légèreté et agrément sur ce qui paraît un peu plus grave au bailli de Salency, juge-né de la vertu des jeunes filles du lieu. Ce bailli est raisonnable sans être pédant, ce que Favart n'aurait pas imaginé ailleurs qu'à Salency, et le régisseur est gai sans être libertin. Tout le nœud de l'intrigue et le seul obstacle au couronnement d'Hélène consistent dans un fort méchant tour que lui joue cette mauvaise mère, madame Grignard, et dont elle rend même sa fille Thérèse complice malgré elle. L'innocence d'Hélène est bientôt reconnue; mais comme le régisseur, d'accord avec le bailli, déclare que la main de la Rosière doit être à lui, Hélène, qui dans ce même moment voit le pauvre Colin près de s'évanouir, déclare qu'elle l'aime, et le judicieux régisseur prononce qu'*un amour involontaire n'est point un crime quand on sait le surmonter;* et c'est ce qu'a fait Hélène jusque-là, comme l'a prouvé toute sa conduite: en sorte que l'aveu de son penchant fait honneur à sa franchise sans nuire à ses droits à la couronne. Voilà un jugement de Salomon. En effet, la raison, et par conséquent la religion elle-même, ne font nullement un crime des penchants naturels du cœur humain, mais un devoir de les combattre et un mérite de les surmonter, tant qu'ils ne sont pas dans l'ordre moral. La vertu n'a jamais été autre chose depuis le commencement du monde (jusqu'à nos *philosophes*, s'entend); et c'est à eux qu'il a été réservé de statuer, sur ce point comme sur tous les autres, que jusqu'à eux le monde entier n'avait pas eu le sens commun, qu'il n'y avait de *bien* et de *mal* que *graces à la société et aux lois; mais que dans la réalité il n'y avait d'autre vertu que de suivre les penchants de la nature, qui sont tous innocents par cela même qu'ils sont naturels*. Certainement il ne faut pas beaucoup de génie pour faire beaucoup de prosélytes avec une pareille doctrine; il ne faut que des gouvernements assez insensés pour souffrir qu'on la répande. La punition a été terrible; elle était juste, nécessaire, et n'est pas finie; mais elle n'est pas et ne sera pas perdue.

Le dialogue de cette pièce, l'une des bonnes de l'auteur, n'est pas sans quelques fautes contre le goût, et même contre la morale :

>   Un cœur tout neuf
>   Est comme un œuf
> Que l'amour couve sous son aile :
>   En l'animant
>   Tout doucement
>   Par une chaleur naturelle,

Un temps viendra
Qu'il éclora,
Ce joli petit cœur de fille.
Il en naîtra
Le désir;
Le plaisir,
Comme un petit oiseau qui sort de sa coquille.

Je ne conçois pas que Favart ait été capable de faire ce couplet, que chante le régisseur, si ce n'est dans un de ces moments où l'esprit de l'abbé de Voisenon semblait passer en lui, comme par voie d'obsession; et l'on en voit quelques autres traces dans ses écrits, mais pas une comme celle-là. Ce couplet, qu'aucun des Cotin du siècle dernier ne désavouerait, est si curieux, que j'en veux donner la variante à l'amusement du lecteur : Elle n'est pas imprimée, que je sache * : mais je la tiens de la première main, je la sais d'origine, pour l'avoir entendu chanter dans une fête donnée à la campagne, et dans une petite pièce qui passait pour être de l'abbé de Voisenon : il était là, et c'était la maîtresse de la maison, son amie, que l'on fêtait.

L'Amour veut un cœur neuf,
Et sitôt qu'il le trouve,
Il le prend pour un œuf;
Il l'échauffe, il le couve.
Par sa douce chaleur,

* A moins que ce ne soit dans une pièce intitulée *la Chose impossible*, jouée aux Italiens il y a dix ou douze ans, sous le nom de M. Favart fils, que je n'ai point lue, et que je n'ai point sous les yeux : c'est dans une pièce du même titre que se trouvait le couplet rapporté ici.

FAVART.

> Dans le sein d'une fille,
> Il produit le bonheur
> Qui perce la coquille.

Il y a bien vingt-cinq ans que j'entendis ces vers, et j'en fus assez frappé pour ne les oublier jamais. Je croirais volontiers que c'est cette version que l'abbé de Voisenon préférait, comme plus précise et plus figurée. *Le bonheur qui perce la coquille* est bien autrement poétique que *l'oiseau qui sort de sa coquille*, et rien n'est au-dessus de cet Amour qui *prend un cœur pour un œuf dès qu'il trouve un cœur neuf.* S'il faut que la première façon soit de Favart, et ne soit pas un petit présent de l'amitié, ce dont je doute fort, à coup sûr la seconde manière qui est la perfection, la dernière main, est de l'abbé de Voisenon, dont nous avons un recueil posthume où cet esprit-là brille à tout moment.

Ce qui est bien de Favart, c'est cette ariette de Colin :

> Vous voulez m'empêcher d'aimer !
> Sur mon cœur quel est votre empire ?
> Défendez aux grains de germer,
> Empêchez le soleil de luire,
> Des ruisseaux arrêtez le cours,
> Et vous aurez bien moins de peine
> Qu'à m'empêcher d'aimer Hélène.
>   Je l'aimerai toujours.

Cela n'est ni fin ni élégant; mais cette éloquence rustique est d'un jeune paysan amoureux. Je ne suis pas si content, il s'en faut, de ce couplet de Thérèse :

> Ma mère me gronde sans cesse ;

Elle défend *jusqu'au désir*.
C'est un honneur que la sagesse :
Pourquoi n'en pas faire un plaisir.

faire de la sagesse un plaisir est une bien haute conception pour Thérèse; et si elle en sait tant, elle ne devait pas ignorer que jamais une jeune fille ne parle de ses *désirs*; c'est ce qu'apprend à la plus simple un instinct plus éclairé que la très ridicule morale qu'on fait débiter ici à Thérèse, et qui veut faire de la sagesse, et de la sagesse d'une jeune fille, *un plaisir*. Sa compagne Hélène lui aurait appris le contraire, et Hélène était sage. J'en serais fort étonné, si je ne la jugeais que sur un endroit de son rôle qui me blesse beaucoup. Le régisseur, charmé de la gaieté d'Hélène (car on peut être sage et gaie sans que pour cela *la sagesse devienne un plaisir*), lui observe pourtant que cette *gaieté peut mener loin*. « Les « amants sont gais aussi, et l'innocence de votre âge « empêche de voir les dangers.....

HÉLÈNE.

« Des dangers ! bon ! je les connais *tous*.

LE RÉGISSEUR.

« Comment !

HÉLÈNE.

« Ma mère m'a *instruite de tout, m'a tout dit*, le « bien, le mal.

LE RÉGISSEUR.

« Vous me surprenez.

HÉLÈNE.

« Oui, le bien pour le faire, et le mal pour l'éviter.

LE RÉGISSEUR.

« Ma foi, en deux mots, voilà toute l'éducation. »

Oui, c'est une vérité générale, mais qui ne s'applique point du tout au *mal* dont il me semble être ici question. J'aimerais mieux que le régisseur fît entendre, ce qui vaudrait beaucoup mieux pour la scène, qu'Hélène se fait ici fort innocemment plus savante qu'elle ne l'est, et ne doit l'être. Favart lui-même devait être de cet avis, puisque, dans une autre de ses pièces, qui pourtant n'est qu'une farce*, il fait dialoguer ainsi deux époux, tous deux fort honnêtes, en présence de leur petite fille, qui a sept ou huit ans, et à qui le père veut apprendre une chanson un peu gaillarde :

MADAME ROGER.

« Vous lui apprenez de jolies choses!

M. ROGER.

« Bon, bon... On ne risque rien d'instruire une
« honnête fille du bien et du mal : elle pratique l'un
« et fuit l'autre.

MADAME ROGER.

« Je ne pense pas de même. Roger, Roger, n'ensei-
« gnons que le bien : le mal s'apprend tout seul.

M. ROGER.

« Et bien! j'ai tort, et tu parles en brave femme. »

Assurément, et il y a plus de sens dans ces quatre

---

* *La soirée des Boulevards.*

mots de la bonne femme que dans les longues paroles de nos *philosophes* sur l'éducation.

La soirée des Boulevards, que je viens de citer, n'est, comme l'auteur lui-même l'a intitulé, qu'un *ambigu mêlé de scènes, de chants et de danses*, comme l'ont été depuis tous ces spectacles populaires qui s'ouvraient vers le même temps (en 1759) sur les remparts, et qui se sont depuis multipliés dans tous les quartiers de Paris. C'est pourtant aux Italiens que fut jouée la pièce de Favart qui fût prodigieusement courue, et que le titre seul aurait mise à la mode, les Boulevards étant alors celle du jour et la promenade la plus fréquentée. On s'attend bien que cette pièce, dont la scène est dans un café des remparts, n'est qu'une farce comme quelques autres de l'auteur, qui a fait un peu de tout; mais elle n'est ni grossière ni obscène comme tant d'autres : ce sont des scènes *à tiroir* (comme on les appelle), et telle qu'un café peut les souffrir; c'est du bas comique, mais où l'homme d'esprit se fait encore apercevoir de temps à autre. Le nom d'un de ses personnages, M. Gobemouche, est devenu proverbe; et la pièce eut tant de vogue, que l'auteur en donna une suite quelques années après, sous le nom de *Supplément à la soirée des Boulevards*; et l'on en pourrait faire cent de la même espèce, si la même mode durait long-temps; mais elle passe, et les auteurs de théâtres étaient fort attentifs à la saisir à la volée. *Les Quand* et *les Pourquoi* faisaient beaucoup de bruit, autant que le fameux discours de Pompignan à l'Académie, et Favart mit aussi en vaudeville *le Quand* et *le Pourquoi* : et si ce n'est pas ce qu'il a fait de mieux en vaudeville, cela est du moins beaucoup meilleur que *les Quand* et *les Pourquoi* en satire. On jouait *les Philosophes* à la comédie française, et Favart eut aussi son *Philosophe aux Boulevards*, M. Cabre. On croirait d'abord que c'en est un de la même trempe, à la manière dont il s'annonce : « Je méprise souverainement les « autres hommes ; je n'ai pour objet que moi-même « et ma propre satisfaction, et je déteste la société. » Ce sont bien là les caractères de l'espèce ; mais on s'aperçoit bientôt que l'individu n'en est pas, et que c'est seulement un air qu'il veut se donner ; car il ne faut qu'un moment pour que la bonhomie et le gros bon sens des deux époux Roger, et le spectacle du bonheur qu'ils goûtent ensemble, avec leur fille sur leurs genoux, fassent tomber tout-à-coup ce masque de singularité misanthropique.

M. ROGER.

« Tenez, pour être aussi content et aussi riche « que moi qui n'ai rien, faites comme je fais. Soyez « bon mari, et vous aurez une bonne femme ; bon « père, vous aurez de bons enfants, etc. »

Ce petit sermon corrige tout de suite M. Cabre, qui dit naïvement : « Ma foi, tout bien considéré, je « crois que c'est le bon parti ; » et il renonce à sa *philosophie*. Il est clair que ce n'est pas un de nos *philosophes* que Favart voulait peindre. Quel est celui d'entre eux qui a jamais pu supposer possible qu'un autre que lui eût raison, et que la *philoso-*

phie pût avoir tort? il n'y en a point d'exemple, et il ne peut y en avoir sans un miracle.

Un conte de Marmontel et trois de Voltaire ont fourni à Favart quatre pièces, dont les deux premières, *les Trois Sultanes* et *Isabelle et Gertrude*, ont été les plus goûtées; la troisième et sur-tout la dernière, *la Fée Urgèle* et *la Belle Arsène*, ont bien des moments de langueur et de vide; mais toutes quatre sont restées au théâtre. *Les trois Sultanes* sont, à mon avis, le plus joli conte de Marmontel, celui du moins où il y a le plus d'originalité et d'agrément, Favart avait assez de talent pour ne pas se servir du bien d'autrui sans y mettre du sien, et sa pièce pétille d'esprit. On ne peut pas dire qu'il soit déplacé; car sans esprit (je dis l'esprit qui est fait pour plaire), le *petit nez* le mieux *retroussé* ne *renverserait* pas *les lois d'un empire*. Le sujet d'*Isabelle et Gertrude* exigeait beaucoup plus de ressources que *les Trois Sultanes*, où l'auteur n'avait fait que mettre le conte en scènes, dont le fond était tout tracé : il fallait ici quelque invention; et le conte ne donnait rien qu'un bon mot, où la religion n'était pas plus ménagée que la morale ne l'est dans les galanteries de la mère et de la fille. La petite fable imaginée par Favart est très ingénieuse; elle réunit la vraisemblance et la décence; et l'on ne pouvait tirer un meilleur parti des rêveries, aussi froides qu'absurdes, débitées dans *le Comte de Gabalis*, et qui trouvent encore aujourd'hui de très sérieux croyants dans ce *siècle de lumières*. Le personnage de la fausse dévote, madame Furet, sert très adroitement à amener un dénouement qui semblerait brusqué, s'il n'était clairement nécessité par les circonstances, graces à la présence d'esprit de Dupré et au caractère bien établi de madame Gertrude. Cette pièce est sans contredit celle où l'auteur a mis le plus d'art, quoiqu'elle ne soit que d'un acte; mais il ne saurait être mieux rempli, et chaque scène est une situation. La chimère des *intelligences aériennes* répand dans le dialogue des traits d'une gaieté fine ou d'une innocence naïve qui amusent également. En un mot, *Isabelle et Gertrude* me paraît ce que l'auteur a fait de mieux en opéra comique, comme *la Chercheuse d'esprit* en vaudeville.

Il est vrai que la versification y est un peu négligée, et la tournure des ariettes plus inégale qu'elle ne l'est d'ordinaire dans Favart : il risqua trop en essayant de mettre en couplets huit vers du conte, qui sont au nombre des meilleurs de Voltaire dans le genre gracieux[*] : il les a gâtés; et des quatre couplets que chante Dorlis, il n'y en a pas un bon : le dernier sur-tout est très mauvais.

> Quand les yeux se répondent,
> Ce langage est bien sûr.
> Quand leurs traits se confondent,
> Il n'est plus rien d'obscur.
> Nos paupières baissées,
> Nos regards n'en font qu'un :
> Ames, cœurs et pensées,
> Alors tout est commun.

[*] Isabelle inquiète, en secret agitée, etc.

Ce verbiage est à la fois recherché et plat. L'auteur s'est mieux tiré du portrait de Gertrude, emprunté aussi du conte, mais dont le fond est adapté au couplet :

>Il faut la voir,
>Cette dame Gertrude ;
>C'est un miroir
>Pour une prude.
>Il faut la voir
>Avec son grand mouchoir
>Noir, etc.

On trouve aussi quelques traits faux dans le rôle de la femme hypocrite et méchante, d'ailleurs bien dessiné en général :

>Quand nous saurons tout le mystère,
>Nous ferons éclater l'affaire.
>*Le scandale est toujours un bien.*

Ce vers, qui serait bon en ironie, est un contresens dans la bouche de madame Furet. Jamais une personne de ce caractère n'a parlé du *scandale* comme elle parlerait du *zèle* ou du *bon exemple*. L'hypocrise met toujours un mot honnête pour une chose odieuse : voyez si Tartufe emploie jamais un mot révoltant !

Favart, dans *la Fée Urgèle*, n'a qu'un seul avantage sur l'auteur du conte, et il est tout entier dans ce vers, qui est le résumé de l'intrigue et du dénouement :

La fée était Marton, et Marton est Urgèle.

Faire ici un seul personnage des deux qui sont dans le conte prouve la connaissance du théâtre, qui, même dans la féerie, garde la loi de l'unité. Le rôle de la vieille est assez bien fait pour que le dénouement ne manque pas absolument de vraisemblance et d'intérêt; et malgré tout ce que le conte pouvait fournir, cela n'était pas sans quelque difficulté. Le talent du couplet brille sur-tout dans deux morceaux; l'un qui a été souvent parodié, et qui a de plus le mérite d'une couleur antique : *L'avez-vous vu, mon bien aimé?* l'autre : *Nous allons souper ici Tête à tête, mon doux ami*, etc. Mais les mauvais vers, les froides adulations en placages et les platitudes en rimes ne manquent pas non plus dans la pièce; témoin ce morceau, qui a toujours subsisté, quoiqu'on ait paru en sentir le ridicule :

> La noble chose
> Que d'être chevalier?
> *On prend la cause*.
> *De l'univers entier*, etc.;

et toute la chanson est dans le même goût. En total, le conte vaut beaucoup mieux que le drame; ce qui n'est pas une censure légère, puisque l'un des deux genres a bien plus de moyens que l'autre, et qu'ici les moyens ne sont pas très difficiles.

J'en dis autant de la *Belle Arsène*, sujet froid, peu propre au théâtre, où il n'a pu se soutenir que par la musique et par l'appareil du spectacle. L'aventure du charbonnier, plaisante dans un conte, choque sur la scène; elle vise au burlesque et à l'indécence.

La pièce d'ailleurs est sans art, et fort platement versifiée, sans doute parce que le sujet ne disait rien à l'auteur, qui a coutume de faire mieux. Son esprit même semble quelquefois l'abandonner ici tout-à-fait : en voici un exemple qui est vraiment à faire rire. Arsène, qui, toute *bégeule* qu'elle est, a pourtant du goût pour Alcindor, et le montre dès la première scène, lui dit en le quittant.

>Je suis sensible autant que je puis l'être,
>Au sentiment que vous faites paraître ;
>Plus que jamais je sais vous estimer ;
>Mais ayez soin de supprimer vos fêtes
>On me croirait au rang de vos conquêtes ;
>Vous-même aussi vous pourriez présumer...
>Retenez bien ce que je vais vous dire :
>Jamais l'amour n'aura sur moi d'empire ;
>Et pour ne pas connaître son pouvoir,
>Je ne dois plus m'exposer à vous voir.

C'est là-dessus qu'Alcindor se désespère :

>Quel sort fatal, quel charme insurmontable
>Me fait aimer cet esprit intraitable ?

En vérité, il faut être innocent comme un chevalier errant, ou pressé comme un petit maître, pour trouver cette femme si *intraitable*. Ce qu'elle dit dans les deux derniers vers a servi mille fois de déclaration, bien loin de paraître *fatal*; et cette méprise est bien étrange dans Favart.

L'Amitié à l'épreuve avait besoin du charme de la musique pour tempérer le sérieux continu du sujet, qui, en lui-même, est ce qu'il y a de plus rebattu, et dont l'exécution n'offre pas la moindre apparence d'intrigue, aucun nœud, aucun obstacle, si ce n'est les reproches que se fait Nelson d'aimer une belle qui est promise à son ami Blanfort et que Blanford lui cède sur-le-champ dès qu'il apprend qu'ils s'aiment tous les deux. Ces combats de l'amour et de l'amitié, devenus depuis si long-temps un lieu commun de tragédie et de comédie, doivent au moins être soutenus par une force de développements et de situations que l'opéra comique ne comporte pas. Le sacrifice de Blanfort est de peu d'effet, parce qu'il semble ne lui rien coûter. L'on dirait que l'auteur a cru la raison d'un Anglais naturellement supérieure aux passions; ce qui n'est d'aucun peuple, et pas plus de celui-là que de tout autre. Ce n'est pas là le côté remarquable de la nation anglaise, que son caractère assez mélancolique rend au contraire très susceptible de passions fortes. L'auteur ne la connaît pas mieux, quand il lui suppose un profond mépris pour *les titres et les dignités*: c'est l'opposé de la vérité. Sans avoir vu les Anglais chez eux, il suffit d'avoir lu avec attention leurs romans et leurs pièces de théâtre, qui sont partout la peinture des mœurs, pour savoir ce qu'attestent tous ceux qui les ont vus de près avec attention, que nulle part on n'est plus jaloux* des distinctions sociales, et qu'ils les ont maintenues avec un soin scrupuleux dans le temps même où

---

* Voltaire rapporte que, lorsqu'il alla rendre visite au poète comique Congrève, une des premières choses que lui dit cet Anglais, c'est *qu'il était gentilhomme.*

l'on s'en relâchait beaucoup chez d'autres nations, même chez celle dont la *morgue* était passée en proverbe, et qui en avait extrêmement rabattu quand le proverbe se répétait encore par habitude. C'est une remarque qui pourra paraître singulière, parce qu'elle est, je crois, nouvelle; mais elle est fondée en fait, comme le fait est fondé en raison; et ce n'est pas ici qu'il faut prouver l'un et l'autre. Je me borne à observer, en passant, que le respect pour les distinctions sociales et héréditaires est plus rigoureusement politique en Angleterre qu'ailleurs, à raison d'un gouvernement mixte ou les droits de la naissance sont une partie de la puissance publique et servent de contre-poids à une liberté civile plus étendue qu'ailleurs, et par-là même plus voisine de la licence populaire, qui d'ordinaire n'est pas à craindre dans les gouvernements absolus. C'était aussi un des secrets de l'aristocratie romaine, chez le peuple le plus libre et le plus fier d'être libre qui ait jamais existé. Mais ceci me menerait trop loin; et je ne puis me défendre d'un mouvement de pitié quand je songe combien ce peu de lignes, où il n'y a que des faits et du bon sens, est loin des cent mille volumes de *philosophie politique* débités depuis dix ans avec une autorité si exclusive, que celui qui eût osé écrire, sans aucune utilité, il est vrai, ce que j'écris aujourd'hui sans danger, n'aurait pas vécu quarante-huit heures. *O naturæ dedecus!*..... Passons.

L'Anglais à Bordeaux est le seul ouvrage que Favart ait fait pour la scène française, et il n'y parut nullement déplacé. Peu ou point d'action, c'est ce qu'on peut attendre et même excuser dans une petite pièce d'une acte, et sur-tout dans une pièce de circonstance. Celle-ci fut composée pour les fêtes de la paix en 1763; et ces fêtes, sujet de tant de vers et de prose, comme il arrive toujours, ne produisirent rien qui valût l'*Anglais à Bordeaux*. Des caractères rapidement esquissés, mais bien conçus et bien contrastés; un dialogue piquant et une versification facile, l'objet du moment, fort bien caractérisé par celui de la pièce, qui était de rapprocher deux nations faites pour s'estimer; un Anglais renforcé en patriotisme, et qui finit par revenir (quoiqu'un peu vite peut-être) de ses préventions misanthropiques, graces aux bienfaits d'un Français généreux dont il est le prisonnier, et à l'enjouement d'une aimable Française qui en deux ou trois conversations renverse toute sa philosophie; tout cela fit voir que l'auteur pouvait n'avoir pas toujours besoin du musicien. Il est vrai que le dénouement est le même que celui de *l'Amitié à l'épreuve*; mais il est ici plus naturel, vu l'âge et le caractère de Sudmer. Parmi une foule de jolis vers, et même de vers bien faits et bien pensés, la critique peut remarquer quelques fautes, que l'auteur eût aisément effacées, s'il avait eu un ami meilleur juge que son aristarque, l'abbé de Voisenon. Il n'eût point fait dire à cette marquise si sémillante qui convertit le misanthrope Anglais :

Nos heureux citoyens *respirent le repos.*

La surface des mers voit agiter ses flots,
Mais la profonde arène est constante et tranquille.

Il n'y a pas deux autres vers pareils à ceux-là; mais ils sont détestables de tout point : leur moindre défaut est d'être déplacés, et chaque mot est un contre-sens. Il fallait supprimer ces quatre autres vers, qui sont un peu moins mauvais, mais encore beaucoup trop :

Français, Anglais, Espagnol, Allemand,
Vont au-devant du nœud que le cœur leur dénote;
Ils sont tous confondus par ce lien charmant;
Et quand on est sensible, on est *compatriote.*

Ces rimes en *ote*, désagréables par elles-mêmes, le sont bien plus dans un langage sérieux où l'on veut mettre de l'intérêt. Je les trouve bien mieux à leur place dans ces vers de M. de Bièvre, qui ne sont qu'un badinage :

Étant votre *compatriote*
Contre votre pays se peut-il *qu'on complote?*

Il eût fallu se garder aussi d'appeler la gaieté *le fard de la nature* : les vers de Favart ne sont pas toujours exempts de fard; *la nature* et *la gaieté* n'en ont point. Mais c'est le cas de dire *Ubi plura nitent*, et si Favart a quelquefois du fard, il a souvent du coloris. Il y joint même en général le mérite d'une morale utile, comme dans cet endroit de *l'Anglais à Bordeaux* où la jeune Clarice, protestant de son obéissance à son père, quoiqu'elle avoue ne pas aimer celui qu'on lui propose en mariage, et même en aimer un autre, dit ces vers, qui furent d'autant plus applaudis, qu'on n'en était pas encore à croire les déclamations *philosophiques* contre l'autorité paternelle, de nos jours érigées en lois :

> Ah! je le sens, un père est toujours père.
>   Périsse cette *liberté*
>   Qui des parents détruit l'autorité !
> Rien ne peut effacer cette empreinte si chère ;
> Sur les enfants bien nés elle garde ses droits.
> . . . .
> La loi nous émancipe, et jamais la nature.

Ce dernier vers est beau : malheur à qui l'eût prononcé à la convention !

Favart chanta aussi la paix sur le théâtre Italien, mais dans une farce où il descendit jusqu'au ton de Vadé, que l'on croyait alors populaire, quoiqu'il ne fût que poissard ; et pour sentir cette différence, il suffirait, sans aller plus loin, de lire ce qu'on appelle *les Dancourades*. Il n'y a qu'un morceau où Favart se fasse reconnaître : c'est une de ces scènes *à tiroir* où il fait paraître un *abbé* qui, en donnant le bras à une femme, lui propose de l'épouser. Elle se récrie sur ce qu'elle appelle son état : il répond qu'il *n'en a aucun* :

> J'ai pris cet attirail par prudence, par goût,
>   Enfin comme un passe-partout ;
>   Car on en tire un très grand avantage.
> C'est moins pour moi, Madame, un état qu'un maintien :
>   Heureux qui sait en faire usage !
> Par-là, je tiens à tout en ne tenant à rien.

On nous reçoit sans conséquence;
Insensiblement on s'avance :
On nous goûte en faveur de la frivolité.
C'est en elle aujourd'hui que mon état consiste :
Avec quatre doigts de batiste,
Nous acquérons le droit de l'inutilité,
Et pouvons être oisifs en toute liberté.
. . . .
Chaque maison a son *abbé :*
Il y donne le ton, y joue un personnage.
Pour les valets, il est *monsieur l'abbé ;*
Pour le mari, *mon cher abbé ;*
Pour la femme, *l'abbé*...
. . . .
De la maison il est législateur,
Nomme aux emplois, donne le précepteur,
Choisit les ouvriers, se charge des emplettes
Se connaît en chevaux, en bijoux, en pompons,
Caresse les enfants, leur donne des bonbons,
Et pour le petit chien apporte des gimblettes.

Ce portrait, aussi fidèle que comique, ne déparerait pas la meilleure comédie. Ce que nous avons vu depuis servira un jour à expliquer comment un abus que le gouvernement ne croyait que frivole, puisqu'il le livrait à la risée publique, était d'une importance qu'on était loin de soupçonner; et certainement il n'en restera rien que le souvenir des maux qu'il a préparés.

Ce n'est pas la peine de parler d'*Acajou*, quoique dans la nouveauté il ait attiré tout Paris, curieux de voir sur la scène un conte assez bizarre de Duclos qui avait fait grand bruit, non pas assurément comme ouvrage d'imagination, mais comme une satire de la cour et de la ville, très spirituelle et très piquante, dans un temps où ce genre d'écrire n'était pas d'une hardiesse commune. La pièce, qui n'est que folle et un peu graveleuse, sans en être moins froide, ne vaut pas une des bonnes pages du conte, et je ne crois pas que l'auteur ait rien fait de plus mauvais. Je me souviens pourtant de l'avoir vu reprendre, mais avec peu de succès, et je ne serais pas surpris qu'elle en eût beaucoup aujourd'hui.

Favart s'essaya aussi dans la pastorale dramatique, et en saisit assez bien le caractère, au moins dans quelques romances, que l'on a retenues, de ses *Amours champêtres*, *Quand vous entendrez le doux zéphir*, et sur-tout ces couplets charmants, qui méritent d'être conservés :

>   Quand je jouais un air nouveau,
>   Aussitôt ma bergère
>   Venait au son du chalumeau
>   Unir sa voix légère.
> A présent, je forme en vain des sons ;
>   J'ai fait des vers exprès pour elle :
>   Et l'infidèle
>   Chante d'autres chansons.
>
>   De porter mon premier bouquet
>   Hélène était si fière,
>   Qu'elle en a paré son corset
>   Une semaine entière.
>   Je lui donne aujourd'hui des barbeaux :
>   Sous son mouchoir elle les cache,
>   Et les arrache
>   En voyant mes rivaux.

Ce naturel aimable doit plaire sur-tout à ceux qui sont aussi excédés que moi de l'insupportable babil qui a pris la place de la chanson; et l'on ne fait pas mieux aujourd'hui la chanson avec ce qu'on appelle *esprit*, que la tragédie et les poèmes avec ce qu'on appelle *talent*.

Favart, pourtant dans cette même pièce, a quelquefois aussi le ramage frivole et apprêté du Marini et des faiseurs de sonnets italiens, comme dans cette chanson mêlée de bon et de mauvais, et autrefois tant répétée : *J'aime une ingrate beauté*.

>Hélène a des rigueurs,
>Mais mon cœur les préfère
>Aux plus douces faveurs
>De tout autre bergère.

Voilà le bon, voici le mauvais :

>Le rossignol va chantant,
>Joyeux de la voir si belle.
>Le papillon voltigeant
>La prend pour la fleur nouvelle.
>Les amoureux zéphyrs
>Naissent de son haleine,
>Et mes ardents soupirs
>La suivent dans la plaine.

La fin est plate, et tout le reste est du Phébus *pétrarchesque*, quand l'amant de Laure n'est que le Pétrarque des *sonetti*, et non pas celui des *canzoni*.

Lucas ne vaut pas mieux dans *la Fête de l'amour*, quand il dit, en faisant l'ouvrage de Colinette :

>Morgué, ça va tout seul : j'en suis surpris moi-même :

En travaillant pour moi, mon ratiau m'paraît lourd;
En travaillant pour ce que j'aime,
C'est une plume de l'amour.

La plume de l'Amour va fort mal en patois paysan.

J'ai rassemblé ici à peu près tout ce que Favart a laissé de bon, et je laisse de côté trente pièces dont les titres remplissent les almanachs. La facilité de réussir à la foire ou aux Italiens le faisait abuser de sa facilité à produire; et le peu d'importance de ses productions, presque toujours éphémères, en excuse la multitude et la faiblesse. On y compte entre autres beaucoup de parodies : trois seulement peuvent être citées, et jointes aux opéra comiques et aux comédies-vaudevilles qui ont fait la réputation de Favart : le tout pourrait former trois petits volumes, et Favart en a dix in-8°. La première de ses parodies est celle d'*Alceste*, sous le titre de *la Noce interrompue* : ce n'est pas, comme de coutume, un simple travestissement d'un poème sérieux; c'est une petite fable dont l'invention est gaie, et qui amène la critique de plus d'une espèce de charlatanisme, comme on le voit dans ce vaudeville si connu : *Qui veut passer l'eau? J'ai là mon bateau*, etc. La seconde est la *Ressource des théâtres*, où passent en revue, dans des scènes détachées, beaucoup de nouveautés soumises à la satire littéraire, qui dans Favart est ordinairement fine et enjouée sans être amère : souvent même il adoucit la censure par des louanges; ce qui n'est pas trop d'un parodiste, mais ce qui est d'un honnête homme, tel qu'était Favart. La dernière et la meilleure est *la Parodie au Parnasse*, où se trouve cet excellent vaudeville, qui sera longtemps la vérité même :

> Quiconque voudra
> Faire un opéra, etc.

Personne alors ne trouva mauvais que Favart jouât J-J. Rousseau sous le nom de Diogène ; non pas la personne de Rousseau, mais ses paradoxes, qui ne paraissaient encore qu'insensés, et qui sont depuis devenus si funestes ; et ce genre de délit public est, au moins comme ridicule, bien et dûment justiciable du théâtre.

> Renverser les lois et les maximes
> De toute société,
> Aux beaux-arts imputer tous les crimes,
> Dégrader l'humanité,
> Des Iroquois préconiser la vie,
> Confondre les états et les rangs,
> Étouffer les talents,
> Voilà ma *philosophie*.

C'est Diogène-Rousseau qui parle ainsi, et il n'est pas possible de nier qu'on ne lui fasse dire ici en abrégé ce qu'il a dit dans de gros volumes.

LA PARODIE.

« Et quel est votre but ?

— « De réduire l'homme au pur instinct ; afin
« de lui rendre ses vertus primitives. »

On ne peut rendre en moins de mots ni plus fidèlement tout le système verbal de la *philosophie* du siècle ; ce qui ne veut pas dire que ce fût réellement sa pensée et son dessein ; il serait trop heureux pour elle qu'elle eût toujours extravagué de bonne foi : la révolution a prouvé le contraire.

La Harpe, *Cours de Littérature.*

FÉNELON (François de SALIGNAC DE LA MOTTE), naquit le 6 août 1651, au château de Fénelon, en Périgord; il était fils de Pons de Salignac, marquis de Fénelon, et de Louise de la Cropte, sœur du marquis de Saint-Abre.

Entre les avantages que Fénelon dut à la nature ou à la fortune, à peine faut-il compter celui de la naissance. Un homme tel que lui devait répandre sur ses ancêtres plus d'illustration qu'il n'en pouvait recevoir. Un hasard plus heureux peut-être, c'était d'être né dans un siècle où il pût prendre sa place.

Lorsqu'après des études distinguées qui annonçaient déja tout ce qu'il serait un jour, après les épreuves nécessaires pour être admis aux honneurs du sacerdoce, il parut à la cour de Louis XIV, la France était à son époque la plus brillante; le trône s'élevait sur des trophées, et ne foulait point les peuples. Le monarque, entouré de tous les arts, était digne de leurs hommages, et leur offrait son règne pour objet de leurs travaux.

Fénelon, apportant au milieu de la cour la plus polie de l'univers des talents supérieurs, des mœurs douces, des vertus indulgentes, devait être accueilli par tout ce qui avait assez de mérite pour sentir le sien, et attirer les regards d'un maître à qui nulle espèce de mérite n'échappait. Dès l'âge de dix-neuf ans * il s'était essayé dans le ministère de la parole évangélique, et avait réussi après Bossuet et Bourdaloue. Ses succès même avaient été si brillants, que son oncle, le marquis de Fénelon, homme de mœurs sévères, et d'une probité respectée, craignit que le jeune apôtre ne se livrât trop aux impressions d'une gloire mondaine, et l'obligea de se renfermer dans les fonctions les plus obscures d'un état dont tous les devoirs sont également sacrés. Il fallut, dans l'âge où l'on est avide de succès et plein du sentiment de ses forces, que ce génie naissant ralentît son essor et descendît de sa hauteur. Cette première épreuve, qui était pénible, parut cependant ne pas coûter beaucoup à sa docilité naturelle. Il étudia tous les exercices de la religion et de la piété sous la conduite du supérieur de Saint-Sulpice **; mais ceux qui le voyaient obéir le jugèrent bientôt digne de commander. On crut pouvoir confier à sa jeunesse *** une place qui semblait demander de la maturité, celle de supérieur des *Nouvelles-Catholiques*. C'étaient pour la plupart de jeunes personnes arrachées à l'hérésie, et qu'il fallait affermir dans une croyance qui n'était pas celle de leurs pères. Pour cet emploi, sans doute, on ne pouvait mieux choisir. Personne n'était plus capable que lui de tempérer l'austérité de sa mission en faveur d'un sexe délicat et sensible près de qui le don de per-

---

* En 1670.

** M. Tronson.

*** Fénelon avait environ vingt-sept ans lorsqu'il fut nommé supérieur des *Nouvelles Catholiques*, par M. de Harlay, archevêque de Paris. RAMSAY.

suader ne peut guère être séparé de celui de plaire, et à qui le législateur de l'Évangile n'a jamais adressé que des paroles de grace, de clémence, et de paix. Là commencèrent à se développer les qualités apostoliques de Fénelon. C'est alors qu'il composa le *Traité de l'Éducation des Filles*, et celui du *Ministère des Pasteurs*, premières productions de sa plume. Le bruit de ses travaux vint jusqu'aux oreilles de Louis XIV, d'autant plus flatté de ce genre de succès, qu'il croyait sa gloire intéressée à effacer jusqu'aux derniers vestiges du calvinisme.

Je ne dois pas omettre l'un des plus beaux traits de la vie de Fénelon, celui qui décela le premier toute la bonté de son âme et la supériorité de ses lumières. Le roi le charge * d'une mission dans la Saintonge et dans l'Aunis; mission, il faut bien le dire, qui devait comme les autres être soutenue par les armes, et escortée de soldats.

Mais Fénelon déclare qu'il ne se chargera pas de porter la parole divine, si on lui donne des soutiens qui la déshonorent, et qu'il ne parlera au nom de Dieu et du roi que pour faire aimer l'un et l'autre. Ce courage de la vérité en imposa aux préjugés et au pouvoir. Deux provinces, graces à ses soins, furent préservées du fléau de la persécution qui en accablait tant d'autres. Lui seul offrit à la religion des conquêtes dignes d'elle et de lui. D'autres se contentèrent de gémir en exécutant des ordres rigou-

* En 1686. — Fénelon revint à Paris en 1687, et se présenta devant le roi; mais il fut plus de deux ans après sans retourner à la cour. Il reprit ses fonctions de supérieur des *Nouvelles-Catholiques*.   RAMSAY.

reux : d'autres eurent des remords ; lui seul eut de la vertu.

S'il est pour l'homme vertueux une récompense qui puisse le toucher après le témoignage de son propre cœur, c'est l'amitié de ceux qui lui ressemblent, et c'est le tribut que recueillit Fénelon en reparaissant à Versailles. Les Beauvilliers, les Chevreuse, les Langeron, parurent s'honorer du titre de ses amis. Les belles âmes se jugent, s'entendent, et se recherchent. Ces hommes rares se faisaient respecter par une conduite irréprochable et des connaissances étendues dans une cour où les principes de l'honneur et de l'élévation du caractère entraient pour beaucoup dans les talents de plaire et les moyens de s'agrandir. Content de leurs suffrages, heureux dans leur société, Fénelon négligeait d'ailleurs tout ce qui pouvait l'avancer dans la carrière des dignités ecclésiastiques; il les méritait trop pour les briguer. Il est bien rare que les distributeurs des graces, même en reconnaissant le mérite, aillent au-devant de lui. La vanité veut des clients, et l'intérêt veut des créatures. Fénelon, recommandé par la voix publique, allait pourtant être nommé à l'évêché de Poitiers; il était même inscrit sur la feuille; mais ses concurrents mirent plus d'art à le traverser qu'il n'en mit à se maintenir; il fut rayé, et déjà s'ouvrait devant lui un autre champ de gloire et de travaux. L'éducation du petit-fils de Louis XIV devenait un objet de rivalité entre tout ce que la cour avait de plus éminent en mérite. Beauvilliers, gouverneur du jeune prince, devait désirer un associé tel que Fénelon. Louis XIV crut Beauvilliers et la renommée, et Fénelon fut chargé de former un roi*.

Le duc de Bourgogne avait l'âme impérieuse et pleine de tous les désirs de la domination. Son maître sut tourner cette disposition dangereuse au profit de l'humanité et de la vertu. Sans trop blâmer son élève de se croire fait pour commander aux hommes, il lui fit sentir combien son orgueil se proposait peu de chose en ne voulant d'autre empire que celui dont il recueillerait l'héritage, comme on hérite du patrimoine de ses pères, au lieu d'ambitionner cet autre empire fait pour les âmes vraiment privilégiées, et fondé sur les talents qu'on admire et sur les vertus qu'on adore. Il s'emparait ainsi de cette âme dont la sensibilité impétueuse ne demandait qu'un aliment. Il l'enivrait du plaisir si touchant que l'on goûte à être aimé, du pouvoir si noble que l'on exerce en faisant du bien, de la gloire si rare que l'on obtient en se commandant à soi-même. Lorsque le prince tombait dans ces emportements dont il n'était que trop susceptible, on laissait passer ce moment d'orage où la raison n'aurait pas été entendue. Mais, dès ce moment tout ce qui l'approchait avait ordre de le servir en silence, et de lui montrer un visage morne. Ses exercices mêmes étaient suspendus; il semblait que personne n'osât plus communiquer avec lui, et qu'on ne le crût plus digne d'aucune occupation raisonnable. Bientôt le jeune

---

* L'abbé Fénelon entra chez les princes à l'âge de trente-huit ans, en septembre 1689. Louis XIV le nomma précepteur du duc de Bourgogne, sans aucune sollicitation de sa part

homme, épouvanté de sa solitude, troublé de l'effroi qu'il inspirait, ne pouvant plus vivre avec lui ni avec les autres, venait demander grace et prier qu'on le réconciliât avec lui-même. C'est alors que l'habile maître, profitant de ses avantages, faisait sentir au prince toute la honte de ses fureurs, lui montrait combien il est triste de se faire craindre et de s'entourer de la consternation. Sa voix paternelle pénétrait dans un cœur ouvert à la vérité et au repentir, et les larmes de son élève arrosaient ses mains. Ainsi c'était toujours dans l'âme du prince qu'il prenait les armes dont il combattait ses défauts : il ne l'éclairait que par le témoignage de sa consience, et ne le punissait qu'en le faisant rougir de lui-même. Cette espèce de châtiment est sans doute la plus salutaire; car l'humiliation qui nous vient d'autrui est un outrage; celle qui vient de nous est une leçon.

Ce qui peut achever l'éloge du maître et du disciple, c'est le tendre attachement qui les liait l'un à l'autre, et qui ne finit qu'avec leur vie. Le duc de Bourgogne voulut toujours avoir pour ami et pour père son respectable instituteur. On ne lit point sans attendrissement les lettres qu'ils s'écrivaient. Plus capable de réflexion, à mesure qu'il avançait en âge, le prince se pénétrait des principes de gouvernement que son éducation lui avait inspirés, et l'on croit que s'il eût régné, la morale de Fénelon eût été la politique du trône. Ce prince pensait (du moins il est permis de le croire en lisant les écrits faits pour l'instruire) que les hommes, depuis qu'ils ont secoué le joug de l'ignorance et de la superstition, sont dignes de ne plus porter que celui des lois dont les rois justes sont les vivantes images; que les monarques ayant dans leurs mains les deux grands mobiles de tout pouvoir, l'or et le fer, et redevables aux progrès des lumières du progrès de l'obéissance, en doivent d'autant plus respecter les droits naturels des peuples qui ont mis sous la protection du trône tout ce qu'ils ne peuvent plus défendre; que l'autorité, qui n'a plus rien à faire pour elle-même, est comptable de tout ce qu'elle ne fait pas pour l'état; qu'on ne peut alléguer aucune excuse à des peuples qui souffrent et qui obéissent; que les plaintes de la soumission sont sacrées, et que les cris du malheur, s'ils sont repoussés par le prince, montent au trône de Dieu; qu'il n'est jamais permis de tromper ni ses sujets, ni ses ennemis, et qu'il faut, s'il est possible, ne faire sentir aux uns et aux autres ni trop de faiblesse, ni trop de puissance; que toutes les nations étant fixées dans leurs limites, et ne pouvant plus craindre ni méditer ces grandes émigrations qui jadis ont changé la face de l'univers, la fureur de la guerre est une maladie des rois et des ministres, dont les peuples ne devraient ressentir ni les accès, ni les fléaux; qu'enfin, excepté ces moments de calamité, où l'air est infecté de vapeurs mortelles, et où la terre refuse le tribut de ses moissons, excepté ces jours de désastre marqués par les rigueurs de la nature, dans tout autre temps, lorsque les hommes sont malheureux, ceux qui les gouvernent sont coupables.

Telles sont les maximes répandues en substance dans les *Dialogues des morts*, ouvrage rempli des notions les plus saines sur l'histoire, et des vues les plus pures sur l'administration; dans les *Directions pour la conscience d'un roi*, que l'on peut appeler l'abrégé de la sagesse et le catéchisme des princes; mais sur-tout dans le *Télémaque*, chef-d'œuvre de son génie, l'un des ouvrages originaux du dernier siècle, l'un de ceux qui ont le plus honoré et embelli notre langue, et celui qui plaça Fénelon parmi nos plus grands écrivains.

Son succès fut prodigieux, et la célébrité qu'il eut n'avait pas besoin de ces applications malignes qui le firent rechercher encore avec plus d'avidité, et laissèrent dans l'âme de Louis XIV des impressions qui ne s'effacèrent point. La France le reçut avec enthousiasme, et les étrangers s'empressèrent de le traduire. Quoiqu'il semble écrit pour la jeunesse, et particulièrement pour un prince, c'est pourtant le livre de tous les âges et de tous les esprits. Jamais on n'a fait un plus bel usage des richesses de l'antiquité et des trésors de l'imagination. Jamais la vertu n'emprunta, pour parler aux hommes, un langage plus enchanteur, et n'eut plus de droits à notre amour.

Le *Télémaque*, dérobé à la modestie de l'auteur, comme tous ses autres écrits, lui donnait une renommée qu'il ne cherchait pas; l'archevêché de Cambrai, qu'il n'avait pas demandé, le mettait au rang des princes de l'Église[*], et l'éducation du duc

---

[*] Fénelon fut nommé à l'archevêché de Cambrai le 8 février 1695.

de Bourgogne achevée, au rang des bienfaiteurs de l'état, lorsqu'une déplorable querelle*, que son nom seul pouvait rendre fameuse, vint troubler son heureuse et brillante carrière, et versa les chagrins dans son cœur et l'amertume sur ses jours.

Plus susceptible qu'aucun autre d'affections extrêmes et de jouissances spéculatives, Fénelon parut avoir porté trop loin le plaisir d'aimer Dieu. Il n'est point de mon devoir de discuter cette controverse théologique, ni même d'examiner comment l'amour de Dieu a pu être l'objet d'une controverse. Je ne retracerai point non plus l'histoire de cette secte appelée *quiétisme*, et j'écarte de Fénelon cet odieux nom de secte qui semble si peu fait pour lui. J'en crois ses protestations renouvelées tant de fois pendant sa vie et au moment de sa mort, contre l'abus qu'on pourrait faire de ses expressions pour les tourner en hérésie, et je ne saurais croire que la secte de Fénelon ait pu jamais être autre chose que cette grande et respectable société d'hommes vertueux répandus sur la terre et éclairés par ses écrits. Ce qui intéresse sa mémoire et notre admiration, c'est le contraste de sa conduite avec celle de ses adversaires. Ce n'est pas qu'on veuille obscurcir du moindre nuage la victoire décernée à leur doctrine; mais on ne peut se dissimuler tout ce que mêlèrent les intérêts humains à ces combats d'opinions et de dogmes. En

---

* Le livre des *Maximes des Saints*, qui donna lieu à cette déplorable querelle, parut à la fin de janvier 1697.

parcourant les mémoires du siècle, on voit les athlètes de Port-Royal, fatigués de cette longue et pénible lutte où ils triomphaient par écrit, tandis qu'on les accablait par le pouvoir, se retirer de la lice avec adresse, et alarmer la religion et la cour sur une hérésie naissante. On arme la jalousie secrète de tous ceux qu'avait blessés l'élévation de l'archevêque de Cambrai. Desmarêts, l'évêque de Chartres, plus ardent que les autres, entraîne madame de Maintenon, qu'il dirigeait. Cette adroite favorite, née avec un esprit délicat et un caractère faible, qui avait plus de vanité que d'ambition, et plus d'ambition que de sensibilité; qui ne pouvait ni être heureuse à la cour, ni la quitter; plus jalouse de gouverner le roi que l'état, et sur-tout plus savante à gouverner l'un que l'autre ; cette femme qui eut une destinée singulière, sans laisser une réputation éclatante, avait aimé Fénelon comme elle aima Racine, et les abandonna tous les deux. Elle fit plus, elle se joignit à ceux qui sollicitaient à Rome la condamnation de l'archevêque, soit qu'elle fût blessée, comme on l'a dit, de n'avoir pas obtenu sur son esprit et sur ses opinions tout l'ascendant qu'elle prétendait, soit qu'elle n'eût jamais la force de résister à Louis XIV, alors conduit par Bossuet. A ce nom justement respecté, à ce nom qu'on ne peut pas confondre dans la foule des ennemis de Fénelon, étouffons, s'il est possible, les idées peu favorables qui s'élèvent dans tous les esprits. Ne voyons, dans la violence de ses écrits et de ses démarches, que la dureté naturelle à un esprit nourri de controverse, et le zèle inflexible d'un théologien qui craint pour la saine doctrine. Il n'est pas en moi de fouiller dans le cœur d'un grand homme, pour y chercher des sentiments peu propres à faire chérir sa mémoire. Il est triste de représenter le génie persécutant la vertu. Je veux croire que Bossuet, qui avait vu s'élever la jeunesse de Fénelon, et naître sa fortune et sa gloire, qui même avait voulu lui imprimer de ses mains le caractère de la dignité épiscopale, ne le vit pas avec les yeux d'un concurrent, après l'avoir vu si long-temps avec les yeux d'un père; qu'il était vraiment effrayé des erreurs de Fénelon, et non pas de ses succès et de sa renommée; qu'il poursuivit sa condamnation avec la vivacité d'un apôtre, plutôt qu'avec l'animosité d'un rival, et qu'en demandant pardon à Louis XIV* de ne lui avoir pas révélé plus tôt une hérésie plus dangereuse encore que le calvinisme, il n'était agité que des saintes terreurs d'un chrétien et d'un évêque, et non pas animé de l'ambition d'un courtisan qui voulait se rendre de plus en plus considérable, et qui flattait les dispositions secrètes du monarque, moins blessé

---

* Bossuet dénonça lui-même à Louis XIV, au milieu de sa cour, l'hérésie de M. de Cambrai. Au moment où Fénelon était frappé de ce coup sensible, l'incendie de son palais de Cambrai, la perte de sa bibliothèque, de ses manuscrits, de ses papiers, mit son âme à une nouvelle épreuve, et ne lui arracha d'autres plaintes que ces paroles si touchantes et si vraies dans sa bouche : « Il vaut mieux que le feu ait pris à ma maison qu'à la chaumière « d'un pauvre laboureur. »

M. VILLEMAIN, *Biographie universelle*

peut-être des *Maximes des Saints* que des maximes du *Télémaque*.

Mais s'il est possible de contester sur les reproches qu'on a faits à Bossuet, on ne peut pas se refuser aux éloges que mérita Fénelon. Jamais on n'a su mieux accorder cette fermeté qui naît de l'intime persuasion et du témoignage de la conscience, avec l'inaltérable modération, que les violences et les outrages ne peuvent ni vaincre ni fatiguer. En même temps qu'il persévère à désavouer les conséquences que l'on tire de ses principes, en même temps qu'il persiste dans le refus d'une rétractation qui pouvait prévenir sa disgrace, il déclare que s'il ne croit pas devoir céder à ses adversaires, qui interprètent mal ses pensées, il ne résistera jamais à l'autorité du saint-siège, qui a le droit de les juger. Il attend ce jugement avec une soumission profonde; il ne se plaint ni des déclamations injurieuses qu'on se permet contre lui, ni des manœuvres qu'on emploie pour le perdre : lui-même il couvre d'un voile tous ces ressorts odieux que font jouer les passions humaines; il défend à son agent à la cour de Rome de se prévaloir des découvertes qu'il a pu faire sur les intrigues de ses ennemis, et sur-tout de se servir des mêmes armes. Il écrit à Bossuet, qui le traite de blasphémateur : « Je prie Dieu qu'il vous enflamme « de ce feu céleste que vous voulez éteindre. » Il écrit à Beauvilliers : « Si le pape me condamne, je « serai détrompé; s'il ne me condamne pas, je tâ- « cherai, par mon silence et mon respect, d'appaiser « ceux de mes confrères qui sont animés contre

« moi. » Enfin Louis XIV laisse éclater sa colère. Les services de Fénelon sont oubliés. Il reçoit l'ordre de quitter la cour, et de se retirer à Cambrai*. Ses amis sont exilés, ses parents privés de leurs emplois. On presse à Rome l'arrêt de sa condamnation, que l'on arrache avec peine, et que les juges donnent à regret, et même avec des réserves assez obligeantes, pour que l'inexorable évêque de Meaux se plaigne que Rome n'en a pas fait assez. Ses ennemis semblent ne pas trouver leur triomphe assez complet. Ils ne savaient pas alors qu'ils lui en préparaient un bien plus digne d'envie, et auquel rien n'a manqué, que des imitateurs. Dans le temps même où l'esprit de discorde et de résistance semblait répandu dans l'Église, où l'on voyait de tous côtés l'exemple de la révolte, et nulle part celui de l'obéissance, Fénelon monte en chaire, annonce qu'il est condamné et qu'il se soumet, invite tous les peuples de son diocèse et tous les chrétiens à se soumettre comme lui; s'oppose au zèle des écrivains de Port-Royal, qui ne voient plus alors que la gloire de le défendre et le plaisir d'attaquer Rome; enfin il publie ce mandement qui nous a été conservé comme un modèle de l'éloquence la plus touchante et de la simplicité évangélique. « A Dieu ne plaise, dit-il, « qu'il soit jamais parlé de nous, que pour se sou- « venir qu'un pasteur a cru devoir être aussi soumis « que le dernier de son troupeau ! » Cet acte de résignation, écrit en peu de mots, et contenu dans

---

* Au commencement d'août 1697. Il ne reparut plus à la cour. RAMSAY.

une page, a mérité d'échapper à l'oubli où sont plongés ces innombrables volumes, monuments de dispute et de démence, qui ont fait à la religion tout le mal qu'ils pouvaient lui faire, sans produire jamais aucun bien; au lieu qu'il est vrai de dire que si Dieu voulait faire un miracle pour amener à la foi tout le reste de la terre, il n'en pourrait choisir un plus grand et plus efficace que de renouveler souvent l'exemple et les vertus de Fénelon.

Cet écrivain si riche, si sublime, cet esprit si brillant et si délicat descendait jusqu'aux moindres détails de l'administration ecclésiastique, si pourtant on peut descendre en remplissant ses devoirs. Il prêchait dans une église de village aussi volontiers que dans la chapelle de Versailles. Cette voix qui avait charmé la cour de Louis XIV, ce génie qui avait éclairé l'Europe, se faisait entendre à des pâtres et à des artisans, et nul langage ne lui était étranger, dès qu'il s'agissait d'instruire les hommes et de les rendre meilleurs. Il se mettait sans peine à la portée de ces esprits simples et grossiers. Il ne préparait point ses discours. C'était un père qui parlait à ses enfants, et qui leur parlait d'eux-mêmes. Il était sûr d'être inspiré par son cœur; et il sentait que lorsqu'il n'aurait rien à leur dire, c'est qu'il cesserait de les aimer. Il ne combattait point les incrédules en parlant à des laboureurs. Il savait que s'il est des esprits infortunés et superbes, qui ne connaissent la religion que par des abus, le peuple ne doit la connaître que par des bienfaits.

Les siens se répandaient autour de lui avec abondance et avec choix. Son bien était vraiment le bien des pauvres. Le désintéressement lui était naturel, et quand le roi lui donna l'archevêché de Cambrai, il résigna l'abbaye de Saint-Valery, disant qu'il avait assez et même trop d'un seul bénéfice. Il eût été à souhaiter qu'il pût en administrer plusieurs. La bienfaisance n'a jamais trop à donner. Ses revenus étaient distribués entre des ecclésiastiques qui, s'acquittant des devoirs de leur état, n'en recevaient pas assez de secours; et ces maisons de retraite où le sexe, en se mettant à l'abri de la séduction, n'est pas toujours à l'abri de la pauvreté; et ces asyles consacrés au soulagement de l'humanité, où quelquefois elle manque du nécessaire; et ces malheureux qui souffrent en secret plutôt que de s'exposer à rougir, et qui souvent périraient dans l'obscurité, s'il n'y avait pas quelques âmes divines qui cherchent les besoins qui se cachent. Mais que dis-je? Il ne s'agit plus d'infortunes secrètes ou particulières. Une plus vaste scène de malheur s'offre à la sensibilité de Fénelon. Elle n'est point effacée de notre mémoire cette époque désastreuse et terrible, cette année, la plus funeste des dernières années de Louis XIV, où il semblait que le ciel voulût faire expier à la France ses prospérités orgueilleuses, et obscurcir l'éclat du plus beau règne qui eût encore illustré ses annales. La terre, stérile sous les flots de sang qui l'inondent, devient cruelle et barbare comme les hommes qui la ravagent, et l'on s'égorge en mourant de faim. Les peuples, accablés à la fois par une guerre malheureuse, par les impôts et par le besoin, sont livrés au découragement et au désespoir. Le peu de vivres qu'on a pu conserver ou recueillir est porté à un prix qui effraie l'indigence, et qui pèse même à la richesse*. Une armée, alors la seule défense de l'état, attend en vain sa subsistance des magasins qu'un hiver destructeur n'a pas permis de remplir. Fénelon donne l'exemple de la générosité; il envoie le premier toutes les récoltes de ses terres, et l'émulation gagnant de proche en proche, les pays d'alentour font les mêmes efforts, et l'on devient libéral même dans la disette. Les maladies, suite inévitable de la misère, désolent bientôt et l'armée et les provinces. L'invasion de l'ennemi ajoute encore la terreur et la consternation à tant de fléaux accumulés. Les campagnes sont désertes, et leurs habitants épouvantés fuient dans les villes. Les asyles manquent à la foule des malheureux. C'est alors que Fénelon fit voir que les cœurs sensibles, à qui l'on reproche d'étendre leurs affections sur le genre humain, n'en aiment pas moins leur patrie. Son palais est ouvert aux malades, aux blessés, aux pauvres sans exception. Il engage ses revenus pour faire ouvrir des demeures à ceux qu'il ne saurait recevoir. Il leur rend les soins les plus charitables; il veille sur ceux qu'on doit leur rendre; il n'est effrayé ni de la contagion, ni du spectacle de toutes les infirmités humaines rassemblées sous ses yeux. Il ne voit en eux que l'humanité souffrante. Il les assiste, leur

---

* L'année 1709 était une année d'excessive cherté : l'armée de Flandre était sans magasins. RAMSAY.

parle, les encourage. Oh! comment se défendre de quelque attendrissement, en voyant cet homme vénérable par son âge, par son rang, par ses lumières, tel qu'un génie bienfaisant au milieu de tous ces malheureux qui le bénissent, distribuer les consolations et les secours, donner les plus touchants exemples de ces mêmes vertus dont il avait donné les plus touchantes leçons.

Hélas! la classe la plus nombreuse des humains est, dans presque tous les états, réduite à un tel degré d'impuissance et de misère, tellement dévouée à l'oppression et à la pauvreté, que plus d'un pays serait devenu peut-être une solitude, si des vertus souvent ignorées ne combattaient sans cesse les crimes ou les erreurs de la politique. Plus d'un homme public, plus d'un particulier même a renouvelé ces traits d'une bonté compatissante et généreuse. Mais leurs belles actions ont obtenu moins d'éloges, parce que leurs noms avaient moins d'éclat. Celui de Fénelon était en vénération dans l'Europe, et sa personne était chère aux étrangers, et même à nos ennemis. Eugène et Marlborough, qui accablaient alors la France, lui prodiguèrent toujours ces déférences et ces hommages que la victoire et l'héroïsme accordent volontiers aux talents paisibles et aux vertus désarmées. Des détachements étaient commandés pour garder ses terres, et l'on escortait ses grains jusqu'aux portes de sa métropole. Tout ce qui lui appartenait était sacré. Le respect et l'amour que l'on avait pour son nom avaient subjugué même cette espèce de soldats qui semblent devoir être plus féroces que les autres, puisqu'ils se sont réservé ce que la guerre a de plus cruel, la dévastation et le pillage. Leurs chefs lui écrivaient qu'il était libre de voyager dans son diocèse sans danger et sans crainte, qu'il pouvait se dispenser de demander des escortes françaises, et qu'ils le priaient de permettre qu'eux-mêmes lui servissent de gardes. Ils lui tenaient parole; et l'on vit plus d'une fois l'archevêque Fénelon conduit par des hussards autrichiens. Il doit être bien doux d'obtenir un pareil empire; il l'est même de le raconter.

S'il avait cet ascendant sur ceux qui ne le connaissaient que par la renommée, combien devait-il être adoré de ceux qui l'approchaient! On croit aisément en lisant ses écrits et ses lettres tout ce que ses contemporains rapportent des charmes de sa société. Son humeur était égale, sa politesse affectueuse et simple, sa conversation féconde et animée. Une gaieté douce tempérait en lui la dignité de son ministère, et le zèle de la religion n'eût jamais chez lui ni sécheresse, ni amertume. Sa table était ouverte pendant la guerre à tous les officiers ennemis ou nationaux que sa réputation attirait en foule à Cambrai. Il trouvait encore des moments à leur donner au milieu des devoirs et des fatigues de l'épiscopat. Son sommeil était court, ses repas d'une extrême frugalité, ses mœurs d'une pureté irréprochable. Il ne connaissait ni le jeu ni l'ennui. Son seul délassement était la promenade, encore trouvait-il le secret de la faire rentrer dans ses exercices de bienfaisance. S'il rencontrait des paysans, il se plaisait à les entretenir; on le voyait assis sur l'herbe au milieu d'eux; comme autrefois saint Louis sous le chêne de Vincennes. Il entrait même dans leurs cabanes, et recevait avec plaisir tout ce que lui offrait leur simplicité hospitalière. Sans doute ceux qu'il honora de semblables visites racontèrent plus d'une fois à la génération qu'ils virent naître que leur toit rustique avait reçu Fénelon.

Vers ses dernières années, il se trouva engagé dans une sorte de correspondance philosophique avec le duc d'Orléans, depuis régent de France, sur ces grandes questions qui tourmentent la curiosité humaine, et auxquelles la révélation seule peut répondre. C'est ce commerce qui produisit les *Lettres sur la religion*. C'est vers ce temps que l'on crut qu'il désirait de revenir à la cour. On prétendait qu'il ne s'était déclaré contre le jansénisme que pour flatter les opinions de Louis XIV, et pour se venger du cardinal de Noailles qui avait condamné le quiétisme. Mais Fénelon connaissait-il la vengeance? N'était-il pas fait pour aimer le pieux Noailles, quoiqu'il ne pensât pas comme lui? N'avait-il pas été toujours opposé à la doctrine de Port-Royal? Enfin, est-ce dans la retraite et dans la vieillesse que cet homme incorruptible, qui n'avait jamais flatté, même à la cour, aurait appris l'art des souplesses et de la dissimulation? Nous avons des lettres originales où il proteste de la pureté de ses intentions, et ne parle du cardinal de Noailles que pour le plaindre et pour l'estimer. Gardons-nous de récuser ce témoignage. Quelle âme mérita mieux que la sienne de n'être pas légèrement soupçonnée? Il me semble que, dans tous les cas, le parti qui coûte le plus à prendre, c'est de croire que Fénelon a pu tromper.

Sa vie, qui n'excéda pas le terme le plus ordinaire des jours de l'homme, puisqu'elle ne s'étendit guère au-delà de soixante ans, éprouva cependant l'amertume qui semble réservée aux longues carrières. Il vit mourir tout ce qu'il aimait. Il pleura Beauvilliers et Chevreuse; il pleura le duc de Bourgogne, cet objet de ses affections paternelles qui naturellement devait lui survivre. C'est alors qu'il s'écria : « Tous mes liens sont rompus. » Il suivit de près son élève. Une maladie violente et douloureuse l'emporta en six jours*. Il souffrit avec constance, et mourut avec la tranquilité d'un cœur pur, qui ne voit dans la mort que l'instant où la vertu se rapproche de l'Être suprême dont elle est l'ouvrage. Ses dernières paroles furent des expressions de respect et d'amour pour le roi qui l'avait

---

* Fénelon termina sa carrière, sans argent et sans dettes, à Cambrai, le 7 janvier 1715, huit mois avant la mort de Louis XIV. L'archevêque de Cambrai venait de faire une visite pastorale; il se mit en route à l'entrée de la nuit. Tandis que son carrosse traversait un pont, une vache qui paissait dans un ravin effraya ses chevaux : la voiture versa, et fut fracassée. Fénelon reçut une commotion très violente, qui devint la cause de sa mort. Cette anecdote est très certaine; mais il ne l'est pas moins que Louis XIV, vivement touché du zèle avec lequel l'archevêque de Cambrai avait secondé ses ministres à Utrecht, et des divers mémoires qu'il avait composés pour l'instruction des ambassadeurs en 1712, manifestait, selon la ferme assertion du marquis de Fénelon, son neveu, quelques velléités de le rappeler à la cour, lorsqu'il apprit sa mort. « Il nous manque, dit le roi, au moment « où nous aurions pu le consoler et lui rendre justice. Le cardinal MAURY.

disgracié, et pour l'Église qui le condamna. Il ne s'était jamais plaint ni de l'un ni de l'autre *.

Extrait de l'*Éloge de Fénelon*, par La Harpe.

JUGEMENTS.

I.

Fénelon orna la morale des graces de son imagination, comme il avait animé la métaphysique de la douce chaleur du sentiment. Les leçons qu'il donnait à son royal disciple sont celles que suivront tous les rois qui voudront être bons et aimés; et il les fondit toutes dans un ouvrage d'une espèce unique, et qui jusqu'ici est demeuré le seul de sa classe, le *Télémaque*. Il y a long-temps que tout est dit sur ce livre, et je ne répéterai point ce que j'ai écrit lorsque j'eus le bonheur de rendre à la mémoire de Fénelon un hommage solennel. J'oserai seulement remarquer que les critiques qu'on a faites de ce chef-d'œuvre sont pour la plupart outrées et injustes. Voltaire a dit :

> J'admire fort votre style flatteur,
> Et votre prose, encor qu'*un peu trainante*.

Il me semble que cette prose ne l'est point, qu'elle

---

* Parmi les éditions des *OEuvres complètes de Fénelon*, on remarque celle de Lebel, précédée de l'*Histoire de Fénelon*, par M. de Bausset. C'est sans contredit la plus complète et la plus soignée. Nous devons à M. Delestre-Boulage la plus jolie édition des *OEuvres choisies de Fénelon*. Le *Télémaque* a été réimprimé un grand nombre de fois. Une des meilleures éditions est celle qu'a publiée récemment M. Lefèvre, dans sa collection des *Classiques français*.

est en général ce qu'elle doit être. Ce n'est pas la précision qui doit caractériser un ouvrage tel que le *Télémaque*, qui, sans être un véritable poème, puisqu'il n'est pas écrit en vers, se rapproche pourtant des principaux caractères de l'épopée, par l'étendue, par les fictions, par le coloris poétique. Ce qui doit y dominer, c'est une abondance facile et pourtant sage, un style nombreux et liant plutôt que serré ou coupé; et c'est celui du *Télémaque*. Il est vrai que dans la police de Salente, établie par Idoménée, l'auteur descend à des détails qui paraissent trop petits, parce qu'ils sont de nature à ne pouvoir être relevés que par l'élégance des vers et la grace de la mesure, comme nous en voyons de fréquents exemples chez les anciens et chez les modernes qui ont su les imiter. C'est un des avantages propres à la poésie, de pouvoir ennoblir certains objets que la meilleur prose ne peut faire valoir. Il s'ensuit que ces détails, qui d'ailleurs occupent peu de place, sont un défaut particulier dans l'ouvrage de Fénelon, et nullement un vice général de style. Il me paraît même qu'il a su, dans son *Télémaque*, se garantir de la diffusion qu'on peut lui reprocher ailleurs : c'est-là qu'heureux imitateur des anciens, dont il était si rempli, il s'est rapproché en même temps de la richesse d'Homère et de la sagesse de Virgile.

D'autres critiques auraient voulu qu'il eût plus de profondeur dans ses idées morales et politiques : ils ne se sont pas souvenus que l'auteur du *Télémaque* ne devait pas écrire comme celui de l'*Esprit des*

Lois. Je ne veux pas pas dire qu'il l'eût fait s'il eût voulu : je dis que quand même il l'aurait pu, il ne l'aurait pas fait et n'aurait pas dû le faire. Chaque genre doit avoir un caractère de style analogue à son objet. Ce qui n'est que solide et fort dans un livre sur les lois, paraîtrait sec dans un ouvrage mêlé de morale et d'imagination. L'un doit donner à la raison toute sa force : il ne veut qu'instruire et faire penser; l'autre doit songer sur-tout à donner de l'agrément et du charme à ses instructions; il veut plaire afin de persuader. Des principes de droit public, de politique et de législation doivent avoir de la profondeur dans un traité didactique; mais ces premiers principes de justice et de bienveillance universelle, qui sont la base de tout bon gouvernement, très heureusement pour nous, ne demandent point de profondeur de pensée. La conscience les reconnaît, le sentiment les saisit; et ils n'ont de profond que leur racine, que la nature à mise dans tous les cœurs. Le devoir et le dessein de Fénelon étaient de les inspirer à un jeune prince né pour régner; et dans ce genre d'instruction, celui qui réussit le mieux est sans contredit celui qui la fait aimer. Quand tous les lecteurs ne rendraient pas ce témoignage à Fénelon, c'en serait un qui seul tiendrait lieu de tous les autres, que le succès rare et presque unique de ses préceptes et de ses leçons. Pour apprécier le maître, il suffit de voir ce qu'il fit de son élève, d'où il le ramena, et jusqu'où il le conduisit. Il suffit de savoir (et de fidèles traditions nous l'apprennent) ce qu'était devenu le duc de Bourgogne, quel règne il promettait à la France, et quels regrets le suivirent lorsque tant d'espérance s'en allèrent avec lui dans le même tombeau.

Écartons toujours cette espèce de critique qui demande à un écrivain le mérite qu'il n'a pas dû avoir. Je ne chercherai pas plus dans *Télémaque* la force et la profondeur de Montesquieu, que dans l'*Esprit des Lois* les graces et la douceur de Fénelon. Rendons hommage à la nature qui en sait plus que tous les critiques et qui déterminant toujours les hommes qu'elle a doués, vers le genre de travail où elle les appelle, leur donne les qualités propres à y réussir.

Voltaire rapporte qu'après la mort du duc de Bourgogne, Louis XIV, qui n'aimait pas l'auteur de *Télémaque*, brûla tous les manuscrits du précepteur que l'élève avait conservés. Il cite au même endroit une lettre de Ramsay, ami de Fénelon, où il est dit que, si l'archevêque de Cambrai *eût vécu en Angleterre, il aurait donné l'essor à ses principes, que personne n'a connus.* Les manuscrits brûlés sont une perte sans doute : quoiqu'ils ne consistassent probablement que dans une correspondance suivie de l'instituteur et du prince, il serait curieux et intéressant de voir ce qu'écrivait Fénelon au duc de Bourgogne, qui le consultait sur tout; mais d'ailleurs, je ne sais trop ce que peut entendre Ramsay par ces *principes que personne n'a connus.* Je crois qu'ils le sont suffisamment par les *Dialogues des Morts*, et encore plus par le livre intitulé *Direction pour la conscience d'un roi.* Peut-être ni l'un ni l'autre n'était imprimé quand Ramsay écrivit sa lettre : le dernier n'a paru que de nos jours, longtemps après la mort de l'auteur. Quoi qu'il en soit, toute sa morale sur la manière de gouverner est très clairement développée dans ces deux ouvrages. Elle est d'abord, par rapport aux républiques, comme résumée tout entière dans ce peu de mots qu'il met dans la bouche de Socrate : « Il faut qu'un « peuple ait des lois écrites, toujours constantes et « consacrées par toute la nation; qu'elles soient au-« dessus de tout; que ceux qui gouvernent n'aient « d'autorité que par elles; qu'ils puissent tout pour « le bien, suivant les lois; qu'ils ne puissent rien « contre ces lois pour autoriser le mal. » Quand Fénelon aurait écrit en Angleterre, eût-il pu dire mieux? eût-il pu dire davantage? Quand aux monarchies pures, qui, sans avoir positivement un premier code politique écrit, un contrat social formel, ont toutes cependant une constitution dans des lois traditionnelles et des coutumes fondamentales, Fénelon a tracé les devoirs de leurs souverains dans la *Direction pour la conscience d'un roi.*

« L'amour du peuple, le bien public, l'intérêt gé-
« néral de la société est donc la loi immuable et
« universelle des souverains. Cette loi est antérieure
« à tout contrat : elle est fondée sur la nature même;
« elle est la source et la règle sûre de toutes les au-
« tres lois. Celui qui gouverne doit être le premier
« et le plus obéissant à cette loi primitive : il peut
« tout sur les peuples; mais cette loi doit pouvoir
« tout sur lui : le père commun de la grande fa-

« mille ne lui a confié ses enfants que pour les ren-
« dre heureux. Il veut qu'un seul homme serve par
« sa sagesse à la félicité de tant d'hommes, et non
« que tant d'hommes servent par leur misère à flat-
« ter l'orgueil d'un seul. Ce n'est point pour lui-
« même que Dieu l'a fait roi : il ne l'est que pour
« être l'homme des peuples..... Le despostime tyran-
« nique des souverains est un attentat sur les droits
« de la fraternité humaine; c'est renverser la grande
« et sage loi de la nature, loi dont ils ne doivent
« être que les conservateurs..... Le pouvoir sans bor-
« nes est une frénésie qui ruine leur propre auto-
« rité...... On peut, en conservant la subordination
« des rangs, concilier la liberté du peuple avec l'o-
« béissance due aux souverains, et rendre les hom-
« mes tout ensemble bons citoyens et fidèles sujets,
« soumis sans être esclaves, et libres sans être ef-
« frénés. L'amour de l'ordre est la source de toutes
« les vertus politiques, aussi bien que de toutes les
« vertus divines. »

Fénelon ne se borne pas à ces vues générales : sa *Direction* est un examen sommaire de tous les devoirs du prince, et par conséquent de tous les droits des sujets. Rien n'y est oublié; et dans ce moment où un monarque patriote veut entendre la nation, parce qu'il veut et peut seul la *régénérer*[*], vous reconnaîtriez dans ce livre de Fénelon les vœux qui se manifestent de tous côtés. Je ne m'arrêterai que sur deux articles principaux, l'emploi des revenus pu-

---

[*] On voit que ceci a été écrit en 1788.

blics et le degré de confiance qu'il faut accorder aux ministres. « Le bien des peuples ne doit être employé
« qu'à la vraie utilité des peuples mêmes. Vous avez
« votre domaine qu'il faut retirer et liquider : il est
« destiné à la subsistance de votre maison. Vous
« devez modérer cette dépense, sur-tout quand
« vos revenus de domaine sont engagés, et que les
« peuples sont épuisés. Les subventions des peuples
« doivent être employées pour les vraies charges de
« l'état. Vous devez vous étudier à retrancher, dans
« les temps de pauvreté publique, toutes les charges
« qui ne sont pas d'une nécessité absolue. Avez-vous
« consulté les personnes les plus habiles et les mieux
« intentionnées, qui peuvent vous instruire de l'état
« des provinces, de la culture des terres, de la fer-
« tilité des années dernières, de l'état du commerce,
« pour savoir ce que l'état peut payer sans souffrir?
« Avez-vous réglé là-dessus les impôts de chaque
« année?..... Vous savez qu'autrefois le roi ne pre-
« nait jamais rien sur les peuples par sa seule auto-
« rité : c'était le *parlement*, c'est-à-dire l'assemblée
« de la nation, qui lui accordait les fonds nécessaires
« pour les besoins extraordinaires de l'état : hors ce
« cas, il vivait de son domaine. Qu'est-ce qui a
« changé cet ordre, sinon l'autorité absolue que les
« rois ont prise? De nos jours on voyait encore les
« parlements, qui sont des compagnies infiniment
« inférieures aux anciens *parlements* ou états de
« la nation, faire des remontrances pour n'enre-
« gistrer pas les édits bursaux. Du moins, devez-
« vous n'en faire aucun sans avoir bien consulté des

« personnes incapables de vous flatter, et qui aient
« un véritable zèle pour le bien public. N'avez-vous
« point mis sur les peuples de nouvelles charges
« pour soutenir vos dépenses superflues, le luxe de
« votre table, de vos équipages et de vos meubles,
« l'embellissement de vos jardins et de vos maisons,
« les graces excessives prodiguées à vos favoris ? »

La publication de ce livre n'aurait sûrement pas été permise sour le règne de Louis XIV : c'eût été une censure trop directe et trop terrible de ces travaux de Maintenon et de Versailles, aussi meurtriers que dispendieux, qui dévoraient à la fois (selon le rapport des historiens) et la substance des peuples qui les payaient, et la vie des soldats qu'on y employait. Il fut publié pour la première fois en 1748, dans le temps des prospérités de Louis XV; et il a été réimprimé en 1774, au commencement du règne actuel, et suivant les termes des éditeurs, *du consentement exprès du roi*.

L'autre morceau a pour but de faire voir combien il est dangereux pour un monarque de s'en rapporter uniquement à ceux qui sont en possession de sa confiance. « Il n'est point permis de n'écouter
« et de ne croire qu'un certain nombre de gens : ils
« sont certainement hommes, et quand même ils se-
« raient incorruptibles, du moins ils ne sont pas in-
« faillibles. Quelque confiance que vous ayez en
« leurs lumières et en leurs vertus, vous êtes obligé
« d'examiner s'ils ne sont point trompés par d'autres,
« et s'ils ne s'entêtent point. Toutes les fois que vous
« vous livrez à un certain nombre de personnes qui

« sont liées ensemble par les mêmes intérêts ou par
« les mêmes sentiments, vous vous exposez volon-
« tairement à être trompé et à faire des injustices. »

Je regarde comme un devoir de citer encore
(quoiqu'on l'ait cité partout) ce qui regarde la liberté de conscience. « Sur toute chose ne forcez
« jamais vos sujets à changer de religion. Nulle puis-
« sance humaine ne peut forcer le retranchement
« impénétrable de la liberté du cœur. La force ne
« peut jamais persuader les hommes; elle ne fait
« que des hypocrites. Quand les rois se mêlent de
« religion, au lieu de la protéger, ils la mettent en
« servitude. Accordez à tous la tolérance civile, non
« en approuvant tout comme indifférent, mais en
« souffrant avec patience tout ce que Dieu souffre,
« et en tâchant de ramener les hommes par une
« douce persuasion. »

Ces choses-là ne peuvent trop se répéter : elles
ont bien une autre force dans un écrivain tel que
Fénelon, que dans ceux qui n'ont été que philosophes. Ce n'est pas que la vérité soit en elle-même
susceptible de plus ou de moins; mais une vérité
de cette nature a plus d'autorité auprès de ceux qui
l'entendent, quand elle sort de la bouche d'un
prélat de l'Église romaine. Il n'est que trop commun, quand on ne peut combattre les choses, de
se rejeter sur la personne. Que Bayle fasse un livre
exprès pour prouver que la tolérance civile est de
droit naturel, bien des gens diront : C'est un philosophe, et croiront avoir répondu. Mais qui osera
dire à Fénelon : Vous n'êtes pas un bon chrétien ?

Ce n'est pas la moindre partie de sa gloire, d'avoir été l'apôtre de la tolérance sous un règne de persécution; et si nous avons été affligés de voir un Bossuet préconiser celle de Louis XIV, nous en aimerons davantage Fénelon, qui a osé la condamner.

Les *Dialogues*, qu'il n'eût pas fallu intituler *Dialogues des Morts*, puisqu'il y en a beaucoup dont les interlocuteurs sont censés vivants, ne roulent pas en général sur un fond d'idées aussi graves ni aussi sévères; ils sont proportionnés à l'âge du prince pour lequel ils étaient faits. La plupart ont pour résultat un point de morale qui doit servir de leçon; mais quelquefois l'auteur, tout occupé de son dessein, sacrifie un peu la dignité du personnage pour établir le précepte; et quelques grands hommes de l'antiquité sont obligés de descendre pour instruire le petit fils de Louis XIV. Les *Dialogues* entre les modernes sont d'une raison plus forte, parce que celle du prince devenait plus mûre. Les meilleurs, à mon gré, sont ceux de Louis XI et du cardinal La Balue, de Charles-Quint et de François Ier. Ces quatres personnages se disent des vérités fort dures, mais fort instructives, et leurs caractères sont bien conservés. Fénelon a tiré un autre Dialogue très court, mais très bien conçu, de l'anecdote piquante de ce jeune moine de Saint-Just, que l'ennuyé Charles-Quint allait réveiller avant le jour, et qui lui dit avec une naïveté si plaisante: «Eh! n'êtes-
« vous pas content d'avoir si long-temps troublé le
« repos du monde? Faut-il donc que vous l'ôtiez à un
« pauvre novice qui ne demande qu'à dormir!» En

total, quoique ces *Dialogues* soient quelquefois un peu négligés dans la diction, et d'une raison assez commune, je préférerais le naturel qu'on y sent toujours, et le bon esprit qu'on y aperçoit souvent, au babil si spirituellement raffiné qui fatigue dans ceux de Fontenelle. On a joint à ceux de Fénelon quelques historiettes morales à la portée de la première jeunesse; mais tout le monde peut lire avec grand plaisir le morceau qui a pour titre : *Aventures d'Aristonoüs* : il est écrit comme le *Télémaque*.

C'est à un Fénelon qu'il convenait de donner des préceptes sur l'art d'écrire : aussi ses *Dialogues sur l'éloquence de la chaire* et sa *Lettre à l'Académie française* respirent le bon goût, quoique jetés sur le papier avec la facilité rapide de cet illustre écrivain, qui, occupé d'autres objets, et mettant peu d'importance à ses compositions, dont il faisait une sorte de délassement, ne se croyait pas obligé de les approfondir.

Mais il est un mérite plus rare et plus précieux, c'est de joindre naturellement, et par une sorte d'effusion spontanée, le sentiment à la pensée, même en traitant des sujets qui exigent toute la rigueur du raisonnement, et c'est l'attribut distinctif de la philosophie de Fénelon; c'est ce qui répand une éloquence si affectueuse et si persuasive dans son *Traité de l'existence de Dieu*. Il est divisé en deux parties : la première est un magnifique développement de cette grande et première preuve d'un être créateur, tirée de l'ordre et de l'harmonie de l'univers; preuve d'autant plus admirable, qu'elle est à la portée du commun des hommes, qui la conçoit par le plus simple bon sens, en même temps qu'elle épuise la méditation du philosophe. Cette preuve, saisie en elle-même par le sens intime, étonne et confond dans les détails la plus haute intelligence. Fénelon n'a fait qu'étendre et analyser ces paroles de l'Écriture, si souvent citées : *Cœli enarrant gloriam Dei.* « Les Cieux racontent la gloire de « l'Éternel. » Mais c'est en développant cette idée que l'on sent mieux combien elle est juste et féconde. Les plus savants scrutateurs des choses semblent n'avoir travaillé que pour remplir l'étendue de cette idée. C'est ce que faisaient un Newton, dont Voltaire a dit qu'*il démontrait Dieu aux sages* ; un Locke, lorsqu'il faisait pour ainsi dire l'anatomie de l'entendement humain ; un Winslow, celle du corps de l'homme, et un Réaumur, celle des insectes. Mais aucun d'eux, ni aucun de ceux qui les ont devancés ou suivis, ni aucun de ceux qui les suivront, ni tous les hommes ensemble, s'ils pouvaient se réunir pour creuser cette idée immense, ne parviendraient à en trouver le terme. Les ouvrages de Dieu ne sont finis que pour lui, et seront toujours infinis pour nous, non pas seulement dans le vaste édifice des cieux, qui semble offrir à notre vue bornée une image de la toute-puissance, mais dans l'imperceptible structure de l'insecte qui touche au néant. partout on rencontre également la main de l'auteur de la nature qui repousse notre faiblesse ; partout il nous dit : Je t'ai permis de concevoir que je suis et que j'ai tout fait ; je t'ai permis d'étudier et d'apercevoir quelques parties de mon ouvrage ; mais, quoique ce grand tout ne soit rien devant moi tu n'es pas plus capable de le connaître que de me connaître moi-même.

A mesure que les sciences physiques ont fait plus de progrès, les merveilles sont devenues plus sensibles ; mais les sages de tous les temps ont employé cet invincible argument des causes finales, qui sera toujours le désespoir des athées. Dans l'impuissance d'y répondre, ils ont essayé de le tourner en ridicule, sous prétexte qu'il était aussi vieux que le monde : sans doute ; et il est vrai, depuis que le monde existe. D'ailleurs, est-ce que toutes les vérités métaphysiques, qui ne sont que les rapports intellectuels des choses, ne sont pas nécessairement aussi anciennes que les choses mêmes ? Si l'esprit de l'homme, qui ne fait rien que graduellement, ne peut les apercevoir qu'à différents intervalles, n'existent-elles pas avant d'être découvertes ? N'est-il pas vrai que tout effet supposait une cause avant que Cicéron, dans ses livres de philosophie, eût fait valoir cet argument avec cette éloquence que Fénelon a imité dans les siens ?

Il ne fait guère que le suivre dans la brillante esquisse où il a tracé l'économie du monde ; mais il l'emporte sur lui dans la décomposition anatomique des différentes parties du corps humain, beaucoup mieux connues des modernes que des anciens. Fénelon sait revêtir de couleurs brillantes tous ces détails scientifiques par eux-mêmes, mais dont le résultat offre le plus merveilleux spectacle, et faisait dire avec raison à une anatomiste* qui venait de détailler aux yeux d'un des plus célèbres athées de nos jours cette continuelle correspondance de causes et d'effets qui compose et soutient notre organisation : « Eh « bien! marchand de hasard, avez-vous assez d'es- « prit pour nous faire concevoir que le hasard « en ait tant? » Je ne puis m'empêcher à ce sujet de citer aussi Montesquieu, qui n'était pas, ce me semble, un *petit esprit*. Voici ses paroles : « Ceux « qui ont dit qu'une fatalité aveugle a produit tous « les effets que nous voyons dans le monde, ont « dit *une grande absurdité;* car quelle *plus grande* « *absurdité* qu'une fatalité aveugle qui aurait pro- « duit des êtres intelligents. »

Cette ridicule hypothèse, inventée par Épicure, et chantée par Lucrèce, a pourtant, de nos jours encore, été la ressource de la plupart des athées dogmatiques; et, pour le dire en passant, quand on renouvelle de si vieilles rêveries, on n'a pas trop bonne grace à se moquer des vieilles vérités. Fénelon anéantit aisément ce système qu'il examine dans tous ses points, et même un peu trop longuement, car sa métaphysique est aussi fertile que sa diction est abondante, et un peu de redondance est le défaut de toutes deux. Mais quelle sagacité dans l'une, et quelle richesse dans l'autre! Que d'élévation dans ce morceau sur l'union de l'âme et du corps!

« Comme l'écriture nous représente Dieu qui dit: « *Que la lumière soit, et elle fut,* de même la seule

---

* Mademoiselle Byron.

« parole intérieure de mon âme, sans effort et sans
« préparation, fait ce qu'elle dit. Je dis en moi-même
« par cette parole si intérieure, si simple, et si mo-
« mentanée : Que mon corps se meuve, et il se
« meut. A cette simple et intime volonté, toutes
« les parties de mon corps travaillent ; déjà tous les
« nerfs sont tendus, tous les ressorts se hâtent de
« concourir ensemble, et toute la machine obéit,
« comme si chacun de ses organes les plus secrets
« entendait une voix souveraine et toute puissante.
« Voilà sans doute la puissance la plus simple et la
« plus efficace que l'on puisse concevoir. Il n'y en
« a aucun exemple dans tous les êtres que nous con-
« naissions ; c'est précisément celle que tous les hom-
« mes, persuadés de la Divinité, lui attribuent dans
« tout l'univers. L'attribuerai-je à mon faible esprit,
« ou à la puissance qu'il a sur mon corps, qui est
« si différent de lui ? Croirai-je que ma volonté a
« cet empire suprême par son propre fond, elle
« qui est si faible et si imparfaite ? Mais d'où vient
« que, parmi tant de corps, elle n'a ce pouvoir que
« sur un seul ? Nul autre corps ne se remue selon
« les désirs de ma volonté. Qui lui a donné sur un
« seul corps ce qu'elle n'a sur aucun autre ? »

Cette question porte sur un fait de tous les moments, et la solution en est impossible : c'est un
des mystères de la nature, incompréhensibles pour
l'homme. Quelqu'un disait à ce grand Newton qui
avait calculé le mouvement de tous les corps : Pourquoi mon bras se meut-il quand je le veux, et quel
rapport y a-t-il entre mon bras et ma pensée ? Le

philosophe regarda le ciel, et répondit : « Il n'y a « que Dieu qui puisse le savoir. »

Si Fénelon a suivi Cicéron dans la première partie de son Traité, dans la seconde il suit Descartes. Il se sert du moyen de son doute méthodique pour parvenir à la connaissance d'une première vérité, et bientôt il arrive comme lui à cette proposition fondamentale, base de toute certitude : *je pense, donc je suis*. Il s'élève ensuite comme lui de conséquence en conséquence, jusqu'à l'idée de l'être nécessaire et nécessairement infini que nous appelons Dieu. Cette idée exalte son imagination sensible, naturellement portée à se répandre en spiritualité, et il commente éloquemment, quoique avec un peu de diffusion, ces paroles de Moïse : *Celui qui est m'a envoyé vers vous*. Il prouve très bien que rien ne caractérise mieux la divinité que ce mot vraiment sublime : *Celui qui est*. Il ne veut pas qu'on y ajoute rien, pas même le mot d'infini. « Quand « je dis de Dieu qu'il est l'être par excellence, sans « rien ajouter, j'ai tout dit.... C'est, pour ainsi dire, « dégrader l'être par excellence que de croire avoir « besoin d'ajouter quelque chose quand on a dit « qu'il *est*. Dieu est donc l'être : l'être est son nom « essentiel, glorieux, incommunicable. »

Fénelon réfute, en passant, ce qu'on nomme le spinosisme, mais en peu de mots : on voit qu'il dédaigne de s'occuper long-temps d'un système en général si obscur, et monstrueux dans ce qu'on en peut comprendre. C'est une peine bien perdue, que de chercher à entendre un homme qui peut-être

ne s'est pas entendu lui-même. Fénelon fait ce qu'il peut pour l'interpréter, et résume son inintelligible livre en quatre pages, qui contiennent en effet tout ce qu'il est possible d'y apercevoir. Il en fait toucher au doigt toute l'extravagance, et ressemble à Hercule combattant Cacus dans les ténèbres; mais ce combat était assez inutile. Il est vrai que l'obscurité même de Spinosa est ce qui a le plus contribué à sa réputation : on l'a cru profond parce qu'il fallait le deviner, et quelques gens se sont piqués d'en venir à bout. Mais si l'écrivain, qu'il faut deviner, exerce quelques curieux, il rebute la plupart des lecteurs; et si la philosophie, comme on n'en peut douter, a l'évidence pour but, quoi de moins philosophique que l'obscurité? Comment peut-on établir un système quelconque, en ne définissant rien qu'en termes équivoques? Locke, Clarke, Condillac, sont assurément des méthaphysiciens profonds; Sont-ils jamais obscurs? Et quand on s'est accoutumé à marcher à leur lumière, a-t-on le courage de s'enfoncer dans la nuit de Spinosa? Au reste, si l'on pouvait soupçonner quelque prévention dans ce jugement, on le croire uniquement dirigé sur celui des philosophes théistes ou chrétiens, qui n'ont vu dans Spinosa que l'ennemi de tout système religieux, je citerai ce qu'en a dit un homme connu par son indifférence sur cet article, Bayle, qui certainement ne voyait dans Spinosa que l'ennemi du bon sens : « Tout homme qui cherchera sincère-
« ment les vérités philosophiques, et qui verra qu'on
« ne saurait faire un pas dans l'école de Spinosa sans

« rejeter comme fausses les règles les plus certaines
« que la logique et la métaphysique nous puissent
« donner pour nous conduire en fait de raisonne-
« ment, rejettera un pareil système avec le dernier
« mépris. »

Il n'était pas possible, dans un livre où l'on traite de Dieu, de ne pas traiter de l'infini, puisque l'idée de l'infini est contenue dans celle de l'être nécessaire. On peut penser avec quelle vivacité l'imagination de Fénelon s'élance dans cette haute sphère de pensées contemplatives, qui paraît être son élément, et combien il aime à s'y perdre. On est étonné de la fécondité de sentiments et d'expressions qu'il montre dans ces matières purement intellectuelles ; mais ce qui peut étonner aussi d'un philosophe tel que lui, c'est qu'il lui arrive quelquefois d'aller jusqu'à la subtilité. J'ai cru en voir deux exemples dans ce traité, et c'est beaucoup pour Fénelon. Je n'en citerai qu'un, qui surprendra peut-être un peu ceux qui ne connaissent en lui que l'auteur du *Télémaque :* « L'idée que j'ai
« de l'infini n'est ni confuse ni négative ; car ce n'est
« point en excluant indéfiniment toutes bornes
« que je me représente l'infini. Qui dit borne, dit
« une négation toute simple ; au contraire, qui nie
« cette négation, affirme quelque chose de très po-
« sitif : donc, le terme d'infini, quoiqu'il paraisse
« dans ma langue un terme négatif, et qu'il veuille
« dire non fini, est néanmoins très positif. C'est le
« mot de fini, dont le vrai sens est très négatif : rien
« n'est si négatif qu'une borne ; car qui dit borne,
« dit négation de toute étendue ultérieure. Il faut

« donc que je m'accoutume à regarder toujours le
« terme de *fini* comme étant négatif : par consé-
« quent celui d'*infini* est très positif. La négation
« redoublée vaut une affirmation : d'où il s'ensuit
« que la négation absolue de toute négation est
« l'expression la plus positive qu'on puisse recevoir,
« et la suprême affirmation : donc le terme d'infini
« est infiniment affirmatif par sa signification, quoi-
« qu'il paraisse négatif dans le tour grammatical.

Au fond, la question me paraît assez inutile ; car il importe fort peu que l'infini soit pour nous une idée négative ou positive : il n'en peut rien résulter. Dans tous les cas, nous ne pourrons jamais rien concevoir de l'infini, si ce n'est qu'il ne peut appartenir qu'au seul être qui, existant par soi et nécessairement, ne peut ni avoir commencé ni finir. De plus, le raisonnement de Fénelon ne me paraît pas concluant, au moins pour l'idée de l'infini considéré en lui-même. Que l'on s'occupe un moment de l'infini en espace et en durée, on sentira que notre entendement ne peut faire autre chose que d'écarter toujours l'idée d'un terme quelconque, et de la reculer aussi long-temps que nous pourrons y penser ; voilà ce qu'on éprouve par le sens intime : d'où il suit que l'infini n'est pour nous que la négation de toute limite. On peut même le prouver encore par une raison très sensible. Il est reconnu que nous ne pouvons rien embrasser par notre conception qui ne soit fini ; et c'est pour cela que nous ne pouvons embrasser l'essence de Dieu qui est infini, quoique nous concevions très bien la nécessité de son existence : donc l'idée de l'infini, étant seule hors de l'ordre de toutes nos autres idées, nous ne pouvons la concevoir autrement que comme une négation du *fini*, de ce *fini* qui est tout ce que nous connaissons. J'en concluerais que l'infini est une idée positive pour Dieu qui embasse tout, et négative pour nous qui trouvons des bornes partout.

On ne trouve aucune trace de ces recherches un peu trop raffinées dans ses admirables *Lettres sur la religion*, faites pour plaire même à ceux qui ne l'aiment pas. Ce qui pourra surprendre ceux qui n'ont lu de Bossuet que ses oraisons funèbres et ses discours sur l'histoire, c'est que ses *Méditations sur l'Évangile* n'ont pas moins d'onction, d'enthousiasme et d'effusion de cœur que ces *Lettres* du tendre Fénelon : Seulement Bossuet conserve toujours cette tendance au sublime, qui lui est naturelle. Mais j'ose dire que ceux qui n'ont pas lu ces *Méditations* ne connaissent pas tout Bossuet *.

La Harpe, *Cours de Littérature*.

* J'espère que l'on me pardonnera d'égayer un peu le sérieux de cet article par une singularité du moment, qui parut fort plaisante. Parmi les annonces de ces innombrables almanachs qui naissent et meurent au commencement de chaque année; on en trouvait une conçue en ces termes : *La Matinée de Paphos* ou *le Passe-Temps des Dames*, par Voltaire, Rousseau, Fénelon, etc. On imagine bien que ni Voltaire, ni Rousseau, ni Fénelon, ni ceux que l'on cite après eux, n'ont fait *la Matinée de Paphos*, ni *le Passe-Temps des Dames*. Cela veut dire seulement que l'almanach qui porte ce titre, est composé de pièces de ces illustres écrivains, qui ont pu s'amuser, comme d'autres, à faire quelques chansons. Mais on demandera peut-être à quel titre Fénelon obtient les honneurs de l'almanach? C'est qu'il a plu à Voltaire de lui attribuer, de sa seule autorité, le couplet

II.

L'esprit humain est plus porté au grand qu'au vrai; et l'un des principaux caractères de la faiblesse des enfants, est de ne pouvoir saisir la vérité sans des allégories qui donnent un corps aux idées. Fénelon sent qu'un beau poème sur les devoirs des rois serait plus utile que le meilleur code. La force élude les lois et souvent les brave : la législation elle-même n'établit que l'ordre et la paix parmi les hommes, au lieu que le génie les élève jusqu'à la vertu. Fénelon généralisera donc son sujet pour former en même temps l'homme et le souverain; et en rendant son disciple témoin des aventures les plus extraordinaires, il saura lui donner à la fois l'éducation des hommes et celle des évènements.

Où cherchera-t-il un modèle? il ne peut le choisir que dans l'antiquité où le merveilleux est en quelque sorte historique. Mais Ulysse est un fourbe, Énée porte la piété, qui est la réunion de toutes les vertus, jusqu'à la superstition : d'ailleurs ce sont des rois déjà formés. Fénelon a d'autres vues : il

---

suivant, qu'il avait vu, dit-il, imprimé dans un exemplaire du *Télémaque* :

> Jeune, j'étais trop sage,
> Et voulais trop savoir,
> Je ne veux en partage
> Que badinage,
> Et touche au dernier âge
> Sans rien prévoir.

Il est un peu étrange de supposer que Fénelon, *touchant au dernier âge*, se soit permis une semblable légèreté. On a dit, avec beaucoup plus de vraisemblance, que ce couplet était de madame Guyon; mais Fénelon l'eût-il fait, je crois qu'il ne se serait jamais attendu à se voir annoncé dans *le Passe-Temps des Dames*.

tire de l'*Odyssée*, qu'il préfère à l'*Iliade*, un brillant et fécond épisode, et réunissant l'enthousiasme d'Homère à la sagesse de Virgile, il met en scène, avec le duc de Bourgogne, un prince de son âge. Heureux choix! idée vraiment neuve, lumineuse et philosophique, d'avoir choisi un enfant pour le héros de son poème! car, outre qu'il est dans la vie humaine un point au-delà duquel le caractère devient immuable dans le bien comme dans le mal, le rapport des années est le plus prompt des liens entre les hommes, je dirais presque le seul lien qui renferme toute l'égalité, toute la liberté, toute l'énergie de l'amitié. Deux enfants du même âge se quittent rarement sans se connaître et sans s'aimer dès la première entrevue, tant qu'ils ignorent les aversions de la rivalité et les réserves de la méfiance; et quand il n'existe entre eux aucune inégalité trop marquée de rang, un empire naturel est bientôt dévolu à la supériorité de l'esprit et à l'ascendant du caractère.

Fénelon fait traduire cette heureuse fiction à son disciple, et lui apprend ainsi à la fois la langue des anciens Romains et la science du gouvernement. Jetons un coup-d'œil rapide sur cet ouvrage immortel qu'on prendrait pour une production des plus beaux jours de l'antiquité. Morale, mythologie, politique, administration, agriculture, commerce, arts et métiers, industrie, géographie, tout y est mis en action sous les yeux d'un jeune prince pour étendre ses connaissances, pour éclairer sa raison, et pour anticiper en sa faveur les leçons trop tardives de l'expérience qui ne s'acquiert que par des malheurs ou par des fautes. Le *Télémaque* est le plus beau plaidoyer qu'on ait jamais composé pour le genre humain contre l'indolence et les erreurs des rois; et le génie de son auteur s'y montre aussi heureux que son sujet.

Sous quels traits et dans quelle situation Fénelon montre-t-il Télémaque pour nous intéresser? Dans l'adversité. C'est un fils généreux qui court chercher son père au loin, à travers les tempêtes. Quelles prodigieuses ressources exigeait de l'imagination de l'écrivain cet immense épisode placé à l'entrée du poème, lorsque le disciple de Mentor est jeté par les vents dans l'île de Calipso, et fait le touchant récit de ses longues infortunes! Lecteurs sévères, la peinture des amours d'Eucharis et de Télémaque vous alarme peut-être; mais ne fallait-il pas avertir un jeune prince des pièges qui l'attendaient au sortir de l'enfance? L'imagination chaste d'un enfant était-elle souillée par une narration où tout respire la simplicité et l'innocence du premier âge? La disposition de l'âme détermine l'effet du tableau : ce n'est pas ce qu'on y voit, c'est ce qu'on y ajoute qui rend cette description trop séduisante. Eh! que ne pardonnerait-on pas au poète, en faveur des conseils paternels de Mentor, et de la victoire déchirante qu'il force Télémaque de remporter sur les premiers transports de son cœur, au moment où il l'oblige d'immoler au seul espoir de retrouver son père, toute sa tendresse pour Eucharis! Vertueux et sublime instituteur d'un prince destiné au trône, ton âme et ton génie étaient également dignes de se mesurer avec une épreuve si redoutable. La sagesse t'absout d'avoir bravé cette situation si délicate, mais si instructive que l'enfance de ton disciple excuse sous tes pinceaux. Eh! combien la leçon devient plus frappante encore par l'intervention tutélaire d'une divinité réduite à précipiter le jeune Télémaque du haut d'un rocher pour l'empêcher de sacrifier les devoirs les plus sacrés de la piété filiale au premier délire de sa passion naissante! O Fénelon! quand le lecteur te blâme dans sa faiblesse d'avoir affronté ce danger, il oublie que tu as su en triompher avec gloire; et il t'impute injustement la tentation d'y succomber lui-même, en se mettant à la place de Télémaque!

Suivons les moralités de ce poème, nous y verrons tous les devoirs des rois développés par les situations presque autant que par les préceptes; l'amour de la justice dans le gouvernement de Sésostris; la constance au milieu de l'infortune, lorsque Télémaque est esclave en Égypte; le châtiment de la tyrannie dans les remords de Pygmalion; la protection qu'exige le commerce, dans l'histoire de Tyr; le respect dû à la vérité, quand le fils d'Ulysse aime mieux mourir que de se permettre un mensonge; les causes du bonheur public dans l'interprétation des lois de Minos; l'amour de la patrie, quand Télémaque sacrifie le trône de la Crète et la contrée d'Arpi au petit royaume d'Ithaque; les ravages de la guerre dans la défaite de Bocchoris; les avantages de la paix dans la réconciliation d'Idoménée avec les Manduriens ; les lois du commerce fondées sur la liberté ; les inconvénients du luxe ; les règlements d'une bonne police ; les bienfaits immenses de l'agriculture reconnue pour le fondement de la grandeur des états, dans la description de Salente ; le caractère d'un mauvais ministre dans le portrait de Protésilas ; les dangers de la prévention dans l'exil de Baléazar et dans le rappel de Philoclès ; enfin l'humanité due aux vaincus dans la conduite de Télémaque envers Éphiclès et Hippias.

Mais franchissons les temps et les lieux et descendons dans les enfers avec le fils d'Ulysse. Quelle horreur le poète lui inspire pour la flatterie, en lui présentant l'image sublime de cette furie, qui répète éternellement aux mauvais rois, avec dérision, les mensonges de leurs courtisans, tandis que ces malheureux jouets de l'adulation la plus exagérée et la plus vile sont tourmentés sur la roue d'Ixion ! Quel jugement lui apprend-il à porter de l'inutilité des conseils sans le secours des exemples, en le rendant témoin, au Tartare, de ces reproches mutuels et inépuisables entre des pères vicieux et leurs enfants criminels ? Quelle crainte lui inspire-t-il du défaut de caractère dans les rois, en lui dépeignant Minos plus inexorable envers les souverains faibles qu'envers les monarques les plus méchants, parce qu'un prince méchant n'a que ses propres vices, au lieu qu'un prince faible partage tous les vices de sa cour ! Quelle idée lui donne-t-il de la vraie gloire, lorsqu'il lui montre dans l'Élysée les héros guerriers placés fort au-dessous des monarques bienfaisants! Enfin quel touchant tableau met-il sous nos yeux des droits et des épanchements de la nature, lorsqu'après tant de périls, tant d'instructions, tant de victoires remportées sur les adversités de la vie, sur la puissance des éléments, et sur son propre cœur, le disciple de Mentor rentre dans Ithaque, et retrouve son père chez le fidèle Eumée! Le poème se dénoue par un sacrifice que Télémaque fait à la vertu, en surmontant son amour pour Antiope. Ainsi la tâche de Fénelon se trouve entièrement remplie : ainsi les vœux des peuples sont satisfaits. Alors Minerve quitte la forme humaine; elle ne dévoile sa divinité qu'à la suite de cet acte religieux qui en amène dignement la manifestation et le triomphe, et donne au jeune prince cette dernière leçon, qu'on ne saurait trop répéter aux maîtres du monde, *qu'il faut s'attendre à l'ingratitude des hommes, et leur faire du bien.*

Quand on compare cette morale bienfaisante de Fénelon avec les principes inhumains de Machiavel, de Hobbes et de Filmer; quand on voit ces controversistes politiques autoriser l'abus de la force, les meurtres, les dévastations, le despotisme, attaquer l'humanité par des syllogismes méthodiques, montrer à l'homme son concitoyen, son allié, son voisin, son compétiteur, son ennemi, et jamais son semblable; tandis que notre instituteur poète, embellissant des graces de son imagination tous les droits sacrés de la raison, de la justice et de la vertu, est assez courageux pour dire aux souverains les vérités les plus hardies, et pour leur parler sans cesse au nom du genre humain; montre dans Télémaque la piété la plus soumise envers les dieux, unie au plus tendre amour pour les hommes; élève les rois à la dignité de législateurs, au rang de pères du peuple, combat l'intérêt personnel, et préfère partout le juste à l'utile, oh! que tous ces malheureux sophistes sont petits à ses côtés! Quand on pense ensuite que le véritable Télémaque n'est pas le fils d'Ulysse, mais l'héritier de Louis XIV; que ce jeune prince, livré aux emportements les plus impétueux de la colère, était devenu aussi doux, aussi modéré que son instituteur; qu'il était, à son cinquième lustre, l'idole de la cour, de la capitale, de l'armée, de la nation, de l'Europe entière; qu'on ne trouve pas dans ce chef-d'œuvre de Fénelon une seule maxime, un seul sentiment qui ne lui ait été dicté par son amour pour les malheureux, il est impossible de ne pas s'écrier avec l'auteur de Sethos[*], que « si le bonheur du genre « humain pouvait naître d'un poème, il naîtrait du « *Télémaque.* »

Mais je n'ai encore montré dans l'auteur du *Télémaque*, considéré sous ce point de vue, que le moraliste. Oublié-je donc qu'en lui l'écrivain fut aussi utile à la gloire des lettres, que le philosophe à la félicité des peuples? Qui a mieux connu que Fénelon le talent d'écrire, et le grand art d'attacher le lecteur, par sa manière de revêtir et de développer

---

[*] L'abbé Terrasson.

sa pensée? Sa mythologie n'est nullement un rêve absurde : c'est une théologie lumineuse qui donne à la vérité les Muses pour interprètes, qui met le sentiment et la pensée de l'homme en commerce avec la nature entière, et qui anime en quelque sorte tous les êtres, en créant sous ses yeux un nouvel univers.

Simple sans bassesse, et sublime sans enflure, Fénelon préfère des tableaux éloquents aux brillants phosphores de l'esprit. Il dédaigne ces saillies multipliées qui interrompent la marche du génie; et l'on croirait qu'il a produit le *Télémaque* d'un seul jet. J'ose défier l'homme de lettres le plus exercé dans l'art d'écrire de distinguer les moments où Fénelon a quitté et a repris la plume, tant ses transitions sont naturelles et coulantes, soit qu'il vous entraîne doucement par le fil ou la pente de ses idées, soit qu'il vous fasse franchir avec lui l'espace que son imagination agrandit ou resserre à son gré; et dans ce même poème où il a vaincu tant de difficultés pour soumettre une langue rebelle, où, pour rapprocher des objets disparates, on n'aperçoit jamais un effort. Maître de sa pensée, il la dévoile et la présente sans nuages : il ne l'exprime pas, il la peint : il sent, il pense, et le mot suit avec la grace, la noblesse, ou l'onction qui lui convient. Toujours coulant, toujours lié, toujours nombreux, toujours périodique, il connaît l'utilité de ces liaisons grammaticales que nous laissons perdre, qui enrichissaient l'idiome des Grecs, et sans lesquelles il n'y aura jamais de tissu dans le style. On ne le voit pas recommencer à penser de ligne en ligne, traîner péniblement des phrases, tantôt brusques, tantôt diffuses, où l'esprit, sautillant par temps inégaux, manifeste son embarras à chaque instant, et ne se relève que pour retomber : son élocution toujours pleine, souple et variée, enrichie des métaphores les mieux suivies, des allégories les plus lumineuses, des images les plus pittoresques, n'offre au lecteur que clarté, harmonie, facilité, élégance et rapidité. Grand, parce qu'il est simple, il ne se sert de la parole que pour exprimer ses idées, et n'étale jamais ce luxe d'esprit qui, dans les lettres comme dans les états, n'annonce que l'indigence. Modèle accompli de la poésie descriptive, il multiplie ces comparaisons vastes qui supposent un génie observateur en développant les pensées les plus ingénieuses et les plus fines par les aperçus les plus naturels et par les expressions les plus simples ; et il flatte sans cesse l'oreille par les charmes de l'harmonie imitative. En un mot, Fénelon donne à la prose la couleur, la mélodie, l'accent, l'âme de la poésie ; et son style toujours vrai, enchanteur, inimitable, trop abondant peut-être, ressemble à sa vertu.

MAURY, *Éloge de Fénelon.*

III.

Quoique Fénelon ait beaucoup écrit, il ne parut jamais chercher la gloire d'auteur. Tous ses ouvrages furent inspirés par les devoirs de son état, par ses malheurs ou ceux de la patrie. La plupart échappèrent, à son insu, de ses mains, et ne furent connus qu'après sa mort. On a conservé quelques sermons, premier essai de sa jeunesse. La composition n'y est pas forte et soignée, comme dans les chefs-d'œuvre des grands orateurs de la chaire ; mais il y règne un aimable enthousiasme pour la religion et la vertu, une imagination facile et vive, une élégance naturelle, harmonieuse, poétique. Ce sont de brillantes esquisses tracées par un heureux génie, qui fait peu d'efforts. Cependant Fénelon avait beaucoup réfléchi sur l'art oratoire, et sur l'éloquence de la chaire ; et ses études, à cet égard, se retrouvent dans trois dialogues, à la manière de Platon, remplis de raisonnements empruntés à ce philosophe, et sur-tout écrits avec une grace qui semble lui avoir été dérobée. Nous n'avons dans notre langue aucun traité de l'art oratoire, qui renferme plus d'idées saines, ingénieuses et neuves, une impartialité plus sévère et plus hardie dans les jugements. Le style en est simple, agréable, varié, éloquent à propos, et mêlé de cet enjouement délicat dont les anciens savaient tempérer la sévérité didactique. Cette production appartient à la jeunesse de Fénelon; et l'on y sent partout ce goût exquis de simplicité, cet amour pour le beau simple, qui fait le caractère inimitable de ses écrits. La lettre sur l'éloquence, écrite vers la fin de sa vie, ne renferme que la même doctrine, appliquée avec plus d'étendue, ornée de développements nouveaux, énoncée partout avec cette autorité douce et persuasive d'un homme de génie vieillissant, qui discute peu, qui se souvient, qui juge : aucune lecture plus courte ne présente un choix plus riche et plus heureux de souvenirs et d'exemples. Fénelon les cite avec éloquence, parce qu'ils sortent de son âme plus que de sa mémoire; on voit que l'antiquité lui échappe de toutes parts. Mais, parmi tant de beautés, il revient à celles qui sont les plus douces, les plus naturelles, les plus naïves; et alors, pour exprimer ce qu'il éprouve, il a des paroles d'une grace inimitable.

Cette Lettre à l'académie, les Dialogues sur l'éloquence, quelques lettres à La Motte sur Homère et sur les anciens, placeraient Fénelon au premier rang parmi les critiques, et servent à expliquer la simplicité originale de ses propres écrits et la composition si antique et si neuve du *Télémaque*. Fénelon, épris des beautés de Virgile et d'Homère, y cherche ces traits d'une vérité naïve et passionnée, qu'il trouvait sur-tout dans Homère, et qu'il appelle lui-même *cette aimable simplicité du monde naissant*. Les Grecs lui paraissant plus rapprochés de cette première époque, il les étudie, il les imite de préférence; Homère, Xénophon et Platon lui inspirèrent le *Télémaque*. On se tromperait de croire que Fénelon n'est redevable à la Grèce que du charme des fictions d'Homère : l'idée du beau moral dans l'éducation d'un jeune prince, ces entretiens philosophiques, ces épreuves de courage, de patience, l'humanité dans la guerre, le respect des serments, toutes ces idées bienfaisantes sont empruntées à la *Cyropédie*. Dans les théories sur le bonheur du peuple, dans le plan d'un état réglé comme une famille, on reconnaît l'imagination et la philosophie de Platon. Mais il est permis de croire que Fénelon, corrigeant les fables d'Homère par la sagesse de Socrate, et formant cet heureux mélange des plus riantes fictions, de la philosophie la plus pure, et de la politique la plus humaine, peut balancer, par le charme de cette réunion, la gloire de l'invention qu'il cède à chacun de ses modèles. Sans doute Fénelon a partagé les défauts de ceux qu'il imitait; et si les combats du *Télémaque* ont la grandeur et le feu des combats de l'*Iliade*, Mentor parle quelquefois aussi longuement qu'un héros d'Homère; et quelquefois les détails d'une morale un peu commune rappellent les longs entretiens de la *Cyropédie*. En considérant le *Télémaque* comme une inspiration des muses grecques, il semble que le génie de Fénelon en reçoive une force qui ne lui était pas naturelle. La véhémence de Sophocle s'est conservée tout entière dans les sauvages imprécations de Philoctète. L'amour brûle dans le cœur d'Eucharis, comme dans les vers de Théocrite. Quoique la belle antiquité paraisse avoir été moissonnée tout entière pour composer le *Télémaque*, il reste à l'auteur quelque gloire d'invention, sans compter ce qu'il y a de créateur dans l'imitation de beautés étrangères, inimitables avant et après Fénelon. Rien n'est plus beau que l'ordonnance du *Télémaque*; et l'on ne trouve pas moins de grandeur dans l'idée générale, que de goût et de dextérité dans la réunion et dans le contraste des épisodes. Les chastes et modestes amours d'Antiope, introduits à la fin du poéme, corrigent, d'une manière sublime, les emportements de Calypso; et l'intérêt de la passion se trouve deux fois reproduit, sous l'image de la fureur, et sous celle de la vertu. Mais, comme le *Télémaque* est sur-tout un livre de morale politique, ce que l'auteur peint avec le plus de force, c'est l'ambition, cette maladie des rois, qui fait mourir les peuples, l'ambition grande et généreuse dans Sésostris, l'ambition imprudente dans Idoménée, l'ambition tyrannique et misérable dans Pygmalion, l'ambition barbare, hypocrite, impie, dans Adraste. Ce dernier caractère, supérieur au Mézence de Virgile, est tracé avec une vigueur d'imagination qu'aucune vérité historique ne saurait surpasser. Cette invention des personnages n'est pas moins rare que l'invention générale d'un plan. Le caractère le plus heureux, dans cette riche variété de portraits, c'est celui du jeune Télémaque. Plus développé, plus agissant que le Télémaque de l'*Odyssée*, il réunit tout ce qui peut surprendre, attacher, instruire : dans l'âge des passions, il est sous la garde de la sagesse, qui le laisse souvent faillir, parce que les fautes sont l'éducation des hommes; il a l'orgueil du trône, l'emportement de l'héroïsme, et la candeur de la première jeunesse. Ce mélange de hauteur et de naïveté, de force et de soumission, forme peut-être le caractère le plus touchant et le plus aimable qu'ait inventé la muse épique : et, sans doute, un grand maître dans l'art de peindre et de toucher, Rousseau, a senti ce charme prodigieux, lorsqu'il a supposé que *Télémaque* serait, aux yeux de la pudeur et de l'innocence, le modèle idéal digne d'un premier amour.

De grands critiques ont souvent répété que le héros du poème ou d'une tragédie ne doit pas être parfait. Ils ont admiré dans l'Achille d'Homère, dans le Renaud du Tasse, l'intérêt des fautes et des passions; mais ils n'ont pas prévu l'intérêt non moins neuf et plus moral que présenterait un caractère qui, mélangé d'abord de toutes les faiblesses humaines, paraîtrait s'en dégager insensiblement, et se développerait en s'épurant. On L'âme dans Grandisson l'uniformité de la sagesse et de la vertu, la monotonie de la perfection. Le caractère de Télémaque offre le charme de la vertu, et les vicissitudes de la faiblesse; il n'en a pas moins de mouvement parce qu'il tend à la perfection. Il s'anime et se perfectionne à la fois; et l'intérêt qu'on éprouve est agité comme la lutte des passions, et doux comme le triomphe de la vertu. Sans doute Fénelon, dans cette forme donnée au caractère principal, cherchait avant tout l'instruction de son élève; mais il créait en même temps une des conceptions les plus intéressantes, et les plus neuves, de l'épopée. Pour achever de saisir dans le *Télémaque*, trésor des richesses antiques, la part d'invention qui appartient à l'auteur moderne, il faudrait comparer l'Enfer et l'Élysée de Fénelon avec les mêmes peintures tracées par Homère et par Virgile. Quelle que soit la sublimité du silence d'Ajax, quelle que soit la grandeur et la perfection du sixième livre de l'*Énéide*, on sentirait tout ce que Fénelon a créé de nouveau, ou plutôt tout ce qu'il a puisé dans les mystères chrétiens, par un art admirable, ou par un souvenir involontaire. La plus grande de ces beautés inconnues à l'antiquité, c'est l'invention de douleurs et de joies purement spirituelles, substituées à la peinture faible ou bizarre de maux et de félicités physiques. C'est là que Fénelon est sublime, et saisit mieux que le Dante le secours si neuf et si grand du christianisme. Rien n'est plus philosophique et plus terrible que les tortures morales qu'il place dans le cœur des coupables : et pour rendre ces inexprimables douleurs, son style acquiert un degré d'énergie que l'on n'attendrait pas de lui, et que l'on trouverait difficilement ailleurs. Mais lorsque, délivré de ces affreuses peintures, il peut reposer sa douce et bienfaisante imagination sur la demeure des justes, alors on entend des sons que la voix humaine n'a jamais égalés; et quelque chose de céleste s'échappe de son âme enivrée de la joie qu'elle décrit. Ces idées-là sont absolument étrangères au génie antique; c'est l'extase de la charité chrétienne; c'est une religion toute d'amour, interprétée par l'âme douce et tendre de Fénelon ; c'est le *pur amour* donné pour récompense aux justes, dans l'élysée mythologique. Aussi, lorsque de nos jours un écrivain célèbre a voulu retracer le paradis chrétien, il a dû sentir plus d'une fois qu'il était devancé par l'anachronisme de Fénelon; et, malgré les efforts d'une riche imagination, et l'emploi plus facile et plus libre des idées chrétiennes, il a été obligé de se rejeter sur des images moins heureuses, et il n'a mérité que le second rang. L'Élysée de Fénelon est une des créations du génie moderne; nulle part la langue française ne paraît plus flexible et plus mélodieuse. Le style de *Télémaque* a éprouvé beaucoup de critiques; Voltaire en a donné l'exemple avec goût. Il est certain que cette diction si naturelle, si doucement animée, quelquefois si énergique et si hardie, est entremêlée de détails faibles et languissants; mais ils disparaissent dans l'heureuse facilité du style. L'intérêt du poème conduit le lecteur; et de grandes beautés le raniment et le transportent. Quand à ceux qui s'offensent de quelques mots répétés, de quelques constructions négligées, qu'ils sachent que la beauté du langage n'est pas dans une correction sévère et calculée, mais dans un choix de paroles simples, heureuses, expressives, dans une harmonie libre et variée qui accompagne le style, et le soutient comme l'accent soutient la voix, enfin dans une douce chaleur partout répandue, comme l'âme et la vie du discours.

Les *Aventures d'Aristonoüs* respirent ce charme attendrissant qui n'est donné qu'à quelques hommes, à Virgile, à Racine, à Fénelon. Dans ce morceau de quelques pages on devinerait l'auteur du *Télémaque*, comme dans le dialogue d'Eucrate et de Sylla on reconnaît Montesquieu. Il n'appartient qu'aux hommes véritablement supérieurs de pouvoir renfermer ainsi, dans un cadre très étroit, l'essai, de tout leur génie. Après le *Télémaque*, l'ouvrage le plus important de Fénelon par le sujet et l'étendue, c'est le *Traité de l'existence de Dieu.* On n'y trouve pas la profondeur et la logique de Clarke. Fénelon procède par l'argument des causes finales, ce qui est très favorable à l'imagination descriptive; il répand des trésors d'élégance, il peint la nature, il en égale les richesses et les couleurs par l'éclat de son style; souvent il laisse échapper cette abondance de sentiments tendres et passionnés, langage naturel de son cœur. Quelques endroits sont animés de cette logique lumineuse et pressante, dont il donna tant d'exemples dans ses débats avec Bossuet. Elle se trouve peut-être à un plus haut degré, et plus dégagée d'ornements dans les Lettres sur la religion, modèle d'une discussion sincère et convaincante : enfin, comme le style, suivant l'expression d'un ancien, est la physionomie de l'âme, tous les ouvrages de Fénelon, marqués d'une telle empreinte, ont quelque chose de rare et de touchant.

Son style a toujours un caractère reconnaissable de simplicité, de grace et de douceur, soit dans les élans passionnés, dans le langage éloquemment mystique de ses *entretiens affectifs*, soit dans la gravité de ses *Directions pour la conscience d'un roi*, soit dans la prodigieuse fécondité, dans la sublimité, dans la noble élégance de sa théologie polémique. Ce style n'est jamais celui d'un homme qui veut écrire; c'est celui d'un homme possédé de la vérité, qui l'exprime, comme il la sent, du fond de son âme. Et, quoique dans notre siècle on admire de préférence une composition soignée, où le travail est plus sensible, où les phrases, faites avec plus d'efforts, paraissent enfermer plus de pensées, quoique la diction savante, énergique, de Rousseau, paraisse à bien des juges le plus parfait modèle, il est permis de croire que le style de Fénelon, plus rapproché du caractère de notre langue, suppose un génie plus rare et plus heureux.

Fénelon a trouvé un historien digne de lui. M. de Bausset s'est livré aux plus curieuses recherches pour écrire la vie d'un évêque dont il sentait profondément les vertus; et, ce qui est le plus grand des éloges, il a conservé dans la candeur noble et touchante de sa narration quelque chose du goût et du style de Fénelon.

VILLEMAIN, Notice sur Fénelon.

MORCEAUX CHOISIS.

I. Missions étrangères.

(L'orateur parcourt l'Europe et le globe entier, avec l'essor d'un génie prophétique, et avec l'impétuosité des mouvements les plus soutenus, les plus entraînants et les plus variés, pour mieux célébrer les conquêtes de la croix dans les missions de l'Orient.)

« Que reste-t-il? peuple de l'extrémité de l'Orient, votre heure est venue. Alexandre ce conquérant rapide que Daniel dépeint comme ne touchant pas la terre de ses pieds, lui qui fut si jaloux de subjuguer le monde entier, s'arrêta bien loin en-deçà de vous; mais la charité va plus loin que l'orgueil. Ni les sables brûlants, ni les déserts, ni les montagnes, ni la distance des lieux, ni les tempêtes, ni les écueils de tant de mers, ni l'intempérie de l'air, ni le milieu fatal de la ligne où l'on découvre un ciel nouveau, ni les flottes ennemies, ni les côtes barbares ne peuvent arrêter ceux que Dieu envoie. Qui sont ceux-ci qui volent comme les nuées? Vents, portez-les sur vos ailes. Que le Midi, que l'Orient, que les îles inconnues les attendent, et les regardent en silence venir de loin. Qu'ils sont beaux les pieds de ces hommes qu'on voit arriver du haut des montagnes, apporter la paix, annoncer les biens éternels, prêcher le salut, et dire : O Sion! ton Dieu régnera sur toi*! Les voici ces nouveaux conquérants qui viennent sans armes, excepté la croix du Sauveur. Ils viennent, non pour enlever les richesses et répandre le sang des vaincus, mais pour offrir leur propre sang, et communiquer le trésor céleste. Peuples, qui les vîtes venir, quelle fut d'abord votre surprise, et qui peut la représenter? Des hommes qui viennent à vous, sans être attirés par aucun motif, ni de commerce, ni d'ambition, ni de curiosité; des hommes qui, sans vous avoir jamais vus, sans savoir même où vous êtes, quittent tout pour vous, et vous cherchent à travers toutes les mers avec tant de fatigues et de périls, pour vous faire part de la vie éternelle qu'ils ont découverte! Nations ensevelies dans l'ombre de la mort, quelle lumière sur nos têtes! »

Sermon prêché aux Missions étrangères, le jour de l'Épiphanie, en 1685.

* Ce beau passage est traduit du prophète Isaïe (LII, 7.) : « Quàm pulchri
« super montes pedes annuntiantis et prædicantis pacem, annuntiantis
« bonum, prædicantis salutem, dicentis Sion : Regnabit Deus tuus! » F.

II. Preuves physiques de l'existence de Dieu.[*]

De la Terre.

Qui est-ce qui a suspendu ce globe de la terre, qui est immobile? qui est-ce qui en a posé les fondements? Rien n'est, ce semble, plus vil qu'elle; les plus malheureux la foulent aux pieds; mais c'est pourtant pour la posséder qu'on donne les plus grands trésors. Si elle était plus dure, l'homme ne pourrait en ouvrir le sein pour la cultiver; si elle était moins dure, elle ne pourrait le porter; il enfoncerait partout comme il enfonce dans le sable ou dans un bourbier. C'est du sein inépuisable de la terre que sort tout ce qu'il y a de plus précieux. Cette masse informe, vile et grossière, prend toutes les formes les plus diverses; et elle seule donne tour à tour tous les biens que nous lui demandons. Cette boue si sale se transforme en mille beaux objets qui charment les yeux. En une seule année elle devient branches, boutons, feuilles, fleurs, fruits et semences, pour renouveler ses libéralités en faveur des hommes. Rien ne l'épuise; plus on déchire ses entrailles, plus elle est libérale. Après tant de siècles pendant lesquels tout est sorti d'elle, elle n'est point encore usée; elle ne ressent aucune vieillesse. Ses entrailles sont encore pleines des mêmes trésors. Mille générations ont passé dans son sein. Tout vieillit, excepté elle seule; elle rajeunit chaque an-

[*] Voyez, ci-après dans notre *Répertoire*, le même sujet traité par Louis Racine.   F.

née au printemps. Elle ne manque point aux hommes ; mais les hommes insensés se manquent à eux-mêmes, en négligeant de la cultiver. C'est par leur paresse et par leurs désordres qu'ils laissent croître les ronces et les épines, en la place des vendanges et des moissons. Ils se disputent un bien qu'ils laissent perdre. Les conquérants laissent en friche la terre, pour la possession de laquelle ils ont fait périr tant de milliers d'hommes, et ont passé leur vie dans une terrible agitation. Les hommes ont devant eux des terres immenses qui sont vides et incultes ; et ils renversent le genre humain pour un coin de cette terre si négligée. La terre, si elle était bien cultivée, nourrirait cent fois plus d'hommes qu'elle n'en nourrit. L'inégalité même des terroirs, qui paraît d'abord un défaut, se tourne en ornement et en utilité. Les montagnes se sont élevées, et les vallons sont descendus en la place que le seigneur leur a marquée. Ces diverses terres, suivant les divers aspects du soleil, ont leurs avantages. Dans ces profondes vallées on voit croître l'herbe fraîche pour nourrir les troupeaux. Auprès d'elles s'ouvrent de vastes campagnes revêtues de riches moissons. Ici, des coteaux s'élèvent comme un amphithéâtre, et sont couronnées de vignobles et d'arbres fruitiers. Là, de hautes montagnes vont porter leur front glacé jusque dans les nues, et les torrents qui en tombent sont les sources des rivières. Les rochers qui montrent leur cime escarpée soutiennent la terre des montagnes, comme les os du corps humain en soutiennent les chairs. Cette variété fait le charme des paysages; en même temps elle satisfait aux divers besoins des peuples : il n'y a point de terroir si ingrat qui n'ait quelque propriété.

De l'Eau.

Regardons maintenant ce qu'on appelle l'eau; c'est un corps liquide, clair et transparent : d'un côté, il coule, il échappe, il s'enfuit; de l'autre, il prend toutes les formes des corps qui l'environnent, n'en ayant aucune par lui-même. Si l'eau était un peu plus raréfiée, elle deviendrait une espèce d'air, toute la face de la terre serait sèche et stérile, il n'y aurait que des animaux volatiles; nulle espèce d'animaux ne pourrait nager, nul poisson ne pourrait vivre, il n'y aurait aucun commerce par la navigation. Quelle main industrieuse a su épaissir l'eau en subtilisant l'air, et distinguer si bien ces deux espèces de corps fluides? Si l'eau était un peu plus raréfiée, elle ne pourrait plus soutenir ces prodigieux édifices flottants qu'on nomme vaisseaux; les corps les moins pesants s'enfonceraient d'abord dans l'eau. Qui est-ce qui a pris le soin de choisir une si juste configuration de parties et un degré si précis de mouvement, pour rendre l'eau si fluide, si insinuante, si propre à échapper, si incapable de toute consistance, et néanmoins si forte pour porter, et si impétueuse pour entraîner les plus pésantes masses? Elle est docile : l'homme la mène, comme un cavalier mène son cheval, sur la pointe des racines; il la distribue comme il lui plaît; il l'élève sur des montagnes escarpées, et se sert de son poids pour lui faire faire des chutes qui la font remonter autant qu'elle est descendue : mais l'homme qui mène les eaux avec tant d'empire est à son tour mené par elle. L'eau est une des plus grandes forces mouvantes que l'homme sache employer pour suppléer à ce qui lui lui manque dans les arts les plus nécessaires, par la petitesse et par la faiblesse de son corps; mais ces eaux qui, nonobstant leur fluidité, sont des masses pesantes, ne laissent pas de s'élever au-dessus de nos têtes, et d'y demeurer long-temps suspendues.

Voyez-vous ces nuages qui volent comme sur les ailes des vents? S'ils tombaient tout-à-coup par de grosses colonnes d'eau rapides comme des torrents, ils submergeraient et détruiraient tout dans l'endroit de leur chute, et le reste des terres demeurerait aride. Quelle main les tient dans ces réservoirs suspendus, et ne leur permet de tomber que goutte à goutte, comme si on les distillait par un arrosoir? D'où vient qu'en certains pays chauds, où il ne pleut presque jamais, les rosées de la nuit sont si abondantes qu'elles suppléent au défaut de la pluie, et qu'en d'autres pays, tels que les bords du Nil ou du Gange, l'inondation des fleuves, en certaines saisons, pourvoit à point nommé au besoin des peuples pour arroser les terres? Peut-on s'imaginer des mesures mieux prises pour rendre les pays fertiles?

Ainsi, l'eau désaltère non-seulement les hommes, mais encore les campagnes arides; et celui qui nous a donné ce corps fluide l'a distribué avec soin sur la terre, comme les canaux d'un jardin. Les eaux tombent des hautes montagnes, où leurs réservoirs sont placés; elles s'assemblent en gros ruisseaux dans les vallées; les rivières serpentent dans les vastes campagnes, pour les mieux arroser; elles vont enfin se précipiter dans la mer, pour en faire le centre du commerce à toutes les nations.

Cet Océan, qui semble mis au milieu des terres pour en faire une éternelle séparation, est au contraire le rendez-vous de tous les peuples, qui ne pourraient aller par terre d'un bout du monde à l'autre, qu'avec des fatigues, des longueurs et des dangers incroyables. C'est par ce chemin sans traces, au travers des abîmes, que l'ancien monde donne la main au nouveau, et que le nouveau prête à l'ancien tant de commodités et de richesses. Les eaux, distribuées avec tant d'art, font une circulation dans la terre comme le sang circule dans le corps humain.

Mais, outre cette circulation perpétuelle de l'eau, il y a encore le flux et le reflux de la mer. Ne cherchons point les causes de cet effet si mystérieux : ce qui est certain, c'est que la mer vous porte et reporte précisément aux mêmes lieux, à certaines heures. Qui est-ce qui la fait se retirer, et puis revenir sur ses pas avec tant de régularité? Un peu plus, un peu moins de mouvement dans cette masse fluide, déconcerterait toute la nature. Un peu plus de mouvement dans les eaux qui remontent inonderait des royaumes entiers. Qui est-ce qui a su prendre des mesures si justes dans des corps immenses?

Qui est-ce qui a su éviter le trop et le trop peu? Quel doigt a marqué à la mer la borne immobile qu'elle doit respecter dans la suite de tous les siècles, en lui disant : « Là, vous viendrez briser l'or-« gueil de vos vagues? »

Mais ces eaux si coulantes deviennent tout-à-coup, pendant l'hiver, dures comme des rochers. Les sommets des hautes montagnes ont même, en tout temps, des glaces et des neiges, qui sont la source des rivières, et qui, abreuvant les paturages, les rendent plus fertiles. Ici les eaux sont douces, pour désaltérer l'homme; là, elles ont un sel qui assaisonne et rend incorruptibles nos aliments. Enfin, si je lève la tête, j'aperçois, dans les nues qui volent au-dessus de nous, des espèces de mers suspendues, pour tempérer l'air, pour arrêter les rayons enflammés du soleil, et pour arroser la terre quand elle est trop sèche. Quelle main a pu suspendre sur nos têtes ces grands réservoirs d'eau? quelle main prend soin de ne les jamais laisser tomber que par des pluies modérées ?

De l'Air.

Après avoir considéré les eaux, appliquons-nous à examiner d'autres masses encore plus étendues. Voyez-vous ce qu'on nomme l'air? C'est un corps si pur, si subtil et si transparent, que les rayons des astres, situés dans une distance presque infinie de nous, le percent tout entier, sans peine et en un seul instant, pour venir éclairer nos yeux. Un peu moins de subtilité dans ce corps fluide nous aurait dérobé le jour et ne nous aurait laissé tout au plus qu'une lumière sombre et confuse, comme quand l'air est plein de brouillards épais. Nous vivons plongés dans des abymes d'air, comme les poissons dans des abymes d'eau. De même que l'eau, si elle se subtilisait, deviendrait une espèce d'air qui ferait mourir les poissons ; l'air, de son côté, nous ôterait la respiration, s'il devenait plus épais et plus humide. Alors nous nous noierions dans les flots de cet air épaissi, comme un animal terrestre se noie dans la mer.

Qui est-ce qui a purifié, avec tant de justesse, cet air que nous respirons? S'il était plus épais, il nous suffoquerait; comme, s'il était plus subtil, il n'aurait pas cette douceur qui fait une nourriture continuelle du dedans de l'homme. Nous éprouverions partout ce qu'on éprouve sur le sommet des montagnes les plus hautes, où la subtilité de l'air ne fournit rien d'assez humide et d'assez nourrissant pour les poumons. Mais quelle puissance invisible excite et appaise si soudainement les tempêtes de ce grand corps fluide? Celles de la mer n'en sont que les suites. De quel trésor sont tirés les vents, qui purifient l'air, qui attiédissent les saisons brûlantes, qui tempèrent la rigueur des hivers, et qui changent en un instant la face du ciel? Sur les ailes de ces vents, volent les nuées d'un bout de l'horizon à l'autre. On sait que certains vents règnent en certaines mers, dans des saisons précises; ils durent un temps réglé, et il leur en succède d'autres, comme tout exprès, pour rendre les navigations commodes et régulières. Pourvu que les hommes soient patients et aussi ponctuels que les vents, ils feront sans peine les plus longues navigations.

Du Feu.

Voyez-vous ce feu qui paraît allumé dans les astres, et qui répand partout la lumière? voyez-vous cette flamme que certaines montagnes vomissent, et que la terre nourrit de souffre dans ses entrailles? Ce même feu demeure paisiblement caché dans les veines des cailloux, et il attend à éclater, jusqu'à ce que le choc d'un autre corps l'excite, pour ébranler les villes et les montagnes. L'homme a su l'allumer et l'attacher à tous ses usages, pour plier les plus durs métaux, et pour nourrir avec du bois, jusque dans les climats les plus glacés, une flamme qui lui tienne lieu du soleil, quand le soleil s'éloigne de lui. Cette flamme se glisse subtilement dans toutes les semences. Elle est comme l'âme de tout ce qui vit, elle consume tout ce qui est impur, et renouvelle ce qu'elle a purifié. Le feu prête sa force aux hommes trop faibles; il enlève tout-à-coup les édifices et les rochers. Mais veut-on le borner à un usage plus modéré, il réchauffe l'homme, il cuit les aliments. Les anciens, admirant le feu, ont cru que c'était un trésor céleste que l'homme avait dérobé aux dieux.

III. Bonheur des rois justes dans les Champs-Élysées.

Télémaque s'avança vers ces rois qui étaient dans des bocages odoriférants, sur des gazons toujours renaissants et fleuris. Mille petits ruisseaux d'une onde pure arrosaient ces beaux lieux, et y faisaient sentir une délicieuse fraîcheur; un nombre infini d'oiseaux faisaient résonner ces bocages de leur doux chant. On voyait tout ensemble les fleurs du printemps qui naissaient sous les pas, avec les plus riches fruits de l'automne qui pendaient des arbres. Là, jamais on ne ressentit les ardeurs de la canicule; là, jamais les noirs aquilons n'osèrent souffler, ni faire sentir les rigueurs de l'hiver. Ni la guerre altérée de sang, ni la cruelle envie, qui mord d'une dent venimeuse, et qui porte des vipères entortillées dans son sein et autour de ses bras, ni les jalousies, ni les défiances, ni la crainte, ni les vains désirs n'approchent jamais de cet heureux séjour de la paix. Le jour n'y finit point, et la nuit avec ses sombres voiles y est inconnue. Une lumière pure et douce se répand autour des corps de ces hommes justes, et les environne de ses rayons comme d'un vêtement. Cette lumière n'est point semblable à la lumière sombre qui éclaire les yeux des misérables mortels, et qui n'est que ténèbres : c'est plutôt une gloire céleste qu'une lumière : elle pénètre plus subtilement les corps les plus épais, que les rayons du soleil ne pénètrent le plus pur cristal : elle n'éblouit jamais; au contraire, elle fortifie les yeux, et porte dans le fond de l'âme je ne sais quelle sérénité : c'est d'elle seule que ces hommes bienheureux sont nourris : elle sort d'eux, et elle y rentre; elle les pénètre, et s'incorpore à eux comme les aliments s'incorporent à nous. Ils la voient, ils la sentent, ils la respirent; elle fait naître en eux une source intarissable de paix et de joie : ils sont plongés dans cet abîme de délices, comme les poissons dans la mer; ils ne veulent plus rien; ils ont tout sans rien avoir, car ce goût de lumière pure appaise la faim de leur cœur : tous leurs désirs sont rassasiés, et leur plénitude les élève au-dessus de tout ce que les hommes vides et affamés cherchent sur la terre : toutes les délices qui les environnent ne leur sont rien, parce que le comble de leur félicité, qui vient du dedans, ne leur laisse aucun sentiment pour tout ce qu'ils voient de délicieux au dehors. Ils sont tels que les dieux qui, rassasiés de nectar et d'ambroisie, ne daigneraient pas se nourrir de viandes grossières qu'on leur présenterait à la table la plus exquise des hommes mortels. Tous les maux s'enfuient loin de ces lieux tranquilles : la mort, la maladie, la pauvreté, la douleur, les regrets, les remords, les craintes, les espérances mêmes qui coûtent souvent autant de peine que les craintes, les divisions, les dégoûts, les dépits, ne peuvent y avoir aucune entrée.

Les hautes montagnes de Thrace, qui de leurs fronts couverts de neige et de glace depuis l'origine du monde fendent les nues, seraient renversées de leurs fondements posés au centre de la terre, que les cœurs de ces hommes justes ne pourraient pas même être émus. Seulement ils ont pitié des misères qui accablent les hommes vivants dans le monde ; mais c'est une pitié douce et paisible qui n'altère en rien leur immuable félicité. Une jeunesse éternelle, une félicité sans fin, une gloire toute divine est peinte sur leurs visages; mais leur joie n'a rien de folâtre ni d'indécent : c'est une joie douce, noble, pleine de majesté; c'est un goût sublime de la vérité et de la vertu qui les transporte. Ils sont, sans interruption, à chaque moment, dans le même saisissement de cœur où est une mère qui revoit son cher fils qu'elle avait cru mort, et cette joie, qui échappe bientôt à la mère, ne s'enfuit jamais du cœur de ces hommes : jamais elle ne languit un instant; elle est toujours nouvelle pour eux : ils ont le transport de l'ivresse sans en avoir le trouble et l'aveuglement*. Ils s'entretiennent ensemble de ce qu'ils voient et de ce qu'ils goûtent : ils foulent à leurs pieds les molles délices et les vaines grandeurs de leur ancienne condition qu'ils déplorent; ils repassent avec plaisir ces tristes mais courtes années, où ils ont eu besoin de combattre contre eux-mêmes, et contre le torrent des hommes corrompus, pour devenir bons; ils admirent le secours des dieux qui les ont conduits comme par la main, à la vertu au milieu de tant de périls Je ne sais quoi de divin coule sans cesse au travers de leurs cœurs, comme un torrent de la divinité même qui s'unit à eux; ils voient, ils goûtent qu'ils sont heureux, et sentent qu'ils le seront toujours. Ils chantent les louanges des dieux, et ils ne font tous ensemble qu'une seule voix, une seule pensée, un seul cœur.

* Les plus belles pages du *Phédon* sont moins divines que cette peinture, et cependant Fénelon, resserré dans les bornes de sa fiction, n'a pu attribuer aux ombres tout le bonheur qu'il eût retracé dans les véritables élus.

CHATEAUBRIAND, *Génie du Christianisme*.

Une même félicité fait comme un flux et reflux dans ces âmes unies.

Dans ce ravissement divin, les siècles coulent plus rapidement que les heures parmi les mortels ; et cependant mille et mille siècles écoulés n'ôtent rien à leur félicité toujours nouvelle et toujours entière. Ils règnent tous ensemble, non sur des trônes que la main des hommes peut renverser, mais en eux-mêmes, avec une puissance immuable ; car ils n'ont plus besoin d'être redoutables par une puissance empruntée d'un peuple vil et misérable ; ils ne portent plus ces vains diadèmes, dont l'éclat cache tant de craintes et de noirs soucis : les dieux même les ont couronnés de leurs propres mains avec des couronnes que rien ne peut flétrir*.

Télémaque, Liv. **XIX**.

IV. Le Connétable de Bourbon et Bayard.

LE CONNÉTABLE.

N'est-ce point le pauvre Bayard que je vois au pied de cet arbre, étendu sur l'herbe, et percé d'un grand coup ! Oui, c'est lui-même. Hélas ! je le plains. En voilà deux qui périssent aujourd'hui par nos armes, Vendenesse et lui. Ces deux Français étaient deux ornements de leur nation par leur courage. Je sens que mon cœur est encore touché pour sa patrie. Mais avançons pour lui parler. Ah, mon

---

* L'élysée de Fénelon est véritablement un paradis chrétien. Comparez cette description à l'élysée de *l'Énéide*, et vous verrez quels progrès le christianisme a fait faire à la raison et au cœur de l'homme.

CHATEAUBRIAND, *Génie du Christianisme*.

pauvre Bayard! c'est avec douleur que je te vois en cet état.

BAYARD.

C'est avec douleur que je vous vois aussi.

LE CONNÉTABLE.

Je comprends bien que tu es fâché de te voir dans mes mains par le sort de la guerre : mais je ne veux point te traiter en prisonnier; je te veux garder comme un bon ami, et prendre soin de ta guérison, comme si tu étais mon propre frère. Ainsi tu ne dois point être fâché de me voir.

BAYARD.

Eh! croyez-vous que je ne sois point fâché d'avoir obligation au plus grand ennemi de la France? Ce n'est point de ma captivité, ni de ma blessure que je suis en peine. Je meurs dans un moment : la mort va me délivrer de vos mains.

LE CONNÉTABLE.

Non, mon cher Bayard; j'espère que nos soins réussiront pour te guérir.

BAYARD.

Ce n'est point là ce que je cherche; et je suis content de mourir.

LE CONNÉTABLE

Qu'as-tu donc? Est-ce que tu ne saurais te consoler d'avoir été vaincu et fait prisonnier dans la retraite de Bonnivet? Ce n'est pas ta faute, c'est la sienne : les armes sont journalières. Ta gloire est assez bien établie par tant de belles actions. Les impériaux ne pourront jamais oublier cette vigoureuse défense de Mézière contre eux.

BAYARD.

Pour moi, je ne puis jamais oublier que vous êtes ce grand Connétable, ce prince du plus noble sang qu'il y ait dans le monde, et qui travaille à déchirer de ses propres mains sa patrie, et le royaume de ses ancêtres!

LE CONNÉTABLE.

Quoi, Bayard, je te loue, et tu me condamnes! je te plains et tu m'insultes!

BAYARD.

Si vous me plaignez, je vous plains aussi, et je vous trouve bien plus à plaindre que moi. Je sors de la vie sans tache; je meurs pour mon pays, pour mon roi, estimé des ennemis de la France, et regretté de tous les Français. Mon état est digne d'envie.

LE CONNÉTABLE.

Et moi, je suis victorieux d'un ennemi qui m'a outragé; je me venge de lui, je le chasse du Milanais; je fais sentir à toute la France combien elle est malheureuse de m'avoir perdu, en me poussant à bout. Appelles-tu cela être à plaindre?

BAYARD.

Oui : on est toujours à plaindre quand on agit contre son devoir. Il vaut mieux périr en combattant pour la patrie, que la vaincre et triompher d'elle. Ah! quelle horrible gloire que celle de détruire son propre pays!

LE CONNÉTABLE.

Mais ma patrie a été ingrate, après tant de services que je lui avais rendus. Madame m'a fait traiter indignement par un dépit d'amour. Le roi, par faiblesse pour elle, m'a fait une injustice énorme; on a détaché de moi jusqu'à mes domestiques Matignon et d'Argouges. j'ai été contraint, pour sauver ma vie, de m'enfuir presque seul. Que voulais-tu que je fisse?

BAYARD.

Que vous souffrissiez toutes sortes de maux, plutôt que de manquer à la France et à la grandeur de votre maison. Si la persécution était trop violente, vous pouviez vous retirer; mais il valait mieux être pauvre, obscur, inutile à tout, que de prendre les armes contre nous. Votre gloire eût été au comble dans la pauvreté et dans le plus misérable exil.

LE CONNÉTABLE.

Mais ne vois-tu pas que la vengeance s'est jointe à l'ambition pour me jeter dans cette extrémité? J'ai voulu que le roi se repentît de m'avoir traité si mal.

BAYARD.

Il fallait l'en faire repentir par une patience à toute épreuve, qui n'est pas moins la vertu d'un héros que le courage.

LE CONNÉTABLE.

Mais le roi, étant si injuste, et si aveuglé par sa mère, méritait-il que j'eusse de si grands égards pour lui!

BAYARD

Si le roi ne le méritait pas, la France entière le méritait; la dignité même de la couronne, dont vous êtes un des héritiers, le méritait. Vous vous deviez à vous-même d'épargner la France, dont vous pouviez être un jour roi.

LE CONNÉTABLE.

Hé bien, j'ai tort, je l'avoue; mais ne sais-tu pas combien les meilleurs cœurs ont de peine à résister à leur ressentiment?

BAYARD.

Je le sais bien : mais le vrai courage consiste à résister. Si vous connaissez votre faute, hâtez-vous de la réparer. Pour moi, je meurs, et je vous trouve plus à plaindre dans vos prospérités, que moi dans mes souffrances. Quand l'empereur ne vous tromperait pas, quand même il vous donnerait sa sœur en mariage, et qu'il partagerait la France avec vous, il n'effacerait point la tache qui déshonore votre vie. Le connétable de Bourbon rebelle! ah, quelle honte! Écoutez Bayard mourant comme il a vécu, et ne cessant de dire la vérité.

Dialogues des Morts.

V. Le jeune Bacchus et le Faune.

Un jour le jeune Bacchus, que Silène instruisait, cherchait les Muses dans un bocage dont le silence n'était troublé que par le bruit des fontaines et par le chant des oiseaux. Le soleil n'en pouvait, avec ses rayons, percer la sombre verdure. L'enfant de Sémélé, pour étudier la langue des dieux, s'assit dans un coin au pied d'un vieux chêne, du tronc duquel plusieurs hommes de l'âge d'or étaient nés. Il avait même autrefois rendu des oracles, et le Temps n'avait osé l'abattre de sa tranchante faux.

Auprès de ce chêne sacré et antique se cachait un jeune Faune, qui prêtait l'oreille aux vers que chantait l'enfant, et qui marquait à Silène, par un ris moqueur, toutes les fautes que faisait son disciple. Aussitôt les Naïades et les autres Nymphes du bois souriaient aussi. Le critique était jeune, gracieux et folâtre; sa tête était couronnée de lierre et de pampre; ses tempes étaient ornées de grappes de raisin. De son épaule gauche, pendait sur son côté droit, en écharpe, un feston de lierre, et le jeune Bacchus se plaisait à voir ces feuilles consacrées à sa divinité.

Le Faune était enveloppé, au-dessous de la ceinture, par la dépouille affreuse et hérissée d'une jeune lionne qu'il avait tuée dans les forêts. Il tenait dans sa main une houlette courbée et noueuse. Sa queue paraissait derrière comme se jouant sur son dos. Mais comme Bacchus ne pouvait souffrir un rieur malin, toujours prêt à se moquer de ses expressions, si elles n'étaient pures et élégantes, il lui dit d'un ton fier et impatient : « Comment oses-tu te moquer du fils de Jupiter? » Le Faune répondit sans s'émouvoir : « Eh! comment le fils de Jupiter ose-t-il faire quelque faute ? »

Fables.

VI. Le Fantasque.

Qu'est-il donc arrivé de funeste à Mélanthe? Rien au dehors, tout au dedans. Ses affaires vont à souhait.

Tout le monde cherche à lui plaire. Quoi donc? C'est que sa rate fume. Il se coucha hier les délices du genre humain : ce matin on est honteux pour lui ; il faut le cacher. En se levant, le pli d'un chausson lui a déplu : toute la journée sera orageuse, et tout le monde en souffrira. Il fait peur, il fait pitié ; il pleure comme un enfant, il rugit comme un lion. Une vapeur maligne et farouche trouble et noircit son imagination, comme l'encre de son écritoire barbouille ses doigts. N'allez pas lui parler des choses qu'il aimait le mieux il n'y a qu'un moment : par la raison qu'il les a aimées, il ne les saurait plus souffrir. Les parties de divertissement, qu'il a tant désirées, lui deviennent ennuyeuses; il faut les rompre. Il cherche à contredire, à se plaindre, à piquer les autres; il s'irrite de voir qu'ils ne veulent point se fâcher. Souvent il porte ses coups en l'air comme un taureau furieux qui de ses cornes aiguisées va se battre contre les vents.

Quand il manque de prétexte pour attaquer les autres, il se tourne contre lui-même. Il se blâme, il ne se trouve bon à rien. il se décourage, il trouve fort mauvais qu'on veuille le consoler. Il veut être seul, et il ne peut supporter la solitude. Il revient à la compagnie, et s'aigrit contre elle. On se tait : ce silence affecté le choque. On parle tout bas, il s'imagine que c'est contre lui. On parle tout haut, il trouve qu'on parle trop, et qu'on est trop gai pendant qu'il est triste. On est triste : cette tristesse lui paraît un reproche de ses fautes. On rit : il soupçonne qu'on se moque de lui. Que faire? être aussi ferme et aussi patient qu'il est insupportable; attendre en paix qu'il revienne demain aussi sage qu'il était hier. Cette humeur étrange s'en va comme elle vient : quand elle le prend, on dirait que c'est un ressort de machine qui se démonte tout à coup. Il est comme on dépeint les possédés : sa raison est comme à l'envers; c'est la déraison elle même en personne. Poussez-le; vous lui ferez dire en plein jour qu'il est nuit, car il n'y a plus ni jour ni nuit pour une tête démontée par son caprice. Quelquefois il ne peut s'empêcher d'être étonné de ses excès et de ses fougues. Malgré son chagrin, il sourit des paroles extravagantes qui lui ont échappé.

Mais quel moyen de prévoir ces orages, et de conjurer la tempête? Il n'y en a aucun : point de bons almanachs pour prédire ce mauvais temps. Gardez-vous bien de dire : Demain nous irons nous divertir dans un tel jardin. L'homme d'aujourd'hui ne sera point celui de demain : celui qui vous promet maintenant, disparaîtra tantôt; vous ne saurez plus le prendre pour le faire souvenir de sa parole. En sa place, vous trouverez un je ne sais quoi qui n'a ni forme ni nom, qui n'en peut avoir, et que vous ne sauriez définir deux instants de suite de la même manière. Étudiez-le bien; puis dites-en tout ce qu'il vous plaira : il ne sera plus vrai le moment d'après que vous l'aurez dit : ce je ne sais quoi veut et ne veut pas; il menace, il tremble; il mêle des hauteurs ridicules avec des bassesses indignes; il pleure, il rit, il badine, il est furieux : dans sa fureur la plus bizarre et la plus insensée, il est plaisant et éloquent, subtil, plein de tours nouveaux, quoiqu'il ne lui reste pas seulement une ombre de raison. Prenez bien garde de ne lui rien dire qui ne soit juste, précis, et exactement raisonnable : il saurait bien en prendre avantage, et vous donner adroitement le change. Il passerait d'abord de son tort au vôtre, et deviendrait raisonnable pour le seul plaisir de vous convaincre que vous ne l'êtes pas. C'est un rien qui l'a fait monter jusqu'aux nues; mais ce rien qu'est-il devenu? il est perdu dans la mêlée; il n'en est plus question : il ne sait plus ce qui l'a fâché; il sait seulement qu'il se fâche, et qu'il veut se fâcher; encore même ne le sait-il pas toujours. Il s'imagine souvent que tous ceux qui lui parlent sont emportés, et que c'est lui qui se modère : comme un homme qui a la jaunisse croit que tous ceux qu'il voit sont jaunes, quoique le jaune ne soit que dans ses yeux.

Mais peut-être qu'il épargnera certaines personnes aux-quelles il doit plus qu'aux autres, ou qu'il paraît aimer davantage. Non, sa bizarrerie ne connaît personne; elle s'en prend sans choix à tout le monde. Il n'aime plus les gens, il n'en est point aimé. On le persécute, on le trahit. Il ne doit rien à qui que ce soit. Mais attendez un moment : voici une autre scène. Il a besoin de tout le monde; il aime, on l'aime aussi; il flatte, il s'insinue, il ensorcelle tous ceux qui ne pouvaient plus le souffrir. Il avoue son tort, il rit de ses bizarreries; il se contrefait, et vous croiriez que c'est lui-même dans ses accès d'emportement, tant il se contrefait bien. Après cette comédie jouée à ses propres dépens, vous croyez bien qu'au moins il ne fera plus le démoniaque. Hélas! vous vous trompez : il le fera encore ce soir pour s'en moquer demain, sans se corriger *.

FENOUILLOT (CHARLES - GEORGES DE FALBAIRE), auteur dramatique, né à Salins, le 16 juillet 1727, se consacra de bonne heure à la littérature. Son premier ouvrage, *l'Honnête Criminel*, est fondé sur un évènement réel dont le héros vivait encore au moment où la pièce parut. Elle eut un grand succès, que l'on peut attribuer en partie à cette circonstance ; car toutes les autres pièces de Falbaire sont oubliées aujourd'hui, et ne réussirent que faiblement à leur apparition sur la scène. Son opéra comique des *Deux Avares* que soutint la musique de Grétry, est une production assez faible, dont Grimm a fait une critique sévère dans sa *Correspondance*. On doit aussi à Falbaire *le Fabricant de Londres*, drame en cinq actes et en prose, dont la chute fut accélérée par un bon mot. Lorsqu'on vint annoncer, au cinquième acte, la banqueroute du fabricant, un plaisant du parterre s'écria : *j'y suis pour vingt sous* (prix de son billet) ; il a encore composé *l'École des Mœurs*, drame en cinq actes et en vers qui eut le même sort que *le Fabri-*

---

* Supposons que plusieurs littérateurs entendent lire pour la première fois ce magnifique portrait du Fantasque, et qu'on leur propose de deviner quelle est la main habile qui l'a tracé ; il n'en est pas un qui ne s'écrie : c'est *La Bruyère!* et ils auront raison de se tromper. F.

cant; et *les Jammabos* ou *les Moines Japonnais*, tragédie très faible, dirigée contre les Jésuites; une *Description des salines de la Franche-Comté*, et des *Poésies* qui certes ne méritent pas ce nom. La versification de Falbaire est dure et incorrecte, il prodigue les sentences philosophiques et tombe quelquefois dans la trivialité. Son *Honnête Criminel* en fournit la preuve : cette pièce qui ne s'est soutenue au théâtre que par quelques situations intéressantes, a été traduite en allemand, en hollandais et en italien.

Fenouillot de Falbaire, que la révolution priva de son emploi d'inspecteur général des salines de l'Est, se retira, avec sa famille à Sainte-Menehould, où il mourut le 28 octobre 1800. Ses *OEuvres* ont été réunies en 2 vol. in-8°, Paris, 1787.

JUGEMENT.

La meilleure pièce de Fenouillot de Falbaire est *l'Honnête Criminel* ou *l'Amour Filial*; le second titre est plus convenable que le premier, qui présente une idée fausse; car un criminel n'est jamais honnête, et le héros de la pièce n'est pas criminel. Il est d'un petit esprit de s'imaginer qu'une opposition bien tranchante rende un titre plus joli, et qu'un joli titre ajoute quelque chose au mérite d'une pièce : c'est ainsi que les éditeurs de Destouches ont cru donner un grand relief à la comédie du *Dissipateur*, en y joignant le titre de *l'Honnête Friponne*; car je n'oserais attribuer à Destouches lui-même une pareille puérilité.

L'Honnête Criminel est une de ces parades tragiques et philosophiques, sorties de la fabrique des réformateurs du genre humain, sous le nom de drames. La politique de ces nouveaux sages était de reléguer la vertu sur la scène, pour que les vices en fussent plus à l'aise dans le monde, et de changer les comédies en sermons, afin de pouvoir faire passer les sermons pour des comédies. Sous le rapport littéraire, ce n'est qu'un mauvais roman faiblement versifié : on y rassemble avec complaisance ce que l'amour et la nature ont de plus déchirant; l'héroïsme de la piété filiale, l'excès de la générosité, de la délicatesse et du courage; c'est un trésor de vertus et de passions, qui, dans l'évangile philosophique, sont réputées des vertus. Tous les personnages sont autant de modèles de perfection; il n'y a pas jusqu'aux valets qui n'aient un cœur tendre, et ne soient les plus honnêtes gens du monde.

La scène représente le port de Toulon, et le galérien André, est le premier personnage qui se présente. On voit bien que c'est là son théâtre, mais on ne voit pas de même comment madame Dorfeuil se trouve à Toulon, puisqu'elle dit elle-même que son dessein est d'aller à la Rochelle : pour aller de Paris à la Rochelle, on ne passe pas par Toulon, à moins qu'elle n'ait fait ce détour exprès pour amener au comte d'Anplace, commandant des galères, sa maîtresse Amélie. Cette complaisance est d'autant plus croyable, que cette Amélie est l'intime amie de madame Dorfeuil, et que, pour faciliter son mariage avec le comte, elle l'a dotée du quart de son bien. Cela n'empêche pas qu'Amélie ne soit une aventurière, le comte son amant un personnage très insipide, et que tous les deux ne soient parfaitement inutiles à la pièce.

Le galérien se tourmente beaucoup pour savoir comment il pourra faire passer de l'argent à son père et à sa mère; et madame Dorfeuil n'est inquiétée que des moyens d'arrêter un mariage avec son cousin Dolban. En parlant de ses anciens feux pour André, elle dit elle-même très éloquemment :

> Ils ne sont pas éteints et *j'en brûle* toujours.

Une veuve aussi vertueuse peut se résoudre à épouser en secondes noces un homme qu'elle n'aime pas : c'est bien assez pour elle de n'avoir pas aimé son premier mari. Cependant le cousin Dolban a grand besoin d'épouser une veuve riche; car il est complètement ruiné par un procès. Ce Dolban est le Misanthrope travesti; son humeur et ses boutades égaient quelquefois ce drame noir et lugubre : on en rit, non pas comme d'un caractère vraiment comique, mais comme d'un personnage ridicule. La veuve qui se faisait un scrupule de se marier à ce cousin, pendant qu'elle brûle pour un autre, n'apprend pas plus tôt qu'il est ruiné qu'elle se détermine à l'épouser par grandeur d'âme : peut-être se persuade-t-elle, pour calmer sa conscience, qu'un homme ruiné n'a besoin que d'une femme riche, et non pas d'une femme qui l'aime. Mais ce sublime projet est dérangé par une visite du galérien, qui vient prier madame Dorfeuil de remettre de l'argent à son père, à la Rochelle; ce qui amène une reconnaissance du dernier pathétique. On sent combien la délicate veuve doit être scandalisée de retrouver son amant sous le costume de galérien. On est toujours porté à croire qu'un jeune homme n'a pas été gratifié de cet habit pour ses belles actions. André proteste de son innocence, mais il refuse de conter son histoire, et la veuve est très piquée que son amant ait un secret pour elle; sa curiosité est presque aussi vive que son amour : n'y pouvant plus tenir, elle se fait amener une seconde fois le discret galérien, et lui déclare qu'elle va mourir à ses yeux, s'il s'obstine à garder le silence. La taciturnité d'André est ébranlée par cette menace; il se dispose à parler, et l'espoir de savoir un secret est assez puissant pour rappeler madame Dorfeuil à la vie. Les médecins pourraient faire usage de cette recette, et peut-être, en piquant à propos la curiosité d'une femme dont les nerfs sont affaiblis, parviendraient-ils à la ranimer plus efficacement qu'avec le fluide galvanique. Le père arrive à point nommé pour prévenir l'indiscrétion de son fils : il révèle lui-même l'héroïque dévouement d'André, et déclare qu'il vient le relever de son poste de galérien. Le père et le fils se disputent quelque temps la chaîne, et ce combat pourrait être touchant, s'il avait le sens commun. Le commandeur des galères en est si ému, qu'il termine le différend en les délivrant tous les deux.

Tel est ce drame qui, à force d'être tragique, devient presque comique : les lamentations monotones et prolongées ennuient plus qu'elles ne touchent; le cœur oppressé et fatigué rejette cet amas d'incidents aussi lugubres qu'incroyables; et le ridicule est l'effet naturel de l'abus du pathétique.

Geoffroy.

FICTION. Production des arts, qui n'a point de modèle complet dans la nature.

L'imagination compose et ne crée point : ses tableaux les plus originaux ne sont eux-mêmes que des copies en détail; et c'est le plus ou moins d'analogie entre les différents traits qu'elle assemble, qui constitue les quatre genres de fiction que nous allons distinguer : savoir, le parfait, l'exagéré, le monstrueux et le fantastique.

La fiction qui tend au parfait, ou la fiction en beau, est l'assemblage régulier des plus belles parties dont un composé naturel soit susceptible; et, dans ce sens étendu, la fiction est essentielle à tous les arts d'imitation. En peinture, les vierges de Raphaël et les Hercules du Guide n'ont point dans la nature de modèle individuel. Il en est de même, en sculpture, de la Vénus pudique et de l'Apollon du Vatican; il en est de même, en poésie, des caractères d'Andromaque, de Didon, d'Orosmane, etc. Qu'ont fait les artistes? ils ont recueilli les beautés éparses des modèles existants, et en ont composé un tout, plus ou moins parfait, suivant le choix plus ou moins heureux de ces beautés réunies. Voyez, dans l'*article* critique, la formation du modèle intellectuel, d'après lequel l'imitation critique doit corriger la nature.

Ce que je dis d'un caractère ou d'une figure doit s'entendre de toute composition artificielle et imitative.

Cependant la beauté idéale n'est pas toujours un assemblage de beautés particulières : elle est relative à l'effet qu'on se propose, et consiste dans le choix des moyens les plus capables d'émouvoir l'âme, de l'étonner, de l'attendrir, etc. Ainsi la furie qui poursuit Oreste doit être effrayante à la vue; ainsi le gardien d'un sérail doit être hideux : la perfidie et la noirceur peuvent de même concourir à la beauté d'un tableau héroïque. Dans la tragédie de *la Mort de Pompée*, la composition est belle, autant par les vices de Ptolomée, d'Achillas et de Septime, que par les vertus de Cornélie et de César; dans la tragédie de Britannicus, Néron, Agrippine, et Narcisse ont leur beauté poétique. Un même caractère a aussi ses traits d'ombre et de lumière, qui s'embellissent par leur mélange : les sentiments *bas* et *lâches* de Félix achèvent de peindre un politique. Mais il faut que les traits opposés contrastent ensemble, et ne détonnent pas. Narcisse est du même ton que Burrhus; Thersite n'est pas du même ton qu'Achille[*].

C'est sur-tout dans ces compositions morales que le peintre a besoin de l'étude la plus profonde, nonseulement de la nature en tant que modèle pour l'imiter, mais de la nature spectatrice pour l'intéresser et l'émouvoir.

---

[*] On peut opposer ce passage aux critiques peu fondées que fait La Harpe de *la Mort de Pompée* et de *Polyeucte*, et que nous avons déjà relevées t. IX, p 171 et 172 de notre *Répertoire*. H. P.

Horace, dans la peinture des mœurs, laisse le choix, ou de suivre l'opinion, ou d'observer les convenances; mais le dernier parti a cet avantage sur le premier, que dans tous les temps les convenances suffisent à la persuasion et à l'intérêt. On n'a besoin de recourir ni aux mœurs ni aux usages du siècle d'Homère, pour fonder les caractères d'Ulysse et d'Achille : le premier est dissimulé, le poète lui donne pour vertu la prudence; le second est colère, il lui donne la valeur. Ces convenances sont invariables comme les essences des choses, au lieu que l'autorité de l'opinion tombe avec elle. Tout ce qui est faux est passager; la vérité seule, ou ce qui lui ressemble, est de tous les pays et de tous les siècles.

La fiction doit donc être la peinture de la vérité, mais de la vérité embellie par le choix et par le mélange des couleurs et des traits qu'elle puise dans la nature. Il n'y a point de tableau si parfait dans la disposition naturelle des choses, auquel l'imagination n'ait pas encore à retoucher. La nature, dans ses opérations, ne pense à rien moins qu'à être pittoresque : ici, elle étend des plaines, où l'œil demande des collines; là, elle resserre l'horizon par des montagnes, où l'œil aimerait à s'égarer dans le lointain. Il en est du moral comme du physique : l'histoire a peu de sujets que la poésie ne soit obligée de corriger et d'embellir, pour les adapter à ses vues. C'est donc au peintre à composer des productions et des accidents de la nature un mélange plus vivant, plus varié, plus attachant que ses modèles. Et quel est le mérite de les copier servilement? Combien ces copies sont froides et monotones, auprès des compositions hardies du génie en liberté! Pour voir le monde tel qu'il est, nous n'avons qu'à le voir en lui-même; c'est un monde nouveau qu'on demande aux arts, un monde tel qu'il devrait être, s'il n'était fait que pour nos plaisirs. C'est donc à l'artiste à se mettre à la place de la nature, et à disposer les choses suivant l'espèce d'émotion qu'il a dessein de nous causer, comme la nature les eût disposées elle-même, si elle avait eu pour premier objet de nous donner un spectacle riant, gracieux, ou touchant, ou terrible.

On a prétendu que ce genre de fiction n'avait point de règle constante, par la raison que l'idée du beau, soit en morale, soit en physique, n'était ni absolue ni invariable. Quoi qu'il en soit de la beauté physique, sur laquelle du moins les nations éclairées et polies sont d'accord depuis trois mille ans, la beauté morale est la même chez tous les peuples de la terre. Les Européens ont trouvé une égale vénération pour la justice, la générosité, la constance, une égale horreur pour l'iniquité, la lâcheté, la trahison, chez les sauvages du nouveau monde, que chez les peuples les plus vertueux.

Le mot du cacique Guatimosin : *Et moi, suis-je sur un lit de roses?* aurait été beau dans l'ancienne Rome, et la réponse de l'un des proscrits de Néron au licteur : *Utinam tu tam fortiter ferias*, aurait été admirée dans la cour de Montézuma.

Mais plus l'idée et le sentiment de la belle nature sont déterminés et unanimes, moins le choix en est arbitraire, et plus par conséquent l'imitation en est difficile et la comparaison dangereuse, du modèle à l'imitation. C'est là ce qui rend si glissante la carrière du génie dans la fiction qui s'élève au parfait, car c'est sur-tout dans la partie morale que nos idées se sont étendues. Je ne parle point de cette anatomie subtile qui recherche, s'il est permis de s'exprimer ainsi, jusqu'aux fibres les plus déliées de l'âme; je parle de ces idées grandes et justes qui embrassent le système des passions, des vices et des vertus dans leurs rapports les plus invariables. Jamais la couleur, le dessein, les nuances d'un caractère, jamais le contraste des sentiments et le combat des intérêts n'ont eu des juges plus éclairés ni plus rigoureux; jamais, par conséquent, on n'a eu besoin de plus de talents et d'étude pour réussir, aux yeux de son siècle, dans la fiction morale en beau. Mais en même temps que les idées des juges se sont épurées, étendues, élevées, le goût et les lumières des peintres ont dû s'épurer, s'élever et s'étendre. Homère serait mal reçu aujourd'hui à nous peindre un sage comme Nestor; mais aussi ne le peindrait-il pas de même. Ne voit-on pas l'exemple des progrès de la poésie philosophique dans les tragédies de Voltaire?

Les premiers maîtres du théâtre semblaient avoir épuisé les combinaisons des caractères, des intérêts et des passions : la philosophie lui a ouvert de nouvelles routes; Mahomet, Alzire, Idamé sont du siècle de *l'Esprit de Lois* [*]. Dans cette partie même,

---

[*] On doit restreindre en quelque chose cet éloge. C'est souvent aux dépens de la vérité dramatique que Voltaire a introduit la philosophie sur la

le génie n'est donc pas sans ressource, et la fiction peut encore y trouver, quoiqu'avec peine, de nouveaux tableaux à former.

La nature physique est plus féconde et moins épuisée, et sans me mêler de pressentir ce que peuvent le travail et le génie, je crois entrevoir des veines profondes, et jusqu'ici peu connues, où la fiction peut s'étendre et l'imagination s'enrichir. *Voyez* ÉPOPÉE.

Il est des arts sur-tout pour lesquels la nature est toute neuve. La poésie, dans sa course rapide, semble avoir tout moissonné; mais la peinture, dont la carrière est à peu près la même, en est encore aux premiers pas. Homère, lui seul, a fait plus de tableaux que tous les peintres ensemble. Il faut que les difficultés mécaniques de la peinture donnent à l'imagination des entraves bien gênantes, pour l'avoir retenue si long-temps dans le cercle étroit qu'elle s'est prescrit.

Cependant dès qu'un génie audacieux et mâle a conduit le pinceau, on a vu éclore des morceaux sublimes : les difficultés de l'art n'ont pas empêché Raphaël de peindre la transfiguration; Rubens, le massacre des innocents; Poussin, les horreurs de la peste et le déluge, etc. Et combien ces grandes compositions laissent au-dessous d'elles tous ces mor-

---

scène. Souvent le personnage est chez lui, contre la première loi de l'art, l'interprète de l'auteur. Il est fort remarquable que chez les Grecs, à peu près au même âge de leur tragédie, lorsqu'elle paraissait avoir été épuisée par deux génies originaux, la même prétention ait fait tomber Euripide dans le même défaut. *Voyez* l'article EURIPIDE.   H. PATIN.

ceaux d'une invention froide et commune, dans lesquels on admire, sans émotion, des beautés inanimées! Qu'on ne dise point que les sujets pathétiques et pittoresques sont rares : l'histoire en est semée, et la poésie encore plus. Les grands poètes semblent n'avoir écrit que pour les grands peintres. C'est bien dommage que le premier qui, parmi nous, a tenté de rendre les sujets de nos tragédies, Coypel, n'ait pas eu autant de talent que de goût, autant de génie que d'esprit *! C'est là que la *fiction* en beau, l'art de réunir les plus grands traits de la nature, trouveraient à se déployer. Qu'on s'imagine voir exprimés sur la toile Clytemnestre, Iphigénie, Achille, Eriphile et Arcas, dans le moment où celui-ci leur dit :

Gardez-vous d'envoyer la princesse à son père,
Il l'attend à l'autel pour la sacrifier.

Les talents vulgaires se persuadent que la fiction

* On peut douter qu'il convienne à la peinture de prendre ses sujets chez les poètes, et sur-tout dans les tragédies. Ces luttes entre des arts si différents sont rarement heureuses. Nous pourrions citer à l'appui de notre opinion des exemples qui seraient plus concluants que celui de Coypel. Le talent ne manque certainement pas à notre Guérin et cependant en traitant d'après Virgile et Racine, les sujets de Phèdre et de Didon, il s'est exposé volontairement à une défaite, car comment surpasser le sublime de la passion, comment l'égaler même ; et si l'on n'obtient d'autre avantage que d'en approcher, ce qui est déjà fort difficile, on rabaisse son art en le mettant en quelque sorte à la suite et au service d'un autre art. Ensuite la même expression convient-elle à la poésie et à la peinture, et Marmontel en voulant transporter la tragédie sur la toile ne se trompe-t-il pas à peu près de la même manière que lorsqu'il la voulait introduire dans l'épopée. *Voyez* l'article ÉPOPÉE.   H. PATIN.

par excellence consiste à employer dans la composition les divinités de la fable, et que hors de la mythologie il n'y a point d'invention. Sur ce principe, ils couvrent leurs toiles de cuisses de nymphes et d'épaules de tritons. Mais que les hommes de génie se nourrissent de l'histoire; qu'ils étudient la vérité noble et touchante de la nature dans ses moments passionnés; qu'au lieu de s'épuiser sur des sujets vagues, qui sont des énigmes pour l'esprit et des symboles muets pour l'âme, ils recueillent, pour exprimer la mort de Socrate, le jugement de Brutus, la clémence d'Auguste, les traits sublimes et touchants qui doivent former ces tableaux; ils seront surpris de se sentir élever au-dessus d'eux-mêmes, et plus surpris encore d'avoir consumé des années précieuses et de rares talents à peindre des sujets stériles, tandis que mille objets, d'une fécondité merveilleuse et d'un intérêt universel, offraient à leur pinceau de quoi enflammer leur génie. Se peut-il, par exemple, que ce vers de Corneille,

Cinna, tu t'en souviens, et veux m'assassiner!

n'excite pas l'émulation de tous les artistes sensibles? Qu'on me dise pourquoi les peintres, qui ont fait souvent une galerie de la vie d'un homme, n'en feraient pas d'une seule action? Un tableau n'a qu'un moment; une action en aurait plusieurs où l'on verrait l'intérêt croître par gradation sur la toile. *Les Horaces*, *Cinna*, *Phèdre*, *Britannicus*, *Zaïre*, *Mahomet*, *Sémiramis*, quelle école pour un artiste!

On a senti dans tous les arts combien peu intéressante devait être l'imitation servile d'une nature défectueuse et commune; mais on a trouvé plus facile de l'exagérer que de l'embellir : de là le second genre de fiction que je viens d'annoncer.

L'exagération fait ce qu'on appelle *le merveilleux* de la plupart des poèmes, et ne consiste guère que dans des additions arithmétiques, de masse, de force et de vitesse. Ce sont des géans qui entassent des montagnes, Polyphème et Cacus qui roulent des rochers, Camille qui court sur la pointe des épis, etc. On voit que le génie le plus faible va renchérir aisément dans cette partie sur Homère et sur Virgile. Dès qu'on a secoué le joug de la vraisemblance et qu'on s'est affranchi des règles et de l'ensemble et de l'accord, l'*exagéré* ne coûte plus rien. Mais si, dans le physique, il observe les rapports de la force avec l'action; si dans le moral, il observe les gradations des idées; si dans l'un et l'autre il présente les plus belles proportions de la nature, ou fictive ou réelle, qu'il se propose d'imiter, il n'est plus distingué du parfait que par un mérite de plus : et alors ce n'est pas la nature exagérée, c'est la nature réduite à ses dimensions par le lointain. Ainsi les statues colossales d'Apollon, de Jupiter, de Neptune, etc., pouvaient être des ouvrages ou merveilleux ou méprisables; merveilleux, si dans leur point de vue ils rendaient la belle nature; méprisable, s'ils n'avaient pour mérite que leur monstrueuse grandeur. Le Cacus de Virgile est le chef-d'œuvre de ce genre.

Le sculpteur Bouchardon disait : « Depuis que j'ai « lu Homère, les hommes me semblent avoir vingt

« pieds de haut. » Ce mot, qu'on a tant répété, ne s'entend pas. L'artiste, la tête remplie de figures gigantesques, aurait dû trouver au contraire les hommes plus petits dans la réalité*; et il aurait bien plus gagné à la lecture d'Homère, si elle lui avait donné de la beauté des formes une idée encore plus parfaite que celle qu'il en avait prise dans l'étude de la nature, et des chefs-d'œuvre de son art.

Mais c'est dans le moral, plus que dans le physique, qu'il est difficile de passer les bornes de la nature sans altérer les proportions. On a fait des dieux qui soulevaient les flots, qui enchaînaient les vents, qui lançaient la foudre, qui ébranlaient l'Olympe d'un mouvement de leur sourcil ; et tout cela était facile. Mais il a fallu proportionner des âmes à ces corps; et c'est en quoi Homère et presque tous ceux qui l'ont suivi ont échoué. Nous ne connaissons dans le merveilleux que le Satan de Milton dont l'âme et le corps soient faits l'un pour l'autre. Et comment observer constamment, dans ces composés surnaturels, la gradation des essences? Il est bien aisé à l'homme d'imaginer des corps plus étendus, plus forts, plus agiles que le sien ; la nature lui en a fourni les matériaux et les modèles : mais l'homme ne connaît d'âme que la sienne; il ne peut donner que ses facultés, ses sentiments et ses idées,

---

* Je ne sais si Marmontel cite exactement le mot de Bouchardon, mais dans tous les cas je ne pense pas qu'il lui donne son véritable sens. Bouchardon voulait dire tout simplement, que depuis qu'il avait lu Homère, la nature humaine s'offrait à lui sous de plus hautes et de plus grandes proportions.   H. PATIN.

ses passions, ses vices et ses vertus, au colosse qu'il anime. Un ancien a dit d'Homère, au rapport de Strabon : « Il est le seul qui ait vu les dieux, ou qui « les ait fait voir. » Mais, de bonne foi, les a-t-il entendus? les a-t-il fait entendre? Or c'était là le grand point ; et c'est ce défaut de proportion du physique au moral, dans le merveilleux d'Homère, qui a donné tant d'avantages aux philosophes qui l'ont attaqué *.

On ne cesse de dire que la philosophie est un mauvais juge en fait de fiction, comme si l'étude de la nature desséchait l'esprit et refroidissait l'âme. Qu'on ne confonde pas l'esprit métaphysique avec l'esprit philosophique : le premier veut voir ses idées toutes nues ; le second n'exige de la fiction que de les vêtir décemment : l'un réduit tout à la précision rigoureuse de l'analyse et de l'abstraction ; l'autre n'assujettit les arts qu'à leur vérité hypothétique. Il se met à leur place, il donne dans leur sens, il se pénètre de leur objet, et n'examine leurs moyens que relativement à leurs vues. S'ils franchissent les bornes de la nature, il les franchit avec eux : ce

* Il est bien vrai que les philosophes ont raison contre le merveilleux d'Homère quand ils prétendent que ses dieux ne sont que des hommes avec plus de puissance, de grandeur, de noblesse. Mais cela prouve-t-il qu'il ait eu tort de les peindre tels qu'on les avait conçus dans des temps d'ignorance et de barbarie, tels qu'il les concevait lui-même ; et sur-tout qu'il n'ait pas par là présenté à l'imagination des tableaux très attachants? Je ne le pense pas. Ce n'est pas par la vérité philosophique des idées et la bonté morale des mœurs qu'il faut juger la poésie, comme le fait quelquefois Marmontel, mais par l'effet poétique. Voyez sur ces critiques sans cesse renouvelées par l'auteur de cet article contre le merveilleux antique, les t. I, p. 394, XII, 396, 405. H. Patin.

n'est que dans l'extravagant et l'absurde qu'il refuse de les suivre. Il veut, pour parler le langage d'un philosophe (l'abbé Terrasson), que la fiction et le merveilleux *suivent le fil de la nature*, c'est-à-dire qu'ils agrandissent les proportions sans les altérer, qu'ils augmentent les forces sans déranger le mécanisme, qu'ils élèvent les sentiments et qu'ils étendent les idées sans en renverser l'ordre, la progression, ni les rapports. L'usage de l'esprit philosophique, dans la poésie et dans les beaux arts, consiste à en bannir les disparates, les contrariétés, les dissonances; à vouloir que les peintres et les poètes ne bâtissent pas en l'air des palais de marbre avec des voûtes massives, de lourdes colonnes et des nuages pour fondements; à vouloir que le char qui enlève Hercule dans l'Olympe ne soit pas fait comme pour rouler sur des rochers; que les démons, pour tenir leur conseil, ne se changent pas en pygmées; qu'ils ne fondent pas du canon pour tirer sur les anges; et quand toutes ces absurdités auront été bannies de la poésie et de la peinture, le génie et l'art n'auront rien perdu. En un mot, l'esprit qui condamne ces fictions extravagantes est le même qui observe, pénètre, développe la nature; et c'est là véritablement l'esprit philosophique, le seul capable d'apprécier l'imitation, puisqu'il connaît seul le modèle.

Mais, me dira-t-on, s'il n'est possible à l'homme de faire penser et parler ses dieux qu'en hommes, que reprochez-vous aux poètes? D'avoir voulu faire des dieux, comme je vais leur reprocher d'avoir voulu faire des monstres.

Il n'est rien que les peintres et les poètes n'aient imaginé pour intéresser par la surprise : la même stérilité qui leur a fait exagérer la nature au lieu de l'embellir, la leur a fait défigurer en décomposant les espèces ; mais ils n'ont pas été plus heureux à imiter ses erreurs qu'à étendre ses limites. La fiction qui produit le monstrueux semble avoir eu la superstition pour principe, les écarts de la nature pour exemple, et l'allégorie pour objet On croyait aux sphynx, aux syrènes, aux satyres ; on voyait que la nature elle-même confondait quelquefois dans ses productions les formes et les facultés des espèces différentes; et en imitant ce mélange, on rendait sensibles par une seule image les rapports de plusieurs idées. C'est du moins ainsi que les savants ont expliqué la fiction des syrènes, de la chimère, des centaures, etc.; et de là le genre monstrueux. Il est à présumer que les premiers hommes qui ont dompté les chevaux ont donné l'idée des centaures; que les hommes sauvages ont donné l'idée des satyres; les plongeurs, l'idée des tritons, etc. Considéré comme symbole, ce genre de fiction a sa justesse et sa vraisemblance : mais il a aussi ses difficultés ; et l'imagination n'y est pas affranchie des règles des proportions et de l'ensemble, toujours prises dans la nature.

Il a donc fallu que, dans l'assemblage monstrueux de deux espèces, chacune d'elles eût sa beauté, sa régularité spécifique, et formât de plus avec l'autre un tout que l'imagination pût réaliser, sans déranger les lois du mouvement et les procédés de la nature. Il a fallu proportionner les mobiles aux masses et les supports aux fardeaux; que dans le centaure, par exemple, les épaules de l'homme fussent en proportion avec la croupe du cheval; dans les syrènes, le dos du poisson avec le buste de la femme; dans le sphynx, les ailes et les serres de l'aigle avec la tête de la femme et avec le corps du lion.

On demande quelles doivent être ces proportions; et c'est peut-être le problème de dessin le plus difficile à résoudre. Il est certain que ces proportions ne sont point arbitraires; et que si, dans le centaure du Guide, la partie de l'homme ou celle du cheval était plus forte ou plus faible, l'œil et l'imagination ne s'y reposeraient pas avec cette satisfaction pleine et tranquille que leur cause un tout régulier. Il n'est pas moins vrai que la régularité de cet ensemble ne consiste pas dans les grandeurs naturelles de chacune de ses parties : on serait choqué de voir dans le sphynx la tête délicate et le cou délié d'une femme sur le corps d'un énorme lion : c'est donc au peintre à rapprocher les proportions des deux espèces. Mais quelle est pour les rapprocher la règle qu'il doit se prescrire? Celle qu'aurait suivie la nature elle-même, si elle eût formé ce composé; et cette supposition demande une étude profonde et réfléchie, un œil juste, et bien exercé à saisir les rapports et à balancer les masses.

Mais ce n'est pas seulement dans le choix des proportions que le peintre doit se mettre à la place de la nature; c'est sur-tout dans la liaison des parties, dans leur correspondance mutuelle, et dans leur action réciproque; et c'est à quoi les plus grands peintres eux-mêmes semblent n'avoir jamais pensé. Qu'on examine les muscles du corps de Pégase, de la Renommée et des Amours, et qu'on y cherche les attaches et les mobiles des ailes*. Qu'on observe la structure du centaure, on y verra deux poitrines, deux estomacs, deux places pour les intestins. La nature l'aurait-elle ainsi fait? Le Guide, entraîné par l'exemple, n'a pas corrigé cette absurde composition dans l'enlèvement de Déjanire, le chef-d'œuvre de ce grand maître.

Pour passer du monstrueux au fantastique, le déréglement de l'imagination, ou, si l'on veut, la débauche du génie n'a eu que la barrière des convenances à franchir. Le premier était le mélange des espèces voisines; le second est l'assemblage des genres les plus éloignés et des formes les plus disparates, sans progressions, sans proportions, et sans nuances.

Lorsque Horace a dit :

Humano capiti cervicem pictor equinam
Jungere si velit, etc.

(*De Art. Poet.* v. 1.)

il a cru avec raison former un composé bien ridicule; mais ce composé n'est encore que dans le genre monstrueux : c'est bien pis dans le fantastique. On en voit mille exemples en sculpture et en peinture :

* Mais qui s'avise de les chercher, et qu'est-ce dans l'art, qu'une *absurdité*, pour nous servir d'un mot qu'emploie plus bas Marmontel, dont personne ne s'aperçoit ? H. P.

c'est une palme terminée en tête de cheval, c'est le corps d'une femme prolongé en console ou en pyramide, c'est le cou d'un aigle replié en limaçon, c'est une tête de vieillard qui a pour barbe des feuilles d'acanthe, c'est tout ce que le délire d'un malade lui fait voir de plus bizarre.

Que les dessinateurs se soient égayés quelquefois à laisser aller leur crayon pour voir ce qui résulterait d'un assemblage de traits jetés au hasard, on leur pardonne ce badinage. Les arabesques de Raphaël, imités de l'antique, excusent par leur élégance la bizarrerie de leur composition : on voit même ces caprices de l'art avec une sorte de curiosité, comme les accidents de la nature; et en cela quelques poètes de nos jours ont imité les dessinateurs et les peintres. Ils ont laissé couler leur plume, sans se prescrire d'autres règles que celles de la versification et de la langue, ne comptant pour rien le bon sens : c'est ce que les Français ont appelé amphigouri.

Mais ce que les poètes n'ont jamais fait, et que les dessinateurs et les peintres n'ont pas dédaigné de faire, a été d'employer ce genre extravagant à la décoration des édifices les plus nobles. Je n'en donnerai pour exemple que ces mêmes dessins de Raphaël au Vatican, où l'on voit une tête d'homme qui naît du milieu d'une fleur, un dauphin qui se termine en feuillage, un ours perché sur un parasol, un sphynx qui sort d'un rameau, un sanglier qui court sur des filets de pampre, etc. Ce genre n'a pas été inventé par les modernes : il était à la mode du temps de Vitruve ; et voici comme il en fait le détail et la critique, liv. VII :

« Item candelabra, ædicularum substinentia figu-
« ras; suprà fastigia earum surgentes ex radicibus,
« cum volutis, coliculi teneri plures, habentes in
« se, sine ratione, sedentia sigilla; nec minus etiam
« ex coliculis flores, dimidia habentes ex se exeun-
« tia sigilla; alia humanis, alia bestiarum capitibus
« similia : hæc autem nec sunt, nec fieri possunt,
« nec fuerunt..... Ad hæc falsa ridentes homines,
« non reprehendunt, sed delectantur; neque ani-
« madvertunt si quid eorum fieri potest, necne. »

De ce que je viens de dire des quatre genres de fiction que j'avais distingués, il résulte que le fantastique n'est supportable que dans un moment de folie, et qu'un artiste qui n'aurait que ce talent n'en aurait aucun; que le monstrueux ne peut avoir que le mérite de l'allégorie, et qu'il a, du côté de l'ensemble et de la correction du dessin, des difficultés invincibles; que l'exagéré n'est rien dans le physique seul, et que dans l'assemblage du physique et du moral il tombe dans des disproportions choquantes et inévitables; qu'en un mot la fiction qui se dirige au parfait, ou la fiction en beau, est le seul genre satisfaisant pour le goût, intéressant pour la raison, et digne d'exercer le génie.

Jusqu'à présent je ne l'ai considérée que dans ce qu'on peut appeler en poésie les tableaux d'histoire; mais elle règne aussi dans les peintures des poètes paysagistes, et il n'est point de description où elle n'entre au moins dans les détails.

Ici la fiction consiste 1° à donner une forme sensible à des êtres intellectuels, à personnifier des idées : voyez IMAGE, ALLÉGORIE; 2° à donner une âme à des corps auxquels la nature n'a donné que la vie ou que le mouvement; 3° à former dans la nature même des compositions idéales dont chaque partie a son modèle, mais dont l'ensemble n'en a point.

Les deux premières de ces espèces de fiction furent les sources de la poésie de style; et il n'y a point de genre, depuis le plus sublime jusqu'au plus familier, qu'elles ne doivent animer.

En poésie, l'organe intérieur de la pensée c'est l'imagination : tout ce qui peut se concevoir doit pouvoir se peindre* : c'est là sur-tout à quoi l'on reconnaît ce qui est poétique et ce qui ne l'est pas; et c'est aussi au plus ou moins de vivacité, de variété, de force, de brillant, de vérité dans le coloris, que se distinguent les hommes plus ou moins doués du talent de la poésie descriptive.

Ainsi le style figuré est une fiction perpétuelle,

---

* C'est là un principe bien faux et contre lequel Lessing a fait tout un livre, et un excellent livre, son *Laocoon*. Non, quand Horace disait *ut pictura poesis* il ne donnait pas à ces mots le sens général qu'on leur a attribué depuis. Non, tout ce qu'exprime la poésie n'est pas du ressort de la peinture. Comment peindrez-vous par exemple la Renommée de Virgile ou celle de J.-B. Rousseau :

> Quelle est cette déesse énorme
> Ou plutôt ce monstre difforme,
> Tout couvert d'oreilles et d'yeux.

Le beau tableau qu'on formerait avec ces vers, et cependant ces vers sont fort beaux. Concluons que les arts ne sont pas en vain séparés, qu'ils ont un but et des moyens qui leur sont propres, et que les confondre, comme il arrive quelquefois à Marmontel, c'est les dénaturer. H. P.

mais qui ne prend de la consistance que lorsque, de la métaphore on tire des allégories données et reçues pour des réalités. De là s'est formé le système de la mythologie, celui de la féerie, celui de la magie; et dans ce genre, l'imagination épuisée semble n'avoir plus guère rien de nouveau à enfanter. Tout son jeu se réduit désormais à varier les combinaisons de ces pièces de la machine poétique; encore n'a-t-elle pas la liberté de les employer à son gré, et la fiction même est soumise à la règle des convenances : *Convenientia finge. V.* MERVEILLEUX.

Mais où l'on peut dire avec La Fontaine que la feinte est un pays plein de terres désertes, c'est dans les tableaux composés d'après la nature elle-même ; car la nature est mille fois plus riche, plus féconde, et plus inépuisable que l'imagination. L'imagination même n'en est que le copiste : ses créations ne sont que des singeries de ce que la nature a fait en se jouant. Voyez si aucun poète a su faire un Olympe, un ciel passable au-delà du nôtre. Voyez si Virgile a su trouver autre chose dans les enfers qu'un volcan, des fleuves, des ruisseaux, des bocages, et si, pour éclairer cet autre monde, il ne lui a pas fallu emprunter notre soleil et nos étoiles :

Solemque suum, sua sidera norûnt.

Ce n'est donc que de la nature même qu'on peut tirer les moyens de renchérir sur elle, de l'embellir, et de la surpasser, en formant des ensembles qu'elle n'a pas formés. Or composer ainsi, c'est feindre :

possible; car la plus bizarre est encore une sorte de mosaïque, dont la nature a fourni toutes les pièces de rapport.

Feindre, ce n'est donc autre chose qu'imaginer un composé qui n'existe point, afin de rendre le tableau que l'on peint plus beau, plus animé, plus intéressant qu'aucun de ses modèles. Quant aux moyens de former cet ensemble idéal, *voyez* BEAU, INTÉRÊT, INVENTION, PATHÉTIQUE, etc.

Sur la question tant de fois agitée, si la fiction est essentielle à la poésie, voyez DIDACTIQUE, ÉPOPÉE, IMAGE, INVENTION ET MERVEILLEUX.

MARMONTEL, *Éléments de Littérature.*

FIELDING (HENRI), célèbre romancier anglais, naquit à Sharpham-Park, dans le comté de Sommerset, le 22 avril 1707. Il était fils d'un lieutenant-général sous le duc de Marlborough. Élevé dans la maison paternelle, il fut confié aux soins d'un M. Olivier, dont le caractère ne lui inspira ni attachement ni estime, puisque dans son roman de *Joseph Andrews*, il l'a représenté, dit-on, sous les traits peu flatteurs du ministre Trulliber. Fielding passa ensuite à l'école d'Eton, où il se lia avec lord Littleton, Fox, et Pitt, depuis lord Chatam. Son père ayant désiré qu'il suivit la carrière du droit, il dirigea ses études vers cette science; mais bientôt les penchants déréglés d'une imagination vive et indépendante, l'amenèrent à Londres, où les excès en tous genres auxquels il se livra altérèrent sa santé et engloutirent le peu de fortune qu'il possédait. Il chercha alors des ressources dans la carrière littéraire : une petite comédie, l'*Amour sous différents masques*, qu'il fit jouer en 1727, obtint un grand succès. A vingt-sept ans, il épousa miss Cradock, jeune et jolie personne de Salisbury, qu'il aimait passionnément. Il se retira à la campagne avec la ferme résolution de corriger sa conduite, et d'y vivre paisiblement. Mais la mort de son père lui ayant laissé quelque fortune, il se livra de nouveau à des dissipations qui eurent bientôt fait disparaître son héritage et la dot de sa femme. Presque sans ressources, il voulut alors reprendre l'étude du droit ; mais des attaques de goutte vinrent le forcer d'abandonner cette carrière où il commençait à se distinguer. Depuis l'apparition de son premier ouvrage, il avait de temps en temps mis au jour quelques comédies ou *farces* qui avaient entretenu en lui le goût des belles-lettres. Il s'y livra alors avec ardeur, et fit paraître successivement un grand nombre d'ouvrages littéraires et de pamphlets politiques. Après la mort de sa femme qui le plongea dans un violent chagrin, il accepta un emploi judiciaire dans le comté de Middlesex. Ce fut au milieu des travaux multipliés que nécessitait cette charge qu'il composa son meilleur roman, *Tom-Jones* ou *l'Enfant trouvé*. Cet ouvrage, publié en 1750, a placé son auteur au rang des écrivains les plus remarquables.

Quoique d'une constitution robuste, Fielding avait énervé sa santé dans les plaisirs, et depuis ses attaques de goutte, il avait toujours été valétudinaire. Accablé des fatigues de sa place, et souffrant d'une maladie de langueur, il fit, en 1754, un voyage à Lisbonne, espérant qu'un ciel plus doux ranimerait ses forces; il fut trompé dans son attente, et deux mois après son arrivée dans cette ville, il mourut le 8 octobre 1754, âgé de quarante-huit ans.

Outre les ouvrages que nous avons cités, Fielding a laissé un *Essai sur la Conversation*, un *Essai sur la connaissance et les caractères des hommes*, un *Voyage de ce Monde-ci à l'autre*, *l'histoire de Jonathan Wild-le-Grand*, traduite en français par Christophe Picquet, 1763, 2 vol. in-12, les *Aventures de Joseph Andrews, et de son ami Abraham Adamus*, traduites par l'abbé Desfontaines et par Lunier : le roman d'*Amélie* l'a été par madame Riccoboni. *Tom-Jones* a été réimprimé à Londres, 1794, 4 vol. in-12. Cette édition et celle de Didot l'aîné, 1780, 4 vol. in-8°, passent pour les meilleures; Laplace en a donné une traduction abrégée, 1750, 4 vol. in-12; celle de Davaux et celle de Chéron, 1804, 6 vol. in-12, sont complètes.

« Les romans de Fielding, dit Blair dans son
« *Cours de Rhétorique*, sont très remarquables par
« la gaieté qu'y répandit cet écrivain, gaieté du moins
« charmante et originale, si elle n'est pas toujours
« inspirée par le goût le plus délicat. Ses caractères
« saillants et naturels sont tracés avec un pinceau
« hardi; ses récits sont faits pour inspirer l'huma-
« nité et les affections les plus douces. Dans *Tom-*
« *Jones*, le plus célèbre de ses ouvrages, l'action
« est conduite avec un art admirable, et les évène-

« ments se succèdent avec une rapidité et une vrai-
« semblance dignes d'éloge. »

On a publié en 1807, les *OEuvres choisies de Henri Fielding*, en anglais, précédées d'une notice nouvelle, sur sa vie et sur ses ouvrages, avec son portrait, d'après Hogarth, 5 vol. in-8°. On a encore de Fielding vingt-six pièces de théâtre. Quoiqu'elles ne soient pas d'un mérite bien distingué, on y retrouve encore par fois le talent qu'il a montré dans ses romans. Il y a de l'esprit, de l'originalité dans les détails, des situations intéressantes, et quelques caractères bien tracés. Celles qu'on désigne en Angleterre sous le nom de *farces* ont eu sur-tout du succès. Plusieurs sont imitées de Molière et de Destouches.

Ph. T.

JUGEMENT.

Les Anglais préfèrent Fielding à Richardson, et j'avoue que pour cette fois je suis de leur avis. *Joseph Andrews* appartient trop aux mœurs anglaises pour plaire aux étrangers autant qu'aux nationaux; mais pour moi, le premier roman du monde, c'est *Tom-Jones*.

D'abord, l'idée première sur laquelle tout l'ouvrage est bâti est, en morale, un trait de génie. Des deux principaux acteurs qui occupent la scène, l'un paraît toujours avoir tort, l'autre toujours raison; et il se trouve à la fin que le premier est un honnête homme, et l'autre un fripon; mais l'un, plein de candeur et de l'étourderie de la jeunesse, commet toutes les fautes qui peuvent prévenir contre lui la vertu même, susceptible de se laisser tromper:

l'autre, toujours maître de lui, se sert de ses vices avec tant d'adresse, qu'il sait en même temps noircir l'innocence et en imposer à la vertu. L'un n'a que des défauts; il les montre, et donne des avantages sur lui : l'autre a des vices, il les cache, et ne fait le mal qu'avec sûreté. Ce contraste est l'histoire de la société; et l'on n'a jamais, dans un ouvrage d'imagination, développé un plus beau fond de morale ni donné une plus grande leçon.

Et d'ailleurs, quelle diversité de caractères, tous vrais, tous attachants! La vertu bienfaisante d'Alworthy, malheureusement mêlée d'une trop grande facilité à se laisser prévenir; la bonté naturelle et burlesque du gentilhomme Western, son amour pour la chasse et pour sa fille, sa promptitude à se fâcher et à s'appaiser, son aversion pour les lords et pour les duels, son goût pour les anciens airs de musique, et la sorte de respect qu'il a pour sa sœur, quoiqu'il la donne au diable cent fois le jour; cette sœur, si ridicule avec ses prétentions à la politique et à la sagesse, et sa gravité qui contraste très plaisamment avec les boutades de Western; cette milady Bellaston, qui retrace si bien la noble effronterie et les faiblesses impérieuses des grandes dames quand elles protégent de beaux garçons; la bonne madame Miller, dont le cœur a deviné celui de Tom-Jones, et qui l'aime si franchement; M. Nichtingale, qui, comme tant d'autres, n'a besoin, pour faire une bonne action, que d'y être encouragé; et Sophie, la charmante Sophie, dont l'amour est si vrai, si tendre, si courageux; Sophie qui, comme toutes les âmes bien nées, n'en devient que meilleure en aimant, et doit à l'amour de montrer tout ce qu'elle a d'excellent; enfin, jusqu'à la femme de chambre Honora et aux deux pédants Tuakum et Squarre, tous les personnages sont des originaux supérieurement tracés, que vous connaissez comme si vous aviez vécu avec eux, que vous retrouvez tous les jours dans le monde, et que l'auteur peint, non par l'abondance des paroles, mais par la vérité des actions.

Tom-Jones est le livre le mieux fait de l'Angleterre. Avec quel art le fil de l'intrigue principale passe à travers les évènements épisodiques, sans que jamais on le perde de vue! On n'y éprouve pas, il est vrai, le grand effet de quelques situations de *Clarisse*; mais qui ne s'intéresse pas aux amours de Tom-Jones et de Sophie? qui ne désire pas leur bonheur? Comme le dénouement est bien suspendu et bien amené! Et quelle heureuse variété de tons! Quelle foule de peintures comiques, qui amusent le lecteur sans le refroidir, et promènent ses yeux sur le tableau du monde sans lui faire oublier les personnages dont la destinée doit l'occuper! Personne n'a essayé d'imiter Fielding : il est resté comme Molière, seul de sa classe.

La Harpe, *Cours de Littérature.*

FIGURES. Presque tout est figuré dans la partie morale et métaphysique des langues; et comme le bourgeois gentilhomme faisait de la prose sans le savoir, sans le savoir aussi, et sans nous en apercevoir, nous faisons continuellement des figures de mots et des figures de pensées.

Le moyen, par exemple, de parler de l'action, des facultés, des qualités de l'âme, de ses affections, sans y employer des mots primitivement inventés pour exprimer les objets sensibles? Lorsqu'on s'est fait des idées abstraites, et que d'une foule de perceptions transmises par les sens et isolées à leur naissance, on a formé successivement le système de la pensée, on ne s'est pas fait une nouvelle langue pour exprimer chacune de ces conceptions. On a pris au besoin, et par analogie, l'expression de l'objet qui tombait sous les sens, et l'on en a revêtu l'idée pour laquelle on manquait de terme. Cet usage des métaphores ou translations de mots est devenu si familier, si naturel par l'habitude, que Rollin, en recommandant de ne pas s'en servir trop fréquemment, en a fait une à chaque ligne. Il est vrai qu'il ne comptait pas celles qui avaient passé dans la langue usuelle; et en effet celles-ci sont au nombre des mots simples et primitifs.

L'indigence a donc été la première cause de ces translations de mots, dont on a fait un ornement du luxe. *Voyez* IMAGE.

La négligence et la commodité ont fait prendre un mot pour un autre, comme la cause pour l'effet, le signe pour la chose, l'instrument pour l'ouvrage, etc. Ainsi l'on dit qu'un homme est dans le *vin*, pour dire qu'il est *dans l'ivresse;* on dit la *plume* et le *pinceau*, pour l'*écriture* et la *peinture*; on dit la *charrue* et l'*épée*, pour le *labourage* et la *guerre*; on dit des *voiles*, pour des *vaisseaux* ; et cela s'appelle *métonymie*. On fait donc une *métonymie* en disant : tant *par tête*, tant *par homme*, tant *par feu*, tant *par maison*, tant de *charrues* pour *tant de terre;* car *métonymie*, en français, veut dire changement de nom.

Est venue ensuite la délicatesse, qui, pour adoucir des idées indécentes ou déplaisantes, a évité le mot obscène, le mot dur et choquant et a pris un détour. C'est ainsi qu'on a dit *avoir vécu*, pour *être mort; n'être pas jeune*, pour *être vieux ;* qu'on dit d'un homme qu'il *a* Églé, qu'il *vit* avec Glicère, qu'il *est bien* avec Sempronie, qu'il a *séduit*, *charmé* Lucrèce, qu'il a *désarmé sa rigueur*, qu'il *en a triomphé* : etc. C'est ce qu'on appelle *euphémisme*, ou vulgairement *beau langage*.

La paresse ou l'impatience de s'exprimer en peu de mots a introduit l'*ellipse*. Elle a fait aussi qu'on est convenu de s'entendre lorsqu'on dirait, en parlant des espèces collectivement prises, l'*homme*, le *cheval*, le *lion*, le *chêne*, la *vigne*, l'*ormeau ;* lorsqu'on dirait, en parlant des peuples, le *Français*, l'*Anglais*, le *Germain*, la *Seine*, le *Tibre*, l'*Euphrate*, ou lorsqu'en parlant des armées, on ne ferait que nommer leur général, ou l'état, ou le roi qu'elles auraient servi. *César défit Pompée : Rome conquit le monde : Louis XIV prit Namur*. Ce tour s'appelle synecdocque, réunion de tous en un seul.

Les figures de pensées ne sont guère moins familières : ce sont, pour ainsi dire, les attitudes, les mouvements de l'esprit et de l'âme et comme l'âme et l'esprit en action varient, sans s'en apercevoir, leurs mouvements et leurs attitudes, et d'autant plus qu'ils sont plus libres et plus vivement affectés, il a dû naturellement arriver ce que le philosophe Dumarsais a observé dans son livre des *Tropes*, que les figures de rhétorique ne sont nulle part si commune que dans les querelles des halles. Essayons de les réunir toutes dans le langage d'un homme du peuple; et pour l'animer, supposons qu'il est en colère contre sa femme.

« Si je dis oui, elle dit non; soir et matin, nuit et jour, elle gronde (antithèse). Jamais, jamais de repos avec elle (répétition). C'est une furie, un démon (hyperbole). Mais, malheureuse, dis-moi donc (apostrophe): Que t'ai-je fait (interrogation). O ciel! quelle fut ma folie en t'épousant (exclamation)! Que ne me suis-je plutôt noyé (optation)! Je ne te reproche ni ce que tu me coûtes, ni les peines que je me donne pour y suffire (prétérition); mais, je t'en prie, je t'en conjure, laisse-moi travailler en paix (obsécration), ou que je meure si... tremble de me pousser à bout (imprécation et réticence) Elle pleure, ah! la bonne âme! vous allez voir que c'est moi qui ai tort (ironie). Eh bien, je suppose que cela soit. Oui, je suis trop vif, trop sensible (concession). J'ai souhaité cent fois que tu fusses laide. J'ai maudit, détesté ces yeux perfides, cette mine trompeuse qui m'avait affolé (astéisme, ou louange en reproche). Mais, dis-moi si par la douceur il ne vaudrait pas mieux me ramener (communication)? Nos enfants, nos amis, nos voisins, tout le monde nous voit faire mauvais ménage (énumération). Ils entendent tes cris, tes plaintes, les injures dont tu m'accables (accumulation). Ils t'ont vue, les yeux égarés, le visage en feu, la tête échevelée, me poursuivre, me menacer (description). Ils en parlent avec frayeur : la voisine arrive, on le lui raconte : le passant écoute, et va le répéter (hypotypose). Ils croiront que je suis un méchant, un brutal, que je te laisse manquer de tout, que je te bats, que je t'assomme (gradation). Mais non ; ils savent bien que je t'aime, que j'ai bon cœur, que je désire de te voir tranquille et contente (correction). Va, le monde n'est pas injuste : le tort reste à celui qui l'a (sentence). Hélas ! ta pauvre mère m'avait tant promis que tu lui ressemblerais. Que dirait-elle ? que dit-elle ? car elle voit ce qui se passe. Oui, j'espère qu'elle m'écoute, et je l'entends qui te reproche de me rendre si malheureux. Ah ! mon pauvre gendre, dit-elle, tu méritais un meilleur sort (prosopopée). »

Voilà toute la théorie des rhéteurs sur les figures de pensées mises en pratique sans aucun art ; et ni Aristote, ni Carnéade, ni Quintilien, ni Cicéron lui-même n'en savaient davantage. Ce sont des armes que la nature nous a mises dans les mains pour l'attaque et pour la défense. L'homme passionné s'en sert aveuglément et par instinct ; le déclamateur s'en escrime ; l'homme éloquent a l'avantage de les manier avec force, adresse et prudence, et de s'en servir à propos.

Marmontel, *Éléments de Littérature.*

MÊME SUJET.

Les figures par elles-mêmes ne sont point une beauté : c'est tout ce qu'il y a de plus facile et de plus commun. Le langage du bas peuple en est rempli ; et Boileau disait qu'on entendrait aux halles plus de métaphores, en un jour, qu'il n'y en a dans toute l'*Énéide* *. La beauté consiste donc dans l'usage et le choix des figures. En effet, quel en est l'objet? Que veut-on faire quand on passe du propre aux figuré? Rendre son idée plus sensible et plus frappante. Eh bien ! si l'image est fausse, si la métaphore est forcée, si elle est outrée, l'idée, le sentiment que vous vouliez exprimer, n'y perdent-ils pas au lieu d'y gagner? Vous faites donc tout le contraire de ce que vous vouliez faire. Est-ce là de la force ou de la faiblesse? Vous voulez me peindre une flotte nombreuse qui vogue à pleines voiles. Vous cherchez une image ; fort bien. Vous dites que *jamais plus belles forêts n'ont volé dans l'air.* Croyez-vous avoir présenté à mon imagination un tableau fidèle ? Vous ne m'avez offert qu'une chimère et une image fausse. Ne dirait-on pas d'abord que les forêts ont coutume de *voler dans l'air?* Quand même les forêts voleraient dans l'air, elles ne ressembleraient point à une grande flotte. On a dit, même en prose, *une forêt de mâts*, et la métaphore est juste : elle ne montre que les arbres des forêts taillés en mâts, et j'en saisis sur-le-champ le rapport. On dirait de

---

* Dumarsais a dit la même chose à peu près dans les *Tropes*, comme le remarque Marmontel. Voyez plus haut page 454. H. P.

même d'une flotte en mer, qu'on croit voir une *forêt mouvante*, parce que le mouvement d'une multitude de mâts peut ressembler en quelque sorte à celui des arbres agités par le vent. Ainsi Rousseau a dit, dans une de ses odes :

> A l'aspect des vaisseaux que vomit le Bosphore,
> Sous un nouveau Xercès, Thétis croit voir encore
> Au travers de ses flots promener les forêts.

Observons ici l'art de rendre vraisemblables et naturelles les figures les plus hardies. Certainement les forêts ne se *promènent* pas plus qu'elles ne *volent*; mais voyez comme le poète nous conduit par degrés jusqu'à l'idée qu'il veut offrir. C'est d'abord *Thétis* qui *croit voir*; ce n'est pas une réalité; c'est au *travers de ses flots* : voilà l'imagination fixée; il ne reste plus qu'à pouvoir prendre les mâts pour des *forêts mouvantes*, et nous avons vu que cette figure ne répugnait pas. Mais, quand vous dites : « Jamais plus belles forêts ne volèrent par les airs, » vous entassez trois ou quatre figures les unes sur les autres, dont pas une ne me rappelle des vaisseaux, et ce n'est plus une image, mais une énigme. Voltaire, dans sa tragédie d'*Alzire*, a dit en très beaux vers :

> Je montrai le premier aux peuples du Mexique
> L'appareil inouï pour ces mortels nouveaux,
> De nos châteaux ailés qui volaient sur les eaux.

Rien n'est plus brillant que cette métaphore, ni en même temps plus naturel, par la manière dont elle est placée ; car supposons qu'Alvarès, n'ayant point à parler des Mexicains ni de l'effet que produisit sur eux la première vue des vaisseaux européens, eût dit, en parlant du départ de la flotte espagnole pour tout autre expédition :

Et nos châteaux ailés volèrent sur les eaux,

il eût fait de la poésie très mal à propos ; il eût abusé des figures; car ce n'est pas à lui à voir dans des vaisseaux *des châteaux ailés*. Mais le cas est bien différent. « Il a montré le premier à des peuples « nouveaux un appareil inouï pour eux... » Voilà l'imagination préparée. En prose il aurait achevé ainsi : « De nos vaisseaux, qui leur semblaient des « châteaux ailés; » mais c'eût été trop languissant en vers. Tout ce qui précède rend le sens suffisamment clair. Il a recours à la figure rapide de l'ellipse; il s'exprime comme si c'était pour lui-même que ces navires fussent des *châteaux ailés*, parce qu'on ne peut pas s'y méprendre; et, conservant la marche poétique sans blesser la vraisemblance, il peut dire :

L'appareil inouï pour ces mortels nouveaux
De nos châteaux ailés qui volaient sur les eaux.

Et cette ellipse, qu'on entend très bien, est une nouvelle beauté et une finesse de l'art. Remarquons encore la filiation des idées si essentielle au style. S'il eût donné au mot de *châteaux* tout autre épithète que celle d'*ailés*, le vers perdrait beaucoup. Mais *ailés* amène naturellement *qui volaient sur les eaux* ; et c'est ainsi qu'on est tout à la fois naturel pour contenter la raison, et hardi pour satisfaire la poésie.

Je me suis un peu étendu sur cet article, pour faire bien sentir que l'effet des figures dépend toujours de la vérité des rapports physiques ou moraux, et de la liaison des idées. On peut juger combien il faut de talent pour y réussir. Aussi les figures bien employées sont une des parties principales du grand écrivain ; mais les employer mal est à la portée de tout le monde. En voilà beaucoup à propos d'une métaphore; mais on connaît le mot de Marcel : *Que de choses dans un menuet!* Et, en passant du petit au grand (car il faut bien soutenir notre dignité), on nous permettra de dire : Que de choses dans un beau vers !

Ce n'est pas assez que les figures soient parfaitement justes, il faut encore qu'elles soient adaptées à la nature du sujet. Ce vers du *Saint-Louis*,

L'or de son pavillon jouait avec le vent,

indépendamment de ses autres défauts, a celui de pécher contre la convenance de ton ; car, en supposant même que l'*or* pût *jouer avec le vent*, et que l'*or*, qui n'est ici que figuré, puisse par une autre figure être personnifié (ce qui est ridicule), *jouer avec le vent* serait encore une expression au-dessous du style noble, et indigne de l'épopée. Ceci tient aux nuances du langage: *se jouer* peut entrer dans le style le plus oratoire et le plus poétique: *la fortune se joue des grandeurs* ; *le Zéphir se joue dans le feuillage*, *etc.* Tout cela est fort bon. Mais *jouer* peut être difficilement au-dessus du familier, parce qu'il rappelle trop l'idée des amusements puérils.

Ce n'est pas tout encore; quand même les figures seraient toutes excellentes en elles-mêmes, il faut en user avec sobriété; car c'est un ornement, et il faut le ménager; c'est un art, et il ne faut pas trop montrer l'art; c'est une partie de l'art, et ce n'est pas à beaucoup près l'art tout entier. Ils se trompent donc étrangement ceux qui affectent de vouer à cette espèce de beauté une admiration si exclusive, qu'ils semblent ne reconnaître, ne sentir en poésie aucune autre sorte de mérite. Il n'est que trop commun de voir de prétendus juges refuser leur estime à des ouvrages écrits avec la plus heureuse élégance, et qui réunissent l'intérêt du style, la noblesse, l'harmonie et le sage emploi des figures. Tout cela n'est pas assez pour eux : « Il n'y a, disent-ils, rien qui étonne, rien d'extraordinaire; » enfin, *point d'alliances de mots*. C'est ce que j'ai entendu dire de *la Henriade*, même à des gens d'esprit; car la mode se mêle de tout, et l'on parle aujourd'hui des *alliances de mots* comme si elles n'étaient découvertes que d'hier: Il faut donc en parler ici. Ce qu'on appelle *alliances de mots* est une espèce de métaphore plus hardie que les autres : elle consiste dans le rapprochement de deux idées, de deux mots qui semblent s'exclure, comme dans ce vers de Corneille :

Et, monté sur le faîte, il aspire à descendre.

Il désire descendre serait très simple. Mais le mot *aspire* suppose un objet élevé, et pourtant s'applique ici à *descendre :* de là l'énergie de la pensée et de l'expression. Le vœu de l'ambition, qui est ordinairement celui de *monter*, est ici de *descendre*. Racine trouvait ce vers sublime, et il s'y connaissait. Lui-même a su employer cette figure, et plus souvent que Corneille. Il dit dans *Britannicus :*

Dans une longue *enfance* ils l'auraient fait *vieillir.*

L'enfance et *la vieillesse* semblent s'exclure. Elles sont ici réunies, et le sens est trop clair pour être expliqué. L'idée est moins forte, moins profonde que celle du vers de Corneille ; mais *vieillir dans une longue enfance* est une métaphore bien singulièrement heureuse, et une de ces expressions que Boileau appelait *trouvées.*

Le père du *Glorieux* dit à son fils qui se jette à ses pieds, en le priant de ne pas se découvrir :

J'entends, la *vanité* me déclare à *genoux*
Qu'un père malheureux n'est pas digne de vous.

La vanité à genoux semble offrir deux choses contradictoires. Ce vers est admirable, et du très petit nombre de ceux qui prouvent que la comédie peut quelquefois s'élever au sublime.

Voilà deux beaux exemples d'*alliances de mots*. Il y en a une peut-être au-dessus de toutes les autres : elle est de Voltaire, à qui l'on reproche de n'en pas avoir. Gengiskan, dans la tragédie de *l'Orphelin de la Chine*, veut exprimer le vide que la grande fortune avait laissé dans son âme avant qu'il aimât Idamé :

> Tant d'états subjugués ont-ils rempli mon cœur?
> Ce cœur lassé de tout, demandait une erreur
> Qui pût de mes ennuis chasser la nuit profonde,
> Et qui me consolât sur le trône du monde.

Consoler sur le trône du monde! Quel sentiment à la fois touchant et profond! Et comme ces deux idées, qui paraissent si loin l'une de l'autre, sont ici naturellement réunies! Joignez-y l'harmonie du vers, et vous trouverez tous les mérites ensemble.

Il est pourtant vrai qu'en général il est moins riche en figures que Racine; mais aussi Racine est supérieur dans cette partie, comme dans toutes les autres qui regardent le style, à tous les poètes français; et, ce qu'il importe d'observer, et ce qui achèvera de développer ce que j'avais à dire sur les figures, c'est la manière dont il s'en sert. Il ne les emploie qu'à propos, et sait les cacher quand il les emploie. Adresse et réserve, voilà les deux grands préceptes. Il faut de la réserve, parce que la diction trop souvent figurée cesserait d'être naturelle. Rien n'est plus déraisonnable que de vouloir que tous les sentiments, toutes les idées, aient une expression également marquée. Le plus grand nombre ne demande que de la pureté et de l'élégance. Pourquoi une figure brillante, énergique, hardie, produit-elle de l'effet? C'est qu'elle tranche, pour ainsi dire, avec le reste. Mais, si vous voulez être trop souvent hardi, vous ne paraîtrez plus qu'étrange et recherché; si vous voulez être trop souvent fort, vous serez tendu et pénible; si vous voulez être trop souvent élevé, vous serez exagéré et emphatique. Il faut en tout des nuances et des ombres. Une femme qui des pieds à la tête serait couverte de diamants, aurait-elle bien bonne grace? Je dis de diamants : que sera-ce si sa parure est composée de pierres fausses et mal assorties, d'oripeau terne et de clinquant déjà passé? C'est précisément ce que sont les ouvrages chargés de mauvaises figures, tels que ceux du P. Lemoine et tant d'autres qu'on veut nous donner, comme vous le verrez tout à l'heure, pour des trésors de poésie. Racine a quelquefois cinquante vers de suite sans qu'il y ait une seule figure remarquable, et ils n'en sont pas moins beaux, parce qu'ils sont ce qu'ils doivent être, et qu'ils ont tous les autres mérites qu'ils doivent avoir. Il y a plus (et c'est là cette adresse merveilleuse, cette autre condition qu'exigent les meilleures critiques, tels que Longin et Quintilien, dans l'emploi des figures) celles de Racine sont toujours si bien placées, si naturellement amenées, qu'on ne les aperçoit que par réflexion. Il est hardi sans qu'on s'en doute, et c'est ainsi qu'il faut l'être. L'habileté consiste à produire l'effet sans montrer le ressort : il n'y a que des gens de l'art qui soient dans le secret. Quand il dit dans *Athalie* :

Faut-il, Abner, faut-il vous rappeler le cours
Des prodiges fameux accomplis en nos jours,

Des tyrans d'Israël les célèbres disgraces,
Et Dieu trouvé fidèle en toutes ses menaces?

On sent bien que ce dernier vers est beau ; mais il faut y penser pour voir que c'est ordinairement dans ses *promesses* qu'on est trouvé fidèle, et que *fidèle dans ses menaces* est d'un poëte. Cependant personne n'est étonné de cette *alliance de mots* (car c'en est encore une.), parce que tout le monde supplée aisément l'ellipse, *fidèle à accomplir ses menaces*. On pourrait citer mille autres exemples : la lecture de Racine les amenera.

Mais, parce que Voltaire a moins de beautés de ce caractère, est-il juste de le rabaisser? N'a-t-il pas d'autres qualités? Faut-il ne mettre dans la balance qu'un seul genre de mérite? N'y en a-t-il qu'un seul en poésie? cette exclusion marque ou la petitesse des vues, ou la partialité du jugement. Quand un auteur a rempli les conditions essentielles qui font d'abord le grand écrivain, il se distingue ensuite par un caractère qui lui est propre, et heureusement pour nous chacun a le sien. Voltaire ne ressemble pas à Racine : eh! tant mieux. Nous avons deux hommes au lieu d'un. L'un a plus de sagesse et d'art dans ses figures; l'autre a plus d'éclat : l'un a souvent plus de correction; l'autre a quelquefois plus de charme : l'un met plus de logique dans son dialogue; l'autre, plus de vivacité. Apprécions tous ces différents mérites ; comparons, préférons selon notre manière de sentir ; mais jouissons de tout et ne rabaissons rien.

Il me reste à faire voir jusqu'où cet amour aveugle pour les figures bien ou mal conçues, et l'absurde affectation d'y voir la véritable poésie, même quand elles y sont le plus opposées, égarent nos jugements. J'ai rendu justice aux rédacteurs des *Annales poétiques*, à leurs recherches, à leur travail, aux notices en général judicieuses où ils ont suivi les progrès de notre poésie dans ses premiers âges; mais à mesure qu'ils approchent du nôtre, la contagion du mauvais goût dominant paraît trop les gagner. Ils prodiguent au P. Lemoine les louanges les plus exagérées; et ce qu'ils citent à l'appui de leurs louanges ne devrait le plus souvent être cité que pour faire voir combien, même dans ses meilleurs morceaux, il se trompe dans ce qu'il prend pour de la poésie. « *Le sultan*, disent-ils, prononce un discours « où il y a *de la chaleur et des expressions hardies*, « comme celle qui se trouve dans le second de ces « vers : »

Déjà dans leur esprit l'Égypte est renversée.
Déjà dans notre sang *ils trempent leur pensée.*

Eh bien! vous ai-je trompés? Ne voilà-t-il pas que l'on qualifie expressément de *chaleur et de hardiesse* ce dernier excès de ridicule et d'extravagance? Par quel moyen, sous quel rapport peut-on se représenter *la pensée trempée dans le sang?* et ce vers, qu'on ne peut entendre sans pouffer de rire, est cité avec éloge! « L'expression du P. Lemoine est « *toujours hardie et poétique*. S'il veut peindre

« de grands arbres, voici comment il s'exprime : »

> Et les pins sourcilleux, dont les têtes altières
> *Au lever du soleil se trouvaient les premières.*

Comment ne s'est-on pas aperçu que des pins qui *se trouvent les premiers au lever du soleil* sont absolument du style burlesque? une pareille idée serait digne de Scarron; mais ce qui serait fort bien dans le *Virgile travesti* peut-il se trouver dans un poëme épique? Poursuivons le panégyrique et les citations. « Les vers du P. Lemoine ne sont jamais « composés d'hémistiches ressassés d'après autrui. « Ses défauts et ses beautés lui appartiennent. »

> Cependant le soleil *à son gîte* se rend;
> Le jour meurt, et le bruit avec le jour mourant,
> *Pour en porter le deuil les ténèbres descendent,*
> Et d'une armée à l'autre en silence s'étendent.

Le second et le quatrième vers sont beaux; mais y a-t-il une idée plus fausse, plus insensée que les *ténèbres* qui *portent le deuil du jour?* Il est difficile en effet de *prendre à personne* de pareilles choses : elles sont trop originales. Ce qui m'étonne, c'est qu'on ne cite pas aussi comme bien *hardi* et bien *poétique le soleil* qui *se rend à son gîte*. Cette énorme platitude donne lieu à une dernière observation; c'est qu'à entendre les panégyristes de l'auteur du *Saint-Louis,* il n'a d'autres défauts que *d'abuser de son esprit et de son imagination,* une expression *quelquefois outrée et de mauvais goût, des idées souvent défigurées par trop de recherche,* toutes choses qu'on pourrait dire d'auteurs estimables d'ailleurs, et dont les beautés rachèteraient suffisamment les défauts. La vérité est que, dans ce long fatras dont la lecture est insoutenable, il y a autant de trivialité que d'enflure, autant de prosaïsme bas et dégoûtant que d'extravagante emphase. On en peut juger par ces vers pris au hasard :

> Ils suivaient Gargadean, le célèbre joûteur,
> Dont le harnois, charmé par Émir l'enchanteur,
> Sous le fer émoulu, plus ferme qu'une enclume
> S'étonnait aussi peu d'un dard que d'une plume.

Et ailleurs,

> Un garde cependant au prince donne avis
> Que deux grands étrangers, d'un riche train suivis,
> Sont venus, députés pour une grande affaire,
> De la part du sultan qui règne sur le Caire.

Ne reconnaît-on pas là un écrivain qui, gâtant les grands objets par l'exagération, ne sait pas ennoblir les petits par un peu d'élégance?

Le résultat des éditeurs répond à ce qui a précédé « Tel est le poème de *Saint-Louis*, l'ouvrage « *peut-être le plus poétique que nous ayons dans* « *notre langue.* » (Ceux qui l'entendent bien savent que cette formule de doute équivaut à peu près à l'affirmation....) « Malgré ses défauts (remarquez cette expression si réservée, quand il s'agit de l'assemblage de tous les vices les plus monstrueux qui puissent déshonorer le goût, l'esprit et le langage), « malgré ses défauts, nous croyons que les ouvrages

« du P. Lemoine sont *une véritable école de poésie*,
« et qu'une pareille lecture, faite néanmoins avec
« précaution (c'est quelque chose : on ne parlerait
« pas autrement de Corneille), peut être utile aux
« jeunes poètes, dans un temps sur-tout où notre
« poésie, *à force de raison, est devenue peut-être*
« *trop timide*, et où notre langue a perdu de sa
« richesse en s'épurant. »

Voilà donc ce qu'on imprime à la fin du dix-huitième siècle! voilà les belles leçons qu'on nous donne! Ainsi donc les ouvrages *les plus poétiques* de notre langue ne sont pas sans contredit ceux des Boileau et des Rousseau, ceux des Racine et des Voltaire, qu'on lit sans cesse et qu'on sait par cœur; c'est *peut-être* le poème de *Saint-Louis*, que personne ne lit ni ne pourrait lire, et dont personne ici *peut-être* ne savait un seul vers. Il y en a quelques-uns d'heureux parmi ceux qui sont rapportés dans les *Annales poétiques* : il y en a même qu'on n'a point cités, et qui m'ont paru plus beaux et moins défectueux, quoiqu'on y aperçoive encore quelque rouille. Tel est cet endroit où le sultan d'Égypte descend dans les souterrains destinés à conserver les corps embaumés de ses ancêtres.

Sous *les pieds* de ces monts taillés et suspendus,
Il s'étend des pays ténébreux et perdus,
Des déserts spacieux, des solitudes sombres,
Faites pour le séjour des morts et de leurs ombres.
Là sont les corps des rois et les corps des sultans,
Diversement rangés selon l'ordre des temps.
Les uns sont *enchâssés* dans de *creuses images*,

A qui l'art a donné leur taille et leurs visages;
Et dans ces vains portraits, qui sont leurs monuments,
Leur orgueil se conserve avec leurs ossements.
Les autres embaumés sont posés en des *niches*,
Où leurs ombres, encore éclatantes et riches,
Semblent perpétuer, malgré les lois du sort,
La pompe de leur vie en celle de leur mort.
De ce muet sénat, de cette cour terrible.
Le silence épouvante et *la face* est horrible.
Là sont les devanciers avec leurs descendants;
Tous les règnes y sont: on y voit tous les temps;
Et cette antiquité, ces siècles dont l'histoire
N'a pu sauver qu'à peine une obscure mémoire,
Réunis par la mort en cette sombre nuit,
Y sont sans mouvement, sans lumière et sans bruit.

Si le P. Lemoine avait un certain nombre de pareils morceaux, il y aurait de quoi excuser toutes ses fautes: il mériterait d'être lu, et il le serait. Mais j'ose assurer qu'on n'en trouverait pas un second écrit et conçu de cette manière. Ce qu'il peut avoir de bon d'ailleurs consiste en quelques traits, quelques expressions, quelques vers épars çà et là, le tout noyé dans le galimatias. Et n'est-ce pas tendre un piège aux jeunes gens que de leur dire: Voilà l'école de la poésie? Quand on n'a parlé de ses fautes innombrables et impardonnables que pour les excuser, ou même les exalter, n'est-ce pas dire en quelque sorte: Faites de même, et vous passerez pour avoir *du génie*; soyez enflé, et vous paraîtrez *hardi*; soyez insensé, et vous serez *poétique*. Encore si l'on disait que des écrivains d'un goût formé peuvent trouver dans ces vieux poètes quelques beautés informes, quelques idées ébauchées dont il est possible de tirer parti, cela ne serait pas dépourvu de vérité; mais de semblables modèles ne sont-ils pas pour les élèves infiniment plus dangereux qu'utiles? Il n'y a que ceux qui par état sont à portée de voir et d'entendre tous les jours de jeunes littérateurs, qui sachent combien ils sont infectés de mauvais goût et de faux principes. Convient-il de les y affermir au lieu de les en détourner? Faut-il les rappeler de l'école de Despréaux pour les envoyer à celle du P. Lemoine?

Je n'insisterai pas sur l'injure que l'on fait à nos poètes classiques, en trouvant l'auteur du *Saint-Louis* plus poète qu'eux. C'est un outrage sans conséquence, auquel ils répondent assez par un siècle de gloire et le suffrage de toutes les nations. Je me contenterai d'affirmer, avec tous les connaisseurs, que, si l'on donne aux mots leur acception légitime, si la vraie poésie n'est en effet que l'expression de la belle nature, le langage de l'imagination conduite par la raison et le goût, l'accord heureux et soutenu de la force et de la justesse, du sentiment et de l'harmonie, il y a plus de poésie cent fois dans *Athalie*, dans *la Henriade*, et même dans *le Lutrin*, que dans les dix-huit mortels chants de *Saint-Louis*. *Voyez* TROPES.

La Harpe, *Cours de Littérature*.

FINESSE. C'est la faculté d'apercevoir dans les objets de l'entendement ce que n'y aperçoit pas le commun des hommes. La finesse de l'ouïe et celle de la vue donnent l'idée de celle de l'esprit.

La finesse diffère de la pénétration, en ce que la pénétration fait voir en grand, et la finesse en petits détails. L'homme pénétrant voit loin ; l'homme fin voit clair, mais de près : ces deux facultés peuvent se comparer au télescope et au microscope. Un homme pénétrant, voyant Brutus immobile et pensif devant la statue de Caton, et combinant le caractère de Caton, celui de Brutus, l'état de Rome, le rang usurpé par César, le mécontentement des patriciens, etc., aurait pu dire : « Brutus médite quelque chose « d'extraordinaire. » Un homme fin aurait dit : « Voilà « Brutus qui se complaît à voir les honneurs rendus « à son oncle, » et aurait fait une épigramme sur la vanité de Brutus. Un fin courtisan, voyant le désavantage du camp de M. de Turenne, aurait dit en lui-même : « Turenne se blouse ; » un grenadier pénétrant néglige de travailler à son logement, et répond au général : « Je vous connais, nous ne cou- « cherons pas ici. »

La finesse ne peut suivre la pénétration, mais quelquefois aussi elle lui échappe. Un homme profond est impénétrable à un homme qui n'est que fin ; car celui-ci ne combine que des points superficiels ; mais l'homme profond est quelquefois surpris par l'homme fin ; sa vue hardie, vaste et rapide, dédaigne ou néglige d'apercevoir les petits moyens ; c'est Hercule qui court, et qu'un insecte pique au talon.

La délicatesse est la finesse du sentiment, qui ne

réfléchit point : c'est une perception vive et rapide de ce qui intéresse l'âme.

Malo me Galatea petit, lasciva puella,
Et fugit ad salices, et se cupit ante videri.

Si la délicatesse est jointe à beaucoup de sensibilité, elle ressemble encore plus à la sagacité qu'à la finesse.

La sagacité diffère de la finesse, 1° en ce qu'elle est dans le tact de l'esprit, comme la délicatesse est dans le tact de l'âme; en ce que la finesse est superficielle et la sagacité pénétrante : ce n'est point une pénétration progressive, mais soudaine, qui franchit le milieu des idées et touche au but dès le premier pas. C'est le coup d'œil du grand Condé. Bossuet l'appelle *illumination*; elle ressemble en effet à l'illumination dans les grandes choses.

La ruse se distingue de la finesse, en ce qu'elle emploie la fausseté. La ruse exige la finesse pour s'envelopper plus adroitement et pour rendre plus subtils les pièges de l'artifice et du mensonge. La finesse ne sert quelquefois qu'à découvrir et à rompre ces pièges; car la ruse est toujours offensive et la finesse peut ne pas l'être. Un honnête homme peut être fin, mais il ne peut être rusé. Cependant il est si facile et si dangereux de passer de l'un à l'autre que peu d'honnêtes gens se piquent d'être fins. Le bon homme et le grand homme ont cela de commun, qu'ils ne peuvent se résoudre à l'être.

L'astuce est une finesse pratique dans le mal, mais en petit; c'est la finesse qui nuit ou qui veut nuire.

Dans l'astuce, la finesse est jointe à la méchanceté, comme à la fausseté dans la ruse. Ce mot, qui n'est plus d'usage que dans le familier, a pourtant sa nuance, il mériterait d'être conservé.

La perfidie suppose plus que de la finesse : c'est une fausseté noire et profonde, qui emploie des moyens plus puissants, qui meut des ressorts plus cachés que l'astuce et la ruse. Celles-ci, pour être dirigées, n'ont besoin que de la finesse, et la finesse suffit pour leur échapper; mais pour observer et démasquer la perfidie, il faut la pénétration même. La perfidie est un abus de la confiance fondée sur des garants inviolables, tels que l'humanité, la bonne foi, la sainteté des lois, la reconnaissance, l'amitié, les droits du sang, etc. ; plus ces droits sont sacrés, plus la confiance est tranquille, et plus par conséquent la perfidie est à couvert. On se défie moins d'un concitoyen que d'un étranger, d'un ami que d'un concitoyen, etc.; ainsi, par degrés, la perfidie est plus noire à mesure que la confiance violée était mieux établie.

Je démêle ces synonymes, moins pour prévenir l'abus des termes dans la langue, que pour faire sentir l'abus des idées dans les mœurs ; car il n'est pas sans exemple qu'un perfide, qui a surpris ou arraché un secret pour le trahir, s'applaudisse d'avoir été fin.

On appele finesse d'une langue, ses élégances les plus exquises, ses nuances les plus délicates, les tours, les ellipses, les licences qui lui sont propres, les tons variés dont elle est susceptible, les caractères qu'elle donne à la pensée par le choix, le mélange, l'assortiment des mots. Pascal, La Bruyère, Racine, La Fontaine, madame de Sévigné ont connu les finesses de notre langue.

On dit, dans le même sens, les finesses du style, du langage d'un écrivain. Les finesses du style de La Fontaine se cachent sous l'air du naturel le plus naïf. Les finesses du langage de Racine n'ont jamais rien de maniéré ni d'affecté : c'est la grace unie à la noblesse; c'est la plus élégante facilité; la hardiesse même en est sage; rien n'y décèle l'art, rien n'y marque l'effort.

Dans une phrase particulière, la finesse est tantôt celle de la pensée, tantôt celle de l'expression, quelquefois de l'une et de l'autre.

La Bruyère a dit : « L'indulgence pour soi et la « dureté pour les autres n'est qu'un seul et même « vice. » Il a dit : « Une femme oublie, d'un homme « qu'elle a aimé, jusqu'aux faveurs qu'il en a reçues. » Il a dit : « Un homme est plus fidèle au secret d'au« trui qu'au sien propre : une femme au contraire, « garde mieux son secret que celui d'autrui. » Là, l'expression n'a rien que de simple; la finesse est dans le coup d'œil. Mais lorsqu'il a dit : « Il n'y a « point de vice qui n'ait une fausse ressemblance « avec quelque vertu, et qui ne s'en aide : » ce dernier trait, jeté légèrement, ajoute la finesse de l'expression à la finesse de la pensée. Il en est de même de cette différence si finement saisie et si finement exprimée : « L'on confie son secret dans « l'amitié, mais il échappe dans l'amour. »

Fontenelle disait d'une vieille femme qui avait encore de la grace et de la sensibilité : « On voit « que l'amour a passé par là. » Ce mot simple a passé par là, rend la finesse de perception plus piquante en la déguisant; car le talent d'un esprit fin, c'est de persuader qu'il ne tend pas à l'être, et cet artifice est au comble, quand la finesse a l'air de la naiveté, comme dans la réponse de cette seconde femme à qui son mari faisait sans cesse l'éloge de la première : « Hélas! Monsieur, qui la « regrette plus que moi? »

César avait rempli le sénat de ses plus indignes créatures. Un protégé de Cicéron lui demanda, pour son fils, une place de sénateur dans une des villes associées. Il répondit : « A Rome, il « l'aura quand il vous plaira ; mais à Pompéia, cela « n'est pas aisé. » Un de ses amis de Laodicée ayant été député à Rome : « Je viens, lui dit-il, solliciter « la liberté de mon pays. Fort bien, répondit Ci-« céron, si vous réussissez, nous vous ferons notre « ambassadeur. »

Il y a des mots naïfs auxquels, pour être fins, il n'a manqué que l'intention. Tel est celui de cette femme à qui l'on demandait des nouvelles de sa petite-fille, qui avait la fièvre : « La pauvre enfant « a déraisonné toute la nuit comme une grande per-« sonne. » Tel est celui de ce mourant, à qui son confesseur, jésuite, criait : « Mon frère, en arrivant « en paradis, vous direz à saint Ignace que son « ordre prospère. — Si je l'y trouve, je le lui dirai. »

La finesse doit se trahir, et se laisser apercevoir

sous l'air de la simplicité, comme dans ce mot de Piron à un évêque qui lui demandait s'il avait lu son mandement. « Non Monseigneur, et vous? *Et « fugit*, comme Galatée, *et se cupit ante videri.* »

Souvent elle consiste à se ménager le faux-fuyant d'une équivoque, dont l'un des deux sens est malin, et l'autre simple et innocent. Une femme de qualité, en passant à Bordeaux, y trouva les femmes de robe un peu trop fières : « Monsieur, dit-elle au « président de G....., vos femmes font les duchesses. « Madame, lui répondit le président, elles ne sont « pas assez impertinentes pour cela. »

La malice et l'adulation se donnent également l'air de simplicité, pour reprendre ou flatter avec plus de finesse. Une de nos dames, voyant à un anglais des manchettes de point en été, lui en demanda la raison : « C'est, Madame, lui dit l'Anglais, « que je suis un peu enrhumé. » Louis XIV faisant observer sur la carte à l'un de ses courtisans quel petit espace la France occupait dans le monde, « Vraiment, sire, lui dit le courtisan, tant vaut « l'homme, tant vaut sa terre. »

C'est cette application détournée et ingénieuse des proverbes et des expressions populaires qui fait la finesse de tant de bons mots.

Fontenelle employait fréquemment ce tour plaisant et fin. Mais ce qu'il appelait finesse par excellence, c'est une espèce d'obliquité dans l'expression qui donne à la pensée un air de fausseté, lorsqu'on dit autre chose que ce qu'on fait entendre, et, s'il m'est permis d'employer cette image, lorsque, sans regarder la vérité en face, on l'indique du coin de l'œil. C'est ainsi que dans une société bruyante il dit un jour : « Messieurs, si vous voulez m'en croire, « nous ferons une loi par laquelle il sera défendu « de parler plus de quatre à la fois. »

Cette tournure d'expression est en effet très fine, lorsqu'elle est employée avec esprit. Les Lacédémoniens s'en servirent dans leur édit pour l'apothéose d'Alexandre : « Puisqu'Alexandre veut être « Dieu, qu'il soit Dieu. » Un créancier, dont le débiteur déniait la dette, et venait en justice de s'en libérer par serment, cria, dans le temps que son homme avait encore la main levée : « N'y a-t-il pas « encore ici quelque créancier de monsieur, pen- « dant qu'il a la main à la bourse? » Une femme à qui un homme faisait froidement une déclaration d'amour très passionnée dans les termes, et qu'il semblait réciter par cœur, lui demanda tranquillement : « Qui est-ce qui disait cela ? »

La reine Elisabeth demandait à Cécill : « Que « s'est-il passé au conseil? » *Quatre heures, madame,* répondit le ministre. Dans *le Diable Boiteux*, Asmodée montre un honnête ecclésiastique qui a eu quatre procès, pour dépôts à lui confiés, *et qui les a gagnés tous quatre.* Je n'ai pas besoin d'observer que si les Lacédémoniens avaient dit : « Puisque « Alexandre veut passer pour un Dieu; » si le créancier avait dit : « Pendant qu'il a la main levée; » si la femme avait dit : « Où avez-vous appris cela; » si l'Anglais avait dit : « Quatre heures à ne rien faire; » si le Diable Boiteux avait dit « que le dépositaire

« avoit perdu les procès, » il n'y avait plus de finesse.

Mais lorsque la contre-vérité est grossière, ou que la plaisanterie est déplacée et froide, comme dans ce qu'on appelle aujourd'hui persifflage, c'est un tour d'adresse manqué, c'est de l'ironie sans finesse; et l'on a eu raison de dire que le persifflage était l'esprit des sots

La sorte de finesse dont il me semble qu'on doit faire le plus de cas est celle qui n'exige dans l'expression que la vivacité du trait, la légèreté de la touche, et qui consiste essentiellement dans la sagacité de la perception, dans la subtilité et la justesse de la pensée. Une femme demandait au P. Bourdaloue si c'était un mal d'aller au spectacle : « C'est à vous, « Madame, à me le dire, » lui répondit le directeur. Voilà de la finesse sans artifice.

Elle tient quelquefois au tour de l'expression, et consiste à ne dire qu'à demi-mot et comme incidemment ce qu'on veut faire entendre. Des jeunes gens à table avaient dit du mal de Pyrrhus, et on le lui avait rapporté. Il leur demanda s'il était vrai. « Oui, seigneur, lui répondit l'un d'eux, et nous « en aurions bien dit davantage si le vin ne nous « eût manqué. » Il ne pouvait plus adroitement prendre l'ivresse pour excuse. Le mot de Saint-Aulaire au lit de la mort à son curé : « Monsieur, ne « vous suis-je plus bon à rien ? » a ce tour fin et piquant dont je parle.

Mais je n'ai donné jusqu'ici des exemples de finesse que dans les mots. Je finis par en donner un de la finesse dans le style, et je vais le prendre au hasard de La Bruyère, qui en est rempli.

« Glycère n'aime pas les femmes : elle hait leur
« commerce et leurs visites, se fait céler pour elles,
« et souvent pour ses amis, dont le nombre est
« petit, à qui elle est sévère, qu'elle resserre dans
« leur ordre, sans leur permettre rien de ce qui
« passe l'amitié : elle est distraite avec eux, leur
« répond par des monosyllabes, et semble chercher
« à s'en défaire : elle est solitaire et farouche dans
« sa maison; sa porte est mieux gardée et sa chambre
« plus inaccessible que celles de Monthoron et d'Hé-
« mery. Une seule Coryne y est attendue, y est
« reçue, et à toutes les heures. On l'embrasse à
« plusieurs reprises; on croit l'aimer, on lui parle
« à l'oreille dans un cabinet où elles sont seules. On
« voit quelquefois Glycère à la porte de Canidie,
« qui a de si beaux secrets, qui promet aux jeunes
« femmes de secondes noces, qui en dit le temps et
« les circonstances. Elle paraît ordinairement avec
« une coiffure plate et négligée, en simple désha-
« billé, sans corps, et avec des mules : elle est belle
« en cet équipage, et il ne lui manque que de la
« fraîcheur. On remarque néanmoins sur elle une
« riche attache qu'elle dérobe avec soin aux yeux
« de son mari : elle le flatte, elle le caresse, elle
« invente tous les jours pour lui de nouveaux noms;
« elle n'a pas d'autre lit que celui de ce cher époux,
« et elle ne veut pas découcher. Le matin elle se
« partage entre sa toilette et quelques billets qu'il faut
« écrire. Un affranchi vient lui parler en secret : c'est

« Parmenon qui est le favori, qu'elle soutient contre
« l'antipathie du maître et la jalousie des domesti-
« ques. Qui à la vérité sait mieux connaître des in-
« tentions, et rapporte mieux une réponse que Par-
« menon? qui parle moins de ce qu'il faut taire?
« qui sait ouvrir une porte secrète avec moins de
« bruit? qui conduit plus adroitement par le petit
« escalier? qui fait mieux sortir par où l'on est en-
« tré? » Ce que je retranche de ce caractère me paraît trop marqué, et en altère la finesse.

Lorsqu'elle est employée à exprimer un sentiment, elle s'appelle délicatesse. Tel est ce mot de
madame de Sévigné à sa fille : « J'ai mal à votre
« poitrine; » expression de génie, si l'on peut appeler ainsi ce que le cœur a inventé. Cette expression m'en rappelle une plus naturelle encore et plus
touchante. Un paysan, après avoir donné tout son
bien à ses quatre enfants qu'il avait établis, allait
vivre chez eux successivement les quatre saisons
de l'année : « Et vous traitent-ils bien? » lui demanda
quelqu'un. « Ils me traitent, répondit le bon homme,
« comme si j'étais leur enfant. » Y a-t-il rien de plus
délicat, rien de plus sensible que ce mot dans la
bouche d'un père?

MARMONTEL, *Éléments de Littérature.*

FIN DU TREIZIÈME VOLUME.

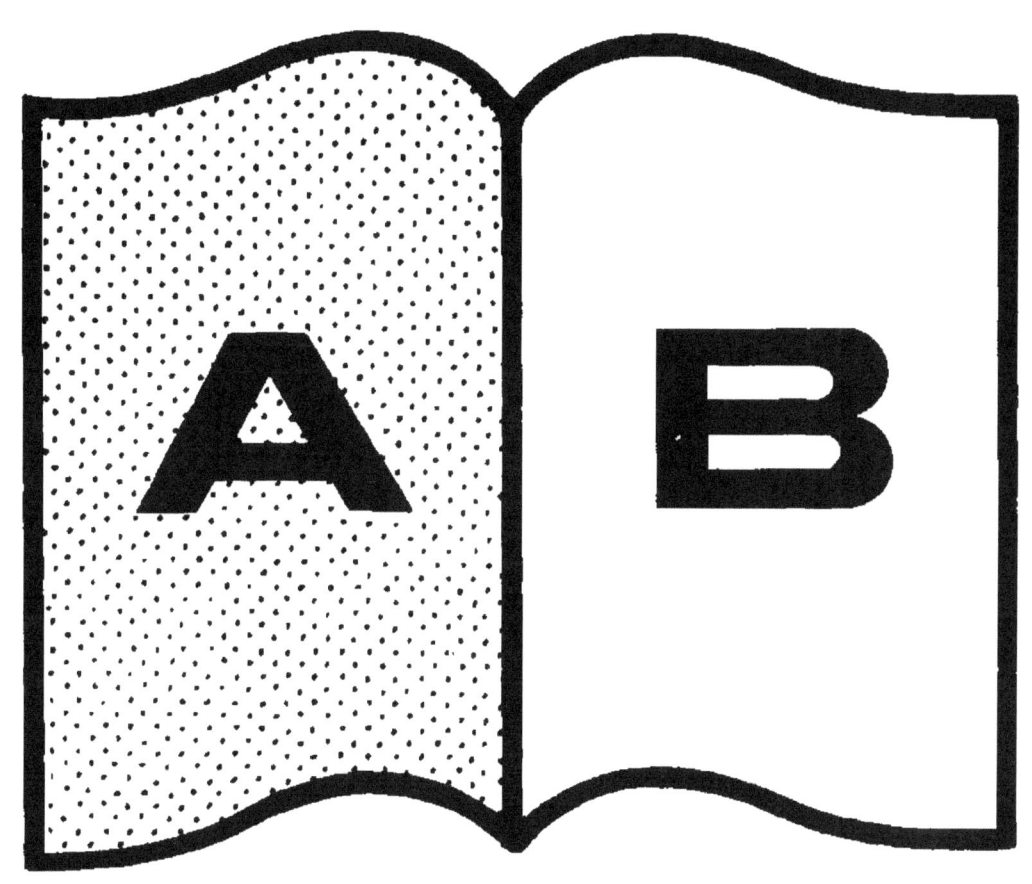

Contraste insuffisant

NF Z 43-120-14

www.ingramcontent.com/pod-product-compliance
Lightning Source LLC
Chambersburg PA
CBHW050244230426

43664CB00012B/1827